सामाजिक चेतना और आधुनिक हिन्दी-महाकाव्य

लेखक

डॉ. रामबीरसिंह शर्मा

एम.ए.(हिन्दी-संस्कृत) पी.- एच.डी.-
असिस्टेण्ट प्रोफेसर, हिन्दी विभाग,
जयनारायण व्यास विश्वविद्यालय,
जोधपुर

साईन्टिफ़िक पब्लिशर्स (इंडिया)

पो. बॉ. नं. 91 जोधपुर (भारत)

प्रकाशक
पवन कुमार शर्मा
साईन्टिफ़िक पब्लिशर्स (इंडिया)
5-A, न्यू पाली रोड़, पो. बॉ. नं. 91
जोधपुर - 342 001 (भारत)
फोन - 0291-433323
Fax : 0291-512580
E-mail : scienti@sancharnet.in
artrans@satyam.net.in

ISBN : 81-7233-292-0

लेजर टाईपसेट : राजेश ओझा
भारत में मुद्रित

समर्पण

पूज्य बाबाजी, ताऊजी आदि
महान् आत्माओं
की
अनुभूति को

पुरोवाक्

'चेतना' मनुष्य की एक उर्ध्वगामिनी अवस्था है । जब यह व्यक्ति के बहुमुखी विकास से प्रकट होकर समाज और देश की विसंगतियों-संगतियों से जुड़ती है तो मानवता की दृष्टि से सम्पूर्ण संसार एक है, फिर यह राष्ट्रवाद, राज्यवाद, क्षेत्रवाद, भाषावाद, सम्प्रदायवाद, जातिवाद आदि संकीर्णताएँ क्यों ? यहाँ तक ही नहीं मनुष्यता-स्त्री-पुरुष, बच्चे-बूढ़े, निम्न जातियों आदि का शोषण क्या अपराध नहीं है ? क्या इसके जिम्मेदार परिवार, समाज, धर्म, दर्शन, राजनीति आदि है ? यदि आंशिक भी हैं तो इनका समाधान क्यों नहीं ?

उक्त विषय का केन्द्र रूढ़ि-परम्पराओं, नैतिक पतनों, पाश्चात्य प्रभावों आदि से ग्रसित हमारा समाज है । जिसको इन स्थितियों में से उबारने का कार्य करती है मानवीय चेतना । यही चेतना महान् क्रान्तिकारी, समाज सुधारक और कवियों आदि के रूप में प्रकट होती रही है । जिसने अपनी महत्वपूर्ण भूमिका समय-समय पर अदा की है, जिसके आंशिक दस्तावेज हमारे आधुनिक हिन्दी महाकाव्य भी हैं, जिन्होंने आधुनिक समाज की उन रूढ़ियों, परम्पराओं, रीति रिवाजों को समूल उखाड़ फेंकने को कहा है, जिसकी वर्तमान में कोई आवश्यकता नहीं है । आवश्यकता है, मानवता के प्रति सहानुभूति पूर्वक विचार करने की । वर्तमान समस्याओं से जूझने की और नये सामाजिक परिवेश में सतर्क रहने की । महाकाव्य देते हैं, आधुनिक समाज को उसकी संकीर्णताओं, अपराध आदि के समूल नष्ट करने की नवीन जीवन दृष्टि । इस दृष्टि से 'सामाजिक चेतना और आधुनिक हिन्दी-महाकाव्य' विषय का अवलोकन कराने का प्रयास किया है ।

इस दृष्टि से महाकाव्यों-विशेष रूप से आधुनिक हिन्दी महाकाव्यों का अध्ययन अपने आप में एक नवीन विषय है ।जहाँ तक मेरी जानकारी है, शोध कार्य इस विषय पर नहीं हुआ है । प्रस्तुत विषय को विश्वविद्यालय अनुदान आयोग, नई दिल्ली ने शोध कार्य के लिए उपयुक्त ठहराकर अध्ययन सुविधा हेतु आर्थिक सहयोग भी प्रदान किया है । मैंने अपनी अध्ययन दृष्टि छायावाद तक के प्रमुख महाकाव्यों तक ही सीमित रखी है, इसका प्रमुख कारण सामाजिक चेतना की दृष्टि से इस काल के महाकाव्य विशेष महत्त्वपूर्ण हैं । क्योंकि यह राजनैतिक, सामाजिक सांस्कृतिक आदि के पुनरुत्थान का काल भी था । प्रस्तुत शोध विषय को सात अध्यायों में विभक्त किया है । प्रथम अध्याय सामाजिक चेतना के अर्थ एवं अभिप्रायः से सम्बन्धित है जिसमें, साहित्यिक क्षेत्र में महाकाव्य विद्या की वरीयता को

रेखांकित करते हुए उसमें सामाजिक चेतना की विविध पक्षीय प्रतिष्ठा-स्थानीय भूगोल, उस देश का इतिहास, विविध सांस्कृतिक चेतनाओं आदि के प्रमुख स्वरूपों का सामाजिक चेतना के क्षेत्र में योगदान, को बताया गया है। इसी अध्याय में आधुनिक भारतीय सामाजिक चेतना के स्वरूप में भारतीय परम्परा, अमेरिका का स्वातंत्र्य संग्राम, फ्रांस की राज्य क्रान्ति, यूरोपीय औद्योगिक क्रांति, विज्ञान के नित्य नवीन अविष्कारों आदि के प्रभाव को भी रेखांकित किया गया है। द्वितीय अध्याय में भारतीय सामाजिक चेतना को नूतनता प्रदान करने वाले तत्वों-राष्ट्रवादी चेतना, ब्रह्म समाज, आर्य समाज, थियोसोफीकल सोसाइटी, रामकृष्ण मिशन आदि के सहयोग का वर्णन किया गया है। चतुर्थ, पंचम, षष्ठ अध्यायों में क्रमशः आधुनिक हिन्दी महाकाव्यों में सामाजिक चेतना के आर्थिक, सांस्कृतिक एवं दार्शनिक पक्षों को स्पष्ट किया गया है। सप्तम अध्याय उपसंहार के रूप में हैं जिसमें प्रस्तुत विषय को समेटा गया है।

इस अवसर पर मैं सर्वप्रथम (स्व.) पं. अयोध्यानाथ शर्मा (कानपुर), जिन्होंने डी.लिट् के रूप में शोध विषय के लिए प्रोत्साहन, (स्व.) डॉ. गोविन्द त्रिगुणायत (मुरादाबाद), और (स्व.) पं. मुशीराम शर्मा 'सोम' (कानपुर) जिन्होंने शोध विषय और उसके विचार विर्मश में पूर्ण सहयोग प्रदान किया, को प्रणाम करता हूँ। प्रणाम करता हूँ प्रो. रमेश कुमार शर्मा (आगरा) को, जिन्होंने प्रस्तुत विषय को समय-समय पर चर्चाओं का रूप दिया। नहीं भूल सकता हूँ गुरुवर प्रो. सुरेश चन्द्र शर्मा (आगरा) को जो मुझे सात्त्विक सोच की प्रेरणा हमेशा देते रहते हैं। आभारी हूँ उन लेखकों और विद्वानों का जिनके ग्रन्थों को पढ़कर मुझे सहायता मिली। उन गुरुजनों, मित्रों का आभारी हूँ जिनसे इस विषय पर चर्चा करके अपने ज्ञान में वृद्धि की। पत्नि अमिता, बेटी प्रॉञ्जलि-शुभांजलि बेटा आयुष, भांजी बुन्नू बहन ललिता को नहीं भुलाया जा सकता, जिनके सहयोग और वात्सल्य के बीच; इस शोध कार्य का प्रकाशन हुआ।

प्रकाशक श्री पवनकुमार शर्मा एवं लेजर टाईपसेटर राजेश ओझा के प्रति आभार व्यक्त करता हूँ जिनके सहयोग से यह पुस्तक प्रकाशित हुई। और अन्त में मेरी कमियों के लिए मुझे नजर अंदाज करेंगे उन सभी विद्वत् जनों का आभारी रहूँगा।

रामबीरसिंह शर्मा

10, जैन कॉलोनी,
केसर बाग के पास
शिवरोड, रातानाड़ा,
जोधपुर - 342 001

विषय - सूची

प्रथम अध्याय

पूर्वपीठिका

(अ) सामाजिक चेतना अभिप्राय: एवं स्वरूप

'चेतना' शब्द से अभिप्राय: ज्ञान, संज्ञा, समझ, प्रज्ञा, जीवन, प्राण, सजीवता आदि से है ।[1] यहाँ पर विचार की दिशा सामाजिक चेतना के संदर्भ में आधुनिक काल के महाकाव्यों द्वारा तत्कालीन समाज में व्याप्त विभिन्न प्रकार की अज्ञानता, संज्ञाहीनता, नासमझी, प्रज्ञाहीनता, प्राणहीनता, निर्जीवता, मूर्खता, विचारहीनता आदि को निर्दिष्ट करके उन्हें दूर करने के उपायों तथा प्रयासों को आयाम देना है ।

महाकाव्यकार की दृष्टि देशकाल (परिवेश) तथा उसके समाज सापेक्ष होती है । वह अतीत से चली आने वाली उन परम्पराओं को उद्घाटित करता है, जो कि रूढ़ि में बदल गयी हैं अर्थात् जिनका अब परिपालन उनके व्यर्थ होने पर भी किया जा रहा है । उन सामाजिक रूढ़ियों का अन्वेषण और उनके निवारण की दिशा की ओर संकेत सामाजिक चेतना का मूलाधार है । आधुनिक प्रमुख महाकाव्यों का इसी उद्देश्य से अध्ययन किया जायेगा । तत्कालीन समाज में व्यक्ति का मानवीय दृष्टि से परिष्कार, संतुलित रूप से परिवार का भरण पोषण, सामाजिक ढ़ांचे में सम्बन्धों का निर्वाह, समग्रदृष्टि से राष्ट्र के उत्थान का मार्ग प्रशस्त करना महाकाव्यकारों का प्रयास रहा है । इसके लिये उन्होंने विभिन्न दृष्टियों (व्यक्ति, जाति, धर्म, अर्थ, राजनीति, क्षेत्रीयता, रूढ़ियों, परम्पराओं, मान्यताओं आदि) की जकड़न से मनुष्यों को मुक्त करके उनको स्वतंत्र रूप से विचार करने की दिशा प्रदान की है । और इस दिशा के द्वारा व्यक्तियों को वैचारिक विस्तार (व्यापकत्त्व) प्रदान किया है । अपने प्रति सोच में ईमानदारी बरतने का साहस दिया है । स्वयं को धोखे में रखने से बचाया है । और इस वैज्ञानिक युग के प्रभाव स्वरूप मानव की बदलती हुई धूमिल मानसिकता को साफ करने का प्रयास किया है ।

जीवन आवश्यकताओं-जरूरतों का समूह है । प्रत्येक व्यक्ति की कुछ आवश्यक आवश्यकताएँ होती हैं । उन आवश्यकताओं की पूर्ति उसे देर सवेर से करनी ही पड़ती है ।

1. संस्कृत-हिन्दी कोश- वामन शिवराम आप्टे, पृष्ट - 386

इनके अतिरिक्त बहुत सी आवश्यकताएँ ऐसी होती हैं जिनके बिना भी जीवन यापन किया जा सकता है। यह सोच-विचार व्यक्तियों में कैसे पैदा हो। तमाम विसंगतियों से दूर रह कर कैसे जीवन को सुरक्षित, शान्तमय बनाया जाय तथा अधिकांश व्यक्तियों का जीवन इस दिशा में मोड़ा जाय। इस चेतना की दृष्टि से महाकवि सोचता है। इसी को वह विभिन्न प्रकार से अपनी कथा, पात्रादि में रूपायत करता है। इस प्रयत्न के लिए वह अपने देशकाल के जीवन को अपनी विरासत के साथ वर्तमान में खोजकर समाज को देने का प्रयत्न करता है।

प्रत्येक व्यक्ति के जीवन जीने की अपनी एक रुचि होती है। वह अपनी रुचि को वैचारिकता के विविध आयामों द्वारा रुचिकर एवं अरुचिकर बनाता है। सम्पूर्ण रूप में नहीं तो अधिक से अधिक रुचिकर बनाने में वह जिस चेतन्य से काम लेता है वह उसका अपना निजी का होता है अरुचिकर बनाने में उतना नहीं। जीवन को रोचकरूप में जीने के साथ उससे कर्म-व्यवहार आदि भी जुड़ जाते हैं फलस्वरूप जीवन कुछ अधिक सार्थक महसूस किया जा सकता है। इस सार्थकता की स्वरक्षा महाकाव्यकार व्यक्ति, समाज, और देश में देखना चाहता है।

सामाजिकता के संदर्भ में एक दृष्टि से कहा जा सकंता है कि सामाजिकता का स्वरूप या उसका आभास आधुनिक काल में ही अधिक परिलक्षित होता है। इससे पूर्व तो इसकी चर्चा वर्ण, संघ, धर्म आदि के रूपों में ही अधिक मिलती है। इन सभीं प्रकार के भेदों को मिटाकर नैतिक आधार पर मानवता की स्थापना करके एक ही समाज बनाने का सोच पाश्चात्य देन ही नहीं आन्तरिक रूप से भारतीय भी रहा है। जिसको प्राचीन भारतीय साहित्य में स्पष्ट रूप से देखा-समझा जा सकता है। जिसके आधुनिक स्वरूप को भिन्न-भिन्न जातियों, संस्कारों, खान-पानों, रहन-सहनों में से होकर गुजरना पड़ा। जिसमें समय-समय पर आर्यसमाज, ब्रह्मसमाज थियोसोफिकल सोसाइटी, रामकृष्ण मिशन, गांधी-विनोबा दर्शन आदि ने अपनी-अपनी प्रभावशाली भूमिकाएँ निभाई हैं। इनके प्रभावों से जनता मानसिक तौर पर तो निश्चित रूप से प्रभावित हुई, लेकिन वह उसको उतना व्यवहार में न ला सकी। पूर्णरूपेण व्यवहार में ला पाना सम्भव भी नहीं था। जिसके कई धर्म, राजनीति, समुदाय इत्यादि कारण हो सकते हैं। इन कारणों का भारत वर्ष में एक ताना-बाना बुना हुआ देखा जा सकता है। जिसमें कि प्रत्येक कारण, अपना अलग-अलग कुछ न कुछ अस्थित्व रखता है। इस प्रकार की अनेकता में से होकर किसी प्रकार की विचारधारा को गुजरना पड़ता है तो उसकी अखण्डता पर कहीं न कहीं प्रश्नचिह्न लग ही जाता है। यही हाल किसी भी विचार धारा के साथ हो सकता है। कुछ विचारधाराएँ तो अपने में अपूर्ण होती हैं जो आगे चल-बढ़ नहीं पाती हैं। उनका भविष्य तो स्पष्ट रूप से खण्डित हो जाता है।

किसी भी सामूहिक समस्या का समाधान एक साथ तुरन्त कैसे हो ? इसके लिए उसके मूल (इकाई) की ओर जाना ही श्रेयस्कर हो सकता है। तदुपरान्त सामूहिकता (दहाई-सैकड़ा) की ओर जाकर समाधान की सम्भावना अधिक बन सकती है। व्यक्ति भारतीय जीवन के तानों-बानों को एक सीमा तक ही समझ सकता है। यह समझ जितने बाँधों को पार करती हुई आगे बढ़ती है उतने ही सामूहिक रूप में वह दिखाई पड़ती है, उससे आगे तो ना समझी ही

नासमझी महसूस की जा सकती है जो जीवन के अनेक क्षेत्रों से सम्बन्धित होती है। जीवन के अनेक क्षेत्रों की इन समस्याओं के समाधान के लिए महाकाव्यकार प्रयास करता है। वह समस्याओं का समाधान करके जीवन को व्यापक रूप में देखना चाहता है, जिससे सामूहिक जीवन का बोध हो सके। उसकी चिन्ता (सोच) तो एक ही नस्ल के व्यक्तियों की प्रतिस्थापना करना होती है। वह महाकाव्य में व्यक्तियों के समूह, समुदाय (पात्रों) के द्वारा जीवन की विविध विसंगतियों को दूर करने का प्रयास करता है। इस प्रकार व्यक्तियों (पाठकों) को जीवन के चिन्तन से जोड़ता है, और मानवीय समाज की बात करता है।

समाज, जिस प्रकार से एक समूह भाव है। बाह्य स्थूल आकार है तो चेतना विस्त्रित आन्तरिक सूक्ष्म अनुभूति। इस बाह्य, स्थूल और विस्त्रित एवं आन्तरिक सूक्ष्म का सहित भाव ही सामाजिक चेतना है। जिसमें बाह्य दृष्टि से अधिक से अधिक व्यक्तियों का होना आवश्यक है तो आन्तरिक दृष्टि से व्यापक जीवन की संगति-विसंगतियों का। दूसरी दृष्टि से समाज-शरीर में चेतना प्राण है। ये एक दूसरे पर अन्योन्याश्रित है। समाज बहुत सारे व्यक्तियों से है, तो चेतना की भी बहुत सारी अवस्थाएँ हैं। अचेतना भी चेतना की ही तो पूरक है। इस प्रकार अतीत से से चला आ रहा कम या अधिक मात्रा में सहित भाव (सहयोग) वर्तमान में नजर आ रहा है। भविष्य में भी नजर आयेगा क्योंकि समाज चेतना के साथ होना चाहिए, तो चेतना समाज के साथ। जब एक व्यक्ति में एक पूर्ण समाज देखा जा सकता है तो सम्पूर्ण मानव जीवन का सम्बन्ध भी सामाजिक चेतना से हो सकता है। इस तरह सूक्ष्म दृष्टि से सोचते जायं तो सामाजिक चेतना का व्यापक क्षेत्र हो सकता है।

समाज-चेतना से अभिप्रायः व्यक्ति, परिवार, समाज के विविध पहलुओं पर चिन्तन से है। समाज को आदर्श रूप में देखने से हैं। इसकी इकाई व्यक्ति के दो बाह्य रूपों (स्त्री-पुरुष) पर अलग-अलग विचार एवं भावात्मक दृष्टिकोणों से सोचना हो सकती है। यदि पुरुष की चर्चा प्रधान रूप में की जा सकती है तो स्त्री की आवश्यकता पर भी अनेक कोणों से विचार किया जा सकता है। यह समाज-चेतना का ही विषय है। स्त्री-पुरुषों का विभिन्न प्रकार के शोषण, अन्याय, अत्याचार, बेईमानी इत्यादि को देखना-दिखाना ही महाकाव्यकार का उद्देश्य नहीं, बल्कि इनसे उनको छुटकारा दिलाने का प्रयास करना भी है। स्त्री-पुरुषों को अपने सत् गुणों में विकास करना ही समाज चेतना की प्रारम्भ अवस्था है। सामाजिक चेतना में हम स्त्री पुरुषों को अलग-अलग रखकर विचार नहीं कर सकते। यहाँ बात दोनों के विकास से प्रारम्भ होती है।

स्त्री-पुरुष यदि अपने अन्दर सत् विचारों को विकास देता है तो वह विविध गुणी अन्तः साधना के द्वारा एकता में अनेकता की सृष्टि कर डालता है, जो एक समाज की चेतना का ही आन्तरिक रूप है। व्यक्ति के आन्तरिक समाज की चर्चा उसके उत्कर्ष का ही वर्णन तो है। व्यक्ति के विचार तत्व को मन वचन कर्म में प्रतिस्थापित होने से पूर्व सत् रज तम की भूमि पर से होकर गुजरना पड़ता है। तब ही वह विचार स्थायी रह सकता है। जब व्यक्ति पैदा होता है तब से स्कूल जाने तक उसका विकास माता-पिता, परिवार से होता है। अलग-अलग परिवारों की अलग-अलग स्थितियाँ होती हैं। वे अपनी स्थितियों परिस्थितियों आदि से

सृजित वातावरण में अपने बच्चों का पालन पोषण कर संस्कार देते हैं। वे संस्कार उनके जीवन के लिये अधिकांशतः स्थायी हो सकते हैं। वह उन्हीं के साथ आगे अपना जीवन बढ़ाता है। व्यक्ति को परिवार के बाद शिक्षक, गुरु, मित्र आदि भी कुछ सिखाते हैं, जिससे उसका चतुर्दिक विकास सम्भव है। तदुपरान्त वह स्वतंत्र होकर सभी पहलुओं पर अपनी चेतना से विचार करता है, सोचता है और निर्णय ले लेकर अपनी सार्थकता महसूस करते हुए समाज को अपना सहयोग प्रदान कर सकता है। इस प्रकार विकसित स्त्री पुरुष परिवार के रूप में मिल जाते हैं, तब उनके अपने अलग-अलग विकास की सहयोगी भूमिका समाज चेतना की दूसरी सीढ़ी होती है। जिसमें दोनों मिलकर अपने जीवन को परस्पर के सहयोग से कुछ उच्चावस्था, व्यापकता में पहुँचा सकते हैं। जहाँ एक और एक ग्यारह नजर आयेंगे। यहाँ कर्त्तव्य और अधिकारों की समझ भावों एवं विचारों के आधार पर विकसित करके जीवन को सुसंगठित, सुसज्जित रूप दिया जा सकता है। ऐसी अवस्था में हमारे देश में चली आ रही बहुत सारी रूढ़िया, परम्पराएँ आदि बाधाएँ उत्पन्न कर सकती हैं। इससे भी पूर्व की बहुत सारी विसंगतियाँ विवाह के रूप में तो दहेज, जाति-पांति, अशिक्षा स्त्री और पुरुषों को देखनी पड़ती हैं। जिनमें से होकर उनको गुजरना पड़ता है। जिसका वर्णन हम परिवार से समाज की ओर जब विचार करेंगे, तब करेंगे।

स्त्री और पुरुष के बीच में चली आ रहीं रूढ़ियों - परम्पराओं का निदान उन दोनों को ही कर्त्तव्य और अधिकारों का विभाजन, भाव और विचारों के आधार पर करके करना चाहिए। भाव एवं विचारों का पालन करने पर रूढ़ि परम्परा सम्बन्धी बाधाओं को समाप्त किया जा सकता है। अपने जीवन के दृष्टिकोण को अपने परिवार को दिया भी जा सकता है। जिसको शायद आपने भी कभी अपने परिवार से लिया हो। जीवन के संदर्भ में जो विचार आपने अपने परिवार से लिये हैं, आवश्यक नहीं है वे ही अपने परिवार को भी दिये जाये। उनमें तो वातावरण, समय, विकास इत्यादि से परिवर्तन आते हैं। उनको नकारा नहीं जा सकता है। लेकिन कुछ विचार भाव सत् के इतने नजदीक होते हैं कि उनका स्वरूप बदलने पर भी वे शाश्वत् रहते हैं। उनका अपने परिवार में विरासत के रूप में आना स्वाभाविक हो जाता है। यह विरासत कितनी सजीव बनी रह पाती है, यह अलग विषय है।

परिवार के स्वरूप में बच्चों के अतिरिक्त माता-पिता, भाई-बहिन इत्यादि सभी शामिल हैं। हमारे देश में संयुक्त परिवार प्रथा देखी जा सकती है। जिसका एक मुखिया होता था बाकी सारे सहयोगी सदस्य। सारे सदस्यों का विकास मुखिया का ही विकास, ह्रास मुखिया का ही ह्रास समझा जाता था। ऐसी अवस्था में उनके खान-पान, रहन-सहन, शिक्षा-दीक्षा, विवाह सम्बन्ध इत्यादि स्वरूपों के ऊपर विचार किया जा सकता है। मुखिया मुख सों चाहिये, खान . . .। हमारे समाज में अधिकतर खान-पान की दृष्टि से लड़कियों को उतना महत्त्व नहीं दिया जाता है जितना लड़कों को। लड़के ही घर की सारी जिम्मेदारियाँ सम्भालेंगे, सम्भालते हैं ऐसा सोचकर उनको महत्त्व दिया जाता है। क्या यह सोच टिक सकता था क्योंकि इसका भुगतान लड़कियों को शारीरिक दृष्टि से कमजोरी को लेकर अच्छी स्वस्थ पत्नी-माता सिद्ध न होने के रूप में आगे करना पड़ा। यह ही हाल उनकी शिक्षा को

लेकर है। लड़कियों की शिक्षा के बारे में यह पढ़ लिख कर क्या करेंगी ? घर के अन्दर ही तो रहना है। ऐसा सोच अपूर्ण था, फलस्वरूप टिक न सका। इस प्रकार प्रत्येक सूझबूझ सम्पन्न परिवार ने विभिन्न प्रकार की रूढ़ियों में बंधी अपनी मानसिकता को मुक्त कर अपने परिवार को विविध दृष्टियों से सम्पन्न किया।

विभिन्न परिवारों-जातियों के समूह से ही समाज का निर्माण हुआ है। समाज मानव समूहों की वाटिका है। जिसमें कांटे, पुष्प, जड़, तना और पत्तियों की तरह परिवार के प्रत्येक सदस्य का और समाज के प्रत्येक परिवार का अपना अलग-अलग स्थान एवं महत्त्व है। सौन्दर्य (आनन्द) की दृष्टि से सभी प्रकार के पेड़ पौधों का अपना अस्तित्व है, इसी प्रकार समाज में सभी प्रकार के परिवारों, जातियों धर्मों इत्यादि का सामूहिक एकत्रीकरण है। जिनकी अपनी अलग-अलग जीवन चेतना समाज में प्रवाहित होती रहती है। जीवन (उम्र) की दृष्टि से वे सभी एक हैं लेकिन वे हमारे देश में प्राचीन काल से चले आ रहे रूढ़ि-परम्पराएँ, राजनैतिक, भौतिकादि कारण समाज की एकरूपता को अनेक रूपों में विभक्त कर डालते हैं। इन सबके प्रति स्वस्थ चेतना पैदा करके समाज को अपने एक रूप में बनाएँ रखने का प्रयास सामाजिक चेतना का ही पर्याय तो है। आधुनिक महाकाव्यों में महान् कवियों ने समाज में उत्पन्न विसंगतियों को चित्रित करके उनको दूर करने का अपने पात्रादि द्वारा प्रयास किया है। वही समाज सामाजिक चेतना की ओर बढ़ सकता है, उन्नति कर सकता है, जो अपनी सामाजिक समस्याओं के प्रति जागरूक रहें। "व्यवहार के जिन नमूनों अथवा परिस्थितियों को किसी समाज के बहुत से सदस्य आपत्तिजनक अथवा अवांक्षनीय मानते हों वे ही सामाजिक समस्याएँ हैं। इन सदस्यों की मान्यता है कि इन समस्याओं से निपटने के लिये तथा इनके कार्यक्षेत्र को कम करने के लिये सुधार नीतियाँ, कार्यक्रम तथा सेवाएँ आवश्यक होती है।"[1]

भारतवर्ष में स्वतंत्रता से पूर्व सामाजिक समस्याओं की ओर पहले उतना ध्यान नहीं गया, जितना जाना चाहिए था। इसका कारण राजनैतिक परतंत्रता हो सकती है। व्यक्तियों को उस ओर सोचने का ध्यान राजनैतिक अधिक सामाजिक कम रहा हो। लेकिन राजनैतिक चेतना में उस समय की सामाजिक चेतना को नहीं नकारा जा सकता है। या यों कहें कि सामाजिक चेतना, राजनैतिक चेतना की पृष्ठभूमि थी तो अतिश्योति नहीं होगी। भारत के समाज (जनता) ने स्वतंत्रता की आवश्यकता महसूस की। एक नई चेतना उभर कर आई और उसने सफलता प्राप्त की। सम्पूर्ण दृष्टि से सोचे तो कहा जा सकता है कि भारत की स्वतंत्रता के मूल में तत्कालीन सामाजिक विविध मुखी असुरक्षा, रोजगार की कमी इत्यादि रहीं हों। इस काल में 1936 में टाटा इंस्टीट्यूट ऑफ सोशल सायन्सेस के द्वारा 'ग्रेजुएट स्कूल ऑफ सोशल वर्क' को चलाये जाने का महत्त्व रहा है।

बेरोजगारी भी एक सामाजिक समस्या ही है। इसकी ओर समाज के व्यक्तियों का ध्यान देश में व्याप्त भयानक गरीबी के कारण गया। गरीबी के अनेक भौगोलिकादि कारण

1. सम एसपेक्ट ऑफ ए थ्योरी ऑफ सोसल प्रॉबलम्स इन अमेरिकन सोसालॉजीकल रिव्यु - रिचर्ड सी. फुल्लर – फरवरी 1941 पृ.24-32

थे। सामाजिक समस्याओं की दृष्टि से सभी राष्ट्रों में एक सीमा तक तो बाह्य समानताएँ होती ही हैं। हाँ संस्कृति-सभ्यता, ऐतिहासिक, राजनैतिक असमानताओं के कारण कुछ सामाजिक समस्याएँ भिन्न-भिन्न राष्ट्रों की भिन्न-भिन्न हुआ करती हैं। जैसे जुआ खेलना, अपराध, बेरोजगारी आदि सभी देशों की समस्याएँ हो सकती हैं तो जाति प्रथा, सती प्रथा, दहेज प्रथा आदि भारत की विशिष्ट समस्याएँ हो सकती हैं। इसी प्रकार विभिन्न राष्ट्रों की अपनी अलग-अलग विशिष्ट समस्याएँ होगीं।

समाज में एकदम बदलाव लाने के कारण भी बहुत सारी समस्याएँ उत्पन्न हो सकती हैं। बदलाव तो स्वाभाविक प्रक्रिया है। जैसे-जैसे व्यक्ति की चेतना में विकास होता जाता है वह अपनी दृष्टि से देखता, सोचता हुआ आगे बढ़ता है। समाज भी व्यंक्ति की चेतना की भाँति समय के साथ-साथ आगे बढ़ता, बदलता रहता है। इस बदलाव के अनेक कारण हो सकते हैं। जिनसे समाज में विसंगतियाँ पैदा हो जाती हैं जैसे जनसंख्या वृद्धि, भूचाल, बाढ़, तूफान, मनोवैज्ञानिक अनुकरण, संघर्ष, प्रतिस्पर्धा, सांस्कृतिक आदि। इन कारणों से समाज की एकरूपता छिन्न-भिन्न होती चली जाती है। जैसे-जैसे इन कारणों से सम्बन्धित विषयों में विकास होता जाता है, वैसे- वैसे ही मनुष्य के साथ-साथ समाज में विषम परिस्थितियाँ पैदा होती जाती हैं। साधारणतः समाज से ही सामाजिक बुराइयों का जन्म होता है जैसे कि वेश्यावृत्ति, अपराध, राजनैतिकादि भ्रष्टाचार ये वर्तमान सामाजिक स्थितियों के ही परिणाम हैं। जैसे जब वित्तीय सफलता राजनीतिक ईमानदारी से बढ़कर समझी जाती है तब राजनैतिक भ्रष्टाचार का जन्म होता है। फिर भी यह निश्चित है कि यदि नियम और कायदे-कानून न हों तो कोई समाज जीवित नहीं रह सकता। समाज की कुछ आधारभूत बातों में तो अधिकांश व्यक्तियों को एकमत होना ही पड़ेगा। इसी संदर्भ में अमेरिका के लुईब्रिथ ने ठीक ही कहा है - "ऐसा कोई समाज नहीं है जिसमें आचार न हो। 'आचार' अर्थात् ऐसी मान्यताएँ जिनको समाज का अधिकांश वर्ग मान्यता देकर नियमों अथवा कानूनों का रूप दे देता है। और फिर सभी उनको मानते हैं।" समाज तभी एकता में रह सकता है जब इसके अधिक से अधिक व्यक्ति, अधिक से अधिक विषयों पर सहमत हों। और होने वाली बातों का सब पर एक सा प्रभाव पड़े।

सामाजिक चेतना का विषय समाज में निहित बुराइयों को खोजना, उनको दूर करने के उपाय ढूंढना है। इस संदर्भ में यह कथन उचित ही है - "हम समाज को उसके वर्तमान से अधिक अच्छा बनाना चाहते हैं। सम्भव है कुछ ऐसे भी नागरिक हो जो संतुष्ट हों और परिवर्तन न चाहते हों, परन्तु उन्हें अनुचित महत्त्व नहीं देना चाहिए। समाज में जब तक ऐसे व्यक्ति हैं कि जो अनुभव करते हैं कि उन्हें न्याय नहीं मिल रहा है अथवा उनके साथ न्यायपूर्ण व्यवहार नहीं किया जा रहा है, तब तक तो समाज के पुनर्निर्माण की आवश्यकता है ही।"[1] ये भी सारी बातें एक महाकाव्यकार के अन्तस्त में घूमती रहती हैं क्योंकि वह समाज का विशिष्ट व्यक्ति होता है। वह प्रयास करता है कि समाज में चिन्तन की विविधता हो, आर्थिक तथा

1. अन इन्ट्रोडेक्सन टू सॉसलोजी - प्रोफेसर, डेविस जे. पृ.699-707

शिक्षणात्मक असमानंताओं को दूर कर समान अवसर प्रदान किये जायें। कोई समूह विशेष किसी विशेष सुविधा का पूर्णरूपेण शोषण नहीं करे। ऐसी सामाजिक व्यवस्था हो कि जिसमें सामाजिक बुद्धि-वैभव, सामाजिक कार्यदक्षता तथा ऐच्छिक सहयोग से समाज की अधिक से अधिक भलाई हो सके। इस क्षेत्र में महाकाव्यकारों के अतिरिक्त कई समाज सुधारकों, महात्माओं, राजनेताओं आदि ने विशेष योगदान दिया है। उनके योगदान का प्रभाव परवर्ती महाकाव्यकारों पर भी पड़ा है। महात्मा गांधी जैसे महापुरुष ने जनता का ध्यान जातिवाद, शराब खोरी, महिलाओं की दुर्दशा आदि की ओर आकर्षित किया तो राजाराममोहनराय, स्वामी दयानन्द सरस्वती आदि समाज सुधारकों ने 'सतीप्रथा' बाल विवाह, जैसी भीषण सामाजिक बुराइयों को दूर करने में महत्वपूर्ण योगदान दिया। जिनका विस्तार से विवेचन आगे किया है। यहाँ पर हमारा उद्देश्य सामाजिक चेतना के इर्द-गिर्द ही अपने विचार प्रस्तुत करना है। जब किसी बुराई को लेकर समाज के लोग एक समूह में बंध जाते हैं। और अपनी परेशानियों के अनुरूप ही सभी की परेशानियों को महसूस करते हैं। इस दृष्टि से सोचने वालों की संख्या जब अधिक से अधिक हो जाती है। सभी एक दूसरे के लिये सोचते हुए एक हो जाते हैं। और सोच एक सामूहिक रूप में उभरकर आ जाता है, इसको हम सामाजिक चेतना कह सकते हैं। जो अधिकांश व्यक्तियों मे पैदा होकर समाज के अन्दर फैल रही, बढ़ रही समस्या के समाधान के लिये प्रयत्न करती है, लड़ती है और उस समस्या से समाज को अन्ततः छुटकारा दिला ही देती है।

अतः किसी देश के लिये उसके समाज में समस्याओं के समाधान के लिये सामूहिक चेतना पैदा होना विशेष उपलब्धि और मानवीय जीवन्तता की पहचान है।

(क) साहित्य में महाकाव्य विधा की वरीयता

'महाकाव्य' साहित्य की एक महत्त्वपूर्ण पद्यात्मक विधा है। महाकाव्य की रचना कवि के अनन्त पुण्यों का फल होती है। कवि के मानवजीवन के व्यापक दृष्टिकोणों का प्रतिबिम्ब ही तो महाकाव्य है। वह इस व्यापक अभिव्यक्ति के सहारे इस संसार में अमर हो जाता है। जब कवि का मानस-चखम भाव के आसव से इतना भर जाता है कि वह आसव उसमें से छलक-छलक पड़ता है, तब गीत का जन्म होता है, लेकिन जब कवि की दृष्टि रूप से ऊपर उठकर लोक मानस की भूमि पर, 'पर' से तादात्म्य स्थापित करने का प्रयास करती है, तब महाकाव्य की सृष्टि होती है। इसमें अभिव्यक्ति भावनाएँ और विचार समष्टिगत होते हैं यहाँ आकर कवि का अहं चराचर जगत में व्याप्त होकर तिरोहित हो जाता है जिसमें मानवीय जीवन अपनी समग्रता में चित्रित किया जाता है और मानव जीवन की शाश्वत वृत्तियाँ ही यहाँ स्थान पाती हैं। मानव जीवन के बाह्य एवं आन्तरिक दोनों ही पक्ष महाकाव्य के विस्तृत फलक पर प्रतिबिंबित होते हैं इसलिये यह काव्य रूप व्यक्ति विशेष की वस्तु न होकर समष्टि की धरोहर है। 'रसो वै सः' के चिरन्तन सत्य का जो साक्षात्कार योगी अपनी समाधि में करता है और साधारण कवि अपनी कविता के परिमित क्षेत्र में कराना चाहता है, उसी को महाकाव्य का प्रणेता प्रकृति, परिवार एवं समाज की विस्तृत परिधि में फैलाकर तथा जीवन की पूर्णता में

व्याप्त करके करना तथा करवाना पसन्द करता है । वह व्यक्ति को न केवल समाज एवं प्रकृति के प्राङ्गण में रस साधना के लिये बाध्य करता है, अपितु इस साधना में सारे समाज को रत करने के लिये सचेष्ट होता है ।

महाकाव्य साहित्य की एक ऐसी विधा है, जिसमें जीवन का सम्पूर्ण चित्रण होता है । साहित्य की कई अन्य विधाओं में जीवन सम्पूर्णता में उतना चित्रित नहीं किया जा सकता है । इसमें तत्कालीन सम-सामयिक घटनाओं को अधिक से अधिक मात्रा में वर्णित किया जाता है । यह व्यक्ति विकास से लेकर परिवार, समाज, देश, विदेश के विकास तक की यात्रा होती है । महाकाव्य के अन्दर संस्कृति के इतिहास की झांकी हमको मिलती है । यह सांस्कृतिक जीवन के वर्तमान, भूत एवं भविष्य का दस्तावेज होता है । इसमें वर्तमान का चित्रण, भूत की शिक्षा और भविष्य के प्रति जागरूकता का बोध, सब एक साथ, व्यापक रूप में प्रस्तुत किये जाते हैं । इसमें पुरुषार्थ चतुष्टय एक साथ वर्णित रहते हैं जबकि साहित्य की अन्य छोटी विधा में इनका अभाव प्राय हो जाता है । इसी प्रकार सम्पूर्ण रसों का समावेश साहित्य की महाकाव्य विद्या में सुगमता से किया जाता है, उतना अन्य साहित्यिक विधा में नहीं । महाकाव्य ही साहित्य की मात्र एक ऐसी विधा है जिसमें किसी भी विषय के वर्णन के लिये साहित्यकार को व्यापक कलेवर मिलता है उतना अन्य विधाओं में नहीं ।"इसमें कई सर्ग, विविध गुण, सम्पन्न नायक, सभी रस, सभी नाट्य संधियों की योजना, चतुर्वर्ग- निरूपण, विविध छंद प्रयोग, निन्दा, प्रशंसा, सन्ध्या, सूर्य, चन्द्र, रात्रि, प्रदोष, अंधकार, दिन, प्रातः काल, मध्याह्न, मृगया, पर्वत, ऋतु, वन, उपवन, समुद्र इत्यादि का यथा संभव सांगोपांग चित्रण होना चाहिए ।"[1]

महाकाव्य को सामाजिक परिप्रेक्ष्य में रखकर देखते हैं तो कहा जा सकता है कि जिस प्रकार से समाज में विविध जाति-वर्ग-धर्म, भाषा, क्षेत्र इत्यादि का सामूहिक स्वरूप विद्यमान है उसी प्रकार महाकाव्य में भी जीवन के विविध कार्य व्यापारों- विषयों का सामूहिक स्वरूप पाया जाता है । इस प्रकार स्पष्ट है कि महाकाव्य एक ऐसी विधा है जिसमें एक साथ समाज के अधिक से अधिक व्यापक स्वरूप का वर्णन किया जा सकता है । महाकाव्य और सामाजिकता का व्यापकता की दृष्टि से अन्योन्याश्रित सम्बन्ध है । जिसमें जीवन के विविध पहलुओं पर चेतना की बात विस्तार से इंगित करते हुए उसके समाधान की दिशा में सुझाव दिया जा सकता है । महाकाव्य में समाज की बहुत सारी रूढ़ियों, परम्पराओं, विसंगतियों को समेटा जा सकता है, अपने ढ़ंग से महाकवि समस्याओं के समाधान का प्रयत्न करता है तो भविष्य के लिये दृष्टि प्रदान भी । इसलिये देखा जाता है कि रामचरित मानस आज भी प्रासंगिक है वह आज की बहुत सारी समस्याओं का समाधान करने में सक्षम है । इसलिये यह भी स्पष्ट है कि महाकाव्य अपने समय का दस्तावेज होकर अपनी सांस्कृतिक धरोहर को सुरक्षित रखता है । जो समाज में अपनी संस्कृति को पुनः पुनः जीवित करते हुए मनुष्यों को अपने देश, खान-पान, रहन-सहन, आचार-विचार, रीति-रिवाज आदि से परिचित कराता है ।

1. साहित्य दर्पण - 6/315-324

(ख) साहित्य और सामाजिक चेतना का पारस्परिक सम्बन्ध

साहित्य का सम्बन्ध व्यक्ति की बहुमुखी चेतना से होता है । व्यक्ति की बहुमुखी चेतना का स्वरूप व्यापक है । यहाँ पर व्यक्ति के व्यापक ज्ञान भंडार में से, उन्हीं चेतनाओं को लिया गया है, जिनका सम्बन्ध विशेष रूप से समाज से है । व्यक्ति की चेतना जब रागात्मक रूप से मुखरित होने लगी, तब से ही उसका सम्बन्ध साहित्य से जुड़ा होगा । साहित्य में विचार बिन्दुओं की दिशा सह चिन्तन, समूह चिन्तन की ओर बढ़ जाती है और पाठकों की मानसिकता को एक धरातल पर ले आती है । उस धरातल पर जब पाठक और उसका समाज एक हो जाते हैं, तब उस धरातल को साहित्य की सामाजिकता कहते हैं । जब साहित्य और समाज को चेतना एक कर देती है, तब समाज को साहित्य उसकी दशा बताते हुए उसे आगे की दिशा प्रदान करता है । मनुष्य के चिन्तन में कुछ नई-नई दृष्टियाँ उत्पन्न होती हैं जिनको सामान्यतः समाज आसानी से स्वीकार नहीं करता क्योंकि जब साहित्य सामाजिकता की बात, किसी भी दृष्टि से करता है, तो समाज के सामने उसकी विभिन्न प्रकार की विसंगतियों और उनसे वह मात्र साहित्य का विषय ही समझ कर छोड़ देता है, जबकि यह विषय उसकी (समाज) होता है, उतना साहित्य का नहीं । जब साहित्य में समाज की विसंगतियों को उसकी ही विसंगतियां बताने की क्षमता आ जाती है, समाज उसे सहजता से स्वीकार कर लेता है तब समाज का साहित्यिकीकरण हो जाता है ।

साहित्य का विषय व्यक्ति से प्रारम्भ होता है यह सही है लेकिन जितना जल्दी उसका सम्बन्ध व्यक्ति के अन्दर निहित समाज से होगा उतना ही जल्दी साहित्य, समाज प्रिय होगा । अतः साहित्य का सम्बन्ध यथाशीघ्र सामाजिक हो जाना चाहिए । उसे समाज के नियमों की पहरेदारी में सतर्कता बरतनी चाहिए । आवश्यकता पड़ने पर, नियमों की कमी को दूर करने के लिये चेतना की अतिरिक्त शक्ति लगानी चाहिए, जिससे समाज की सुरक्षा आगामी समय से जुड़ सके । फलस्वरूप जीवन के सामाजिक संकल्प फलित हो सकें ।

साहित्य का समाज के प्रत्येक व्यक्ति से सम्बन्ध होता है, होना चाहिए । चाहे समाज का सम्बन्ध (किन्ही व्यक्ति विशेषों से) उतना न भी हो । समाज की एक सीमा होती है, उसकी स्थिति अनेकता से एकता की ओर बढ़ती है, जिसमें सभी का (अनेकों का) प्रगति (चेतना) से आगे बढ़कर एक सामाजिक चेतना में मिलना सम्भव नहीं हो पाता है । जबकि साहित्य की चेतना, एकता (साहित्यकार) से अनेकता (समाज) की ओर प्रगति करती है । उसकी गति एक होती है वह सभी के पास अपनी सामर्थ्यानुसार एक साथ ही पहुँचने का प्रयास करती है यह ही साहित्य का समाजीकरण कहा जा सकता है । साहित्य का चेतना की दृष्टि से समाज के प्रत्येक व्यक्ति से सम्बन्ध होता है, लेकिन सम्पूर्ण समाज का सम्बन्ध साहित्य से हो यह आवश्यक नहीं क्योंकि समाज अपनी परिस्थितियों के साथ अधिक रहता है, उतना चेतना की दृष्टि से नहीं । ऐसी स्थिति में सहृदयों (सामाजिकों) की महत्त्वपूर्ण भूमिका होती है । वे साहित्य के संदेशों को समाज के प्रचार प्रसार के साथ सामाजिक चेतना से जोड़ सकते हैं, क्योंकि चेतना की दृष्टि से प्रत्येक व्यक्ति को जितना साहित्यिक होने का अधिकार है उतना ही सामाजिक ।

समाज परम्परा रीतिरिवाज, धार्मिक आड़म्बरों के साथ सामाजिक दायित्त्वों, अधिकारों की वोट नीति के आधार पर अधिक शक्तिशाली होता है, तुलना में साहित्य के। वैसे साहित्य में 'समूह भाव की एकता' अधिक है, तुलना में समाज की 'समूह भावना की एकता' से। इसलिये ऐसी सामाजिक शक्ति सम्पन्न समाज को साहित्यकार अपनी चेतना के सहारे सामाजिकों की चेतना तक पहुँचकर समाज की परम्परा रीति रिवाज आदि का पुनर्मूल्याकन करते हुए उसमें से सड़ी गली मान्यताओं को निकाल फेंकने में सफल हो सकता है तथा उसमें सर्वमान्य मान्यताओं को शामिल कर मानवता की रक्षा में योगदान देता है। समाज किसी भी साहित्यकार की व्यक्तिगत उपेक्षा के साथ-साथ उसके साहित्य की भी उपेक्षा कर सकता है लेकिन साहित्यकार इसकी परवाह किये बिना समाज से अपना सम्बन्ध बनाये रखता है। और वह जब तक समाज की विचारधारा में परिवर्तन की आवश्यकता का उसे बोध नहीं करा देता है, तब तक वह समाज के प्रति अपना उत्तरदायित्व निभाता रहता है, इसका श्रेय उसकी मानवीय चेतना को जाता है।

साहित्य का कार्य समाज की व्याख्या भर करना ही नहीं अपितु उसमें गतिशीलता लाना भी है। समाज में चेतना की गतिशीलता लाने वाला साहित्य ही चिरस्थायी और भविष्य दृष्टा होता है। वही समाज में जीवन्त चेतना पैदा करने में समर्थ होता है। समाज के प्रत्येक व्यक्ति से उसका सम्बन्ध होता है। साहित्य के लिये समाज का कोई व्यक्ति उपेक्षित नहीं है। साहित्य से समाज के व्यक्ति, विविध प्रकार की शिक्षाएँ ग्रहण कर सकते हैं। साहित्य समाज से आगे चलता है इसलिये वह तात्कालिक समाज की तो प्रगति करता ही है, उसका नेतृत्व भी करता है। समाज की गतिशीलता धीमी होती है और साहित्य की चेतना की गति तीव्र। इसलिये साहित्य और समाज में काफी दूरी होती है। साहित्य की चेतना के साथ समाज को चलने में काफी कुछ खतरे उठाने पड़ सकते हैं इसलिये वह उससे दूर ही रहता है। यदि समाज का साहित्य से सीधा सम्बन्ध है तो वह मात्र अनुरंजन करने का है, उससे दिशा निर्देश लेने का उतना नहीं। समाज के अधिकांश लोगों का साहित्य से मनोरंजन करने का ही सम्बन्ध है, इस भाव से समाज साहित्य को पढ़ता है। साहित्य भाव-विचार प्रधान होता है तो समाज व्यवस्था और रोटी प्रधान। भावात्मक-रोटी से साहित्यकार की भी भूख नहीं बुझ सकती। अतः साहित्यकार साहित्य और समाज के बीच में रहकर दोनों को भलीभांति देखता है। तथा दोनों में तारतम्य स्थापित करने में सार्थक भूमिका अदा करता है।

साहित्य का सम्बन्ध मनुष्य से है। मनुष्य समाज का प्रतिनिधि अंग है इस प्रकार साहित्य का समाज से अन्योन्याश्रित सम्बन्ध है। वह मनुष्य (साहित्यकार) से दृष्टि पाकर मनुष्यों (सामाजिक पाठकों) को दृष्टि देता है इस सम्बन्ध में हजारी प्रसाद द्विवेदी का कथन है - "मैं साहित्य को मनुष्य की दृष्टि से देखने का पक्षपाती हूँ। जो वाग्जाल मनुष्य को दुर्गति, हीनता और परामुखापेक्षित से बचा न सके, जो उसकी आत्मा को तेजोद्दीप्त न बना सके, जो उसके हृदय को परदुःख करता और संवेदनशील न बना सके, उसे साहित्य कहने में मुझे संकोच होता है।"[1] जो साहित्य व्यक्ति से दृष्टि लेकर व्यक्ति को दृष्टि लौटा न सके वह साहित्य बेईमानी का साहित्य होता है। समाज पर समय का असर पड़ता है। समाज की

1. अशोक के फूल – आचार्य हजारी प्रसाद द्विवेदी पृ.148

स्थितियाँ बदलती रहती हैं, इतिहास गवाह है। आज के समाज की स्थिति दो सौ वर्ष पूर्व के समाज से भिन्न है जबकि पांच सौ वर्ष पुराने साहित्य की उतनी नहीं। साहित्य अपने समय के समाज की समस्याओं का तो समाधान करने के लिये पैदा तो होता ही है भविष्य के समाज की समस्याओं का भी समाधान करने में समर्थ हो सकता है। यदि उसमें समय की परिवर्तनशीलता को भी जोड़ लिया जाय तब।

प्राचीन साहित्य के साथ आज के पाठक (सामाजिक) अन्याय कर बैठते हैं वे मात्र आज की सामाजिक दृष्टि से ही प्राचीन साहित्य को पढ़ते हैं। उन्हें साहित्य सृजन कालीन सामाजिक दृष्टि को भी सामने रखना चाहिए यदि उसमें कुछ समय की परिवर्तनशीलता से आज निरर्थक हो गया है, उसका पुनर्मूल्यांकन करके पढ़ना चाहिए। समाज के स्वरूप की परिवर्तनशीलता साहित्य और समाज के सम्बन्धों की जड़ता न होकर सम्बन्धों की और अधिक चेतनता है। अतः साहित्य का समय को दृष्टि में रखते हुए समाज से अटूट सम्बन्ध है। समाज इतिहास को ध्यान में रखते हुए प्राचीन साहित्य और आज के समाज का सम्बन्ध स्पष्ट हो जाता है। आज की समस्याओं के समाधान के लिचे प्राचीन साहित्य के पुनर्मूल्यांकन की आवश्यकता है। इस ओर भी आज के साहित्यकार नये सिरे से विचार कर रहे हैं। वे अपने पुराने साहित्य और साहित्यकारों को भी पुनः जीवित करते हैं, इसी नाते आज के साहित्यकारों में दिखाई देते हैं कभी कबीर तो कभी तुलसीदास। आधुनिक लेखक वर्तमान समाज की भयावह स्थिति के प्रति सजग हैं। धर्मवीर भारती समाज के बारे में लिखते हैं - जब बाहर का सारा जीवन दैन्य, पराजय, कुंठा, विकृति, पाशविकता और कुरूपता से इस कदर आक्रान्त हो गया हो कि उसमें मनुष्यता के लिये तिल भर भी जगह न बचे तथा जो कुछ भी मानवीय है वह कुंठित, बौना, भ्रष्ट और खण्डित होने को विवश हो जाय, उस समय हमारे सामने कौन सा विकल्प है ? क्या हम उन तमाम स्थितियों से आँख चुराकर किसी कल्पित, अमानवीय, अलौकिक सौन्दर्य की कल्पना में अपने को झुठलायें या इस मानव-विरोधी भ्रष्ट व्यवस्थाओं को ही अपने अस्तित्व की एक मात्र आधार भूमि मानकर मनुष्यता की थाती पर से अपना विश्वास ही खो बैठे ? इतिहास में सिर्फ आज नहीं अनेक बार ऐसी अंधकारमय स्थितियाँ आती हैं। शायद यह जरूर है कि संकट की यह गहनता और व्यापकता इतनी कभी नहीं थी जितनी कि आज है।"[1] इस उदाहरण से स्पष्ट हो जाता है कि एक साहित्यकार समकालीन साहित्य से किस प्रकार जुड़ा रहता है। इसके साथ एक दूसरी बात यह भी है कि साहित्य की रचना एक बात है उस रचना से समाज का प्रभावित होना दूसरी बात। आज साहित्य के समाजीकरण का अधिक कारगर माध्यम टेलीविजन आदि हो रहे हैं। यों तो ये समाज में एक साहित्यिक वातावरण उपस्थित कर देते हैं लेकिन वह आदर्श वातावरण अधिक समय तक दर्शकादि में उपस्थित नहीं रह पाता, जबकि उसके स्थायी बने रहने की आवश्यकता है।

किसी भी भाषा का साहित्य क्यों नहीं हो उसका मूल्य तब और भी बढ़ जाता है जब उसका सम्बन्ध समाज के रूप में अधिक से अधिक पाठकों (मनुष्यों) से जुड़ जाता है। जिस साहित्य का सम्बन्ध जितने कम व्यक्तियों से होता है वह उतना ही बौना जितने अधिक लोगों

1. आचार्य हजारी प्रसाद द्विवेदी - धर्मवीर भारती - 1

से जुड़ता है उतना ही वह समृद्ध सिद्ध होता है। साहित्य की भाषा सामाजिक होनी चाहिए अर्थात् वह अपने साथ अधिक से अधिक सामाजिकों को लेकर चलने वाली होनी चाहिए जो समाज में सभी प्रकार के भेदभाव ऊँच-नीच को बोली के स्तर पर भुलाकर अपने साथ ले चले। इसके लिये भारतीय समाज के उपयुक्त सरल भारतीय भाषा (हिन्दी) ही सर्वाधिक उपयोगी होगी। वह अपने सरल से सरलतम रूप में साहित्य के साथ मिलकर समाज के सभी वर्गों का साहित्यिक दृष्टि से प्रतिनिधित्व कर सकती है। समाज के विविध विषयों को सरलता से लिख सकती है। भाषा मनुष्य जीवन की आन्तरिक अनुभूति की बाह्य अभिव्यक्ति शक्ति है। वही एक विशेष व्यक्ति की आन्तरिक साधना के फल को सभी में बाँट सकती है। मनुष्यों की समस्याओं के समाधान की बात कर सकती है। वह ही तमाम भाषाओं से सम्बन्धित सामाजिक समस्यायों के समाधान में भी सहायक सिद्ध हो सकती है। क्योंकि वह भी साहित्य की भांति मनुष्य की सेवा का माध्यम है। द्विवेदी के शब्दों में - नगरों और गाँवों में फैला हुआ सैकड़ों जातियों और सम्प्रदायों में विभक्त अशिक्षा, दारिद्रय और रोग से पीड़ित मानव-समाज आपके सामने उपस्थित है। भाषा और साहित्य की समस्या वस्तुतः उन्हीं की समस्या है। क्यों ये इतने दीन-दलित हैं? शताब्दियों की सामाजिक, मानसिक और आध्यात्मिक गुलामी के भार से दबे हुए ये मनुष्य ही, भाषा के प्रश्न हैं और संस्कृति तथा साहित्य की कसौटी हैं। जब कभी आप किसी विकट प्रश्न के समाधान का प्रयत्न कर रहें हों तो इन्हें सीधे देखें। अमरीका में या जापान में ये समस्यायें कैसे हल हुई हैं, यह कम सोचें, किन्तु असल में ये हैं क्या और किस या किन कारणों से ये ऐसे हो गये हैं, इसी को अधिक सोचें। बड़े-बड़े विचारकों ने इस देश के जन समुदाय के अध्ययन का प्रयत्न किया है, अब भी कर रहे हैं, पर ये अध्ययन या तो इन्हें अच्छी प्रजा बनाने के उद्देश्य से किये गये हैं या वैज्ञानिक कुतूहल-निवारण के उद्देश्य से। हमारी भाषा, हमारा साहित्य, हमारी राजनीति - सब कुछ का उद्देश्य यही हो सकता है कि इनको दुर्गतियों से बचाकर किस प्रकार मनुष्यता के आसन पर बैठाया जाय।"[1]

समाज को विभिन्न प्रकार की गुलामियों से छुटकारा दिलाने में साहित्य की महत्त्वपूर्ण भूमिका होती है। उसे अनेक प्रकार के दबावों से साहित्य बचाता हुआ जीवन के अस्तित्व को प्रतिष्ठित करता है। उसके आवेगों, उद्वेगों, उल्लासों आदि के स्पंदनों का चित्र उभार कर सामने प्रस्तुत करता है। आज के भौतिक युग को जीवन के ऊपर पूर्ण रूप से हावी नहीं होने देता। मानव जीवन को यंत्रीकरण से बचाने का प्रयत्न, साहित्य समाज सेवा का मानवीय आधार है। इस प्रकार सभी बाह्य-आन्तरिक विषयों की दृष्टियों से साहित्य को समृद्ध करके, समाज की सेवा के लिये प्रस्तुत करना चाहिए। समाज पर अर्थ, राजनीति, विज्ञान, धर्म आदि का विशेष प्रभाव होता है। इन सभी विषयों का गूढ़ ज्ञान साहित्य लेखन के लिये परमावश्यक है। क्योंकि ऐसे साहित्य से समाज को अच्छी तरह से समझाने में सहायता मिलती है। अतः यह कहा जा सकता है कि समाज और साहित्य का "पिता-पुत्र, शिष्य-गुरु" सदृश सम्बन्ध होता है। एक दूसरे का, एक दूसरे से विकासात्मक सम्बन्ध होता है। फिर भी

1. अशोक के फूल – आचार्य हजारी प्रसाद द्विवेदी पृ.150

यह जानने में उन्हें संकोच नहीं होना चाहिए कि क्या यथार्थ में साहित्य का समाज पर विशेष प्रभाव पड़ रहा है, तो उन्हें कहीं-कहीं कुछ-कुछ ही मिलता है क्या ? क्या इससे अधिक नहीं पड़ सकता इस दिशा में भी साहित्यकारों की चिन्ता हो सकती है । क्या साहित्यकारों-पाठकों को नये-नये सिरे से साहित्य और उसके समाज पर विचार करना होगा ? इस स्थिति को और अधिक स्पष्ट करने के लिये - "बाण भट्ट की आत्मकथा के प्रकाशन को आज बीस वर्ष हो गये । लगभग उतना ही समय गुजरा हमें आजादी पाये हुए । आर्यावर्त को आक्रामक दस्यु से मुक्त कराने का स्वप्न लेखक ने देखा था लेकिन आजादी के बाद के बीस वर्षों में क्या आक्रामक दस्यु घटे या पराजित हुए ? क्या सचमुच भट्टिनी के महावाराह की रक्षा हुई ? क्या सचमुच हमारी राष्ट्रीय मानसिकता भय से मुक्त हुई या नये-नये ढ़ंग से नये -नये शास्त्र, नये- नये देवता, नयी-नयी जाति, वर्ग और वर्ण चेतना का नया अहंकार, नये-नये राजपुरुष, और नये-नये पाखण्डों का अंधकार हमको ग्रसता गया, हम नये भयों का शिकार होते गये ? और न केवल जीवन वरन् साहित्य चिन्तन के स्तर पर यह मिथ्याचारी, झूठे चेहरों वाला गर्हित पाखण्ड और भी मुखर नहीं होता गया, और भी बेशर्म नहीं होता क्या ? . . . किसी से भी न डरना' का मूल मंत्र देने वाले की वाणी मंद क्यों रही ? जिसने लोक से भी और वेद से भी निडर होने की बात कही थी वह पिछले कितने ही वर्षों से ऐसी ज्वलन्त समस्याओं पर या तो चुप है या बोलता है तो कुछ ऐसा जिसमें . . . न लोक नाराज हो, न वेद नाराज हो, न गुरु नाराज हो, न मंत्र नाराज हो । . . . जिन धरातलों पर उसने चिंतन किया था वास्तविक साहित्यिक जगत में उससे कहीं पृथक धरांतल के कष्ट प्रद साक्षात्कार ने उसको क्लांत और दुःखी कर दिया है"[1]

फिर भी साहित्य और समाज के अटूट सम्बन्ध को नकारा नहीं जा सकता है । साहित्य मानवीय दृष्टिकोणों को सामूहिक रूप में इकट्ठा करके, समाज के निहित मानवीय मूल्यों के साथ तादात्म्य स्थापित करता है । समाज में छुपी उसकी मानवता को जगाता है और उसे एक आदर्श सामाजिक व्यवस्था बनाये रखने में अपना अमूल्य सहयोग प्रदान करता है ।

वर्तमान समय में साहित्य का उत्तरदायित्व निश्चित रूप से बढ़ गया है, क्योंकि आज समाज को ऐसी हालातों में से होकर गुजरना पड़ रहा है, जिसका सुखमय जीवन की दृष्टि से कोई विशेष सम्बन्ध नजर नहीं आता, जबकि साहित्य का जीवन से विशेष नजदीकी का सम्बन्ध है क्योंकि जीवन के विविध सुख प्रदायक चित्रों को वर्तमान समय में चित्रित करना साहित्यकार का ही कार्य है । आज के सामाजिक जीवन में इतनी समस्याएँ और विसंगतियाँ बढ़ गई हैं कि व्यक्तियों का जीवन अशान्तमय होता जा रहा है । सामाजिक जीवन के मापदण्ड और मूल्य अधिक विसंगत होते जा रहे हैं जिनमें व्यक्ति न चाहते हुए भी अपने को ढ़ालता जा रहा है । जिसमें मानव, जीवन के उद्देश्यों (धर्म, अर्थ, काम, मोक्ष) से दूर होते जा रहे हैं । क्योंकि धर्म क्या है इसका क्या स्वरूप है क्या होना चाहिए । व्यक्तियों को पता ही नहीं हैं । धर्म के क्षेत्र में कोई नियम, आचार, विचार आदि न होकर व्यक्ति स्वतंत्र, उन्मुक्त होना ही धार्मिक स्वरूप महसूस करता है । उनका यह धार्मिक रूपान्तरण मानवीय न होकर उससे दूर

1. आचार्य हजारी प्रसाद द्विवेदी (व्यक्ति चित्र) - धर्मवीर भारती - 1

होता जा रहा है । इसके बहुत सारे कारण हैं उन कारणों में- व्यक्ति आन्तरिक संघर्ष न करके, धार्मिक चेतना से भी वंचित होता जा रहा है । ऐसा ही अर्थ के क्षेत्र में भी देखने को मिलता है । जीवन में अब 'कर्म प्रधान विश्व कर राखा' का संदेश 'अर्थ प्रधान विश्व कर राखा' में परिवर्तित हो गया है । अर्थ के लिये कर्म के मापदण्ड बदल गये हैं । इसी प्रकार काम, और मोक्ष के भी ।

हमारे साहित्य में सामाजिक समस्याओं, विसंगतियों के समाधान के लिये पहले से ही दृष्टियाँ मौजूद थीं । यदि उन पर विचार कर उनको जीवन-शैली में उतारा जाय तो काफी हद तक जीवन की आज की समस्याओं से छुटकारा पाया जा सकता है । लेकिन इसके लिये भारतीय चिन्तन साधना के कर्म रूप में से होकर गुजरना पड़ेगा । लेकिन समाज इससे दूर ही बना रहा । साहित्य में सामाजिक विसंगतियों के चित्रांकन के साथ-साथ उनको दूर करने के उपायों का दायित्व भी होना चाहिए । साहित्य एक ऐसी कला है जिसके द्वारा व्यक्ति को दृष्टि विकास सुगमता से प्रदान किया जा सकता है । इसके लिये सरलता, सहजता, सरसता का माध्यम उसके पास भाषा के रूप में मिला है । भाषा साहित्यकार के पास शक्ति के रूप में होती है जिसका सदुपयोग साहित्य में होना चाहिए। लेकिन साहित्य में सरल और प्रभावशाली (सामाजिक चेतना के संदर्भ में) भाषा का प्रयोग किसी साधना से कम नहीं है । इसके लिये उसे अपने अन्दर से सरल होना पड़ेगा । और यह सरलता जब तक साहित्यकार में नहीं आ सकती, जब तक कि वह मानवीय संवेदनाओं से सम्बद्ध नहीं हो जाता और उससे कदम-कदम पर काम नहीं लेता । तभी वह सारे छल-कपटों से दूर हो सकता है । इस संदर्भ में -"सीधी लकीर खींचना टेढ़ा काम है । जीवन साहित्य के लिये सहज भाषा पाने के लिये कठोर तप की आवश्यकता है । जब तक आदमी सहज नहीं होता तब तक उसकी भाषा का सहज होना असम्भव है । स्वदेश और विदेश के वर्तमान और अतीत के समस्त वाङ्मय का रस निचोड़ने से वह सहज भाव प्राप्त होता है । हर अदना आदमी क्या बोलता है या क्या नहीं बोलता, इस बात से सहज भाषा का अर्थ स्थिर नहीं किया जा सकता । क्या कहने या न कहने से मनुष्य उस उच्चतर आदर्श तक पहुँच सकेगा, जिसे संक्षेप में मनुष्यता कहा जाता है, यही मुख्य बात है । सहज मनुष्य ही सहज भाषा बोल सकता है, लिख सकता है । दाता महान् होने से दान महान होता है ।"[1] अतः जो साहित्यकार गहन साधना करके अपने को सहज नहीं बना लेते हैं वे सहज भाषा प्राप्त नहीं कर सकते हैं। सहज भाषा पर अधिकार प्राप्त करके साहित्यकार, साहित्य में उसका प्रयोग करके ही व्यक्तियों (समाज) में सहज बनाकर उसे अपनी बातें दे सकता है, समझा सकता है, जिन्हें वे हृदयंग करके अपना विकास कर सकें । किसी भी प्रकार की सामाजिक विसंगति का चरित्रांकन साहित्य इस ढ़ंग से करे कि उस सामाजिक विसंगति को दूर करने की चेतना पाठक में पैदा हो सके । इसी बात को पहले भी कहा गया है कि साहित्य के रूप में साहित्यकार की जिम्मेदारी काफी बढ़ जाती है । वह सभी सामाजिक- समस्याओं को अपने साहित्य का विषय तो बनाये ही, उसके समाधान के लिये एक साथ बहुत सारे उपाय भी प्रयोग में लाये। जीवन और साहित्य के प्रयोगात्मक स्वरूप

1. अशोक के फूल – आचार्य हजारी प्रसाद द्विवेदी पृ.160

को चित्रित करें। यही एक साहित्यकार की सफलता है। इसके लिये यहाँ एक, दो बातों की चर्चा की जा सकती है। सबसे पहले साहित्यकार को साहित्य पढ़ने की पाठकों में रुचि के प्रसार की आवश्यकता है। यह दिशा भी साहित्यकार के सोचने की हो सकती है। साहित्यकार और पाठकों के बीच में साहित्य ही आता है जो वर्तमान परिवेश के पाठकों के समक्ष इस ढ़ंग से प्रस्तुत करे कि उनमें समस्याओं के प्रति समाधान की चेतना जाग्रत हो सके। इसके लिये वह कैसा ढ़ंग और तरीका साहित्य की अभिव्यक्ति का अपनाये यह साहित्यकार के सोचने का ही विषय है-

"संसार में अच्छी बात कहने वालों की कमी नहीं है। परन्तु मनुष्य के सामाजिक संगठन में ही कही कुछ ऐसा बड़ा दोष रह गया है, जो मनुष्य को अच्छी बात सुनने और समझने से रोक रहा है। इसलिये आज की सबसे बड़ी समस्या यह नहीं है कि अच्छी बात कैसे की जाय; बल्कि यह है कि अच्छी बात को सुनने और मानने के लिये मनुष्य को कैसे तैयार किया जाय।"[1]

साहित्यकार को सामाजिक समस्याओं, विसंगतियों के विषयों को साहित्य में इस ढ़ंग से प्रस्तुत करना चाहिए कि वे अधिक से अधिक आवश्यक एवं महत्त्वपूर्ण रूप से प्रभावशाली होकर पाठकों के चित्त में स्थायी स्वरूप बनाये, तब ही उन समस्याओं के प्रति समाधान के लिये चेतना जाग्रत हो सकती है - "उपाय है उदार और सरस साहित्य। मेरा मन बार-बार ग्लानि और क्षोभ के साथ जानना चाहता है कि साहित्यिक कहे जाने वाले लोग, जिनका काम ही विश्व को सरस, स्निग्ध और उदार बनाना है, जो संवेदनशीलता को इतना बहुमान देते हैं, विज्ञान की इस बढ़ती हुई शक्ति के साथ क्या ताल मिला कर चल सके हैं। अनेक साहित्यकार बार-बार सचेत करते आये हैं कि विज्ञान द्वारा प्राप्त शक्ति के साथ मनुष्य की भीतरी शक्तियों के उद्बोधन का सामंजस्य होना चाहिये। संकीर्ण राष्ट्रीयता, मोहग्रस्त जाति प्रेम और पथभ्रान्त व्यापार आदि के साथ विज्ञान के सत्यों का कोई मेल नहीं है।"[2]

साहित्य का विषय मानव है। मनुष्य ही साहित्य का पाठक होता है, वही उसका रचयिता होता है, वह खुद स्वयं को ही उसमें रचता है और यह रचना जब सभी मनुष्यों को अपने में समेटकर इकट्ठा कर लेती है तब ही वह श्रेष्ठ साहित्यिक रचना कही जा सकती है। इसको साहित्य (रचना) का समाजीकरण भी कह सकते हैं। जिसमें मानव जाति के बाह्य एवं आन्तरिक विकास की स्थितियों एवं सम्भावनओं पर प्रकाश पड़ता है - "साहित्य समाज को चेतना प्रदान कर दुर्गतियों, हीनताओं, परामुखापेक्षिताओं से बचाता है। मनुष्य की आत्मा को तेजोद्दीप्त, परदुःखकातरता, संवेदनशील बनाता है। साहित्य सृजन मानव सेवा है जो साहित्य अपने आपके लिये लिखा जाता है उसकी क्या कीमत है, यह अलग विषय है परन्तु जो साहित्य मनुष्य समाज को रोग-शोक, दारिद्रय, अज्ञान इत्यादि से बचाकर उसमें आत्मबल

1. अशोक के फूल – आचार्य हजारी प्रसाद द्विवेदी पृ.149

2. अशोक के फूल – आचार्य हजारी प्रसाद द्विवेदी पृ.138-139

का संचार करता है, वह निश्चय ही अक्षय निधि है। मुझे मनुष्य की इस अक्षय अतुलनीय शक्ति पर विश्वास है जिसके द्वारा वह विषम परिस्थितियों को बदल सकता है।"[1] वर्तमान समय में शिक्षा का प्रसार-प्रचार तो जोर-शोर से हो रहा है। लेकिन सही दृष्टि से मूल्यांकन करते हुए विचार किया जाय तो यह प्रचार-प्रसार एक दृष्टि से निरर्थक सा साबित हो रहा है क्योंकि शिक्षा का कार्य व्यक्तियों में मानवता की स्थापना करना भी है लेकिन इसको सामाजिक संदर्भ में देखा जाय तो अभाव ही अभाव सा महसूस किया जा सकता है। हमारे सामने समाज सभी जगह, (नगरों, गांवों, कस्बों), दारिद्रय और सामाजिक रोगों से पीड़ित ही दिखाई पड़ता है। उनकी समस्याएं ही हमारे साहित्य के विषय होने चाहिए क्योंकि ये इतने दीन-दलित, बहुत समय से सामाजिक, धार्मिक और आध्यात्मिक गुलामी के बोझ से दबे हुए हैं।

साहित्य में क्या लिखा जाय, कैसे लिखा जाय, किस प्रकार की भाषा में लिखा जाय इन सारे प्रश्नों के निर्णय साहित्यकार को समाज के मनुष्यों को देखकर ही करने चाहिए. उनका उद्देश्य मनुष्यों को मनुष्यता के ऊँचे आसन पर बिठाना होना चाहिए। यह तब ही सम्भव होगा जब पहले हम स्वयं (साहित्यकार) मनुष्य बनें, छोटे-छोटे संकीर्ण विवादों से बचें नहीं तो समाज को ऊपर कैसे उठा सकते हैं। आज हमारे देश में विभिन्न जातियों, धर्मों, भाषाओं के, विभिन्न क्षेत्रों के लोग विभिन्न परेशानियों से ग्रसित हैं। उनको विभिन्न प्रकार की परेशानियों से उबारने की दृष्टि देना साहित्य सृजना के ही विषय होने चाहिए। समाज की देखभाल करने के भाव से युक्त साहित्य से उसमें (समाज) जाग्रति पैदा होती है। उसे कर्म की आदर्श दिशा मिलती है। आधुनिक महाकाव्यों में इस दृष्टि को 'हरिऔद्य' के 'प्रियप्रवास' के पात्रों में देखा जा सकता है। इस प्रकार के समाज सेवी साहित्य से समाज का कल्याण ही होता है। अधिक से अधिक प्राणियों का कल्याण साहित्य का चरम लक्ष्य होता है। जिस साहित्य में मात्र कल्पना विलास होता है, समाज की समस्याओं को उद्घाटित नहीं करता है वह साहित्य, समाज की वर्तमान परिस्थितियों से दूर रहता है।

विभिन्न समाजों का समूह भारतवर्ष है। प्राचीन काल से ही विभिन्न जातियों, सम्प्रदायों के लोग अपने विभिन्न प्रकार के संस्कार, रीति-रिवाज, खान-पान, रहन-सहन इत्यादि के साथ यहां पर आते रहे, जाते रहे, अनगिनत मानवीय समूह आपस में और अलग-अलग लड़ते-झगड़ते रहे और साथ ही साथ पास पास रहते हुए मिलते जुलते रहे। इन सभी के समन्वय का ही स्वरूप तो आज का भारतीय समाज है जो गांवों, शहरों और कस्बों में सभ्यता के विभिन्न स्तरों में दिखाई दे रहा है। ऐसे जन-समूहों को आशा और उत्साह का सहारा देकर कल्याण करना साहित्य का उद्देश्य है। साहित्य का विषय काल्पनिक दुनिया से नीचे उतरकर विविध समसामयिक विषयों के साथ मनुष्य की मानसिकता को उनसे जोड़कर उसे आगे बढ़ाता है। साहित्य की दृष्टि समाज की सम्पूर्णता पर होनी चाहिए - "आज की जनता की दुर्दशा को यदि आप सचमुच ही उखाड़ फैंकना चाहते हैं तो आप चाहे जो भी मार्ग लें,

1. अशोक के फूल – आचार्य हजारी प्रसाद द्विवेदी पृ.150-151

राजनीति से अलग होकर नहीं रह सकते, अर्थनीति की उपेक्षा नहीं कर सकते और विज्ञान की नई प्रवृत्तियों से अपरिचित रहकर कुछ नहीं कर सकते। साहित्य केवल बुद्धि विलास नहीं है। वह जीवन की वास्तविकता की उपेक्षा करके सजीव नहीं रह सकता।"[1]

साहित्यकार जहाँ खड़ा है जहाँ पैदा हुआ है उसको अनदेखा नहीं कर सकता है। जब साहित्य का सम्बन्ध मनुष्यों के बाह्य एवं आन्तरिक सौन्दर्य से है तो वह मनुष्यों की स्थितियों से अपरिचित रहकर सौन्दर्य का विधान कैसे कर सकता है। इसके लिये उसे असौन्दर्य को दूर करना ही होगा तभी वह सौन्दर्य की बात कर सकता है। उसे समाज में मौजूद विभिन्न प्रकार की अशिक्षा-कुशिक्षा, ग्लानि, भय आदि को दूर करना होगा तभी वह आन्तरिक बाह्य रूप से सुन्दर समाज की साहित्य द्वारा स्थापना कर सकता है। जबकि हमारे समाज का बाह्य स्वरूप आँख, कान, मन, बुद्धि आदि किसी को भी रुचिकर नहीं हैं पहले उनको रुचिकर लगाना होगा तब ही सच्चा साहित्य लिखा जा सकता है। यदि फिर भी किसी समाज देश का रूप सुन्दर नहीं बन पा रहा है तो समझना चाहिए कि वहाँ सच्चा साहित्य लिखना अभी प्रारम्भ ही नहीं हुआ है क्योंकि साहित्य ही मनुष्यों को शिष्ट, सुशील, विनम्र बनाता है जिससे उसका बाह्य रूप स्वस्थ-सुन्दर दिखाई देगा। अतः साहित्यकार का दायित्व है कि वह समाज में निहित असमानताओं, कुरीतियों आदि को उद्घाटित करके उनको दूर करते हुए साहित्य में मानव जीवन के सौन्दर्य का विधान करें। इसके लिये साहित्यकार को ऐसे विशेष साहित्य की सृजना करने की आवश्यकता है जिससे पाठकों में ऐसी आकांक्षा जागृत हों जो मानव समाज को सुन्दर तथा सम्मान पाने योग्य, देखने के लिये लालायित रहें।

साहित्य में समाज के सभी वर्गों का प्रतिनिधित्व होता है। छोटे-छोटे बच्चे उसके महत्त्वपूर्ण विषय होते हुए उपेक्षित न हो पाय। उनकी दुनिया निश्छल, निष्कपटता से परिपूर्ण होती है। वे समाज के लिये पाठ (सीख) का कार्य करते हैं। इतना ही नहीं उनके साथ अन्याय, अत्याचार होते हैं। उनको उद्घाटित करना, उनको दूर करने के प्रयत्न भी साहित्य के ही विषय हैं।

"रचनाकार भले ही समाज का शासक न हो लेकिन वह कई बार शासकों के लिये खतरा जरूर बन जाता है भारतीय स्वाधीनता आन्दोलन के दौरान लिखी गई असंख्य कविताओं, कहानियों, उपन्यासों और नाटकों पर एक नजर डालते ही यह सच्चाई सामने आ जायेगी। लेखक पाठकों की चेतना व्यापक बनाता है, उसकी संवेदनशीलता परिष्कृत करता है और उन्हें समाज तथा जीवन के बारे में नई दृष्टि देता है। इसी प्रक्रिया में वह कई बार सत्ता और व्यवस्था के बेमेल होने के कारण खतरनाक मान लिया जाता है।"[2] ये विचार सामाजिक धरातल की यथार्थ भूमि से जुड़े हुए, समाज की वर्तमान भीषण विसंगतियों में चेतना को आगे बढ़ने, बढ़ाने में आने वाली रुकावटों की ओर ध्यान आकर्षित करते हैं। व्यक्तियों का व्यक्तित्व इतना सीधा, सरल सपाट और स्थिर भी नहीं होता है, जिससे उसके बारे मे कुछ

1. अशोक के फूल – आचार्य हजारी प्रसाद द्विवेदी पृ.163-164
2. साहित्य में समाजशास्त्र की भूमिका - डॉ. मैनेजर पाण्डेय, पृ.18-19

स्थायी रूप से कहा जाय, जो खरा-सही ठहर सके। समाज तो ऐसे व्यक्तित्व के विभिन्न प्रकारों का एक समूह है जिसमें व्यक्ति साथ-साथ रहते हुए भी अलग-अलग हैं। साहित्य का कार्य उस समूह के लिये एक ग्वाले की तरह होता है जो मानसिक रूप से उसकी देखभाल करें। सामूहिक क्षेत्र में उनको बाँध सके। सीमा रेखा के अन्दर कार्य कराते हुए विसंगतियों के जंगल से रोक-रोक कर लौटा कर सामाजिक समूह में मिला सके।

इस प्रकार विभिन्न दृष्टिकोणों से जब विचार करते हैं तो पाते हैं कि साहित्य और सामाजिक चेतना का सम्बन्ध अटूट होता है। साहित्य मानवीय दृष्टिकोणों को सामूहिक रूप में इकट्ठा करके समाज में निहित मानवीय मूल्यों के साथ तादात्म्य स्थापित करता है। समाज में छुपी उसकी मानवता तो जगाता है। और सामूहिक चेतना-शक्ति के बल पर उसे विविध संकटों से उबारकर उसकी दिशा मोड़ सकता है।

अतः सम्पूर्ण रूप में यह कहा जा सकता है कि साहित्य, समाज की आदर्श व्यवस्था बनाये रखने में अपना अमूल्य सहयोग प्रदान करता है।

महाकाव्यों में सामाजिक चेतना की विविध पक्षीय प्रतिष्ठा

सामाजिक चेतना को प्रभावित करने वाले देश विशेष के विविध पक्ष महाकाव्यों में प्रत्यक्ष, अप्रत्यक्ष रूप में हुआ करते हैं क्योंकि महाकाव्य साहित्य की संगठनात्मक विधा है जिसमें बहुत सारी दृष्टियों (राजनैतिक, आर्थिक, सामाजिक, धार्मिक, दार्शनिक) का विवेचन तो होता ही है इसके अतिरिक्त कुछ ऐसे पक्ष भी होते हैं जिनमें समाज और उनकी चेतना प्रभावित हुए बिना नहीं रह सकती है। जैसे भूगोल इतिहास संस्कृति इत्यादि। जिनका कि समाज के निर्माण-प्रगति में पूर्ण योगदान रहता है। उनका वर्णन भी सामाजिक चेतना के संदर्भ में किया जा सकता है।

(ग) स्थानीय भूगोल और उसका देश विशेष की सामाजिक चेतना पर प्रभाव

किसी भी देश विशेष के भूगोल से वहाँ की सामाजिक स्थिति निश्चित प्रभावित होती है। वहाँ की भूमि के प्रकार, सिंचाई के साधन, वर्षा, ऋतुओं के प्राकृतिक परिवर्तन, तूफान, भूचाल, खनिज इत्यादि भौगोलिक स्थितियों से जुड़े हुए हैं जिनका वहाँ के मनुष्यों के जीवन से घनिष्ठ, प्रत्यक्ष-अप्रत्यक्ष सम्बन्ध है। मानव की सभ्यता और संस्कृति भौगोलिक वातावरण से ही प्रारम्भ होती है। विभिन्न प्रदेशों की प्राकृतिक संरचना, वहाँ की जलवायु, वहाँ की खनिज सम्पदा, वहाँ की वनस्पति एवं जीव जन्तुओं आदि का वहाँ के मनुष्यों के आचार विचार, क्रिया कलाप, सभ्यता संस्कृति, सामाजिक उत्थान-पतन पर प्रभाव पड़ता है।

मनुष्य की सामाजिक संरचना के साथ-साथ चेतना पर भी किसी स्थान विशेष का भूगोल प्रभाव डालता है। किसी मनुष्य के मन को, ज्ञानेन्द्रियाँ, कर्मेन्द्रियाँ, भौगोलिक संरचना एवं वहाँ की पैदावार प्रभावित करती है। फलस्वरूप उनके सोचने के तरीके भौगोलिक वातावरण के कारण अलग-अलग हो जाया करते हैं। क्योंकि भिन्न-भिन्न स्थानों के

खान-पान, रहन-सहन, आचार-विचार, भिन्न भिन्न होंगे । इस प्रकार अलग-अलग प्राकृतिक वातावरणों में अलग-अलग मानव समुदाय बंट जाते हैं ।

प्रत्येक मानव समुदाय अपने वातावरण के साथ सामंजस्य स्थापित करते हुए उसी के अनुसार अपने आचार-विचार, रीति रिवाज खान पान धर्म संस्कृति आदि का विकास करके उसका अनुसरण करता है । भौगोलिक संरचना के अनुसार ही उद्योग-धन्धे, व्यापार आदि स्थापित होते हैं । जो वहाँ के समाज को निश्चित प्रभावित करते हैं । अतः वहाँ के समाज की कुछ परिस्थितियाँ वहाँ के भूगोल से जुड़ी रहती हैं जो वहाँ के समाज को प्रभावित किये बिना नहीं रहती ।

चेतना के संदर्भ में भिन्न-भिन्न - भौगोलिक वातावरण वहाँ की पैदावारें आदि अलग-अलग, अपने अपने यहाँ बसने वाले लोगों को अपने अनुरूप ढ़ालते चले जाते हैं । इसलिये भिन्न-भिन्न भौगोलिक स्थानों पर बसने वाले समुदायों के भिन्न-भिन्न रहन सहन, खान पान, आचार- विचार, रीति-रिवाज आदि होते हैं । और वे अपने सामाजिक सांस्कृतिक जीवन को भौगोलिक पर्यावरण के अनुकूल विकसित करते चले जाते हैं । किसी स्थान विशेष की जलवायु मनुष्य की चेतना को अधिक प्रभावित करती है, तो दूसरे स्थान विशेष की उतनी नहीं । जैसे एक ही समय में भिन्न भिन्न स्थानों पर भिन्न-भिन्न प्रकार की जलवायु होती है । मनुष्यों को जैसे समशीतोष्ण जलवायु अधिक मानसिक-शारीरिक परिश्रम करने के अनुकूल होती है । फलस्वरूप वहाँ का समाज निश्चित रूप से विकसित होगा । इस संदर्भ में कुछ विद्वानों के मतों को यहाँ प्रकट किया जा सकता है । वोडिन के अनुसार - जलवायु का प्रभाव मनुष्य की प्रकृति पर बहुत अधिक पड़ता है । ठंडी जलवायु में रहने वाले लोग अधिक हिंसात्मक प्रकृति के होते हैं। गर्म जलवायु अन्ध विश्वासों को जन्म देती है। और समशीतोष्ण जलवायु बौद्धिक शक्ति को बढ़ाती है । इसी कारण शीतोष्ण कटिबन्ध में ही उच्च कोटि के राजनीतिक नेता और विद्वान पाये जाते हैं । मॉण्टेस्क्यू के अनुसार सामाजिक जीवन में जलवायु का अत्यधिक महत्त्व है । ठंडी जलवायु स्वास्थ्य के लिये अच्छी होती है । और उससे न केवल शक्ति बल्कि साहस भी बढ़ता है ।

इस संदर्भ में बकल के विचार अधिक विस्तार से हैं उनका मानना है कि जलवायु, भोजन, भूमि और प्रकृति के सामान्य प्रभाव मानव सभ्यता के विकास के लिये सहायक होते हैं । यदि किसी समाज में वहाँ की भौगोलिक स्थिति की जलवायु स्वास्थ्य आदि दृष्टि से अनुकूल है, वहाँ की भूमि धन धान्य से परिपूर्ण है भोजन आदि की समस्या नहीं है तो वहाँ के समाज के लोगों का अधिकांश समय आजीविका की खोज में नष्ट न होकर मानव सभ्यता-विकास पर ही व्यतीत होगा, जिससे वहाँ का समाज विशेष ज्ञान वान व शिष्ट हो ही जायेगा । दूसरे अधिक गर्मी या सर्दी मनुष्य को अधिक शारीरिक व मानसिक परिश्रम करने में बाधक होती है । इसकी तुलना में समशीतोष्ण जलवायु आदर्श है । प्रकृति के भूकम्प, अकाल, बाढ़, आदि भयंकर रूप मनुष्यों को भय, अनिश्चितता की अवस्था में रखते हैं इसलिये वहाँ के लोग अधिक धार्मिक आध्यात्मिक पूजा-वंदना करने वाले होते हैं । लेकिन जहाँ प्रकृति शान्त है वहाँ के सोच भिन्न होंगे । इस प्रकार मनुष्यों के बौद्धिक विकास, कल्पना,

धर्म आदि को भौगोलिक स्थिति प्रभावित करती है । रेजल भौगोलिक कारणों को मनुष्य के सामाजिक, आर्थिक, धार्मिक, राजनीतिक तथा सांस्कृतिक जीवन के प्रत्येक पहलू को प्रभावित करने वाला मानते हैं । उनके शब्दों में - "यह अच्छा हो कि हम अपनी बुद्धि एवं संस्कृति की प्रगति की या उन सबकी प्रगति की, जिसे हम सभ्यता की उन्नति कहते हैं, एक चिड़िया की असीमित उड़ान से तुलना न करके एक पौधे के ऊपरी विकास से तुलना करें, हम सदैव पृथ्वी से बंधे रहते हैं, और टहनी केवल शाखा पर ही उग सकती है, हमारी शाखा पृथ्वी है । मानव-प्रकृति अपना सिर उन्मुक्त आकाश में जितना चाहे उठा ले किन्तु उसके पैर सदा ही धरती पर टिके रहेंगे और धूल को अवश्य ही धूल में आ मिलना होगा ।" कुमारी सेम्पल के विचार है - "मनुष्य पृथ्वी के धरातल की उपज है । इसका अर्थ केवल इतना ही नहीं है कि वह पृथ्वीं की संतान है, उसकी धूल का ही एक कण है बल्कि इसका वास्तविक अर्थ यह है कि धूल ने ही उसका लालन पालन किया है, उसको भोजन दिया है, उसे काम में लगाया है, उसके विचारों को निर्देशित किया है, उसके समक्ष कठिनाइयाँ उत्पन्न की हैं, जिससे उसका शरीर सुदृढ़ हुआ है और उसकी बुद्धि में तीव्रता उत्पन्न की है । उसके सामने जलयात्रा या सिंचाई जैसी समस्याएँ उत्पन्न की हैं, और साथ ही उसके समाधान भी उसके कानों में फुसफुसाया है । पृथ्वी मनुष्य की हड्डियों और नसों में मस्तिष्क और आत्मा में समाई हुई है ।" हष्टिंगटन के विचार हैं कि समाज की सभ्यता उसके विकास और विनाश का कारण स्थान विशेष का भूगोल होता है । वहाँ की अच्छी जलवायु वहाँ के समाज का शारीरिक व मानसिक कुशलता को उच्चकोटि की बनाती है, मनुष्य अपनी शारीरिक व मानसिक कुशलताओं के साथ कठिन परिश्रम करते हैं तो निश्चित रूप से वहाँ की सभ्यता में विकास होगा । श्रमिकों पर कियें गये अध्ययनों के आधार पर वे कहते हैं कि गर्मी व सर्दी मनुष्य की शारीरिक वं मानसिक शक्ति को प्रभावित करती हैं ।

इस प्रकार धीरे-धीरे सभ्यता का विकास या विनाश का सम्बन्ध भौगोलिक जलवायु से होता है । श्री हष्टिंगटन ने जलवायु के प्रभावों का वर्णन करते हुए कहा है - जलवायु स्वास्थ्य निश्चित करती है । स्वास्थ्य शारीरिक एवं मानसिक कुशलता को निश्चित करता है । जलवायु सदैव परिवर्तित होती रहती है । इससे यह निष्कर्ष निकलता हैं कि जलवायु सभ्यता की उत्पत्ति, विकास और विनाश को निश्चित करती है । उन्होंने सभ्यता के विकांस में शारीरिक व मानसिक कुशलता को आवश्यक बतलाया है । उन्होंने 'उच्च सभ्यता' के लिये कौन सी जलवायु अनुकूल होंती है और कौन सी प्रतिकूल होती है पर भी विचार किया है । उनका मानना है कि 'उच्च सभ्यता के लिये न तो अधिक ऊष्ण जलवायु उपयुक्त होती है और न ही अधिक ठंडी इसके लिये तो शीतोष्ण या समशीतोष्ण कटिबन्ध वाले प्रदेशों में ही उच्च सभ्यता का विकास हुआ है । अपने इस विचार की प्रमाणिकता के लिये उन्होंने संसार के मानचित्र में ऐसे स्थानों को बताया जहाँ के लोग शारीरिक मानसिक रूप से कुशल हैं वहाँ की सभ्यता उच्च है और वहाँ पर ही दुनिया के प्रतिभाशाली व्यक्तियों का जन्म हुआ है । सभ्यता के विनाश का कारण भी हष्टिंगटन जलवायु को मानते हैं वे कहते हैं कि जलवायु अस्थिर है । किसी समय किसी स्थान की जलवायु सामाजिक सभ्यता के विकास के अनुकूल है तो किसी भी समय जलवायु परिवर्तित होकर विकास के अनुकूल न हो । ऐसी

स्थिति में सभ्यता का ह्रास अवश्य होगा। अतः हण्टिंगटन सभ्यता की उत्पत्ति में भौगोलिक कारणों में जलवायु को अधिक महत्त्व देते हैं।

उपरोक्त विचारकों के विचारों की आलोचना भी हुई है जैसे भौगोलिक वादियों ने मनुष्य को भौगोलिक पर्यावरण का दास माना है लेकिन सम्पूर्ण रूप से यह सत्य नहीं है मनुष्य पर सभ्यता और संस्कृति का भी प्रभाव पड़ता है। अतः भौगोलिक पर्यावरण को ही सब कुछ मान लेना अनुचित होगा। जबकि मानव और उसके समाज से सम्बन्धित घटनाओं का भी सामाजिक सभ्यता के विकास में योगदान होता है। एक ही देश की जलवायु में सभ्यताएँ उठती गिरती रही है। 'उच्च-सभ्यता' के भी माप दण्ड अलग-अलग होते हैं। भारत में आध्यात्मिक और नैतिक विकास ही 'उच्च सभ्यता' है तो पश्चिम में भौतिक उन्नति 'उच्च शिक्षा'। इसलिये यह स्पष्ट है कि भौगोलिक पर्यावरण का सामाजिक जीवन पर प्रत्यक्ष अप्रत्यक्ष प्रभाव पड़ता है। लेकिन सामाजिक घटनाओं पर भौगोलिक कारणों का प्रभाव समान नहीं पड़ता। इसलिये भौगोलिक कारणों के साथ-साथ अन्य गैर भौगोलिक कारण भी सामाजिक जीवन और संस्थाओं को प्रभावित करते हैं। सभ्यता और संस्कृति का निर्माण भौगोलिक पर्यावरण के कच्चे माल से होता है। अन्त में भौगोलिक पर्यावरण और सभ्यता के आपसी सम्बन्ध के बारे में - श्री सोरोकिन का मत है - "जैसे-जैसे सभ्यता का स्वरूप अधिक जटिल होता है, वैसे-वैसे भौगोलिक अवस्थाओं और सामाजिक घटनाओं का पारस्परिक सम्बन्ध कम स्पष्ट, कम निश्चित और कम प्रभावशाली होता जाता है।" अतः उपरोक्त विवेचन से यह स्पष्ट है कि किसी स्थान विशेष के समाज में जाग्रति उत्पन्न होने में भूगोल विशेष का भी योगदान होता है। वह सामाजिक चेतना को प्रभावित करने वाला एक विशेष पक्ष है जिसका सामाजिक चेतना के साथ अपना इतिहास जुड़ा रहता है। जिसका मूल्यांकन इस तथ्य की ओर स्पष्टता के लिये किया जा सकता है।

(घ) इतिहास और उसका सामाजिक चेतना के स्वरूप-विकास में योगदान

प्रत्येक देश के इतिहास का उसके समाज से घनिष्ठ सम्बन्ध इसलिये भी होता है कि समाज पर उसका प्रभाव पड़े बिना नहीं रह सकता है, क्योंकि हर वर्तमान (यथार्थ) इतिहास की तारीखों में किसी न किसी रूप में गढ़ जाता है और वह समाज को प्रभावित करते हुए चलता रहता है। इतिहास की दृष्टि से देश-विशेष मनुष्य समाज और उसके साहित्य सभी को प्रभावित होते हुए देखा जा सकता है अर्थात् किसी देश विशेष का इतिहास अलग होता है उसके समाज का अलग और समाज के साहित्य का अलग। यहाँ पर हम उस देश के इतिहास से सामाजिक जीवन पर पड़े प्रभाव पर विचार, साहित्य के माध्यम से करेंगे। साहित्य में समाज की चेतनाओं के स्वरूपों का ऐतिहासिक सम्बन्ध होता है और यह सम्बन्ध जीवन दृष्टि को प्रभावित करता है।

समाज को साहित्य और इतिहास के रूप में दो आँखें विरासत से ही मिलती हैं जो समय को गतिशील अवस्था में अनुभव करती रहती हैं। वर्तमान से अतीत में घूमकर भविष्य में भी पहुँच जाती हैं। इस प्रकार समाज अतीत से भविष्य तक के प्रलम्ब समय को इतिहास और

साहित्य के माध्यम से देख-सोच सकता है। उधर साहित्य और इतिहास का पारस्परिक प्रगाढ़ सम्बन्ध होता है। साहित्य इतिहास से कथा पात्र घटना आदि को कच्चे माल की तरह लेकर कल्पनादि के द्वारा स्वयं का स्वरूप गढ़ता है तो कहीं इतिहास अतीत की बहुत सारी जानकारियाँ उस काल विशेष के साहित्य स्त्रोतों से इकट्ठा करके अपना उत्तरदायित्व निभाता है। समाज को चेतना प्रदान करने में यदि साहित्य, कल्पना की शक्ति का सहारा लेता है तो इतिहास तथ्यों की जानकारी देकर। साहित्य और इतिहास कल्पना और तथ्यों के सहयोग से समाज को चेतना की दिशा में ले जाते हैं जिससे वह अपने जीवन का ताना बाना सोच-सोच, विचार-विचार कर बुन सके। बहुत सारी समस्याओं का परतंत्रताओं का सामना कर सके। येनकेन प्रकारेण समाज इतिहास से थोड़ा अधिक मात्रा में परिचित रहता ही है। अपने इतिहास बोध के सहारे साहित्य के माध्यम से, सामाजिक चेतना के किसी पहलू की यदि बात की जाती है तो वह उसकी सोच में सरलता से आ जाती है अभिप्रायः साहित्य के ऐतिहासिक कथानक का समाज में सरलीकरण होकर एक अर्थ में समाजीकरण हो जाता है। दूसरे वैसे तो ऐतिहासिक तथ्यों का साहित्यिक कल्पना में विलीन हो जाना आवश्यक है, यदि नहीं होता है उस स्थिति में भी तथ्यहीन इतिहास मिथक के रूप में साहित्य में आकर पाठकीय अभिरुचि में विस्तार अवश्य करता है जिससे साहित्यकार अपनी बात सरल-सहज तरीके से अधिक से अधिक सामाजिक पाठकों तक पहुँचाने में सफल हो जाते हैं। अतः इस बात को नहीं नकारा जा सकता कि इतिहास साहित्य में आकर सामाजिक संदेशों को समाज में नहीं पहुँचा पाता। वह साहित्य के साथ किसी भी सामाजिक समस्या को पाठकों के समक्ष विश्वसनीय तरीके से प्रस्तुत कर सकता है। मिथकों के रूप में इतिहास का सामाजिक दायित्व स्पष्ट दिखाई पड़ता है। मिथक सामाजिकों की मानसिकता में छाये रहते हैं, इसलिये साहित्य में आकर सार्वजनिक आसानी से हो जाते हैं - "मिथ का जन्म सामूहिक चेतना में सामूहिक अवचेतन के धरातल पर होता है, इसलिये उसमें मनुष्य का अनुभूत सत्य सामूहिक मन की ऊर्वरता में आकार लेकर साहित्य के निकट पहुँच जाता है। लोक साहित्य अंशतः इसी कोटि का होता है।"[1]

साहित्य यदि तथ्य पूर्ण इतिहास हुआ तो वह साहित्य के साथ सामाजिक क्रान्ति तक पैदा कर सकता है जिसका कुछ न कुछ परिणाम अवश्य निकलता है। कभी-कभी तथ्यपूर्ण इतिहास संगत-असंगत विचारों में विस्फोटक स्थिति पैदा कर सकता है। कुछ भी हो इतिहास, विचारों को, चेतनाओं को, साहित्य के माध्यम से सामाजिक पाठकों तक सरल एवं रोचक ढ़ंग से पहुँचाकर फैला सकता है। कहीं कहीं साहित्यकार इतिहास की घटनाओं को साहित्य में बदलकर अधिक उपयोगी बना देता है। साहित्य में आकर इतिहास की स्थूल घटनाओं में प्राण पड़ते ही वह घटना जीवन्त होकर समाज में अधिक प्रभावशाली हो जाती है इसके लिये यदि साहित्यकार इतिहास के तथ्यात्मक स्वरूप को यदि साहित्य में बनाये रखता है तो वह रचना अधिक लोकप्रियता प्राप्त करती है। प्रसाद साहित्य उदाहरण स्वरूप लिया जा सकता है।

1. हजारी प्रसाद द्विवेदी - धर्मवीर भारती।

इतिहास के माध्यम से अतीत की समृद्ध परम्पराओं का गान कर करके साहित्यकार समाज को उसकी प्राचीन चेतनाओं की ओर ले जाता है । और उससे किसी विशेष समस्या के समाधान की बात करता है । आज के आतंकवादियों के लिये जो देश को खण्ड-खण्डों में बांटने के लिये जूझ रहे हैं, उनके लिये स्वतंत्रता आन्दोलन के जवानों का इतिहास साहित्य के रूप में कुछ समय के लिये ही सही कारगर अवश्य होगा, भले ही वह आतंकवादियों की खण्डित मानसिकता में अधिक न टिक सके । इसके अतिरिक्त अन्य बहुत सारी सामाजिक समस्याओं के समाधान के लिये साहित्यकार अपने इतिहास से पात्र-घटनाएँ ले लेकर सामाजिक पाठकों में अपनी साहित्यिक जीवनी शक्ति से प्रेरणाएँ उत्पन्न कर-करके उन समस्याओं के समाधान के लिये दृष्टि पैदा करता है । अलख जगाता है । कभी-कभी वह साहित्य, जिसमें इतिहास को भटका दिया जाता है, उसकी अभद्र व्याख्या कर दी जाती है तो इस भ्रम को यथाशीघ्र दूर कर देना चाहिए - "इतिहास को कभी भौगोलिक व्याख्या के भीतर से, कभी जातिगत और कभी धर्मगत विशेषताओं के भीतर से प्रतिफलित करके समझाया जाता है कि हिन्दुस्तानी जैसे हैं, उन्हें वैसा होना ही है और उसी रूप में बना रहना ही उनके लिये श्रेयस्कर है । इतिहास की जो अभद्र व्याख्या इन भिन्न-भिन्न विशेषताओं के भीतर से देखने वाले प्रचारकों ने की है, वह हमारे रोम-रोम में व्याप्त होने लगी है । अगर इस जहर को दूर करना है तो प्राचीन ग्रन्थों के देशी प्रामाणिक संस्करण और अनुवाद करने के सिवा और कोई रास्ता नहीं है,. . . परन्तु भारतीय शास्त्र हमारे देशवासियों के लिये मात्र प्रदर्शिनी की वस्तु नहीं है, वे हमारे रक्त में मिले हुए हैं । भारतवर्ष आज भी उनकी व्यवस्था पर चलता है और उनसे प्रेरणा पाता है ।"[1] इसलिये यह भी आवश्यक है कि साहित्य के द्वारा इतिहास की जहाँ तक हो तथ्यात्मक विवेचना होनी चाहिए । इससे साहित्य की साहित्यिकता का विकास ही होता है ।

कथात्मकता की दृष्टि से ही नहीं, भाषा, रहन-सहन, खान-पान, रीति-रिवाज इत्यादि दृष्टियों से भी इतिहास का साहित्य से घनिष्ठ सम्बन्ध होता है । फलस्वरूप साहित्य समाज में सांस्कृतिक दृष्टियों को भी उजागर करता है ।

समाज के सम्मुख इतिहास, साहित्य के माध्यम से, अशिक्षा नारी, निम्नवर्ग, असुरक्षा, गरीबी, अन्याय, अत्याचार, धर्मान्धिता, अर्थलोलुपता कामुकता आदि का वर्तमानातीत रोजनामचा प्रस्तुत करता है जिससे अतीत से चली आ रही अव्यवस्थाओं के प्रति सामाजिक पाठकों का ध्यान जाय । वे इन समस्याओं के समाधान के प्रति सोचें और उनको दूर करने के उपाय करें । इस प्रकार से सामाजिक चेतना में प्रत्यक्ष अप्रत्यक्ष इतिहास की महत्त्वपूर्ण भूमिका होती है । और साहित्य भी उससे अलग नहीं हो सकता है क्योंकि प्रत्येक साहित्य रचना में कल्पना की सृष्टि होती है यह कल्पना साहित्यकार की चेतना का ही हिस्सा होती है और बिना चेतना के किसी रचनाकार की रचना नहीं हो सकती है इस प्रकार से प्रत्येक साहित्यिक कृति में कृतिकार का व्यक्तित्व समाया रहता है प्रत्येक व्यक्तित्वं निर्माण में युग विशेष की महत्वपूर्ण भूमिका होती ही है और हर युग कालान्तर में इतिहास ही बनता है अतः प्रत्येक रचना में इतिहास प्रत्यक्ष-परोक्ष रूप में विद्यमान रहता है ।

1. अशोक के फूल – आचार्य हजारी प्रसाद द्विवेदी पृ.154-155

हर रचना से, इतिहास की परिधि को पार करके रचनाकार की चेतना दिखाई देती है जो अपने समय की विसंगतियों से लड़ती-जूझती रहती है कभी-कभी तो चेतना अपने समय विशेष के दबावों के विरुद्ध खड़ी होकर सामाजिक पाठकों को इकट्ठा कर, दबाव को खत्म करने के लिये निकल पड़ती है और एक नया इतिहास बनाकर साहित्य के रूप में शाश्वत हो जाती है। इस दृष्टि से महाकाव्यों की गणना की जा सकती है और कहा जा सकता है कि महाकाव्यों से इतिहास के कई दृष्टियों से व्यापक सम्बन्धों ने समाज को जीवन की नवीन दृष्टियाँ दी हैं जिससे समाज में नई चेतनाओं का विकास हुआ है। सामाजिक समस्याओं के समाधान के लिये दिशाएँ मिली हैं।

किसी समाज को नई सोच, नई चेतनाएँ देने का हक जितना उस देश विशेष के इतिहास को है उतना कुछ संदर्भों में विश्व इतिहास को भी है। इस प्रकार सामाजिक चेतना के स्वरूप-विकास में उस देश के इतिहास का तो महत्त्वपूर्ण योगदान होता ही है विश्व इतिहास का भी।

(ङ) देश विशेष की सांस्कृतिक चेतनाओं का सामाजिक चेतना के स्वरूप संवारने में योगदान

हमारे देश की संस्कृति ने समाज को सजीव बनाये रखते हुए उसे जाग्रत अवस्था में रखा, जिससे इस अव्यवस्था के समय में भी भारतीयता सुरक्षित रह सकी। रीतकाल के बाद राजनैतिक व्यवस्था नाम मात्र के लिये रह गई थी। उस समय कुछ काल्पनिक, कलात्मक विकास के अतिरिक्त सामाजिक विकास का अभाव रहा था। साहित्यिक दृष्टि से विचार करें तो लगभग भक्तिकाल के बाद सामाजिक विकास का स्वरूप नितान्त निर्बल रहा। और यह सामाजिक निर्बलता आधुनिक काल तक आते-आते अंग्रेजी राज्य में और भी दयनीय हो गई। इसका महत्त्वपूर्ण कारण अंग्रेजों द्वारा अंधाधुंध आर्थिक शोषण तो रहा ही। जीवन की नवीन परिवर्तनशील सम्मोहक दृष्टियों के साथ भारतीय सामाजिक जीवन की ख्वारी कर डाली। "पै धन विदेश चल जात, यह अति ख्वारी"। क्योंकि आर्थिक रूप से कमजोर होने पर समाज की सांस्कृतिक स्थिति में कमी आती चली जाती है। पेट की भूख के साथ सुख-चैन का सम्बन्ध बैठ नहीं सकता। ऐसी स्थिति में आधुनिक सामाजिक व्यवस्था को जीवित बनाये रखने में भारतीय सांस्कृतिक मूल्यों की बहुत बड़ी भूमिका रही।

किसी भी व्यक्ति-संस्कृति का एक स्वभाव होता है जो अधिकांशतः उसके साथ बना ही रहता है। भारतीय संस्कृति का स्वभाव भी आधुनिक काल में उसके साथ बना रहा। इस स्वभाव के बने रहने में भारतवर्ष के अतीत की भूमिका रही। जिसमें मनीषियों, ऋषियों, मुनियों, समाजचिन्तकों का अमूल्य योगदान रहा है जिन्होंने भारतीय समाज का निर्माण कर उसे एक स्वरूप दे उसमें चेतना का संचार किया जिससे वह चेतना अपने समाज को समयानुरूप व्यवस्थित करती रही। समय के साथ, अपने देश में हुए परिवर्तनों का भी हमारी संस्कृति ने अपने विकास में सहयोग लिया है तो पाश्चात्य संस्कृति के स्वस्थ रूप का अनुकरण कर उसके अस्वस्थ स्वरूप का विरोध भी किया है। समाज अपने में नवीन शक्ति,

नवचेतना, नव स्फूर्ति का विधान करता चला आया तो साथ ही अपनी पहचान, अपनी गरिमा के प्रति भी सजग रहा।

भारतीय संस्कृति में कुछ ऐसी विशेषताएँ थी जिनका वर्णन करके आधुनिक महाकाव्यकारों ने आधुनिक काल के समाज को नई चेतनाएँ प्रदान की जिससे भारतीय संस्कृति का स्वरूप विषम परिस्थितियों में भी सुधरता चला गया। हमारे समाज ने आधुनिक काल में परम्परागत जीवन मूल्यों और वर्तमान चेतना को नवीन जीवन मूल्यों के साथ समन्वय करके अपनी लड़खड़ाती हुई सामाजिक स्थिति को सुधारा। फलस्वरूप उसमें नवीन सामाजिक चेतना का उन्मेष हुआ और समाज प्रगति करता गया। हमारे समाज ने जीवन के क्षेत्र में न तो प्राचीनता से विशेष मोह किया और न वर्तमान की उपेक्षा। समाज के इस प्रकार के सोच में "वासांसि जीर्णानि यथा विहाय नवानि ग्रहणाति नरो परायण" की चेतना का आभास होता है। भारतीय संस्कृति को आध्यात्मिक चेतना का अमोघ शस्त्र विरासत में मिला है जिससे भारतीय समाज विषम से विषम परिस्थितियों में भी जीवन के सौन्दर्य की तलाश में लगा रहा। और अपने अस्तित्व को बचा सका।

सामाजिक चेतना को समृद्ध करने में हमारी सांस्कृतिक चेतनाओं के महत्त्व को प्रतिपादित करने के लिये समाज की तत्कालीन स्थिति पर विचार कर लेना आवश्यक होगा। आधुनिक काल के समाज को देखने के लिये ऐतिहासिक सन् सीमाओं से बाहर निकलना ही होगा। क्योंकि न तो किसी समाज में एक दम संस्कृति का विकास होता है और न ही ह्रास-इस दृष्टि से आधुनिक काल की समाज सीमा सन् 1850 से आज तक गिनी जा सकती है। उससे भी पहले पर कोई प्रतिबंध नहीं है।

यों तो भारतीय आर्थिक शोषण का इतिहास काफी पुराना है। अंग्रेजों से पूर्व के आर्थिक शोषण का इतिहास किसी भी रूप में रहा हो लेकिन अन्ततः वह कुछ लूटों को छोड़कर अपने देश में ही समा गया हमारे समाज में विकसित हो गया, हमारी कलाओं में फैल गया लेकिन अंग्रेजी शासन के भयानक प्रलम्ब आर्थिक शोषण ने हमारी अर्थव्यवस्था की कमर तोड़ डाली जिसमें सभी भारतीय समुदायों के लोगों को एक साथ आर्थिक अभाव का शिकार होना पड़ा। राजनैतिक व्यवस्था भी कई दृष्टियों से सुरक्षा प्रदायिनी नहीं रही। क्योंकि शासन का उद्देश्य ही आर्थिक शोषण से शुरू होकर भारत को पूरी तरह स्थायी अधीन कर लेना था। यह उद्देश्य यहाँ की संस्कृति को पूर्ण रूपेण नष्ट कर देने पर ही सम्भव था इसलिए उन्होंने जातीय, धार्मिक, साम्प्रदायिक क्षेत्रीय आदि प्रकार के झगड़े फैला फैला कर भारतीय संस्कृति के तत्त्वों- धर्म, धैर्य, विश्वास, अहिंसा, सत्य, बन्धुत्व आदि को ही नष्ट कर देना चाहा। इसके लिये उन्होंने विभिन्न प्रकार की हिंसाओं का माध्यम अपनाया अन्त में वे ही भारतीय संस्कृति की अहिंसा के शिकार हुए। इस खेल की टीम के कप्तान महात्मा गांधी, 'अहिंसा परमो धर्म', भारतीय संस्कृति के एक गुण को कसौटी पर कस कर भारतीय समाज उसके प्राचीन सांस्कृतिक बल को वर्तमान में प्रयोग कर दिखा गये। इसके अतिरिक्त संयम, धैर्य, निष्ठा, बलिदान, त्याग प्रेम, इत्यादि का परिचय भी भारतीय नागरिकों ने उस समय दिया। अपनी सांस्कृतिक चेतना की तत्कालीन समय को कसौटी पर कस-कस कर संघर्ष किया और वर्तमान को भी खुले दिमाग आँखों से सामने देखा।

आधुनिक काल में हमारे देश की संस्कृति और सभ्यता ने यहाँ की सामाजिक स्थिति को सुधारने में महत्त्वपूर्ण भूमिका निभाई । इस समय हमारे समाज में प्राचीन काल से चली आ रही सांस्कृतिक परम्पराओं, मान्यताओं का अंधानुकरण भी हो रहा था । समाज का एक विशेष वर्ग अन्धविश्वासी भी था । यह वर्ग कालानुकूल प्रवृत्तियों के परिवर्तन के अनुरूप खुद को बदलने के लिये राजी नहीं था । इस वर्ग का प्रतिनिधित्व पुजारी, पंडे, कथा वाचक, गोसाई आदि के हाथों में था । ये लोग यह प्रचार कर करके जनता में विश्वास बिठाते थे कि शास्त्रों के बयानों का अक्षरशः पालन करने से ही भारत का कल्याण हो सकता है । इस विचारधारा से गुजरने वाले लोग अपनी परम्परा से मिली हुई मान्यताओं और मानदण्डों के कट्टर समर्थक थे । इस प्रकार की विचारधारा के मूल में एक प्रकार का अंध विश्वास था जिसको समाज के कुछ लोगों ने जीवन की आजीविका के लिये, समाज में अपनी महत्त्वाकांक्षा के लिये, अर्थोपार्जन के लिये अन्य कई प्रकार की आकांक्षाओं के लिये फैला रखा था । जिसका समाज में, साहित्य में खुलकर विरोध हुआ । व्यावहारिक जीवन में से इसका पलायन होता चला गया क्योंकि इस प्रकार के ढ़ोंगों में सामाजिकों का मन ही नहीं लगता था । फिर भी, आर्थिक प्रयोजनों से सम्बन्धित ढ़ोंग आज भी चला आ रहा है ।

हमारे समाज की कुछ ऐसी समस्याएँ थी जिनका समाधान अवश्य आधुनिक काल में हो गया है जिन सुधारों की युगानुकूल आवश्यकता थी । इसके लिये आर्य समाज, ब्रह्म समाज, की गणना सामाजिक क्षेत्र में भी जा सकती है तो दर्शन के क्षेत्र में रामकृष्ण परमहंस, विवेकानन्द, अरविन्द आदि चिन्तकों को लिया जा सकता, जिन्होंने दर्शन की नए ढ़ंग से युगानुरूप सरल तरीके से व्याख्या प्रस्तुत की । आधुनिक काल के समाज में धर्म के क्षेत्र में, बाल एवं विधवा विवाह की समस्या के संदर्भ में, जाति-पांति के क्षेत्र में, अशिक्षा स्त्री शिक्षा, पर्दा और सती प्रथा के क्षेत्र में, विशेष क्रान्तियाँ हुई । इन विचार धाराओं के आधुनिक साहित्य में स्वरूप देखे जा सकते हैं –

बाल ब्याह की रीति मिटाओ ।
मिटाओ रहे लाली मुँह छाय ।[1]

"निज धर्म भली विधि जाने,
निज गौरव को पहिचाने,
स्त्री गण को विद्या देवें,
करि पतिब्रता यश लेवें ।"[2]

इस प्रकार से हम देख पाते हैं कि आधुनिक महाकाव्यों में भी प्राचीन भारतीय रूढ़ियों परम्पराओं का जिक्र होता है तो उसके अहितकर स्वरूप के समाधान के प्रयत्न के प्रयास भी । यह स्पष्ट रूप से कहा जा सकता है कि आधुनिक काल में प्राचीन रूढ़ियों एवं परम्पराओं के उन रूपों को धीरे- धीरे त्याज्य किया जा रहा था जिनकी जीवन में कोई आवश्यकता नहीं थी

1. प्रेम सुषमावली - प्रतापनारायण मिश्र पृ.15
2. होली है - प्रतापनारायण मिश्र पृ.9

उनके स्थान पर रूढ़ि परम्पराओं के या तो नवीनीकृत स्वरूप को या फिर जीवन के अनुकूल मौलिक नवीन चिन्तनपूर्ण दृष्टिकोणों को अपनाया जा रहा था जिससे एक स्वस्थ समाज का निर्माण हो सके। जिसमें जीवन के सभी क्षेत्र (धार्मिक, आर्थिक, राजनैतिक, सांस्कृतिक-सामाजिक) शामिल थे। जिनका विस्तार से अलग-अलग विवेचन आगे किया जायेगा।

आधुनिक काल के सामाजिक स्वरूप को सुधारने में प्रत्यक्ष-अप्रत्यक्ष देश विदेश की सांस्कृतिक चेतनाओं ने अपना महत्त्वपूर्ण योगदान दिया। जिनकी कि जीवन के लिये आवश्यकता थी। उसका संक्षेप में परिचय निम्नवत् दिया जा सकता है।

(क) प्राचीन भारतीय रूढ़ियों एवं परम्पराओं के अन्धानुकरण का विरोध।

(ख) प्राचीन भारतीय रूढ़ियों एवं परम्पराओं से नई जीवन दृष्टियों का विकास।

(ग) पाश्चात्य देशों के प्रभावों के अस्वस्थ एवं अहितकारी स्वरूपों का विरोध।

(घ) पाश्चात्य देशों के प्रभावों के स्वस्थ एवं कल्याणकारी स्वरूपों का आवश्यकतानुसार अनुकरण।

(ङ) पाश्चात्य संस्कृति में पूर्णतः विलीन हो जाने का बहिष्कार।

इस प्रकार आधुनिक काल में भारतीय समाज ने परम्परागत चली आ रही जीवन दृष्टि की सहायता से, युग की आवश्यकताओं को ध्यान में रखते हुए अपनी वर्तमान जीवन दृष्टि का विकास कर समाज के संशोधन की आवश्यकता पर बल दिया - "आवश्यक समाज संशोधन करो, न देर लगाओ।"[1]

(आ) आधुनिक भारतीय सामाजिक चेतना का स्वरूप

आज सामाजिक जीवन पर जब हम दृष्टि डालते हैं तो पाते हैं कि इस पर भारतीय संस्कृति (परम्परा) का तो प्रभाव है ही अन्य पाश्चात्य संस्कृतियों का भी कम नहीं। वैसे तो भारतीय समाज अपने अन्दर कई जीवन दृष्टियों को पहले से ही समाहित करती चली आ रही थी लेकिन इसके ऊपर आधुनिक काल में जिस ढ़ंग से प्रभाव पड़ा उतना पहले कभी नहीं। लेकिन भारतीय संस्कृति पहले से ही इतनी समृद्ध और स्थिर थी कि उसने पाश्चात्य संस्कृति के अन्तर से कई उपयोगी जीवन दृष्टियों को अपने में मिलाकर अपनी स्थिति पहले से भी अधिक व्यापक कर ली। संस्कृति के प्रभाव का आदान-प्रदान चलता रहा।

आधुनिक भारतीय समाज को जब हम देखते हैं तो पाते हैं कि इसमें हिन्दू, मुस्लिम, सिक्ख, ईसाई सभी मिलकर अपना सामाजिक जीवन यापन कर रहे हैं और भारतीय संस्कृति के सामाजिक स्वरूप को विकसित करते हुए समृद्ध बना रहे हैं। यों तो सामाजिक जीवन में मनुष्यों को कई प्रकार की परिस्थितियों (आर्थिक, राजनैतिक, धार्मिकादि) का सामना करना पड़ता है। इसके अतिरिक्त सामाजिक जीवन को भौतिक सुख सुविधाएँ विशेष प्रभावित

1. आनन्द अरुणोदय - प्रेमधन पृ.17

करती हैं। और व्यक्तियों को आन्तरिक चेतना से दूर रखती हैं। इस संदर्भ में साने गुरुजी ने लिखा है - "पश्चिम के निवासियों में भौतिक विज्ञान के पीछे अद्वैत की मान्यता की कल्पना न होने के कारण वे संसार में हाहाकार फैलाने का आसुरी कर्म कर रहे हैं।"[1] यहाँ आधुनिक भारतीय समाज के बाह्य स्वरूप पर संक्षेप में विचार कर लेना अति आवश्यक होगा इसके बाद इसके आन्तरिक स्वरूप पर।.बाह्य दृष्टि से हम देखते हैं तो पाते हैं कि सम्पूर्ण भारतवर्ष में आज कई धर्मों, कई जातियों (हिन्दू, मुस्लिम, सिक्ख, ईसाई) के लोग रह रहे हैं। उनके रहन -सहन, खान-पान, रीति-रिवाज, तीज-त्यौहार आदि भिन्न-भिन्न हो सकते हैं। लेकिन सामाजिक जीवन में तो सभी एक ही हैं। एक दूसरे की खुशी में शामिल होना स्वाभाविक है। राजनैतिक संरक्षण सभी को समान दिया जाता है। सभी के लिये राजनैतिक नियम, कानून समान बने हैं। सभी को समान रूप से नियंत्रित किया गया है। इस प्रकार आधुनिक भारतीय राजनीति ने समाज को एक ही दृष्टि से देखा है और व्यवस्थित किया है। विज्ञान ने नित्य नवीन आविष्कार, उनके सामाजिक जीवन को और अधिक एकता के सूत्र में बांधने में सहायक हो रहे हैं फलस्वरूप जैसे-जैसे मानवीय चेतना का विकास होता जा रहा है वैसे-वैसे उनके रहन-सहन, खान-पान आदि में भी एकता आती जा रही है। सभ्यता और संस्कृति तो सतत् विकसित होती ही है। आशा है भारतीय संस्कृति की 'अनेकता में एकता' की विशेषता भारतीय जीवन के मत भेदों को दूर करेगी, जिससे सामाजिक जीवन और अधिक सुदृढ़ होगा।

दूसरी दृष्टि से विचार करें तो पाते हैं कि विज्ञान के क्षेत्र में नित्य नवीन-नवीन आविष्कारों ने दूरी को खत्म करके दुनिया के विस्तार को समेट लिया है जिससे राजनैतिक धरातल पर विभिन्न देशों की संस्कृतियों में आर्थिक, धार्मिक आदि दृष्टियों से कभी-कभी संघर्ष बढ़ता नजर आता है जिससे सामाजिक जीवन कुछ न कुछ अर्थों में प्रभावित हो जाता है फलस्वरूप जातीय साम्प्रदायिक दंगे भी भड़क जाते हैं आतंकवाद भी फैल जाता है लेकिन प्रत्येक देश की संस्कृति अपनी मूल चेतना के सहारे विकसित होकर धीरे-धीरे इस प्रकार के दंगों पर काबू पा लेती है और अपनी सामाजिकता को खत्म होने से बचा लेती है।

विश्व के भौतिकवाद के विकास ने आधुनिक युग के जीवन मूल्यों को काफी प्रभावित कर डाला है। भारत जैसी संस्कृति पर भी इसका प्रभाव कम नहीं पड़ा है। भारतीय संस्कृति ने समय और आवश्यकता को ध्यान में रखते हुए इसे स्वीकार किया है क्योंकि यह आज की आवश्यकता है। बाह्य गतिशीलता के लिये आन्तरिक गतिशीलता की आवश्यकता होती है। भारतीय संस्कृति के पास आन्तरिक चेतना (आध्यात्मिक) तो पहले से ही थी। बाह्य चेतना (भौतिकता) की भी आवश्यकता महसूस हुई तो उसे अपनाकर अपनी जीवन चेतना का विकास कर लिया। इस तरह सांस्कृतिक चेतना के क्षेत्र में वर्तमान भारतीय जीवन अनुभव के क्षेत्र में अद्वितीय हो गया। उसका जीवन, मात्र बाह्य सुख सुविधाओं का ही उपयोग नहीं कर रहा है आन्तरिक सांस्कृतिक सुख सुविधाओं को भी जी रहा है।

1. हिन्द स्वराज्य पृ.32

आधुनिक भारतीय समाज में कई धर्मों के लोग साथ-साथ मिलकर रह रहे हैं। भारतीय संस्कृति की सारी विशेषताएँ उनके जीवन में देखने को मिलती हैं। वे सामूहिक रूप से अपनी सामाजिक समस्याओं पर विचार करते हैं उनके प्रति चिंतित रहते हैं। उनका समाधान करते हैं। आज भारतीय समाज पर अर्थ विशेष प्रभाव डाल रहा है। वह जीवन की सुख सुविधाएँ अर्थ में खोज रहा है। अभिप्रायः वह अपने अन्दर से बाहर निकलकर अर्थ के सहारे समाज में जाकर अपने को प्रस्तुत कर रहा है। वह अपने अन्दर की मानवता के सहारे या तो निकलता ही नहीं है यदि निकलता है तो उतना सामाजिक सम्मान प्राप्त नहीं कर पाता है जितना कि अर्थ के साथ। हमारा समाज अर्थ की चकाचौंध में अपने को भूल गया है। अर्थ की चमक होनी चाहिए, वह चमक आत्म चमक के साथ और अधिक प्रकाशित होगी।

आज भी भारतीय समाज में पुरुषार्थ चतुष्ट धर्म, अर्थ, काम, मोक्ष का ही प्रभाव दीखता है लेकिन धर्म के साथ अर्थ संचम करते हुए उसका उपयोग करके आनन्दपूर्वक जीवन यापन करने की दिशा से भटक गया है। जिसके कारण औद्योगिक क्रान्ति, अशिक्षा आदि रहे हैं। भारतीय समाज का अधिकांश भाग अशिक्षा के अभाव में प्राचीन रूढ़ियों, आड़म्बरों, भ्रमों का शिकार बना रहता है। उसके पास जब मूलभूत शिक्षा ही नहीं है तो वह क्या धर्म क्या दर्शन क्या इंसान को सही रूप में पहचान सकेगा?

अतः आज के समाज का भी वही स्वरूप है जो आज के एक व्यक्ति विशेष का है। व्यक्ति जो बाह्य रूप में होता है उससे भिन्न आन्तरिक रूप में भी। भारतीय व्यक्ति के अन्तस्त में खजाने के रूप में भारतीय संस्कृति से निर्मित मानवीयता छिपी भरी पड़ी है तो बाह्य रूप में भौतिकवाद से प्रभावित आधुनिकता। ऐसा ही कुछ स्वरूप है भारतीय सामाजिकता का। आवश्यकता है इसके समन्वय की, साथ ही उन सभी विसंगतियों के निदान की जिनकी आज के सामाजिक जीवन को आवश्यकता नहीं हैं। आवश्यकता है परम्परा और आधुनिकता के उदान्त स्वरूप के समन्वय की जिसके सहारे भारतीय समाज अपनी ऊँचाइयों का निर्माण कर सके। और अतीत के शुद्ध उच्च गौरव की नींव पर विश्व सामाजिकता की प्रतिस्थापना में अपना अमूल्य योगदान दे सके।

(क) पारम्परिक प्राण प्रदाता तत्त्व (परम्परा)

आधुनिक भारतीय समाज के स्वरूप से परिचित होने के लिये हमें प्राचीन काल से चली आ रही समाज व्यवस्था को देखना होगा। साथ ही उसमें विदेशी प्रभावों के फलस्वरूप हुए परिवर्तनों पर भी विचार करना होगा।

भारतीय सामाजिक व्यवस्था में परम्परा की महत्त्वपूर्ण भूमिका को अनदेखा नहीं किया जा सकता। परम्परा का विस्तृत आयाम जीवन के प्रत्येक क्षेत्र से घनिष्ठ सम्बन्ध रखता है। अर्थात् सम्पूर्ण भारतीय जीवन भारतीय परम्पराओं में ही जकड़ा नजर आता है। प्राचीन परम्परा का आज की परम्परा से जो सम्बन्ध है क्या वैसा ही सम्बन्ध आज की परम्परा का कल की जीवन परम्परा से होगा? यह भी प्रश्न उठ [illegible]।

"परम्परा में स्वीकृत विधियों, प्रथाओं तथा प्रणालियों का अनुसरण एवं पूर्वकाल से चली आ रहीं विचारधाराओं की अभिव्यक्ति होती है। यदि किसी युग के मनुष्यों की कुछ अद्‌भुत एवं विचित्र बातों को तथा किसी दूसरे समाज से आई हुई अनुकरण मूलक प्रथाओं को छोड़ दें तो सामाजिक जीवन की सम्पूर्ण बातें परम्परा के क्षेत्र में समाविष्ट हो जाती हैं, जिनको समाज पीढ़ियों से ग्रहण करता चला आया है। परम्परागत आचार, व्यवहार, संस्था, भाषा, वस्त्र, विधि, गीत एवं लोकवार्ताएँ सब परम्परा के ही अंग हैं।"[1]

किसी जाति या समाज के संघटन में परम्पराओं तथा रूढ़ियों के तत्त्व मौजूद रहते हैं जो व्यक्तियों को युग-युगों में अपने प्रति चेतन्य रखते हैं। फलस्वरूप किसी काल विशेष के व्यक्ति उस काल विशेष समाज में परम्पराओं से एक दम अलग नजर नहीं आते हैं। समाज (तत्कालीन) के अधिकांश कार्य परम्पराओं से ही संचालित होते हैं। इनसे सामाजिक विधि एवं निषेध का भी अन्तर्भाव हो जाता है। इस प्रकार परम्परा, रूढ़ि, प्रथा, आचार, मान्यता, विश्वास, रीति सब एक ही वस्तु के रूपान्तर हैं। अर्थात् जिस क्षेत्र में कुछ विशिष्ठ बंधी-बंधाई रीतियाँ, रूढ़ियाँ एवँ प्रणालियाँ स्थापित हो जाती हैं उन्हीं को परम्परा कहा जा सकता है। परम्पराओं को जब हम चेतना के धरातल पर उतारते हैं तो वे हमें आदर्श की ओर मोड देती हैं न कि कोरे ढ़ोंग में निरर्थक रह जाती हैं। ये किसी देश, समाज-जाति की जीवन शैली का चित्र ही प्रस्तुत नहीं करती हैं अपितु उनके विरासत के लेखे जोखे भी कहती हैं साथ ही वर्तमान से भविष्य की राहें खोजने में भी तत्पर रहती हैं। ये समाज को आदर्शोन्मुखी दिशा देती हैं उसे सभ्य बनाती हैं। स्वस्थ परम्पराओं का रूपान्तरण सभ्यता में देखा जा सकता है। परम्पराओं का जब समाज में आत्मसात हो जाता है तब उससे उसकी संस्कृति उभरती है। वही उस देश की अपनी सभ्यता कही जा सकती है। "परम्पराओं को सामाजिक दृष्टि से जोड़ते हुए कह सकते हैं कि किसी व्यक्ति और समाज के परिष्करण, उदात्तीकरण अथवा उसके सत्य, शिव, सुन्दर स्वरूप निर्माण के लिये उस व्यक्ति और समाज को उसके अस्तित्व के आदि युग से आज तक जो परम्पराएँ प्राप्त हुई हैं उन्हीं का नाम संस्कृति है।"[2]

"संस्कृति के संदर्भ में विद्वानों के मतों को यहां देना परम्परा के व्यापक क्षेत्र को उद्‌घाटित करना ही होगा। इससे आधुनिक भारतीय सामाजिक चेतना के स्वरूप पर भी प्रकाश पड़ेगा -

> "संस्कृति जिन्दगी का एक तरीका है और यह तरीका सदियों से जमा होकर उस समाज में छाया रहता है जिसमें हम जन्म लेते हैं।"[3]
>
> "संस्कृति विकास के विविध रूपों की समन्वयात्मक समष्टि है।"[4]

1. इन्साइक्लोपीडिया आफ द सोशल साइंसेज, जिल्द 15, पृ.63
2. आधुनिक हिन्दी साहित्य की सांस्कृतिक पृष्ठभूमि - डॉ. भोलानाथ, पृ.41
3. संस्कृति के चार अध्याय - दिनकर पृ.653
4. क्षणदा - महादेवी वर्मा, पृ.23

"किसी देश की आध्यात्मिक, सामाजिक और मानसिक विभूति को उस देश की संस्कृति कहते हैं। संस्कृति शब्द में देश के धर्म, साहित्य, रीति-रिवाज, सामाजिक संगठन आदि सब आध्यात्मिक और मानसिक तत्त्वों का समावेश होता है। इन सबके समुदाय का नाम संस्कृति है।"[1]

"संस्कृति को मैं मानवीय पदार्थ मानता हूँ जिसमें हमारे जीवन के सूक्ष्म स्थूल दोनों धरातलों के सत्यों का समावेश तथा हमारे ऊर्ध्व चेतना-शिखर का प्रकाश और समदिक जीवन की मानसिक उपत्यकाओं की छायाएँ गुफित हैं। उसके भीतर अध्यात्म, धर्म, नीति से लेकर सामाजिक रूढ़ि रीति तथा व्यवहारों का सौन्दर्य भी एक अन्तर सामंजस्य ग्रहण कर लेता है।"[2]

> "जो व्यक्ति के अन्तर का विकास हो ... भविष्य के अतीत के आदर्श पर जिसकी दृष्टि हो, जो दूर की ओर दृष्टि रखती हो, व्यवस्था के अतीत पर दृष्टि रखती है, जो 'स्थायी' हो वह संस्कृति है।"[3]
>
> "मानव की सहृदयता और बुद्धि वैभव का विकास ही संस्कृति है।"[4]

"संस्कृति एक प्रकार का मानसिक विकास है, एक विशिष्ट दृष्टिकोण है जो सभ्य मानव में हो भी सकती है, नहीं भी हो सकती। यह एक प्रकार का संस्कार है, मानसिक निखार है।"[5] पाश्चात्य विद्वानों के मतों को देवराज जी उधृत करते हैं - "संस्कृति मौलिक मूल्यों का क्षेत्र हैं।" (मेकाइवर) वह जटिल तत्त्व है जिसमें ज्ञान, नीति, कानून, रीति रिवाजों तथा दूसरी उन योग्यताओं और आदतों का समावेश है जिन्हें मनुष्य सामाजिक प्राणी होने के नाते प्राप्त करता है। (टायलर) 'संस्कृति सामाजिक विरासत है।' लिंटन समस्त सामाजिक परम्पराएँ' ही संस्कृति हैं।" (लावा) 'विशिष्ट वर्गों के पारस्परिक सघनतम सम्बन्धों की रूपरेखा या उसके स्वरूप को संस्कृति मानता है।"[6]

"वे सब बातें जो हम समाज के सदस्य होने के नाते सीखते हैं। इस अर्थ में संस्कृति शब्द परम्परा का पर्याय है। संस्कृति उन गुणों का समुदाय है जिन्हें मनुष्य अनेक प्रकार की शिक्षा द्वारा अपने प्रयत्न से प्राप्त करता है। संस्कृति का सम्बन्ध मुख्यतः मनुष्य की बुद्धि, स्वभाव, मनोवृत्तियों (एटीट्यूटस) से है। यह जीवन के महत्त्वपूर्ण एवं सार्थक रूपों की आत्म चेतना है।"[7]

---

1. भारतीय संस्कृति का प्रवाह - इन्द्र वाचस्पति पृ.1
2. उत्तरा - सुमित्रानन्दन पंत, पृ.15
3. सभ्यता और संस्कृति - आचार्य हजारी प्रसाद द्विवेदी पृ.41
4. भारतीय संस्कृति का उत्थान - रामजी उपाध्याय पृ.1
5. भारतीय समाज का ऐतिहासिक विश्लेषण - भगवत शरण उपाध्याय पृ.2231
6. संस्कृति का दार्शनिक विवेचन - देवराज पृ.401
7. भारतीय संस्कृति - देवराज, पृ.19-25

उपरोक्त भारतीय एवं पाश्चात्य संस्कृति की सारी परिभाषाओं पर विचार किया जाय तो स्पष्ट होता है कि इन सबका मूल स्रोत परम्पराएँ ही हैं। जो हमको न जाने कब से विरासत में मिलती रहीं हैं। जिनके सहारे जीवन सांस्कृतिक रूप में संचालित होता रहा है। और उसने अपने चतुर्दिक विकास को प्राप्त किया है। व्यक्ति अपने जीवन को किसी भी दिशा में ले जा सकता है। यदि वह परम्परा से आवश्यकतानुसार बंधकर चलेगा तो वह आत्मिक सुख के साथ जीवन की विविध उपलब्धियों को प्राप्त करता चला जायेगा। हमारे ऋषि मुनि आदि ने जीवन के सभी क्षेत्रों में अलग-अलग जितनी खोजें की हैं उन सभी ने भी परम्पराओं से शक्ति ग्रहण की होगी क्योंकि यह जीवन प्रवाह तो न जाने कब से बहता चला आ रहा है।

मानव जीवन के विकास की भी एक व्यापक परम्परा, सभ्यता संस्कृति के रूप में रही है। सभ्यता-संस्कृति, व्यक्ति की चेतना और उसकी परम्पराएँ जब एक हो जाती है तभी जीवन की सार्थक पहचान बनती है। हमारे देश में मानव जीवन के समाजी विकास के लिये दर्शन, कला, साहित्य इत्यादि के साथ-साथ धर्म और उसकी परम्परा का भी विशेष योगदान रहा है। आज जब हम अपने देश को देखते हैं तो इसमें विभिन्न धर्मों, से जुड़े लोग एक साथ समाज के रूप में रह रहे हैं। हिन्दुओं की धार्मिक परम्परा में गंगा, गाय, वेद, गायत्री आदि पर विचार किया जा सकता है। जिनका मानव जीवन में उपयोगी दृष्टि से भी महत्त्व स्पष्ट है। जैसे गंगा मनुष्य की प्यास भी बुझाती है, धरती को सिंचित कर धन-धान्य भी उपजाती है।, शरीर के बाह्य मैलों को धोकर स्नान के रूप में साफ करती हुई, आन्तरिक आलस्य (दरिद्रता) को दूर कर पवित्रता का विधान करती है। इत्यादि कई दृष्टियों से जीवनोपयोगी है। उसके विविध प्रकार के जीवन यापन कराने के सहयोग के लिये हम जितने भी ऋणी हों उतना कम ही है। किसी के उपकार का बदला चुकाने पर ही हम मानसिक रूप से मुक्त हो सकते हैं। लेकिन यहाँ हम गंगा के ऋण को परम्परा से जुड़कर जीवित रहते तो नहीं चुका पाते, मरकर अपनी हड्डियों की धूल उसमें पहुँचाने की सार्थक कामना ही रखते हैं। धार्मिक एवं समृद्धि की कामना के अवसरों पर उसे पवित्र मानकर पूजा में सम्मिलित करते हैं। इसी प्रकार गाय, वेद, गायत्री, सूर्य, चन्द्र, वायु, अग्नि इत्यादि की सार्थकता भी हैं जो हमारी धार्मिक परम्परा के ही विषय हैं। इसी प्रकार अन्य धर्मों की भी अपनी एक परम्परा होती है जैसे मुसलमानों का नमाज-रोजा-हज, ईसाइयों का इतवार को चर्च जाना, सिक्खों का गुरुद्वारा जाना इत्यादि की भी अलग-अलग सार्थक उपयोगिताएँ हैं।

धर्मों की सामाजिक जीवन में महत्त्वपूर्ण भूमिका है। धर्म का भी क्षेत्र अत्यन्त व्यापक है। जो व्यक्तियों को जीवन व्यतीत करने की एकता में बांधकर, एक समाज के रूप में व्यवस्थित करता है। विभिन्न समाज मानवीय दृष्टि को लेकर आगे बढ़ते हैं तो सामाजिकता का बोध भी करा सकते हैं। इस मार्ग में आने वाली विभिन्न अनुपयोगी धार्मिक रूढ़ियों (बाधाओं) को मिलकर दूर करने का प्रयास सामाजिक चेतना का विषय हो जाता है। मानवीय चेतना की परम्परा में व्यक्ति अपने भौगोलिकादि पारम्परिक वातावरणों से प्रभावित होकर कई दृष्टियों से सभ्य होता है। जिसका आभास वह बाह्य एवं आन्तरिक विधियों (व्यवहार-भाषण) से अपनों के बीच कराता है।

'भारतीय सामाजिक चेतना' को समझने के लिये हमें भारतीय व्यक्तियों, जातियों और समाजों में से होकर गुजरना पड़ेगा। प्रत्येक देश की अपनी समाजगत विशेषताएँ होती हैं। भारतीय समाज के मनुष्य की आध्यात्मिक एवं धार्मिक पहचानें हैं जो उसे अपने देश की परम्पराओं- संस्कृतियों से मिलती हैं। व्यक्ति का आध्यात्मिक और धार्मिक चिन्तन 'अपनी खोज' की ओर ले जाता है। मैं क्या हूँ? क्यों हूँ? कैसा होना चाहिए? मैं कहाँ से आया हूं? मरने के बाद कहाँ चला जाऊँगा? मेरी इन्द्रियों के विषय क्या है? क्यों हैं? कैसे, होने चाहिए? क्या हमसे भी कोई बड़ा हैं? तो वह कौन हैं? कितना है? कैसे हैं? वह क्या करता है? क्यों करता हैं? इत्यादि इत्यादि उसके खुद से ही व्यक्तिगत सवाल जवाब होते-होते समाजगत हो जाते हैं। व्यक्ति इन सवाल-जवाबों के साथ-साथ संसार से मिली विभिन्न चेतनाओं को लेकर अधिक से अधिक सुखी रहने का प्रयत्न करता आया है। इस दृष्टि से व्यक्तियों को पढ़ना, खोजना, महसूस करना एक रोचक विषय है। पं. जवाहरलाल नेहरू ने 'भारत एक खोज' में लगभग इसी दृष्टि की समानता है। इस पुस्तक में भारतवर्ष का भ्रमण लोगों से मेलजोल के बाद अपना दृष्टिकोण दिखलाई पड़ता है। एक स्थान पर वे लिखते हैं - "सभी जगह मुझे एक सांस्कृतिक पृष्ठभूमि मिली जिसने उनके जीवन पर सशक्त प्रभाव डाला था। यह पृष्ठभूमि लोक-दर्शन, परम्परा, इतिहास, पौराणिक और काल्पनिक कथाओं का मिश्रण थी और इनमें से किन्हीं के बीच विभाजन रेखा खींचनी सम्भव नहीं थी. . . .अशिक्षित किसानों के मस्तिष्क में भी एक चित्रशाला थी। इस चित्रशाला के अधिकांश चित्र पौराणिक कथाओं परम्पराओं और रामायण महाभारत के वीर पुरुषों और वीर नारियों के चित्रों से सजाई गई थी। ऐतिहासिक चित्र इनमें न्यूनतम थे फिर भी ये चित्र काफी सजीव थे।"[1] सामाजिक चेतना के स्वरूप को कुछ लोगों के विचार और अधिक स्पष्ट करते हैं -

"वास्तविक जीवन में न कोई हिन्दू संस्कृति है और न कोई उससे भिन्न मुस्लिम संस्कृति। सब मिलकर एक हो गये हैं।"[2]

"यदि हम भारतीय जीवन की सप्राण अविच्छिन्न धारा देखना चाहते हैं तो उसका दर्शन हमें उसके राजनीतिक इतिहास में नहीं वरन् उसके सांस्कृतिक तथा सामाजिक जीवन में ही मिल सकता है।"[3]

"आर्यों के भारत में प्रवेश करने के दिन से आज तक गम्भीर जातीय एवं धार्मिक विप्लवों का निरन्तर सामना करते रहने का गौरव अथवा दुर्भाग्य भारत का सदा ही रहा है। एक विशेष अर्थ में भारतवर्ष संसार का एक छोटा संस्करण है। यह एक प्रयोगशाला है जहाँ संसार की समस्याओं से सम्बन्धित जातीय अथवा धार्मिक संश्लेषण के प्रयोग किये जाते हैं।"[4]

---

1. भारत एक खोज - पं. जवाहरलाल नेहरू पृ.55
2. आटोबायग्राफी - पं. जवाहरलाल नेहरू पृ.471
3. भारत की अन्तरात्मा - राधाकृष्णन पृ.19
4. भारत की अन्तरात्मा - राधाकृष्णन, पृ.54

इस प्रकार भारतीय जीवन परम्परा का एक व्यापक स्वरूप है । एक इतिहास है जिसकी बहुत सारी विशेषताएँ हैं । अपनी इन विशेषताओं के साथ भारतीय जीवन की एक सामूहिक चेतना होती है जो आन्तरिक स्तर पर पूरे भारत से जुड़ी रहती है । इनमें किसी एक व्यक्ति या एक वर्ग का ही योगदान सम्पूर्ण नहीं होता अपितु सभी का सामूहिक जीवन को विकास की ओर ले जाने का प्रयास होता है । इस कथन की पुष्टि रामजी उपाध्याय के विचारों से भी होती है - "इस सांस्कृतिक साधना से ब्रह्मचारियों से लेकर सन्यासियों तक चारों आश्रमों के लोगों का, आरण्यक वन जीवी से लेकर अभ्रंकष, प्रासाद के निवासी महाराजा तक छोटे-बड़े लोगों का और चाण्डाल से लेकर ब्राह्मणायन का योगदान रहता है ।"[1] ऐसी इस जीवन परम्परा में सभी लोगों ने मन और इन्द्रियों को आत्मा के द्वारा समुचित रूप से नियंत्रित करके एक संतुलित और सम्पूर्ण समाज का विकास किया है। ऐसे भारतीय समाज की महत्त्वपूर्ण विशेषताएँ हैं । जिनको संक्षेप में वासुदेव शरण अग्रवाल ने गिनाया है -

1. धर्म, संस्कृति और जीवन - तीनों का समान विस्तार ।
2. समन्वय़ (विश्व के साथ अविरोध भाव)
3. सहिष्णुता ।
4. बहुत्त्व में एकत्त्व की पहचान ।
5. संघर्षों के बीच समन्वय ।
6. सत्य दर्शन के उद्देश्य से सबके लिये धार्मिक, सामाजिक और व्यक्तिगत स्वातंत्र्य ।
7. जड़ चेतन का आपेक्षित मूल्यांकन ।
8. महान्, नित्य, रस-परिपूर्ण और प्राप्त करने योग्य उस चेतन्य की प्राप्ति के लिये सचेष्ट प्रयत्न और उस पर तीव्र एवं पूर्ण विश्वास ।
9. संसार और उसके उपभोग अल्प सीमित, तुच्छ और जीतने योग्य हैं ।
10. सांसारिक जीवन की उपेक्षा उचित नहीं है ।
11. साहित्य, कला, सौन्दर्य, और संवारे हुए जीवन के अनेक वरदानों को मान्यता ।
12. धर्म और जीवन का समन्वय ।
13. ऋत, सत्य, धर्म, ब्रह्म, चेतन्य की असाधारण महत्ता ।
14. वैयक्तिक विकास के लिये आग्रह ।
15. आध्यात्मिक साधन एवं ऊर्ध्वगति के लिये आग्रह ।
16. धर्मानुमोदित कर्म की प्रतिष्ठा ।
17. ठीक विधि से किया जाने वाला कर्म ही योग है ।

1. भारत की संस्कृति साधना - रामजी उपाध्याय, भूमिका भाग

18. आध्यात्मिक विजय से ही तृप्ति।
19. सर्वापहारी राजसत्ता से जीवन के अधिकाधिक क्षेत्रों को बचाए रखना।
20. प्रत्येक हिन्दू का मन हिन्दू संस्कृति का एक टुकड़ा है। अर्थात् उदार, सहिष्णु, नूतन भावों का स्वागत करने वाला, त्याग का प्रशंसक।"[1]

अन्य विद्वान भी भारतीय समाज के लिये बहुत कुछ कहते हैं लेकिन उनका सम्बन्ध येन केन प्रकारेण उपरोक्त से हो जाता है। इस प्रकार आदि काल से प्रवाहित चले आ रहे भारतीय जीवन परम्परा ने भारतीय समाज को विश्व समाज से कुछ भिन्न रूप में प्रस्तुत किया है। आधुनिक काल में विज्ञान के नित्य नवीन आविष्कारों ने जीवन की इस पद्धति में कुछ बाधा सी उपस्थित की है। फलस्वरूप पाश्चात्य जीवन शैली ने इसको प्रभावित किया है। दूसरा कारण लगभग एक लम्बे समय तक अभारतीयों का भारत पर शासन करना भी रहा है।

अन्त में भारतीय संस्कृति और उसके समाज को, सम्पूर्ण देश के चिन्तकों, सुधारकों आदि ने विकसित करने में अपना महत्त्वपूर्ण योगदान दिया है। इसके साथ-साथ आधुनिक भारतीय सामाजिक सांस्कृतिक जीवन-परम्परा में कुछ नई बातों का, नये दृष्टिकोणों का भी आविर्भाव हुआ है ये नये और अतिरिक्त विचार, पाश्चात्य जीवन दर्शन और उसकी परम्परा से मिले हैं। इसके लिये हमारे समाज को असंगत परिस्थितियों का सामना करना पड़ा है। क्योंकि जब दो संस्कृतियों की टक्कर होती है तो वे एक दूसरे के अस्तित्त्व को खतरे में डाल देती हैं क्योंकि एक दूसरे का एक दूसरे में मिलना या किसी एक का आसानी से परास्त हो जाना आसान नहीं होता है कारण दोनों का निर्माण बहुत समय से होता चला आ रहा होता है। दोनों का निर्माण काफी पक्का हो गया होता है।

आधुनिक काल में भारतीय समाज को एक विशाल ताकतवर संस्कृति से लोहा लेना पड़ा जिसमें कि हमारे भारतीय जीवन से काफी विषमता थी। ऐसी ऐतिहासिक भौतिक पाश्चात्य संस्कृति से भारतीय संस्कृति ने लोहा लिया। इस पाश्चात्य समाज, संस्कृति की भी एक जीवन परम्परा होगी, क्या है इस संदर्भ में न जाकर उसकी विशेषताओं पर प्रकाश डालना यहां अधिक सार्थक होगा। डॉ. भोलानाथ जी ने पाश्चात्य संस्कृति -सभ्यता की कुछ विशेषताएँ बताई है -

1. यांत्रिक होना।
2. भौतिक विज्ञान की पीछे अद्वैत की भावना का अभाव होना।
3. पूर्ण रूपेण भौतिकवादी।
4. एक मात्र आदर्श आज का स्वार्थ।
5. युक्तिवाद-जड़वाद से प्रेरित होना। तार्किक प्रधानता।

1. कल्याण पत्रिका, हिन्दू संस्कृति विशेषाँक, पृ.97-98

6. प्रस्तुत पार्थिव जीवन को संशोधित और उन्नत बनाना, भौतिक सुख सुविधा, भौतिक उन्नति और भौतिक कार्य कुशलता।
7. इसके अनुसार मानव, प्रकृति का एक क्षणिक जीव मात्र है।
8. यह संघर्षशील एवं हिंसा प्रधान है। राजसिक है।
9. इसमें बौद्धिक तत्त्वो की प्रधानता है।
10. इसकी रुचि मनुष्य के आचार, जीवन यापन की नीति एवं भौतिक विज्ञान की ओर अधिक है।
11. यह आलोचना - विश्लेषण प्रधान है।
12. यह प्रत्यक्ष निरीक्षण और प्रयोग की विधि पर आस्था रखती है।
13. यह वैज्ञानिकता की वृत्ति से समन्वित है।
14. यह धर्म निरपेक्ष कानून और संगठनों एवं संस्थानों पर विश्वास करती है।"[1]

कोई संस्कृति हो या कोई छोटी इकाई का व्यक्ति, वह अपनी समृद्ध-असमृद्ध दृष्टि से ही किसी दूसरे का मूल्यांकन करता है। वैसे भी सारी दृष्टियों से कोई पूर्ण हो यह सम्भव नहीं है। इस पूर्णता की खोज ही तो भारतीय आध्यात्मिक दृष्टि न जाने कब से करती चली आ रही है। इसलिये भारतीय संस्कृति या कोई अन्य संस्कृति किसी भी संस्कृति में दोष ढूंढ ले यह कोई विशेष बात नहीं है। लेकिन उसके गुण देख कर अपने में आत्मसात कर ले यह उसकी उपलब्धि मानी जायेगी। संसार में प्रत्येक वस्तु भाव विचार से सार्थक है। पक्ष की सार्थकता विपक्ष से ही है यदि पाश्चात्य संस्कृति भारतीय संस्कृति के अनुकूल भले ही नहीं हो पर उसकी प्रतिकूल अवस्था में ही पृष्ठभूमि के रूप में तो अवश्य सार्थकता रहेगी। उसकी नींव को मजबूत करके उसके विकास की और अधिक सम्भावना में सहायक सिद्ध होगी। इसके लिये एक विचार को यहाँ उद्धृत किया जा सकता है। "पश्चिम में मनुष्य सदा ही प्रकृति का एक क्षणिक जीवन मात्र रहा है। अथवा वह एक ऐसी आत्मा रहा है जिसे जन्म के समय मन जैसी सृष्टा अपनी मनमानी इच्छा के द्वारा रंचता है और मोक्ष पाने के लिये सर्वथा प्रतिकूल अवस्थाओं में रख लेता है। पर कहीं अधिक सम्भावना यही होती है कि उसे एक नितान्त असफल व्यक्ति की भांति नरक में जलते हुए कूड़ें के ढ़ेर में फेंक दिया जाय अधिक से अधिक उसे यही श्रेय प्राप्त है कि उसमें एक तर्क-वितर्क करने वाला मन और संकल्पशक्ति है और ईश्वर या प्रकृति ने उसे जैसा बनाया है उससे अच्छा बनने का वह प्रयास करता है।"[2]

पाश्चात्य संस्कृति की विवेच्य अवस्था भले ही भारतीय संस्कृति के प्रारम्भ, मध्य या किसी समय की अवस्था हो लेकिन यह जीवन के विकास और भारतीय समाज की चेतना का विषय अवश्य रही है। किसी संस्कृति की अन्तिम अवस्था दूसरी की प्रारम्भ या मध्यावस्था

1. आधुनिक हिन्दी साहित्य की सांस्कृतिक पृष्ठभूमि - डॉ. भोलानाथ, पृ.52-53
2. अदिति पत्रिका, फरवरी 1946 पृ.107

हो सकती है । वह उसके विकास का ही इतिहास होती है । मानव की दिव्यता या चेतना के तो कई स्तर होते हैं । कौन सी संस्कृति कहाँ चल रही होती है यह उसकी अपनी स्थिति होती है जब दो संस्कृतियाँ आपस में टकराती हैं ऐसी अवस्था में एक दूसरी (संस्कृति) में नये विकास नई खोजें होना स्वाभाविक हो जाता है । यह विकास प्रत्येक संस्कृति की उपलब्धि होती है । इस घात प्रतिघात से हमारी भारतीय संस्कृति के विकास के परिणाम रामकृष्ण परमहंस, विवेकानन्द, अरविन्द, रामतीर्थ, दयानन्द, तिलक, गांधी, भगतसिंह, आजाद इत्यादि महापुरुष हो सकते हैं । इस प्रकार प्रत्येक देश की संस्कृति की, उसके समाज की उपलब्धियाँ होती है ।

संस्कृतियों की टक्कर से उत्पन्न उपलब्धियों को उस देश की कलाओं में ही खोजा जा सकता है । आधुनिक भारतीय कला, साहित्य की नई चेतनाएँ संस्कृति टक्कर का ही परिणाण है । यह विकास समाज से उत्पन्न हुआ है । आधुनिक काल के साहित्य में इसे देखा जा सकता है ।

किसी भी प्रकार की क्रान्ति के विद्रोह का प्रभाव समाज पर अवश्य पड़ता है । भारतीय संस्कृति की टक्कर के प्रभाव से भी पाश्चात्य देशों में भी विविधमुखी विकास और अधिक हुआ है जो आधुनिक जीवन के लिये अत्यावश्यक है। और पाश्चात्य देशों के ये विविधमुखी विकास भारतीय जीवन के ही नहीं किसी भी देश के विकास हो सकते हैं । इसी तरह पाश्चात्य देशों के विकास के सोच को हमने भी अपनाया है, भले ही वह हमारी सांस्कृतिक चेतना में रचा पचा नहीं है । संस्कृति के लिये वह एक प्रयोग के स्तर पर ही रह सकते हैं उसको हमारी संस्कृति कितनी आत्मसात कर पायेगी यह तो भविष्य ही बता पायेगा ।

आधुनिक भारतीय साहित्य, आधुनिक भारतीय समाज का कम चित्रण (दर्पण) नहीं है । उसमें आधुनिक समय समस्याओं के बारे में सोचा गया है । जीवन की आवश्यकताओं पर प्रकाश डाला है । समाज में चेतना के स्तर पर परम्परा की सड़ी गली रूढ़ियों को उखाड़ फेंकने पर बल दिया है । जिनकी आज समाज को आवश्यकता नहीं है कभी रही होगी ।

हमारे देश में सामाजिक समस्यायों के निदान के लिये सामाजिक प्रयास सामाजिक संस्थाओं आर्य समाज, ब्रह्म-समाज, रामकृष्ण मिशन, गांधी दर्शन इत्यादि के द्वारा किये जाते रहे हैं उनका प्रभाव साहित्यकारों पर पड़े बिना नहीं रहा है । साहित्य ने भी व्यक्तिगत और सामाजिक समस्याओं का चित्रण कर उन्हें दूर करने के उपायों की दिशा भी प्रदान की है । छूआछूत, उच्च निम्न वर्ग भेद, अशिक्षा, स्त्रियों की दशा, बेरोजगारी-गरीबी, अन्याय, अत्याचार, जाति-पांति इत्यादि बुराइयों पर चिंता प्रकट की है । राजनैतिक धार्मिक, आर्थिक आदि समस्याओं से भी साहित्य जूझता रहा है । इनके साथ ही पाश्चात्य देशों की सभ्यता संस्कृति ने हमारे समाज को प्रभावित किया है। आचार-विचार, रहन-सहन, इत्यादि में बदलाव आया है । जिस प्रकार पाश्चात्य देश का राजनैतिक विरोध हुआ है उसी प्रकार सामाजिकादि का भी साहित्य के स्तर पर हुआ है । अर्थ को अधिक महत्त्व देने से हमारे समाज के आपसी सम्बन्धों में खतरा और बढ़ता देख कर साहित्यकार चिन्तित हैं । एक स्थान पर प्रेमचन्द जी लिखते हैं - "इस महाजनी सभ्यता ने दुनियाँ में जो नई रीति-नीतियाँ

चलाई हैं उनमें सबसे अधिक घातक और रक्त पिपासु यही व्यवसाय वाला सिद्धान्त है। मियां-बीवी में बिजनेस, बाप बेटे में बिजनेस, गुरु-शिष्य में बिजनेस। सारे मानवी आध्यात्मिक और सामाजिक नेह नाते समाप्त।"[1]

हमारे समाज, परिवार के टूटते सम्बन्धों, व्यक्ति को खुद से ही अलग करने वाली समस्याओं पर हमारा साहित्यकार चिन्तित है। जो हमारी संस्कृति सभ्यता की घातक समस्याएँ हैं चाहे वे पाश्चात्य संस्कृति की देन हों या अपने देश की उपज, सबके प्रति साहित्यकार सजग है। अपने समाज को जीवन विकास की ओर ले जाने के लिये सतत् प्रयत्नशील दिखलाई पड़ता है समाज पर उसका कितना प्रभाव पड़ता है इसकी चिन्ता उसे नहीं है। उसे चिन्ता है अपनी परम्परा की। सभ्यता संस्कृति को समयानुरूप विकसित करने की। समाज के जीवन्त बने रहने की नई-नई दिशाएँ खोजने की।

आधुनिक भारतीय सामाजिक चेतना पर विदेशी प्रभाव

जिस प्रकार सामाजिक चेतना पर देश विशेष के भूगोल, इतिहास आदि स्थाई पक्षों का प्रभाव पड़ता है उसी प्रकार वहाँ पर समय-समय पर होने वाली क्रान्तियों एवं आन्दोलनों से भी वह प्रभावित हुए बिना नहीं रह सकती है। हर देश में किसी न किसी बात को लेकर कभी-न-कभी आन्दोलन और क्रान्तियाँ अवश्य होती रही हैं।

भारतीय सामाजिकता अपनी व्यापकता और उदारता के गुण के कारण बाहर से होने वाले आक्रमणों को सहन करती रही। यहाँ पर कई संस्कृतियों के लोगों का साम्राज्य स्थापित हुआ इसके बाद अन्य कईयों का। भारतीय संस्कृति वहां के जीवन के साथ आन्तरिक स्तर पर ही सही सामंजस्य बनाये रही। समय चाहे किसी भी शताब्दी का रहा हो। इस प्रकार विभिन्न जातियाँ, सभ्यताएँ भारतीय संस्कृति से टकराई अधिकांश को भारतीय संस्कृति ने पचाया। लेकिन जिस संस्कृति ने भारतीय संस्कृति को ही खतरे में डालने के प्रयास किये उससे यह दूर भी रही है।

यों तो भारतीय समाज को दो हजार वर्षों से विविध संकटों से गुजरना पड़ा है। उसे विविध क्रान्तियों का सामना करना पड़ा है। चाहे वह सांस्कृतिक रही हो या सामाजिक या फिर राजनैतिक। उसने बहुत सारी लूटपाट, तोड़फोड़, मारकाट, धर्मपरिवर्तन आदि के नजारों को नजदीकी से देखते-देखते सहन किया है। सभी स्थितियों में से भारतीय समाज गुजर कर आज हमारे सामने है। इन सबसे उसने अनुभव प्राप्त किया है इन सबके इतिहास को भी संभालकर रखा है और अपने अस्तित्व के वर्चस्व को भी बनाये रखा जिसके कारण ही तो भारतीय समाज ने अपने देश को अंग्रेजों से आजादी दिलाई। उससे अपनी स्वतंत्रता के लिये विविध क्रान्तियाँ की। इस आन्दोलन को बड़ी वीरता से चलाये रखा तभी सफलता मिली। यदि ऐसी स्थिति में भारतीय संस्कृति कमजोर होती तो क्या सफलता मिलती, कदापि नहीं। तत्कालीन अधिकांश सामाजिक चेतना, राजनीतिक चेतना में परिवर्तित हो गई यह कहना

1. 'हंस' पत्रिका, सितम्बर 1936, पृ. 150

अतिश्योक्तिपूर्ण नहीं होगा। राष्ट्र प्रेम के सहारे सामाजिक चेतना ने एक ओर स्वतंत्रता संग्राम की लड़ाई लड़ी, तो दूसरी ओर अपने सुधार के कार्यक्रम भी जारी रखे। चाहे वे ब्रह्म समाज के रूप में चले या आर्य समाज के या फिर रामकृष्ण मिशन के। सभी ने समाज में नई जाग्रति के लिये अपना अपना शंखनाद फूंका। भारतीय समाज सजग और चेतन्य हुआ। उसने अपनी रूढ़ि-परम्पराओं, अशिक्षा, की जकड़न को ढ़ीला कर-करके अधिकांश रूप में मुक्ति पाई। यों कहा जाय कि भारतीय सामाजिक चेतना ने नये और स्वच्छ रूप को धारण करने का पूर्ण प्रयास किया जिसमें वह कहीं पूर्ण तो कहीं अधिकांश रूप में सफल हुई।

भारतीय सामाजिक चेतना पर अपने देश विशेष में होने वाली क्रान्तियों और आन्दोलनों का ही प्रभाव नहीं पड़ा बल्कि विदेशी आन्दोलनों और क्रान्तियों से भी प्रभावित हुए बिना वह नहीं रही। इन सभी के परिणामस्वरूप ही उसने अपने पराक्रम और पुरुषार्थ के सहारे विविधमुखी सफलता अर्जित की क्षेत्र चाहे राजनैतिक रहा हो या सांस्कृतिक - सामाजिक या फिर दार्शनिक।

भारत में ही नहीं विश्व सामाजिक पटल पर पन्द्रह से उन्नीसवीं पांच शताब्दियों का समय अपने आप में नया परिवर्तन लेकर उपस्थित हुआ, जिसने विश्व समाज का स्वरूप ही परिवर्तित कर डाला। इन्हीं शताब्दी-लहरों ने विश्व समाज को नव जागरण में लाकर उपस्थित कर दिया। परिणामस्वरूप, भारतीय समाज में हीं नहीं विश्व समाज में चेतना की लहरें समा गई और उन्होंने समाज के लिये क्या नहीं कर दिया जाय की दिशा में प्रगतियाँ कर डाली। जो आज हम सबके सामने उपस्थित हैं। इन्होंने मनुष्यों की भूख प्यास को तो तन से दूर भगा ही दिया मन के लिये भी चमत्कारी आविष्कार कर डाले। पहले मानवता इनके अभावों में विवश होकर जीती थी तो आज इनकी अधिकता से परेशान है क्योंकि व्यक्ति इनसे ही बाह्य रूप में जुड़ गया है अपने से कटकर (दूर होकर)। अपने से कटकर व्यक्ति क्या किसी जीवन चेतना की बात कर सकता है? इसलिये उसे अपने से जुड़ना ही होगा। भारतीय समाज में भी आज इसका अभाव ही है कितना यह विषय अलग हो जाता है।

इस विवेचना के आधार पर हम कह सकते हैं कि भारतीय सामाजिक चेतना को देश विदेश की क्रान्तियों- आन्दोलनों समाज शास्त्रीय अध्ययन चेतनाओं ने प्रभावित किया जिससे उसमें परिष्कार होता चला गया और उसने अपने देश के विभिन्न क्षेत्रों में महत्त्वपूर्ण भूमिकाएँ अदा की। जिससे समाज में नई जाग्रति नया जोश पैदा हुआ। नये तरीकों से सोच विचार प्रारम्भ हुआ।

(ख) अमेरिका का स्वातंत्र्य संग्राम और भारतीय सामाजिक चेतना

आधुनिक भारतीय सामाजिक चेतना का जो स्वरूप है वह भारतीय संस्कृति और सभ्यता का ही परिष्कृत रूप है। उसमें सभ्यता की परम्परा के तत्त्व तो हैं ही साथ ही विदेशी संस्कृति एवं सभ्यता से भी वह प्रभावित हुई है। उसके ऊपर अमेरिका के स्वातंत्र्य संग्राम, फ्रांस की राज्यक्रान्ति, यूरोप की औद्योगिक क्रान्ति विज्ञान के नित्य नवीन आविष्कारों, विदेशों

की नूतन आध्यात्मिक भूमियों के अनुसंधान (Humanities - मानविकी विज्ञान) आदि के प्रभाव पड़े जिससे उसके स्वरूप में और अधिक परिष्कार हुआ है ।

अमेरिका के स्वातंत्र्य संग्राम में जॉर्ज वाशिंगटन की महत्त्वपूर्ण भूमिका रही है। अमेरिका भी भारत की तरह परतंत्र था । वह यूरोप-फ्रेंच के अधीन था । वहाँ के लोगों में स्वतंत्र होने की भावना ने जन्म लिया और अपना आन्दोलन शुरू कर दिया । यह आन्दोलन चलता रहा और वहाँ के निवासियों की जानें जाती रहीं जिनका आज कहीं जिक्र तक नहीं है जैसा कि भारतीय राष्ट्रीय आन्दोलन के दौरान भी असंख्यों की जानें चली गई जिनको उनके घर वालों के अतिरिक्त आज कोई नहीं जानता है । किसी भी क्रान्ति की सफलता का श्रेय वहाँ की जनता के सम्मिलित बल को ही सही मायने में जाता है लेकिन उस आन्दोलन का प्रतिनिधित्व करने वाले व्यक्ति का नाम ऐतिहासिक हो जाता है । यही हाल सभी देशों की विविध क्रान्तियों में हुआ । यों तो जार्ज वाशिंगटन होनहार और प्रतिभा सम्पन्न व्यक्ति थे । चौदह वर्ष की अल्पआयु में ही महत्त्वपूर्ण पदों पर प्रतिष्ठित हो गये । जब अमेरिका का स्वतंत्रता संग्राम चल रहा था उस समय वे सेना में उच्च अधिकारी की हैसियत से फ्रेंच के विमुख ओहियो वेली में लड़ाई लड़ रहे थे । जब वे 1775 में कालोनिस्ट सेना के मुख्य सेनापति हुए तब अपने देश को स्वतंत्र कराने में उनकी महत्त्वपूर्ण भूमिका रही और वे स्वतंत्र अमेरिका के प्रथम राष्ट्रपति सन् 1789 में चुने गये । दूसरी बार भी वे ही राष्ट्रपति चयनित हुए । वे इतने विख्यात और महान हो गये कि अमेरिका ने उनके नाम पर अपने देश की राजधानी का नाम भी वाशिंगटन रखा । इस स्वतंत्रता संग्राम की सफलता का प्रभाव भारतीय राजनेताओं पर भी पड़ा । वे भी तो अंग्रेजों के अधीन थे । उनके मन में भी स्वतंत्रता के सपने आने लगे वे सोचने लगे कि जब अमेरिका स्वतंत्र हो सकती है तो हम क्यों नहीं ? और ऐसी चेतना भारतीय समाज में भी बलवती होती गई जिसका परिणाम निकला भारत की स्वतंत्रता ।

अमेरिका में स्वतंत्रता के लिये लड़ी गई लड़ाइयों के पश्चात् वहाँ दास और स्वतंत्र लोगों की आपस में लड़ाई छिड़ गई । उस समय के लिये अमेरिका में इब्राहिम लिंकन जैसा राजनेता पैदा हो गया । इब्राहिम लिंकन का जीवन परेशानियों से भरा था । वह स्वयं निर्मित व्यक्ति था क्योंकि कठिन परिश्रम ने ही उसकी जीवन में सहायता की । जब वे एक सफल वकील थे उस समय ही पूरी अमेरिका दास प्रथा के प्रश्न पर दो हिस्सों में बंट रही थी । इब्राहिम लिंकन यह नहीं चाहते थे कि जिन लोगों ने अपने कृषि फार्म इत्यादि के लिये अफ्रीकी अश्वेतों को खरीद कर गुलाम बना लिया है उनके साथ अमानवीय व्यवहार हो । अमेरिका के उत्तरी राज्य इसका विरोध करने लगे जबकि अमेरिका का संविधान मनुष्य की समानता के आधार पर बना था । इसके बावजूद भी दासों को किसी प्रकार का कानूनी न्याय भी नहीं मिलता था । उनको मुक्त नहीं किया जाता था उनके साथ अमानवीय व्यवहार तो होता ही । उसी समय सन् 1860 में इब्राहिम लिंकन अमेरिका के राष्ट्रपति चुने गये । और अमेरिका के दक्षिणी एवं उत्तरी राज्य अपना अलग-अलग राज्य बनाने के लिये तैयार थे । इब्राहिम लिंकन यह नहीं चाहते थे कि किसी भी कीमत पर अमेरिका के हिस्से हों । उन्होंने दास प्रथा के अन्त के लिये नियम बना डाले । आपस में भयंकर लड़ाई छिड़ी और अन्त में

इब्राहिम लिंकन की जीत हुई वे कहते थे कि एक व्यक्ति दूसरे को कैसे गुलाम बना सकता है। इस आधार पर भी इब्राहिम लिंकन अमेरिका के राष्ट्रपति द्वितीय बार भी चुने गये तब उन्होंने अमेरिका में शान्ति बनाये रखने के लिए एक पॉलिसी की घोषणा कर दी। जिसमें काले (Negro) गुलामों को स्वतंत्र कर दिया गया इससे कुछ लोग सहमत नहीं हुए फलस्वरूप अमेरिका में गृहयुद्ध हुआ। और उनके राष्ट्रपतित्व पर आरोप भी लगाये जाने लगे। उसी समय एक नाटकशाला में जब वे नाटक देख रहे थे, उनको गोली से मार दिया गया, पर उनका नाम अमरिका के इतिहास में मनुष्य की समानता के अधिकार के लिये जाना जायेगा।

अमेरिका की दासप्रथा उन्मूलन का भी प्रभाव भारतीय राजनेताओं और यहाँ के समाज पर पड़ा। यहाँ पर भी जमींदारों के यहाँ दासों के रूप में बंधुआ मजदूर पीढ़ी दर पीढ़ी रहा करते थे। भारतीय समाज में कई जातियों को भी दासों से बढ़कर नहीं समझा जाता था यहाँ तक कि स्त्री वर्ग को पुरुष वर्ग कोई सम्मानजनक स्थान नहीं देता था। इन सारी स्थितियों - समस्याओं पर भारतीय समाज का ध्यान, अमेरिका की दास प्रथा उन्मूलन के कारण तीव्रगति से उस सफलता की ओर जाना स्वाभावित था। भारतीय समाज नेताओं, समाज सुधारकों ने इस दिशा में भी महत्त्वपूर्ण कार्य किये।

अमेरिका में दास प्रथा उन्मूलन के बाद भी श्वेत अश्वेतों के बीच वैमनस्य बना रहा। बहुत दिनों तक गोरी चंमड़ी वाले, काली चमड़ी वालों को निम्न वंश और हीन मानते रहे इतना ही नहीं उनके ऊपर भीषण अत्याचार करते रहे। श्वेत और अश्वेतों की असामनता के विरुद्ध संसार भर में आन्दोलन होते रहे हैं जहाँ तक कि अमेरिका में ही प्रबुद्ध, न्याय प्रिय और जागरूक श्वेतों ने अश्वेतों के हित में बड़े बड़े काम करके उनमें चेतना लाने के प्रयत्न किये हैं। आगे चलकर अश्वेत अपने अधिकारओं के लिये लड़ने लगे। इस संघर्ष के लिये मार्टिन लूथर किंग का नाम भी वैसे ही आदर से लिया जाता है जैसे अब्राहिम लिंकन और जार्ज वाशिंगटन का।

मार्टिन लूथर किंग नें श्वेतों और अश्वेतों को समानता दिलाने में अपना तन-मन तथा धन तक न्यौछावर कर दिया। यों तो दक्षिण अफ्रीका में सबसे पहले महात्मा गांधी ने श्वेतों के इस प्रकार के भेदभाव पूर्ण रवैये के खिलाफ जंग छेड़ी थी। और काफी हद तक उसमें सफल भी हुए थे। मार्टिन लूथर किंग जो कि अश्वेत थे, महात्मा गांधी से बहुत प्रभावित थे। वे उनके द्वारा बताये गये अहिसा के मार्ग पर ही चले। मार्टिन लूथर यह अच्छी तरह जान गये थे कि अश्वेतों का उद्धार मात्र अहिंसात्मक संघर्ष से ही हो सकता है। भारत ने भी अंग्रेजों की गुलामी से आजादी पाने के लिये अहिंसात्मक उपाय ही अपनाया है जिसमें उसने सफलता भी हासिल की है।

मार्टिन लूथर किंग का जन्म सन् 1929 ई. में संयुक्त राज्य अमेरिका के अटलांटा नामक शहर में एक धर्मोपदेशक पिता के घर में हुआ। उनके पिता का नाम भी मार्टिन लूथर किंग ही था। पुत्र अठारह वर्ष की उम्र में ही पादरी बन गए थे और आगे की पढ़ाई के लिये बोस्टन को चुना।

यों तो अब्राहिम लिंकन ने 1962 में ही दास प्रथा का उन्मूलन कर दिया था लेकिन श्वेत लोग अश्वेतों के साथ भेदभाव बरत रहे थे। अश्वेतों की आर्थिक- सामाजिक और राजनीतिक दशा अत्यन्त शोचनीय थी। उनको उनके मूलभूत अधिकारों से भी वंचित रखा जाता था। अमरिका जैसा विकसित सभ्य देश और जिसमें अश्वेतों के साथ ऐसा अमानवीय व्यवहार वहाँ के मानव के लिये शर्म की बात थी। मार्टिन लूथर किंग इस बात से पीड़ित थे। उन्होंने अश्वेतों को उनकी दुर्दशा से छुटकारा दिलाने का दृढ़ निश्चय किया। सन् 1956 ई. में मार्टिन लूथर ने सार्वजनिक वाहनों में अश्वेत-श्वेत लोगों के बीच भेदभाव के खिलाफ अभियान चलाया। जिसका कड़ाई से विरोध हुआ। लेकिन अश्वेत एकजुट होकर मार्टिन लूथर किंग के साथ हो गये फिर क्या मार्टिन लूथर किंग ने जगह-जगह की यात्राएँ कर-कर, भाषण दे-दे, धर्म गुरुओं और नेताओं से मिल-मिल कर सबको अश्वेतों की इस दशा से अवगत करा दिया फलस्वरूप अश्वेतों में और अधिक नई जाग्रति आ गई। मार्टिन लूथर किंग ओजस्वी, निर्भीक, वक्ता तो थे ही किसी भी स्थिति में हिंसा के पक्षपाती नहीं थे। वे चाहते थे कि श्वेत और अश्वेत आपस में मिलजुल कर आगे बढ़ते जाय। उनकी जन सभाओं के प्रारम्भ में ही 'हम होंगे-कामयाब (We shall overcome. . .) नामक समूह गान गाया जाता था जो कि आज सारे विश्व में लोक प्रिय हो गया है। जिसके भाव अत्यन्त उच्च कोटि के हैं। जिसके माध्यम से जातीय भेदभावों को भुलाकर श्वेत-अश्वेत लोगों को एक साथ मिलजुल कर आगे बढ़ते हुए उन्नति के लिये आह्वान किया गया है।

इस प्रकार मार्टिन लूथर किंग ने अपनी विवेकशीलता, सज्जनता, धीरता और आत्मसंयम से अश्वेतों के साथ-साथ असंख्य श्वेतों का भी मन मोह लिया। सन् 1964 ई. में शान्ति के लिये उनको नोबेल पुरस्कार प्रदान किया गया। जिसकी सम्पूर्ण राशि उन्होंने नागरिक अधिकार आन्दोलन के कार्यकर्त्ताओं को उनके उल्लेखनीय योगदान के लिये दान कर दी। इस तरह मार्टिन लूथर किंग की आशातीत लोकप्रियता और सफलताएँ उनके श्वेत कट्टर पंथियों को खलने लगीं। 4 अप्रैल 1968 को मेफिस शहर में चल रही जनसभा में उनके ऊपर एक श्वेत कट्टरपंथी ने गोलियाँ दाग कर उनकी जीवन लीला समाप्त कर डाली। इस समय उनकी उम्र मात्र 39 वर्ष थी इस छोटी सी अवस्था में उन्होंने ऐसे कार्य किए जिनसे मानवता का मस्तक ऊँचा उठ जाता है। उनके प्रयत्नों से ही आज अमेरिका के श्वेत-अश्वेत निवासी कंधे से कंधा मिलाकर अपने देश को नई-नई ऊँचाइयों पर ले जाने में तत्पर दिखाई पड़ते हैं। उनके बलिदान और कार्य के आधार पर मार्टिन लूथर किंग को युग पुरुष के रूप में अमेरिका में आज भी याद किया जाता है। जिस प्रकार भारत में महात्मा गांधी को श्रद्धा की दृष्टि से देखते हैं। उसी प्रकार मार्टिन लूथर किंग का नाम भी मानव अधिकारों के लिये लड़ने वाले नेताओं में आदर से गिना जायेगा।

यहाँ यह कहने में संकोच नहीं है कि जिस प्रकार अमेरिका के स्वातंत्र्य संग्राम, जाति प्रथा उन्मूलन से भारतीय संस्कृति प्रभावित हुई उसी प्रकार महात्मा गांधी के अहिंसावादी दर्शन से अमेरिका का समाज भी प्रभावित हुआ। जिसमें से एक नेता मार्टिन लूथर किंग ने आगे आकर अपने देश की श्वेत-अश्वेत समस्या का समाधान अहिंसा के आधार पर ही किया

और अपने देश की मानव शक्ति को देश के विकास के लिये नियोजित कर डाला फलस्वरूप अमेरिका ने भौतिकवादादि प्रगति की ऊँचाइयों के सोपानों को बना डाला। अतः चेतना एक ऐसी शक्ति है जो एक दूसरे को प्रभावित किये बिना नहीं रह सकती, चाहे वह किसी देश की भी क्यों न हो। जिसका जिस देश में भी पहले आविर्भाव होगा, वह अपना प्रभाव सर्वत्र फैलायेगी ही।

(ग) फ्रांस की राज्यक्रान्ति और भारतीय सामाजिक चेतना

फ्रांस में राजतंत्र की नींव को तहस नहस करने का सिलसिला निरंकुश और स्वेच्छाचारी सम्राट लुई 14वें के काल से ही प्रारम्भ हो गया। उसने हेनरी चतुर्थ के 1598 ई. में जारी किए गये फ्रांस के नागरिकों को धार्मिक स्वतंत्रता के आदेश को सन् 1685 में निरस्त कर डाला जिसमें विश्व में पहलीबार एक धर्म-निरपेक्ष राज्य की नींव रखी गई थी। इस आदेश के रद्द होने की खबर जैसे ही प्रजा तक पहुँची तो देश के बहुसंख्यक कैथोलिक लोगों की भीड़ ने प्रोटेस्टेन्ट मतावलम्बियों के गिरजाघर गिरा डाले, उनको मानवीय यातनाएँ दी गई, घरों को तो लूटा ही, उनकी स्त्रियों के साथ भी दुर्व्यवहार किया गया। लुई इस कार्य में तनिक भी बाधा देख नहीं सकता था। उसकी कठोर दृष्टि ही जेल में पहुँचा देती थी। उन पर किसी प्रकार के आरोप नहीं लगते, न अदालत में सुनवाई होती, न कारावास की अवधि ही निश्चित होती थी। वाल्टेयर जैसे प्रख्यात दार्शनिक को भी दो बार जेल भेजा गया था, उनके ग्रन्थ भी जिनिवा (स्विट्जरलैण्ड) में छपते थे तथा चोरी-छुपे फ्रांस आकर एकदम बिक जाते थे। पुस्तक विक्रेताओं को जेल में ठूंस दिया जाता था। सितम्बर 1715 में 14वें लुई की मृत्यु के पश्चात् लगभग 75 वर्ष तक यह सिलसिला जारी रहा और फ्रांस पूरी तरह सामन्तवाद के चंगुल में आ गया था। देश में जमींदार लोग बंधुआ मजदूरों से खेती कराते थे। किसी-किसी किसान के पास ही अपनी जमीन होती थी। अधिकांशतः किसान दैनिक मजदूरी या बटाई पर खेती करते थे। इस प्रकार प्रत्येक किसान जमींदार का गुलाम था, उसे बेगार भी करनी पड़ती थी। वह लोमड़ी-खरगोश इसलिये नहीं मार सकता था, क्योंकि उनका शिकार तो जमींदारों को करने का ही हक था।

सभी कर किसानों, दस्तकारों, व्यापारियों पर लगते थे, सामंत तो कर मुक्त थे। नमक कर की भार गरीबों पर पड़ी। नमक का उत्पादन सरकार के एकाधिकार में था। प्रत्येक व्यक्ति के लिये प्रति सात पौंड नमक खरीदना अनिवार्य कर दिया गया था। सरकार नमक की उत्पादन लागत का आठ गुना गरीबों से वसूलती थी। इस प्रकार फ्रांस में व्यापारी वर्ग धीरे-धीरे ताकत वर होता चला गया। भले ही उनके हाथों उद्योग, व्यापार, पूंजी का लेन-देन आदि महत्त्वपूर्ण धन्धे थे तथापि उनको मताधिकार तथा सम्मान से वंचित रखा गया फलस्वरूप इस वर्ग में राजतंत्र और सामंतवाद के प्रति ईर्ष्या बढ़ रही थी। इसका अन्य कारण विदेशी व्यापार चंद कम्पनियों के हाथों सौंप दिया गया इसलिए अधिकांश वर्ग असंतुष्ट था।

फ्रांस की राज्य क्रांति की नींव अठारहवीं शताब्दी के अन्त में सन् 1787 में उस समय ही पड़ गई थी जब फ्रांस के सम्राट लुई सोलहवें ने देश के विशेष सम्पन्न लोगों की सभा इस आशय से बुलाई थी कि वे देश की बिगड़ती हुई आर्थिक स्थिति और राज्य के बढ़ते हुए दायित्वों और घटते हुए राजस्व की स्थिति का हल निकालने के लिये सम्राट द्वारा लगाये गये नये करों पर अपनी स्वीकृति प्रदान कर देंगे, लेकिन यह सम्भव न हो सका, क्योंकि नियति को कुछ और ही मंजूर था। सभा दो हिस्सों में बंट गई। सम्राट के साथ पादरी और सैनिक सरदार थे तो दूसरी ओर वकील और न्यायाधीश थे, जो सम्पूर्ण व्यवस्था पर विस्तार से बातचीत करने के पक्ष में थे। उन पर अमरीकी क्रान्ति और फ्रांस और यूरोप में प्रतिपादित प्रबोधन कालीन दर्शन का प्रभाव था। वे चाहते थे कि राजस्व प्रणाली में संशोधन के साथ-साथ सरकार के कार्य के ढांचे में भी सुधार होना चाहिए। उनकी मांग थी कि इस राष्ट्रीय संगठन के लिये तीन सदनों वाली उस महासभा (एस्टेट्स जनरल) की बैठक बुलाई जाय जिसको विगत (लगभग दो शताब्दियों (175 वर्ष) से एक बार भी नहीं बुलाया गया है। और उस सभा के प्रत्येक सदस्य अपनी व्यक्तिगत हैसियत से मतदान करें। सन् 1788 ई. में सम्राट ने इस सभा को मई में बुलाने की घोषणा कर दी। वर्साय में महासभा का अधिवेशन शुरू हुआ जिसमें सामंत वर्ग, पादरियों और जनप्रतिनिधियों ने भाग लिया। 17 मई 1788 ई. को अचानक जनप्रतिनिधि सभा ने घोषणा कर दी कि वह फ्रांस की राष्ट्रीय विधान सभा है। 20 जून को नवगठित राष्ट्रीय विधान सभा का सदस्य मिरेबो सभा भवन के द्वार पर पहुँचा तब सम्राट के द्वारपालों ने उसे भीतर जाने से रोका। बस यही से फ्रांस की राज्य क्रान्ति का श्री गणेश हो गया। विधान सभा के सदस्य, कुछ छोटे पादरी, मिरेबो, एब्बे सियेस सभी ने शपथ ग्रहण की कि फ्रांस के लिये नया संविधान तैयार करेंगे। जिनमें राक्सपियरे भी सम्मिलित थे।

सन् 1789 से 1792 के बीच फ्रांस राष्ट्रीय सभा के हाथों में था। इस काल में जगह जगह किसानों की भीड़ ने मठों और बिशपों के घरों को लूट लिया, सामन्तों की कोठियों को गिरा डाला। प्रतिरोधी सामंतों को मार डाला गया फलतः उच्च वर्ग ने स्वतः अपनी विशेष सुविधाओं का परित्याग कर दिया। इसी समय राष्ट्रीय महासभा ने सामन्तों से उनके अधिकार छीन लिये, बंधुआ मजदूर प्रथा का अन्त कर दिया, सामन्त वर्ग पर भी उच्च वर्गों की भांति कर लगाना शुरू कर दिया। कानूनी स्तर पर समस्त फ्रांसीसी नागरिक एक कर दिये गये। सितम्बर 1789 में राष्ट्रीय महासभा ने एक "मानवीय तथा नागरिक अधिकारों का घोषणा पत्र" जारी कर दिया। जिसके अन्तर्गत स्वतंत्रता, सुरक्षा सम्पत्ति तथा दमन के विरुद्ध प्रतिरोध को मनुष्य का नैसर्गिक अधिकार मान लिया गया। धर्म, विचारों की अभिव्यक्ति, प्रेस की स्वतंत्रता को अनुल्लंघनीय माना गया। कानून प्रक्रिया बिना, किसी नागरिक को न बंदी बनाया जायेगा न दण्डित किया जायेगा। न्याय की दृष्टि से सभी नागरिकों को समानता के अधिकार दिये गये। इसी वर्ष चर्च को अपने अधिकार में लेकर उसे लौकिक संगठन घोषित करते हुए उसके पादरी-बिशप जनता द्वारा ही चुने जायेंगे उनका वेतन राजकोष से मिलेगा। इस प्रकार उसे राज्य के ही नियंत्रण में पूर्ण रूप से रहना होगा।

सन् 1791 में नया संविधान तैयार किया गया, जिसमें निरंकुश राजतंत्र को तो खत्म कर दिया गया पर पूर्ण लोकतंत्र की स्थापना न हो सकी क्योंकि जो लोग अपनी तीन दिन की कमाई के बराबर धन आयकर के रूप में देते हैं उन्हीं को मताधिकार दिया गया।

क्रान्ति का दूसरा चरण सन् 1792 ई. में प्रारम्भ हुआ। महासभा ने राजा को निलम्बित कर नया संविधान बनाने के लिये अधिकाधिक वयस्क मताधिकार प्रदान कर राष्ट्रीय सम्मेलन के निर्वाचन का आदेश पारित किया और तत्कालीन सम्राट लुई सोलहवें पर मुकदमा चलाकर 21 जनवरी 1793 में उसका सिर गंडासा-मशीन (गिलोतीन) से पेरिस के एक चौराहे पर काट दिया गया। इससे पहले 16वें लुई ने कहा 'मेरी लाश को खूब गहरे में गाड़ देना। फ्रांस की राजशाही का खत्म होना कोई आसान काम नहीं है।" अक्टूबर 1793 में फ्रांस सम्राज्ञी मेरी एंतोयमेत का भी छकड़े पर क्रान्ति चौक लाकर वध किया गया। सन् 1793 में राष्ट्रीय सम्मेलन नये संविधान को लागू न कर सका क्योंकि आस्ट्रेलिया और प्रशा ने लुई को वापस सत्ता दिलाने के लिये फ्रांस पर आक्रमण कर दिये। देश में आपातकाल लागू हो गया ऐसी स्थिति में राष्ट्रीय सम्मेलन ने शासन की बागड़ोर एक समिति को सौंप दी। फिर क्या था क्रांति के नेता क्रान्ति के प्रयोजनो- उद्देश्यों को भूलकर सत्ता हथियाने की होड़ में जुट गये। और हत्याओं पर हत्याएँ होती चली गई। जिनमें कौंडोरसैत, वर्जनियाद, मरात, दांते, रॉब्सपियरे आदि अनेक क्रान्तिकारी नेता शामिल थे। यह मारकाट सन् 1794 ई. में हु जिसने गृह युद्ध का रूप ले लिया जिसमें लगभग 20,000 लोग मारे गये। यहां क्रान्ति अपने अन्तिम दौर में थी। वह अपने प्रतिभाशाली नेताओं को खा चुकी थी फलस्वरूप राष्ट्र की बागड़ोर (मध्यवर्ग के लोगों के हाथों में आ गई, जो कि भ्रष्टाचार, रिश्वत, विलासिता यौन व्यभिचार आदि में लिप्त थे। उन्होंने पांच सदस्यों की समिति (डायरेक्टरी) बनाई। जिसके सदस्य खुलकर रिश्वत लेने में नहीं डरते थे। जनता की ओर किसी का ध्यान नहीं था जिसके बल पर क्रान्ति हुई थी। उधर नेपोलियन बोनापार्ट ने यूरोप में लूट मचा रखी थी। फ्रांस की जनता ऐसी डायरेक्टरी से छुटकारा पाना चाहती थी। नेपोलियन ने स्थिति का लाभ उठाकर सन् 1799 में क्रान्ति और लोकतंत्र को खत्म कर दिया। लेकिन फ्रांस की क्रान्ति मानवीय जीवन और उसके अधिकारों के पिताओं की सन्तान थी। वह तो फिर से कई नेपोलियन सम्राटों से कुचलने के उपरान्त भी फिर खड़ी हो गई और अन्त में 1870 में उसने फ्रांस को गणतंत्र प्रदान कर ही दिया।

इस प्रकार भारत पर ही क्यों समूचे विश्व पर भी फ्रांस की राज्यक्रान्ति के तत्त्व दर्शन का प्रभाव पड़ा। भारतीय समाज को उसने समानता, स्वतंत्रता एवं बंधुत्व आदि के जो मंत्र दिये, जिनकी कि उसे तत्कालीन परिस्थिति में नितान्त आवश्यकता थी। भारत भी स्वतंत्रता की लड़ाई लड़ रहा था। फ्रांस की राज्य क्रान्ति ने उसे बल और दिशा प्रदान की। वह उनके लिये उदाहरण और प्रेरणा स्त्रोत बनी।

कोई भी क्रान्ति क्यों न हो एक तो वह तभी होती है जब उसमें हो रही अमानवीयता से लड़ने के लिये मानवयीता के सत्य निहित होते हैं दूसरे तभी उसके सफल होने की भी सम्भावना हो सकती है और वही विश्व मानवता को चेतना, जोश प्रदान कर सकती है। फ्रांस

की राज्यक्रान्ति ने भारत में व्याप्त राजतंत्र और सामंतवाद से लड़ने जूझने की सीख दी। सफलता का उदाहरण सिद्ध किया। फलस्वरूप भारत के स्वाधीनता आन्दोलन में गति, जोश और विश्वास का विकास तो हुआ ही साथ ही सामाजिक क्षेत्र में आ रही रूढ़ियों-परम्पराओं को भी शिथिल किया जिनकी आज के जीवन को कोई आवश्यकता नहीं थी साथ ही समूचे मानवजीवन के हितार्थ चेतना में विकास हुआ। हमारे समाज में इस दिशा में जो कार्य हो रहे थे जैसे ब्रह्म समाज, आर्य समाज, थियोसोफिकल सोसायटी, रामकृष्ण मिशन इत्यादि को और बल मिले। क्योंकि फ्रांस की राज्य क्रान्ति का आधार भी तो मानव हित था। उसी के ऊपर तो वह आगे बढ़ी उसमें काफी कुछ दृष्टियाँ मानव हितार्थ स्पष्ट थी जिनकी कि एक अच्छे समाज के लिये नितान्त आवश्यकता रहती है। भारतीय समाज को उन अच्छाइयों की आवश्यकता थी जो फ्रांस की राज्य क्रान्ति के मूल में निहित थी।

इस प्रकार हम कह सकते हैं कि फ्रांस की राज्य क्रान्ति ने अठारहवीं शताब्दी के अन्त में भारतीय समाज को स्वतंत्रता, समानता के अधिकारों के प्रति और अधिक जागरूक किया। घिसती-पिटती मानवता के सामने आशा का दीप जलाया। जिससे उन्होंने अंधकारमय जीवन में सुख की किरण की कल्पना तो की। किसी स्थिति को पाने के लिये उसका कल्पना में भी आना आवश्यक होता है। इस प्रकार फ्रांस की राज्य क्रान्ति ने भारतीय समाज को विभिन्न प्रकार के सपने दिखाये जो आगे चलकर सफल हुए।

(घ) औद्योगिक क्रान्ति और भारतीय सामाजिक चेतना

औद्योगिक क्रान्ति या अन्य किसी प्रकार की क्रान्ति देखने में हमें कितनी ही आकस्मिक या अचानक आई हुई क्यों न लगे, परन्तु उस क्रान्ति का एक विकास क्रम (इतिहास) होता है। इसको समझने के लिये भी हमें वर्तमान से सैकड़ों वर्ष पीछे जाना होता है ऐसी स्थिति में हमें वर्तमान समाज-आर्थिक (सोसीयो-इकॉनामिक) व्यवस्था में बहुत सारी ऐसी बातें मिल जायेगी जिनका सम्बन्ध 15 वीं - 16 वीं शताब्दियों के वास्को-द-गामा, कोलम्बस से स्थापित हो जाता है जिन्होंने अपने व्यापारी व्यवसाय के साहस द्वारा नावों के द्वारा ही ब्रिटेन-अमेरिका तथा पूर्वीय एशियायी देशों को मिलाकर अपना व्यापारिक क्षेत्र विस्तृत किया था। इस प्रकार वर्तमान उद्योग धंधों के विकास का सम्बन्ध काफी पीछे के समय प्राचीन यूनान, सिकन्दर की सफलताओं, रोमन राज्य की समृद्धि, आदि से जोड़ते हैं। अपने देश में भी इस औद्योगिक विकास क्रम को ईसा पूर्व गुप्त साम्राज्य से कुछ दक्षिण भारत अरब व्यापार सम्बन्धों से, कुछ मुगल काल (औरंगजेब) की व्यापारिक सफलताओं आदि से लगाते हैं।

ये सारे अनुमान कितने सही हैं, कितने निरर्थक हैं, यह अलग बात है लेकिन इतना तो स्पष्ट है कि औद्योगिक क्रान्ति के बाद जो हालात पैदा हुए हैं वे हालात कुछ न कुछ अंश में तो पहले भी रहे होंगे। क्योंकि एक दम से अति विकसित तथा अति जटिल आधुनिक अर्थव्यवस्था नहीं आ गई है। कुछ समाज चिन्तक तो औद्योगिक क्रान्ति को क्रान्ति रूप में कहने में हिचकिचाते हैं क्योंकि किसी घटना के क्रान्तिकारी होने के लिये उसका अचानक

आकस्मिक होना अति आवश्यक है। जबकि इस औद्योगिक प्रक्रिया में ऐसा नहीं हुआ है। इसका भी एक लगातार सिलसिला चला है। जैसा कि हम ऊपर कह चुके हैं।

'औद्योगिक क्रान्ति' तेजी से आर्थिक, वैज्ञानिक, तकनीकी, सामाजिक तथा बौद्धिकादि परिवर्तनों को मिलाकर कह सकते हैं। जिसने बहुत थोड़े समय लगभग 1750 से 1850 ई. के मध्य में औद्योगिक समाज को जन्म दिया। इसके बाद अन्य देशों में भी लगभग इसी प्रकार की औद्योगिक क्रान्तियाँ हुई जिनके कारण सभी देशों में औद्योगीकरण की लहर सी आ गई। ब्रिटेन की अर्थव्यवस्था को एक बिल्कुल नया मोड़ इसने दे दिया इस क्रान्ति का सम्बन्ध ब्रिटेन में उत्पादन के क्षेत्र में नयी-नयी मशीनों और उनके प्रयोग से था। ये मशीनें तत्कालीन वैज्ञानिक आविष्कारों का परिणाम थीं। इन आविष्कारों में बिजली, भाप-इंजन और रेलों का महत्त्वपूर्ण स्थान था। इन आविष्कारों में रूपान्तरित ढ़लाईघरों, कारखानों, कपड़ा मिलों आदि में वे हिसाब बड़ी पूंजी लगाना जोखिम उठाना भी औद्योगिक क्रान्ति के लिये आवश्यक था। ब्रिटिश में इस क्रान्ति के प्रचलन के बाद अन्य देशों अमेरिका, जर्मन आदि में भी औद्योगीकरण की तेजी आयी और वहाँ पर भी ब्रिटेन की तरह आर्थिक, तकनीकी, वैज्ञानिक सामाजिक तथा बौद्धिक परिवर्तन हुए। कुछ देशों में तो यह परिवर्तन ब्रिटेन से भी तेज हुआ जो कि स्वाभाविक था क्योंकि सारी तकनीकी पहले से ही विकसित थी, तो कुछ में बड़ा धीमा भी हुआ। यह परिवर्तन प्रत्येक देश की भौगोलिक बनावटों आर्थिक समृद्धि आदि पर निर्भर था। आगे सारे देशों में औद्योगिक विकास अलग-अलग प्रकार से अपनी अवस्थाओं के अनुरूप हुआ। और इसने विश्व सभ्यता के जीवन में हलचल मचा डाली। जर्मन और अमेरिका में तो ब्रिटेन के तुरन्त बाद 19 वीं शताब्दी के क्रमश सातवें और आठवें दशकों में, फ्रांस में 19 वीं सदी के दूसरे तीसरे दशकों में भारत, चीन और जापान आदि में भी हुई।

यहाँ पर एक सवाल उठता है कि इंग्लैण्ड में ही औद्योगिक क्रान्ति क्यों हुई ? इसके कई कारण हैं एक तो इंग्लैण्ड की राजनैतिक व्यवस्था वहाँ इस क्रान्ति के होने में सहायक हुई, क्योंकि वहाँ व्यापार का एकदम स्वतंत्र होना उस पर किसी भी प्रकार का राजनैतिक बंधन-अंकुश न होना औद्योगिक क्रान्ति में विशेष महत्त्वपूर्ण रहा। दूसरे, इंग्लैण्ड को, भौगोलिक स्थिति जलवायु इत्यादि परिस्थितियो ने भी मदद की। तीसरे, वहाँ व्यापारिक विस्तार से धन संग्रह की दिशा पनपी। चौथी, विज्ञान के व्यावहारिक रूप का विकास इत्यादि कारण इंग्लैण्ड में औद्योगिक क्रान्ति में सहायक सिद्ध हुए जिनके कारण इंग्लैण्ड में सर्वप्रथम यह क्रान्ति हुई।

इंग्लैण्ड को, औद्योगिक क्रान्ति के काफी वर्ष पूर्व से ही विदेशी व्यापार का अच्छा खासा अनुभव था। उसने दूर-दूर के छोटे-बड़े कई देशों में अपने व्यापारिक केन्द्र बना लिये थे। जिससे उनके व्यापारिक सम्बंन्ध और देशों की तुलना में बढ़े हुए थे। इस प्रकार की संस्थाओं में 1600 ई. में बनी ईस्ट इंडिया कंपनी का नाम उल्लेखनीय है। कई कम्पनियाँ इंग्लैण्ड से बाहर विदेशों में जाकर अपना व्यापार चलाती थीं। जिनमें भारत के अतिरिक्त, अमेरिका, कनाडा और अफ्रीका आदि देश प्रमुख थे। इन देशों में पुर्तगाल, हालैण्ड, फ्रांस,

स्पेन आदि देशों से भी व्यापारी अपना व्यापार करने के लिये इंग्लैण्ड की तरह पहुँचे थे। इनमें अनेक प्रकार के व्यापारिक स्पर्धा-प्रतिद्वन्द्वता के कारण झगड़े भी हुए। यें झगड़े व्यापारिक के बाद राष्ट्रीय बन गये। और वहाँ विदेशी व्यापार बढ़ता चला गया। कुछ लोग तो ब्रिटेन के विदेशी बाजार को वहाँ की औद्योगिक क्रान्ति का 'चालक' या 'प्रेरक' कहते हैं। विदेशी व्यापार के रूप में सम्बन्धित राष्ट्र से कच्चा माल कपास चीनी तम्बाकू आदि चीजें इंग्लैण्ड जाती थीं और वहाँ से पक्के माल के रूप में सामान बनकर निर्यात किया जाता था। इस प्रकार यह आयात और निर्यात का व्यापार काफी बढ़ता चला गया और इंग्लैण्ड अपने देश की आवश्यकताओं को ध्यान में न रखकर उससे अधिक विदेशी बाजारों की मांगों को ध्यान में रखने लगा था। इस विदेशी व्यापार की उन्नति के कारण इंग्लैण्ड के उत्पादकों को उत्पादन क्षमता की गति काफी बढ़ानी पड़ी जिसके लिये उन्होंने ऐसी तरकीबों की खोज प्रारम्भ कर दी जिससे अधिक से अधिक उत्पादन हो सके। उत्पादन वृद्धि में व्यापारिक विस्तार के लिये अधिक से अधिक पूंजी इंग्लैण्ड के निवासी लगाने लगे जिससे उनके पास और अधिक पूँजी इकट्ठी होती चली गई और वे अधिक से अधिक पूँजी उत्पादन में लगाते चले गये। औद्योगिक विकास में व्यापारियों के अतिरिक्त अमीर जमींदारों से भी पूंजी मिली। इसके अतिरिक्त इंग्लैण्ड में इस क्रान्ति के लिये वित्तीय सहायता के लिये कई प्रकार की नयी-नयी वित्तीय संस्थाओं ने भी जन्म ले लिया। 1750 ई. तक व्यापारियों व उद्योगपतियों की वित्तीय व्यवस्था का स्रोत लन्दन के बैंक थे। बाद में छोंट-छोटे ढ़ेर सभी बैंकों की स्थापना हो गई और 1815 तक यह संख्या 900 तक के लगभग पहुँच गई।

औद्योगिक क्रान्ति को जितना बल विदेशी व्यापार और वित्तीय सहायताओं से मिला उससे कम योग ब्रिटेन में नये प्रकार के वैज्ञानिक परिवेश का नहीं रहा। वहाँ का वैज्ञानिक वातावरण अन्य देशों के वैज्ञानिक परिवेश से भिन्न और उन्नत था।[1] यों तो वैज्ञानिक क्रान्ति का प्रारम्भ 16 वीं शताब्दी से माना जा सकता है जिसमें ब्रिटेन, फ्रांस, इटली, जर्मनी आदि देशों के वैज्ञानिक शामिल थे।

18 वीं शताब्दी में ब्रिटेन के वैज्ञानिक प्रयोगवादी हो गये जब कि अन्य देश (फ्रांस आदि) के सैद्धान्तिक ही रहे। ब्रिटेन में इस काम में सबसे आगे औजार उपकरण बनाने वाले मिस्त्री, लोहार, इंजीनियर आदि थे। औद्योगिक उत्पादन को बढ़ाने में ब्रिटेन के अंग्रेज वैज्ञानिकों और इंजीनियरों ने विज्ञान को विकसित करके बड़ा योगदान दिया। जैसे जोसेफ ब्लैक के गुप्त तथा विशिष्ट उष्माओं के आधार पर जेम्स वाट ने भाप इंजन का आविष्कार कर डाला।

ये लोग धार्मिक दृष्टि से धर्म निरपेक्ष थे इसी कारण ये अपनी चेतना अपनी दस्तकारी में लगाकर औद्योगिक क्रान्ति को बढ़ाते रहे। ब्रिटेन के बड़े-बड़े विश्वविद्यालयों के दरवाजे इनके लिये बन्द थे। इसलिये इन्होंने अपनी अलग एकेडेमियाँ विकसित की जिनमें कि विज्ञान की व्यावहारिक शिक्षा पर विशेष बल दिया गया। इन परम्परा विरोधियों का लोहे जैसे भारी उद्योग के विकास में पूर्ण योगदान रहा। कोल ब्रुकडेल के डार्बी परिवार के लोगों

1. ए हिस्ट्री ऑफ द साइंस, 1966, स्टीफन एफ मासन : चेप्टर 23 और 24।

को परम्परागत लकड़ी के कोयले के स्थान पर खनिज कोयले की भट्टी में लोहे पिघलाने की विधि की खोज का श्रेय प्राप्त है जिसने आगे चलकर फौलाद - इस्पात बनाने की विधि को जन्म दिया।

कहने का अभिप्राय यह है कि पुरानी परम्परा से भिन्न नये प्रकार के विज्ञान और उसके आविष्कारों का एक महत्त्वपूर्ण योगदान इस औद्योगिक क्रान्ति के मूल में था जिसका एक अलग इतिहास है। जिन्होंने अपनी वैज्ञानिक खोजों से उत्पादन के नये-नये तरीके ही नहीं खोजे अपितु देश में विभिन्न प्रकार की नयी वैचारिक भूमियाँ, चिंतन धाराएँ, रूढ़िविरोधी प्रगतिशील जीवन दर्शन भी प्रस्तुत किए जिसके कारण औद्योगिक क्रान्ति ने ब्रिटेन की सम्पूर्ण सामाजिक-आर्थिक संरचना को ही एक नया रूप दे डाला। ऐसे देश में एक नये समाज का पैदा होना स्वाभाविक था। इस समाज के हर क्षेत्र में नये-नये परिवर्तनों की बाढ़ सी आ गई जिसके कारण नयी क्रान्तियाँ, समाजार्थिक संरचना का उन्मेश आवश्यक हो गया। इन सभी का कारण बनीं नई-नई मशीनें यातायात के साधन। जिन्होंने देश के औद्योगिक विकास को अपार गति प्रदान की।

औद्योगिक उत्पादन में लोहे एवं कोयले ने महत्त्वपूर्ण भूमिका निभाई। जो कि ब्रिटेन की प्राकृतिक सम्पदा थी और वहाँ यह प्रचुर मात्रा में भी थी। इनका सही उपयोग इसी समय हो पाया था इससे पूर्व इनका उपयोग नहीं के बराबर था। औद्योगिक क्रान्ति के शुरू होने पर ही ब्रिटेन के भूगर्भ में विद्यमान कोयले के अपार भंडार का पता चला क्योंकि तत्कालीन मशीनों को चलाने के लिये कोयले की आवश्यकता महसूस की गई। इस क्षेत्र में कोयले को महत्त्वपूर्ण स्थान मिलने में डार्वी परिवार और हेनरी कोर्त को जाता है। जो पहले कभी लकड़ी के कोयले को अपनी लोहारगीरी में इस्तेमाल करते थे। बाद में 1750 ई. में इन्होनें लोहे को पिघलाने का नया तरीका खनिज कोयला अपनाया। कुछ समय बाद इन्होंने पिघले हुए लोहे को अच्छी तरह घंघोल कर उससे अलौह चीजों को निकालने की विधि में अपनाई जाने वाली बिलौनी भट्टी को निकालने की विधि में अपनाई जानेवाली बिलोनी भट्टी का भी आविष्कार कर लिया। इनको (खनिज कोयले-बिलोनी भट्टी) जेम्स वाट के भाप के इंजन ने भी सहायता दी। और खनिज कोयले की मांग बढ़ती चली गई। साथ में लोहे के खनन और उससे तरह-तरह के औजार और सामान भी बड़ी तेजी से तैयार किए जाने लगे। इस प्रकार औद्योगिक क्रान्ति लाने में लोहे व कोयले ने विशेष योगदान दिया। इसके साथ ही कपड़ा बनाने के क्षेत्र में भी क्रान्तिकारी परिवर्तन हो गया। कुछ दिनों में ब्रिटेन में विश्व प्रसिद्ध कपड़े उद्योग लग गये। धागे की कताई और कपड़े की बुनाई की विधियों में मशीनों का आविर्भाव बढ़ता चला गया। 1733 ई. में जॉन के ने बुनाई करने के लिये जल्दी-जल्दी मशीन काम करने वाली तैयार की। कपड़े बुनने के क्षेत्र में इस मशीन को उड़नपरी कहा जाता था। 1770 ई. में जेम्स हरग्रीव्ज ने स्पिनिंग जेनी ने आविष्कार करके एक मशीन से एक साथ बहुत सारे धागों की कताई होने लगी। 1775 ई. में आर्क राइट ने स्पिनिंग मशीन को जलशक्ति से चलाने वाला बना दिया और 1779 ई. में सैमुअल क्राम्पटन ने तो मुलायम, बारीक मजबूत धागा बनाने वाली क्यूल नामक मशीन का निर्माण कर दिया। जैसा धागा

भारत में ढाके की मलमल में प्रयुक्त होता था। इस प्रकार के कपड़ा उद्योग ने इस समय ब्रिटेन में विशेष प्रगति की जो औद्योगिक क्रान्ति के लिये विशेष सहायक हुई जिससे विदेशी व्यापार बढ़ता गया और ब्रिटेन में कपड़ा उद्योग का भी विकास होता रहा। अतः कपड़ा उद्योग ब्रिटेन की औद्योगिक क्रान्ति का अंग था।

18 वीं सदी के अन्त तक तो नहरों और सड़कों के द्वारा ही यातायात समस्या को सुलझाने का प्रयास होता रहा लेकिन 19 वीं सदी के प्रारम्भ में जार्ज स्टेफेन्सन ने रेलवे इंजन का आविष्कार किया जिसका पहले तो कोयला खदानों से माल लाने में प्रयोग होता रहा बाद में 1815 ई. में स्टेफेन्सन ने इस इंजन को भाप शक्ति से चलाना प्रारम्भ कर दिया फलस्वरूप देश में रेलवे लाइनें प्रारम्भ हो गई और धीरे-धीरे रेल पटरियों का जाल ब्रिटेन में बिछ गया जिसने औद्योगिक क्रान्ति को और बढ़ाने में सहायता की। जब किसी कृषि प्रधान समाज का उद्योग प्रधान समाज में विलय होता है तो पूरे देश के लोगों के जीवन रहन सहन के तरीके, सोचने समझने की दिशाओं में परिवर्तन आना स्वाभाविक हो जाता है। इस प्रकार से ब्रिटेन में औद्योगिक क्रान्ति के द्वारा समाज में, आर्थिक और राजनैतिक क्षेत्र में जो परिवर्तन हुए उनको एकदम बताना सम्भव नहीं होगा, फिर भी संक्षेप में उन परिवर्तनों का जिक्र करना भी आवश्यक है। औद्योगिक क्रान्ति के फलस्वरूप वहाँ के लोगों में एक प्रकार का आत्म विश्वास पैदा हो गया था, उनका विश्वास था कि संसार में यदि लगन और साहस से व्यक्ति यदि काम करता है तो उसके लिये अवसरों की कोई कमी नहीं है। औद्योगिक क्रान्ति से आवश्यकताओं की सारी चीजें भी काफी मात्रा में बाजार में सस्ती मिलने लगी थी इस प्रकार से मनुष्य का जीवन कई दृष्टियों से सरल हो गया और जीवन स्तर भी ऊँचा उठ गया। औद्योगिक क्षेत्र में विकास के लिये यह आवश्यक हो गया कि व्यक्ति अपना कार्य करने के लिये पूर्ण स्वतंत्र हो।

औद्योगिक क्रान्ति पूर्ण रूपेण किसी भी प्रकार के बाह्य हस्तक्षेप का विरोध करती है। व्यावहारिक रूप में देखा गया कि यदि किसी भी कारीगर या दस्तकार के पास छोटी सी भी पूंजी है यदि उसमें उसे किसी भी काम में लगाने की सूझबूझ और साहस है उसके लिये किसी प्रकार के रचनात्मक कार्यों की कमी नहीं है। इस क्षेत्र में पहले से धनी लोगों ने रुपया कम लगाया। छोटे-छोटे मध्यवर्गीय कारीगर- दस्तकारों ने ही रुपया लगाया और अपने उद्योगों के व्यापार को बढ़ाया। इस प्रकार औद्योगिक क्षेत्र में स्वतंत्रता की अति आवश्यकता है। प्रगतिशील, चिन्तक और प्रबुद्ध लोगों का मानना है कि सामाजिक प्रगति के लिये भी व्यक्ति की स्वतंत्रता एक आवश्यक व अनिवार्य शर्त है।

औद्योगिक क्रान्ति से सामाजिक क्षेत्र में भी एक विशेष परिवर्तन हुआ समाज में उच्च वर्ग- धनी, जमींदार, ताल्लुकेदार तथा व्यापारी एवं निम्न श्रमजीवी वर्ग के अलावा मध्यम वर्ग का जन्म हुआ। जिसमें अधिकांशतः नवोदित उद्योगपति, विज्ञानी, चिंतक, बुद्धिजीवी, कारीगर, दस्तकार आदि थे। पूरी सामाजिक संरचना में मध्यम वर्ग का ही विशेष महत्त्व था क्योंकि इसी ने औद्योगिक क्रान्ति को जन्म देकर सम्पूर्ण समाज में एक नई विकास की दिशा का रास्ता खोला और सामाजिक संरचना के क्षेत्र में क्रान्तिकारी भूमिका निभाई थी।

औद्योगिक क्रान्ति से नगरीकरण का विकास होता गया। नये नगरों का सामाजिक जीवन, गाँवों के जीवन से अलग हो गया। शहरों में सभी प्रकार के लोगों के साथ मिल जुलकर रहना पड़ता था। आबादी घनी होती गई। दैनिक उपयोग की वस्तुएँ तैयार मिलती थी, यहाँ पर शिक्षा की स्थिति अच्छी थी क्योंकि मशीन आदि चलाने के लिये कुछ न कुछ ज्ञान की आवश्यकता पड़ती। शहरों का खान-पान, रहन सहन, कपड़े मकान आदि सब की तैयारिया बनावटें गाँव से भिन्न हो गई। इस प्रकार से ब्रिटेन में औद्योगिक क्रान्ति के साथ-साथ वहाँ की जनता में बहुत बड़ी संख्या में नगरीकरण के द्वारा आधुनिकीकरण और संस्कृति संक्रमण का क्रम शुरू हो गया। फलस्वरूप नगरी जीवन में बहुत सारी बुराइयाँ पनपने लगीं। इंग्लैण्ड ही सबसे पहला वह देश था जिसमें औद्योगीकरण का आरम्भ हुआ। और 100 वर्षों के अन्दर ही वहाँ की सामाजिक आदि संरचना ही सम्पूर्ण रूप से बदल गई। इस प्रकार से वहाँ की औद्योगिक क्रान्ति को औद्योगीकरण का आदि स्वरूप भी कह सकते हैं। इसके बाद अन्य देशों में ही औद्योगिक विकास ही हुआ क्योंकि इंग्लैण्ड की भांति वहाँ इतना नयापन नहीं था अन्य देश तो इंग्लैण्ड के औद्योगिक बताये रास्ते पर ही चल रहे थे। इसलिये क्रान्ति शब्द का प्रयोग औद्योगिक क्षेत्र में केवल इंग्लैण्ड के सम्बन्ध में ही अधिक उपयुक्त है।

भारत में औद्योगिक विकास

इंग्लैण्ड की औद्योगिक क्रान्ति का असर भारत पर भी पड़ना स्वाभाविक था। जब इंग्लैण्ड में औद्योगिक क्रान्ति चल रही थी उस समय उसमें भारत भी सहयोगी था, यहाँ पर पका हुआ माल आता और कच्चा माल जाता ईस्ट इंडिया कम्पनी के माध्यम से। भारत में औद्योगिक विकास की दर धीमी होने का कारण दीर्घकाल तक की परतंत्रता कही जा सकती है। जिसमें इसकी स्वाभाविक विकास प्रवृत्ति को रोका गया। अंग्रेजों ने अपने शासन काल में यहाँ के परम्परा से चले आ रहे विकसित व्यापार उद्योग कौशल को नष्ट कर डाला। और औद्योगिक विकास पर अपने देश इंग्लैण्ड की भांति यहाँ के काप्टी वर्ग कारीगरों और दस्तकारों को औद्योगिक विकास की दिशा में स्वतंत्र नहीं चलने दिया। अपना पुराना धन्धा (व्यापार) खोकर भारतीय शिल्पी को उल्टे खेतों में ढ़केल दिया गया जहाँ उसे आधुनिक उद्योग के बुलावे पर फिर से नगर लौटने से पहले तीन पीढ़ियों तक रहना पड़ा। भारत में औद्योगिक विकास के सामान्य, स्वाभाविक उपक्रम को रोक दिया गया। यहाँ के उद्योग, दस्तकारी अथवा हस्तकला से आरम्भ होकर यान्त्रिक निर्माण अथवा विनिर्माण शक्ति (अथवा किसी भी प्रकार की बिजली) से चलने वाली मशीनों से उत्पादन और फिर अंत में व्यापक पैमाने पर उत्पादन के सामान्य स्वाभाविक उपक्रम से विकसित नहीं हुए। फलतः भारतीय श्रमिक को (आधुनिक) उद्योग का प्रशिक्षण नहीं मिला।"[1] फलस्वरूप यहाँ औद्योगिक विकास उस ढ़ंग से नहीं हो पाया जैसे होना चाहिए। या अन्य देशों में हुआ था।अतः भारत में पूर्ण औद्योगिक विकास न हो सका।

1. इंडिया इन ट्रान्सेशन 1922; एम.एन.रॉय, पृ.113.

भारतवर्ष में आधुनिक उद्योगों का विकास 1850 ई. के समय से प्रारम्भ हो गया था। पहला सूती शक्ति चालित कारखाना 1851 ई. में बम्बई में खुला, यद्यपि नियमित ढ़ंग से उसका उत्पादन कार्य 1854 ई. से शुरू हुआ था।[1] ऐसा नहीं था कि इससे पूर्व भारत में उद्योगों के नाम पर कुछ भी नहीं था। तत्कालीन व्यापारिक व्यवस्था में यहाँ व्यापार के लिये माल उत्पादन होता और साथ ही साथ भारतवर्ष में व्यापारिक सूझबूझ के लोग जो उद्यमी थे जिनमें मारवाड़ियों, गुजरातियों और पारसी लोग गिने जा सकते हैं। मारवाड़ी लोग रुपयों का लेन देन, साहूकारी और हुन्डियों की दलाली करते थे। और बैंके भी चलाते थे। कुछ लोग तो कम्पनियाँ बना कर निर्यात का काम भी करते थे।"[2] इंग्लैण्ड में 1701 ई. में ऐसा कानून बनाया जिसमें इंग्लैण्ड वासियों को भारतीय कपड़े पहनने का निषेध था, लेकिन यह सम्भव नहीं हो सकता तो भारत से जाने वाले कपड़ों पर 15 प्रतिशत आयात शुल्क लगा दिया क्योंकि इंग्लैण्ड के व्यापारी भारतीय कपड़ों को रूपान्तरित करके ज्यादा लाभ कमाते थे।'

भारत में औद्योगीकरण का प्रारम्भ प्रथम विश्वयुद्ध और द्वितीय विश्व युद्ध के दौरान माना जा सकता है। यह भी नहीं कहा जा सकता कि भारत इस दृष्टि से विकसित हो गया था। इतना जरूर कहा जा सकता है कि भारत में ऐसा औद्योगिक आधार तैयार हो चुका था जिस पर औद्योगिक विकास की पूर्ण सम्भावनाएं की जा सकती थी। इस स्थिति से अंग्रेजी सरकार भी परिचित हो गई थी कि अब भारत के औद्योगिक विकास को रोकना असम्भव है तभी वाइसराय लार्ड हार्डिंग ने औद्योगिक आयोग गठित करके अपने चार महत्त्वपूर्ण सुझाव दिये। पहला, कच्चे माल और औद्योगिक सम्भावनाओं की दृष्टि से भारत धनी है, लेकिन उसकी औद्योगिक व्यवस्था एवं प्रणाली में ऐसी कमियाँ हैं जो शान्तिकाल में उसे विदेशी होड का शिकार बना देंगी और युद्ध काल में खतरनाक सिद्ध होंगी। दूसरे, भारतीय श्रमिक अयोग्य एवं असमर्थ है और भारतीय पूंजी निष्क्रिय। तीसरे, यहाँ के लोगों में उद्योगवाद की सही परम्परा विकसित नहीं हुई है। चौथे, इसलिये सरकार के लिये यह जरूरी है कि वह यहाँ की औद्योगिक गतिविधियों का निर्देशन तथा विकास करे।"[3] प्रथम विश्व युद्ध के पश्चात् औद्योगिक विकास के लिये ब्रिटिश सरकार ने 1921 में राजवित्तीय आयोग का गठन किया जिसका उद्देश्य भारतीय उद्योग एवं व्यापार को संरक्षणात्मक प्रश्रय देते हुए अपनी सिफारिशे पेश की - यह आवश्यक है कि भारत पुरानी स्वतंत्र व्यापार की अबन्ध नीति से भिन्न एक संरक्षणवादी नीति अपनाये, तैरिफ बोर्ड नाम की एक स्थाई संस्था स्थापित की जाय जो संरक्षण अथवा उदार अनुदानों के लिये भारतीय उद्योगों की मांगों या अधिकारों का निश्चय

1. ए फाइनेन्सीयल चेप्टर इन द हिस्ट्री ऑफ बॉम्बे, 1910, कोटेड इन डी.आर.गाडगिल्स इन्डस्ट्रीयल इवॉलूशन ऑफ इंडिया इन रीसेन्ट टाइम्स, 1971; डी.ई.वाचा. पृ.55।
2. री इंटरप्रेटेशन ऑफ नाइटीन्थ सेन्चुरी इंडियन इकानामिक हिस्ट्री इन टू इंडियन इकॉनामिक एण्ड सोसियल हिस्ट्री रिव्यू वोल्यूम, प्रथम, मार्च 1968; टी.रे चौधरी।
3. नालन्दा ईयर बुक, 1947-48, पृ.127-28।

और जांच किया करे और सरकार को भिन्न-भिन्न भारतीय उद्योगों के प्रति भिन्न-भिन्न तरह से संरक्षण प्रदान करने की नीति पर अमल करना चाहिए।"[1]

इन सिफारिशों के संरक्षण में द्वितीय विश्व युद्ध तक लोहा, इस्पात, शक्कर, कागज, धातुओं, नमक, सूती, कपड़ों, मैग्नीशियम, रेशम, उत्पादन और क्लोराइड, दियासलाई इत्यादि इत्यादि उद्योगों ने विकास किया। 1938 में द्वितीय विश्व युद्ध की स्थिति बन गई। और अफवाहों के आधार पर ही बाजार में सभी वस्तुओं की कीमतें बढ़ गयी साथ ही उत्पादन में भी बढ़ोतरी हो गई। आयात न होने के कारण सरकार को ही माल खरीदने की आवश्यकता हो गई, इससे उत्पादन और बढ़ा फिर भी माल की मांग इतनी होती गई कि उसको उद्योग पूरा न कर पा रहे थे। कीमतें और बढ़ी। उत्पादन और बढ़ा। इस द्वितीय विश्व युद्ध काल में शक्कर, लोहा, सूती कपड़ा, सीमेन्ट आदि उद्योगों में बढ़ावा हुआ। तभी टाटा का इस्पात कारखाना, एशिया में सबसे बड़ा और सबसे आधुनिक रूप में उभर कर आ गया। युद्ध काल में भी नये-नये कारखाने शुरू हुए जिनमें इंजन, मोटर, रसायन आदि प्रमुख थे। इस प्रकार भारत में औद्योगिक विकास हुआ। स्वतंत्रता के बाद भी उद्योगों के समय के साथ-साथ कुछ विकास होता ही गया। जिससे सामाजिक जीवन में भी परिवर्तन होता गया। भारत में औद्योगिक विकास के समय में कुछ परिवर्तन देखने को मिलते हैं। जैसे नगरीकरण। औद्योगिक क्रान्तियाँ विकास में देश में नगरीकरण की संरचना होने लगती है। तो यह नगरीकरण का विकास भारत के संदर्भ में भी हुआ देश में जो पहले थे या नए-नए नगरों का विकास एवं स्थापनाएं होती चली गईं। भारत में नगरीकरण का प्रारम्भ लगभग 1911 ई. से शुरू हो गया था। पहले से चले आ रहे परम्परागत नगरों में विकास साफ-साफ स्पष्ट दिखाई देता है जैसे- बम्बई, कलकत्ता, जमशेदपुर, दिल्ली, अहमदाबाद, कानपुर, नागपुर, शोलापुर, इत्यादि तब से अब तक भारत में नगरीकरण का विकास होता चला आ रहा है। भारत में औद्योगिक विकास के साथ-साथ उनके अन्दर काम करने वाले श्रमिकों की संख्या में बढ़ोतरी होती चली गई। और उनका एक समूह उभर कर सामने आया। जो अपनी समस्याओं के प्रति जागरूक हुआ और उनमें संघर्ष करने की शक्ति पैदा हुई। औद्योगिक क्रान्ति से पूर्व श्रमिक वर्ग का संगठन नहीं के बराबर था। सन् 1920 से 1925 के बीच देश के कारखानों में लगभग 1000 हड़तालें हुई। और केवल 1921 में 396 हड़ताले गिनी जा सकती हैं। इससे अनुमान लगाया जा सकता है कि भारत में औद्योगिक विकास के साथ-साथ श्रमिक वर्ग भी उभर कर सामने आया। जिन्होंने अपने सामाजिक जीवन में सुधार निखार के लिये मिल मालिकों - पूंजीपति वर्ग से मिलकर संघर्ष किया और उसमें सफलताएँ प्राप्त की। मिल में काम करने वाले मजदूरों की संख्या अधिकतर बाहर (गाँवों) से आये हुए श्रमिकों की होती थी। नगरों में आने पर इनकी मानसिकता ग्रामीण जीवन के समान ही बनी रही उनको नगरी जीवन की संस्कृति सभ्यता मानसिक रूप से पचती नहीं थी। भारत का श्रमिक वर्ग परम्परागत कारीगरी, दस्तकारी शिल्पी वर्गों से न जुड़कर ग्रामीण खेतिहार वर्गों से ही आया था इसलिये उनको इस धन्धों में विशेष रुचि नहीं होती थी। वे तो मात्र अपनी

1. औद्योगिक समाज शास्त्र पृ.121 : डी.आर. गाडगिल पृ.338।

भूख, साहूकारों के कर्ज-ब्याज से बचने के लिये शहरों में आया करते थे। लेकिन यहाँ सुबह से शाम तक काम करने में उनका शोषण शुरू हो जाता था। रहने की भी अच्छी व्यवस्था नहीं थी कच्ची गन्दी गलियों में अंधेरे व शीलन भरे कमरों में पड़े रहना पड़ता था। कुछ दिनों में मजदूर भाग जाते। प्रथम विश्व युद्ध के बाद इसके जीवन स्तर में सुधार होता चला गया। और मालिक उनके रहने, खाने पीने, पढ़ाई लिखाई विवाह-शादी आदि के अवसरों पर तरह-तरह के सहयोग देते रहे और श्रमिक वर्ग भी अपनी तन्मयता से अपना काम करता चला गया।

औद्योगिक व्यवस्था ने भारतीय जाति व्यवस्था को बहुत अधिक प्रभावित किया। युगों से चली आ रही जाति प्रथा ने भारतीय समाज को संकीर्णता के घेरे में बन्द रहके कूप-मंडूक बना रखा था उसको औद्योगिक विकास ने खत्म करने का प्रयास किया। वैसे तो अंग्रेजों की भूमि एवं कृषि सम्बन्धी तथा परम्परागत दस्तकारों-शिल्पियों के प्रति बरती गयी नीति ने 17वीं 18 वीं शताब्दियों में ही यहाँ की वर्ण व्यवस्था तथा उसके अन्तर्गत आने वाली जाति प्रथा को काफी छिन्न-भिन्न कर दिया था।"[1] भारत में औद्योगिक विकास के समय मशीनों ने लोगों को जाति प्रथा के शिकंजे से मुक्त करा दिया और रहने के लिये तो लोग अब भी अपने को किसी न किसी परम्परागत जाति का कहते रहे, लेकिन यथार्थ में, व्यावहारिक रूप में उनके काम का उस जाति से कोई सम्बन्ध नहीं रह गया। सन् 1911 की जन गणना से पता चलता है कि जिस जाति प्रथा का खान पान तथा विवाह आदि से तो पुराना सम्बन्ध बना रहा, उसी का आर्थिक दृष्टि से कोई भी महत्त्व नहीं रह गया। हर जाति का व्यक्ति हर दूसरी जाति का पेशा अपनाने लगा। सभी जातियों में विघटन की प्रक्रिया काम करने लगी। ठाकुर, ब्राह्मण मिल में काम करने लगे और जुलाहे-कोरी विश्वविद्यालय तथा सैनिक टुकड़ियों की शोभा बढ़ाने लगे।"[2]

औद्योगिक विकास ने भारत ही में नहीं विश्व में भी युग-युग से चले आ रहे ग्राम समुदाय के अलगाव को खत्म कर डाला और परम्परा से चली आ रही सामाजिक व्यवस्था में परिवर्तन की चेतना को जाग्रति दी। औद्योगीकरण का महत्त्व सिर्फ यह ही नहीं है कि बड़ी-बड़ी पेचीदी मशीनों का प्रयोग किया जाय और न नगरीकरण का अभिप्रायः यह है कि किसी जगह पर बड़ी संख्या में लोग रहने लगे, इस लिये दोनों को ही एक विशेष प्रकार के ऐसे असामाजिक सम्बन्धों की आवश्यकता होती है जिनका परम्परागत सामाजिक व्यवस्था से टकराव एवं संघर्ष होता है।"[3] इस प्रकार स्वतंत्रता प्राप्ति के समय में भारत के नगरों में कम से कम ऐसी स्थितियाँ आ गयी थी जिनके परिणामस्वरूप खान-पान, रहन-सहन, एक सीमा तक शादी विवाहों के मामलों में पुरानी परम्परागत जाति प्रथा लगभग खत्म ही हो गयी थी। और आज तक होती चली आ रही है। जिसने औद्योगिक विकास को और अधिक विकसित किया।

1. ग्रामीण समाज शास्त्र - भारतीय परिवेश : रघुराज गुप्त, एस. एन. मुंशी, अध्याय 18-19।

2. इंडिया इन ट्रांजिशन : एम. एन. रॉय, पृ. 109-111

3. कास्ट इन मॉर्डन इंडिया : 1970, एम. एन. श्रीनिवास, पृ. 77

यहाँ पर औद्योगिक क्रान्ति से होने वाली हानियों को नही गिनाया जायेगा अपितु उसके द्वारा समाज में जाग्रति होने की दिशा में ही प्रकाश डाला जायेगा। भारत में औद्योगिक विकास के फलस्वरूप भारतीय समाज की स्थिति में जीवन के प्रति चेतना जाग्रत होती चली गई। चाहे वह क्षेत्र स्त्रियों का हो या पुरुष का या फिर बच्चों का रहा हो। बहुत सारे विवाहादि सामाजिक सम्बन्ध बदल रहे थे। विवाह परम्परागत पवित्र और धार्मिक जीवन सम्बन्ध न होकर, धर्मनिरपेक्ष मामूली सा सम्बन्ध या दोस्ती मात्र होता गया। क्योंकि पत्नियाँ काम काज नौकरी पेशा करके स्वतंत्र एवं स्वावलम्बी होती गईं। वह परम्परागत बन्धनों से मुक्त होती गईं, उनका सम्बन्ध घर से बाहर अब बीतने लगा। अपनी संतानों पर माता और पिता के नियंत्रण में, कमी आ गई। क्योंकि स्त्रियाँ भी अपने बच्चों से अधिक से अधिक मुक्त रहना चाहती थी। दूसरे, स्त्रियाँ अपने लिये वर चुनने के लिये अधिक स्वतंत्र होती जा रही थीं क्योंकि उनका अधिकाधिक समय घर की चारदीवारियों से बाहर नौकरी पेशाओं के कारण बाहर बीतने लगा। स्त्रियाँ विवाह के क्षेत्र में जोसेफ के फालसन के अनुसार अधिक सफल हो रही थीं - "विवाहोपरान्त पारिवारिक जीवन अधिक सुदृढ़ होता जा रहा था उसके रूप में भले ही परिवर्तन हो रहा था जिसके कारण जो नया पारिवारिक रूप उभर कर आ रहा है वह पहले की अपेक्षा कहीं अधिक दृढ़, स्थायी और वास्तविकता पर आधारित होगा, विवाह की संस्था भी अब मात्र औपचारिक, आरोपित, कर्त्तव्यपरायणता या धार्मिक बन्धन न होकर दो प्रबुद्ध प्राणियों का समझ बूझकर, एक दूसरे को वास्तव में प्रेम के योग्य समझकर और एक दूसरे के स्वतंत्र व्यक्तित्व को विकसित करने और सुविधाजनक बनाने के लिये आवश्यक स्वैच्छिक प्रयत्नशीलता की जिम्मेदारी महसूस कर परस्पर सहयोग की भावना पर आधारित होगी।"[1] विवाह के अतिरिक्त स्त्रियों और पुरुषों के विचारों तथा व्यवहारों में परम्परावादी दोहरा (भेदभावपूर्ण) दृष्टिकोण अब खत्म होता जा रहा है दोनों के लिये अलग-अलग कार्यों के बंटवारे के बारे में ऐसा नहीं है कि विषम परिस्थितियों में भी यह कार्य केवल स्त्रियाँ ही करेंगी, पुरुष नहीं या इसका उल्टा। शिक्षा के प्रसार, शिक्षित समाज में रहने से विचारों की व्यापकता आदि के कारण नारी जाति में अपने कर्त्तव्य-अधिकारों एवं स्वतंत्र व्यक्तित्व को लेकर विशेष जागरूकता आ गई और स्त्रियों में स्वतंत्रता की भावना बढ़ती गई इससे पुरुषों की स्त्रियों पर रौब दिखाने या अधिकार जमाने की परम्परागत प्रवृत्ति खत्म होती गई और इस प्रकार स्त्री पुरुष आपस में एक दूसरे का ध्यान रखने लगे। स्त्रियों में स्वतंत्र व्यक्तित्व के विकसित होने की भावना उनकी आत्मनिर्भरता के कारण बढ़ती गई। क्योंकि औद्योगिक विकास के फलस्वरूप आर्थिक विकास के कारण पत्नियों से पतियों की आर्थिक बंधन से मुक्त होती गईं। इस प्रकार इस औद्योगिक विकास के समय में स्त्रियाँ विविध बंधनों से मुक्त होती चली गईं। इस काल में स्त्रियों की दशा सुधरी परम्परा-रूढ़ियों से विभिन्न प्रयास रहे। कुछ परिस्थितियाँ पैदा हुई जिनके कारण उनमें हिम्मत, आत्म चेतना जाग्रत हुई।

औद्योगिक विकास की प्रारम्भावस्था (शिल्प विज्ञान) ने सामाजिक परिवर्तन के क्षेत्र में भूमिका निभाई है। तकनीकी, किसी वस्तु के उत्पादन के तरीके, शिल्प विज्ञान ने सामाजिक

1. द फेमिली एण्ड डेमोक्रेटिक सोसाइटी, 1943 : जोसफ के फालसम

जीवन को प्रभावित किया है। शिल्प विज्ञान संस्कृति का वह भाग है जिसमें ज्ञान-विज्ञान को अनुभव के आधार पर लक्ष्यों को प्राप्त करने के लिये इस्तेमाल किया जाता है। या शिल्प विज्ञान के द्वारा हम अपनी आवश्यक आवश्यकता की पूर्ति करते हैं। जैसे चरखा चला कर हम कपड़ा बना सकते हैं। यदि हम विस्तार से सोचते हैं तो पता चलता है कि शिल्प वैज्ञानिक परिवर्तनों या वैज्ञानिक आविष्कारों के कारण हमारे वास्तविक जीवन में ऐसे-ऐसे परिवर्तन हो जाया करते हैं जिनके बारे में प्रारम्भ में कल्पना भी नहीं की गई थी। औद्योगीकरण के विकास में रेलों के चलाने का मूल उद्देश्य सीमित और निश्चित था लेकिन उन्होंने समाज में न जाने कितने परिवर्तन कर डाले जिनका मूल उद्देश्य (भाड़े-ढोने) से कोई सम्बन्ध नहीं था। कहने का अभिप्रायः यह है कि शिल्प विज्ञान (तकनीकी-कार्यकुशलता) पर औद्योगिक प्रगति निर्भर करती है। और औद्योगिक प्रगति से सामाजिक जीवन में अनेक परिवर्तन होते हैं।

औद्योगिक विकास के साथ समाज में कर्मण्यता की भावना बढ़ती चली गई। समाज और कार्य का इतिहास देखें तो स्पष्ट होता है कि विभिन्न देशों और राज्यों के कार्य की कल्पना, स्वरूप और आदर्श भिन्न-भिन्न रहे हैं। उदाहरण के लिये कुछ समय पूर्व तक भारत में कार्य, जाति धर्म के आधार पर होते रहे हैं। हिन्दू जाति व्यवस्था में हर व्यक्ति का कार्य जन्म से ही निर्धारित होता रहा था। लेकिन औद्योगिक विकास के साथ-साथ यह सब तो खत्म हो ही गया व्यक्तियों में अधिक से अधिक कार्य करने की इच्छा भी उत्पन्न होती गई। प्राचीन यूनान के विचारकों की भी कार्य (शारीरिक श्रम) सम्बन्धी विचारधारायें बदलती चली गई जैसे कार्य मनुष्य के लिये एक सजा है इत्यादि इत्यादि। लेकिन ये मान्यताएँ औद्योगिक विकास के फलस्वरूप बदल गईं। कार्य को पूजा के समान माना जाने लगा। पादरी और साधुओं के लिये भी कार्य आवश्यक माना जाने लगा। इसके बाद यूरोप में नवजागरण आन्दोलन के बाद कार्य कष्टदायक और निरर्थक होने के बजाय मनुष्य की सर्जनात्मक अभिव्यक्ति का माध्यम माना जाने लगा। कुछ समीक्षक तो कार्य को गरीबी के विरुद्ध सबसे मज़बूत हथियार और विजय मंत्र मानते हैं।

इस प्रकार औद्योगिक विकास ने मनुष्यों में अधिक से अधिक कार्य करने की प्रेरणा दी। जिससे समाज के रहन-सहन, खान-पान इत्यादि क्षेत्रों में बदलाव आया।

यहाँ पर औद्योगिक विकास के कारण समाज में क्या-क्या परिवर्तन हुए हैं उनमें से लाभकारी परिवर्तनों की ही चर्चा की है, क्योंकि यहाँ पर हमारी शोध दिशा सामाजिक चेतना की ओर ही रही है। वैसे औद्योगिक विकास से समाज को बहुत सारी हानियाँ भी उठानी पड़ी हैं। वे सामाजिक चेतना में सहायक नहीं हुई हैं। ऐसा पूर्णरूपेण तो नहीं कहा जा सकता, अप्रत्यक्ष रूप में वे भी समाज में चेतना का दूसरे रास्ते से विकास करने में सहायक रही हैं।

आज कल लोगों का सोच सभी क्षेत्रों में विकसित हो गया है चाहे वह खान-पान हो चाहे रहन-सहन आदि। वह न जाने कितने तरीकों से एक विषय को सोचता है और उसका उपयोग करता है। इस प्रकार विवेचित आधार पर कहा जा सकता है कि इंग्लैण्ड की औद्योगिक क्रान्ति ने विश्व के जीवन को नई-नई दिशाएं दीं। विभिन्न देशों में औद्योगिक विकास होता चला गया जिससे समाज के जीवन मूल्य बदलते चले गये। जीवन के प्रति दृष्टिकोण अधिक सार्थक और सजीव होते चले गये। पुरानी जीवन सम्बन्धी मान्यताएँ,

परम्पराएँ, रूढ़ियाँ सब खत्म होती चली गई, जिनकी कि समाज को किंचित् मात्र आवश्यकता नहीं थी और उसमें नई चेतना, नया सोच, नया दृष्टिकोण उभरता चला गया। जीवन के सभी क्षेत्रों में व्यापकता पनपती चली गयी। जीवन के क्षेत्र में अधिक से अधिक सोच की खोज की दिशाओं में प्रयास होता गया। जीवन को अधिक से अधिक सुखमय कैसे जीया जाय, के प्रयत्न होते चले गये। इस प्रकार देखा जाय तो औद्योगिक विकास ने भारतीय जीवन को विकसित करते हुए उसमें सामाजिक विकास लाने में अपना महत्त्वपूर्ण योगदान दिया है।

(ङ) विज्ञान के नित्य नवीन आविष्कार और भारतीय सामाजिक चेतना

औद्योगीकरण के बाद विश्व में विज्ञान के क्षेत्र में नित्य नवीन नवीन आविष्कारों की क्रान्ति सी पैदा होती चली गई। एक के बाद दूसरी विज्ञान की शाखा-प्रशाखाओं में नई-नई खोजों का दौर पैदा हो गया, जिससे मनुष्य की शारीरिक एवं मानसिक दशाओं का घनिष्ठ सम्बन्ध था। खोजें चाहे चिकित्सा के क्षेत्र की हों या सुख सुविधाओं की या फिर कला-मनोरंजन इत्यादि से सम्बन्धित सभी ने मनुष्य के जीवन को प्रभावित किया।

विज्ञान विषय बड़ा व्यापक है, यहाँ हम उसके बाह्य स्वरूप का ही संक्षेप में जिक्र करेंगे, जिसने भारतीय सामाजिक चेतना को सीधे प्रभावित किया है।विज्ञान ने अपनी सभी (भौतिक, रसायन, जीव, वनस्पति, खगोल भूर्गभ इत्यादि) शाखाओं में बड़े-बड़े आविष्कार किये। जिन्होंने मानव जीवन का अपनी रूढ़ियों- परम्पराओं पर तो पुनः विचार करने के लिये बाध्य कर ही दिया वर्तमान जीवन को विविध प्रकार से समय के साथ भी जोड़ा।

पहले बीमारियों को असाध्य एवं देवी प्रकोप से जोड़ा जाता था। परन्तु आज, एक तो मनुष्य की सारी बीमारियों का पता ही नहीं पड़ जाता अपितु उसके निदान भी तुरन्त हो जाते हैं। किरणों के माध्यम से अन्दर के रोगों का पता लगाकर बिना कष्ट के अल्प समय में उसका निराकरण भी तुरन्त कर दिया जाता है। ऐसे ही अनेक क्षेत्र हैं जिसमें विज्ञान ने आविष्कार कर डाले हैं। और उनसे समाज के जीवन की एकता में वृद्धि हुई है। जैसे यातायात के क्षेत्र में मनुष्य कुछ ही घंटों में विश्व के किसी भी क्षेत्र में पहुँच सकता है। बात तो तत्क्षण कर लेता है, क्या इसकी कोलम्बस या वास्को द गामा ने कल्पना की होगी ? इन खोजों ने दुनियाँ को समेटकर, समाज के दायरे में ही नहीं, अपितु परिवार की सी परिधि में समेट दिया है। माध्यम चाहे हवाई जहाज, टेलीफोन, टेलीग्राम, या फैक्स आदि रहे हों। चंदा मामा को पृथ्वी से जोड़ने की प्रक्रिया कब पूरी होती है इस आशा में लोग बैठे हैं कि उस पर अपना समाज कब बनाया जाय। विज्ञान ने मनोरंजन के क्षेत्र में क्रान्तिकारी आविष्कार किए हैं जैसे रेडियो, टेलीविजन, विविध वाद्य यंत्र, कैमरा, इत्यादि। इन्होंने समाज को इस स्थिति में लाकर खड़ा कर दिया है कि सभी भौचक्के से देखते रह जाने के सिवाय कुछ नहीं कर पा रहे हैं। इस परिवर्तन में अर्थ ने आग में घी का काम किया है। दूरदर्शन आदि ने समाज की पर्दा प्रथा को इस हद तक नष्ट किया है कि कहीं वे पर्दा की समस्या खड़ी नहीं हो जाय इसकी चिन्ता होने लगी है। शिक्षा के क्षेत्र में छापे खाने के आविष्कार ने ज्ञान-विज्ञान की विविध जानकारियों

को एक दूसरे तक पहुँचाने में बड़ी मदद की है । सारा ज्ञान, विज्ञान, साहित्य, आदि सभी पुस्तकों के रूप में आ ही गये हैं, साथ ही कम्प्यूटर-ई मेल इत्यादि इस क्षेत्र में चमत्कारिक प्रगति कर रहे हैं । जिससे समाज में नई-नई सोच जानकारियां तुरन्त सुलभ हो रही हैं जिन्होंने एक दूसरे के विचारों से सहमति असहमति का वातावरण बना दिया है । विश्व में समाज के ही इतने विषय है कि इन पर एक साथ कुछ ही व्यक्तियों द्वारा अधिक से अधिक सोच पाना असंभव है, यदि इस पर संसार के अधिक से अधिक व्यक्ति सोचे और लिख-पढ़ कर अपनी बात कहें और करें तो यह सामूहिक प्रभाव समाज के हित के लिये अधिकाधिक हो सकता है । इस प्रकार प्रेस और उसके प्रकाशन कार्य ने सामाजिक क्षेत्र में व्यापक कार्य किया है ।

विज्ञान के नित्य नवीन आविष्कार कृषि के क्षेत्र में भी हुए । खेती करने के यंत्रों ने तो हल बैल की छुट्टी कर ही दी है । खेती करने के तरीकों में भी उन्नत शील बीज, खाद, सिंचाई की विधियाँ आदि-आदि ने परम्परा से होती चली आ रही कृषि उपज में वृद्धि कर डाली । इस क्षेत्र में क्रान्ति आई जो हरित क्रांति के नाम से जानी गई । कभी रही खाद्य समस्या को प्रत्येक देश ने अपने-अपने समयों में अधिकाधिक अन्न उत्पादन कर खाद्य समस्या का निदान किया । परम्परागत तरीकों से बनाये जाने वाले वस्त्रों का पूरा मशीनी करण हो गया । कम समय में अच्छे से अच्छे वस्त्र उपलब्ध होने लगे । मनुष्य अपनी पसंदानुसार कपड़े क्रय कर अपनी समस्याओं के समाधान करने लगे । पुराने तरीके - हाथ चरखा सूत जुलाहे आदि सभी पीछे रह गये । वस्त्रों के लिये अधिकाधिक उपभोक्ताओं को मूल्य विवश हो होकर चुकाने पड़ते । आविष्कारों ने झोपड़ी, कुटिया, छान-छप्पर, पाटौर, बाड़ा इत्यादि को मकानों कोठियों में रूपान्तरित कर दिया । इस काम में सीमेन्ट, लोहा, ईट, चमकीले पत्थर काम में लिये गये ।

इस प्रकार विज्ञान के नित्य नवीन नवीन आविष्कारों ने भारतीय समाज का आकार ही परिवर्तित कर डाला । यदि कहा जाय कि समाज का वैज्ञानीकीकरण हो गया तो गलत नहीं होगा । क्योंकि समाज की इन सुविधाओं को पाने के लिये, इनमें रच पच कर पूरी तरह यंत्र वत हो गया । उसे अपने आस पड़ौस से भी कोई लेन देन नहीं रहा तो वह समाजिक सुख-दुःख की क्या चिन्ता करेगा । पूरा समाज अपने अपने कार्यों की भाग-दौड़, भीड़-भाड़, शोर-गुल, के रूपों में सुबह से शाम तक मशीन की तरह अविराम दिखाई पड़ता है । व्यक्तियों की कर्म प्रधान के प्रति ललक भले ही धर्मानुसार न हो, इस काल के मनुष्यों में दिखाई पड़ती है । इस प्रकार आधुनिक समाज ने जीवन के विविध महत्त्वों को प्राप्त किया है, तो वास्तविक जीवन के विकास की हानियों से भी वंचित नहीं रहा है ।

(च) विदेशों में नूतन आध्यात्मिक अनुसंधान और भारतीय सामाजिक चेतना

विदेशों में जिस प्रकार विविध क्षेत्रों में अनुसंधान हुए, उसी प्रकार आध्यात्मिक भूमियों पर भी नई-नई खोजें हुईं । और उन सभी आध्यात्मिक विचारों का आधार भौतिक और प्रत्यक्ष था । ऐसा नहीं था कि उनके इस सोच में किसी प्रकार की स्थूलता ने अपना कब्जा कर लिया हो, सोच भौतिकवादी होते हुए भी सूक्ष्म से सूक्ष्मतर था । लेकिन विज्ञान के नये प्रकाश आध्यात्मिक सोच में अपनी भूमिका अदा करते थे, करने भी चाहिए क्योंकि किसी भी प्रकार

का सोच हो, वह बुद्धि का भी क्षेत्र लिये रहता है, और बुद्धि का ही क्षेत्र था भौतिकवाद । एक रहते हुए घर के परिवार के अधिकांश व्यक्तियों की सोच-सीख आपस में एक दूसरे को प्रभावित करती है । ऐसे ही समाज में विभिन्न जाति धर्म विचारधारा के लोग साथ-साथ रहते हैं तो उनमें एक दूसरे के विचार, क्रिया कलाप सम्मिलित हो ही जाते हैं चाहे कट्टर धर्म जाति इसका कितना भी विरोध करें । शादी विवाह तक हो जाते हैं । तो फिर कहाँ अलगाव रहा । इसी प्रकार दर्शन के साथ विज्ञान की भूमिका उसकी खोजों में तार्किकता की स्वाभाविकता हैं ।

पाश्चात्य विद्वानों के अन्वेषी मस्तिष्क ने ब्रह्माण्ड की उत्पत्ति को लेकर सैकड़ों प्रकार के प्रायोगिक विचार किए । इस अमूर्त विचार के साथ वे बहुदेववाद से एकदेववाद तक आ गये । और एक अखण्ड सत्ता के स्वामी का अनुभव करने लगे । जिसके अधीन यह विश्व स्थूल प्रकृत्ति तो है ही, सूक्ष्म पर भी उसका पूरा प्रभाव है । इस संदर्भ में एंगेल्स ने भी कहा है - अनेक कबीले सरदारों के स्थान पर जब एक राजा प्रतिष्ठित हुआ, तभी केवल एक ईश्वर पर विश्वास का भी आविर्भाव हुआ । प्राचीन काल के लोग सोचने लगे कि जिस प्रकार एक ही राजा राज्य के काम धन्धे चलाता और देश के सामाजिक एवं राजनीतिक जीवन को नियंत्रित करता है, उसी प्रकार अकेला एक ईश्वर इस प्रकृति के विविध घटना क्रमों को चलाता और उन्हें नियंत्रित करता है, इसका आशय यह भी नहीं है कि बहुदेववाद बिल्कुल खत्म हो गया हो वह विचारधारा भी साथ-साथ चलती रही ।

पाश्चात्य आध्यात्मिक विचारधारा भौतिकवादी एकतत्त्ववादी के रूप में उभरकर आई और उसको भारतीय आदर्शवादी एकतत्त्ववादी विचारधारा ने अपने में मिला कर, भारत में ब्राह्मणों के रूढ़िवाद और कर्मकाण्डवाद का विरोध करते हुए मानव की अन्वेषण भावना को महत्त्व दिया । इस प्रकार सारे विश्व में बहुत्त्ववाद एक तत्त्ववाद से द्वैत-अद्वैत आदर्शवाद-यथार्थवाद इत्यादि को लेकर आध्यात्मिक विचार होते रहे और एक दूसरे से प्रभावित होकर इस क्षेत्र में भी नई चिन्तनधारा विकसित होती गई । साथ ही प्राचीन दार्शनिक धर्म गुरुओं की विचार धाराएँ, भी निरर्थक और अस्तित्वहीन नहीं हो सकतीं क्योंकि इनका तो नींव और महल, जड़ और फल जैसा विकास क्रम है जिसमें जीवन का कलात्मक उपयोग निहित है इस संदर्भ में लेनिन के विचार- "दार्शनिक आदर्शवाद असंगत तभी है जब वह कच्चे, सीधे-सादे और तत्त्ववादी भौतिकवाद के दृष्टिकोण से देखा जाता है ।"[1] भौतिकवादी चिन्तक अपने दार्शनिक सिद्धान्तों और सूत्रों में बड़ी-बड़ी भूलों को नहीं रोक पाये । मनुष्य मस्तिष्क के क्रियाकलापों से जुड़े वातावरण को उचित ढंग से नहीं समझ पाये । इसलिये अन्य दार्शनिक विचारों सिद्धान्तों के सामने वे अपना प्रभुत्व भले ही नहीं जमा पाये । लेकिन परिस्थितियों में परिवर्तन उनके पक्ष में ही गया । विज्ञान ने उन्नति की । पदार्थ आदि के गुणों की खोज ने इस दिशा के सोच में बहुत कुछ और जोड़ा । फलस्वरूप मानव मस्तिष्क और आत्मा की समस्या को सुलझाने की दिशा में दर्शन आगे बढ़कर परमाणु तक पहुँचा वहाँ एंगेल्स की विचारधारा

1. लेनिन : मेटीरियलिज्म एण्ड एम्पीरियो - क्रिटिसिज्म ।

- "हम उस पर विजय की तरह जिसने किसी दूसरे देश की जनता पर विजय पा ली है, शासन नहीं करते । हम प्रकृति के बाहर खड़े होकर उस पर शासन नहीं करते - लेकिन हम अपने रक्त मांस और मस्तिष्क सहित प्रकृति के हैं, उसके मध्य में रहते हैं और उस पर हमारा नियंत्रण इस बात में निहित है कि अन्य दूसरे सभी प्राणियों से बढ़कर हम इस स्थिति में है कि हम प्रकृति को भली भांति जानें और उसके नियमों को सही ढ़ंग से लागू करें ।"[1] इस प्रकार दर्शन में विभिन्न विचार धाराओं के रहते हुए मानव की प्रमुखता का महत्त्व बढ़ा ।

प्रत्येक देश में धर्म-दर्शन आदि की भी विचारधारायें वहाँ के जीवन के अनुकूल होती हैं जो बड़ी सोच समझ के साथ निर्मित होती है । उनमें उन्नति अवनति होती रहती है क्योंकि उनको बहुत बड़े सामाजिक जीवन से होकर गुजरना पड़ता है फिर भी उदात्त विचारधारा सतत् प्रत्यक्ष-अप्रत्यक्ष मनुष्य और उसके समाज में हमेशा प्रवाहित होती रहती है किसी समय किसी विचार धारा की प्रधानता समय और देशकाल की मांग के आधार पर भले ही बढ़ जाय । जिस प्रकार पश्चिम में भौतिकवाद के अस्तित्व में आध्यात्मिक जीवन दर्शन को कितने विचारों से होकर गुजरना पड़ा इसका एक बड़ा दस्तावेज हैं उसमें भी उदात्त मानव सोच का ही अस्तित्व कायम रहा । इस्लाम में चाहे कितनी ही कट्टर विचार धाराओं से होकर आध्यात्मिकता को क्यों नहीं गुजरना पड़ा हो लेकिन उसमें भी रहस्यवाद छाया रहा और सूफी सम्प्रदाय के रूप में उभर कर आया । सूफी, संसार से अलग रहना पसन्द करते थे । वे अपनी इच्छा से गरीबी जीवन का वरण कर सांसारिक सुखों से दूर रहते थे । वे सामन्तवाद के विरोधी, उसके रहन-सहन, तौर-तरीकों, आदि आदतों के खिलाफ और विरोधी थे। सांसारिक सुखों से विरक्ति की भावना इस विरोध की आध्यात्मिक अभिव्यक्ति थी । उन्होंने कट्टर मुल्ला लोगों का विरोध किया है जो औपचारिक पठन-पाठन, हज, नमाज, आदि पर जोर देने के साथ-साथ ईश्वर सामीप्य के लिये पाबंदियों से युक्त आदेश जारी करते हैं । उनके अनुसार तो - "निःस्वार्थ और आध्यात्मिक रूप से सम्पन्न व्यक्ति ही ईश्वरीय सारतत्त्व को प्रतिबिम्वित कर सकता है । यह केवल प्रेम द्वारा ही सम्भव है जो निश्चित रूप से ईश्वर से उसका सामीप्य स्थापित करेगा ।

इस प्रकार विदेशों की आध्यात्मिक भूमियों ने अपने-अपने देश काल और वातावरण में अपनी जीवन पद्धतियों से प्रगतियाँ की हैं, तथा वे एक दूसरे देश की विचार धाराओं से कम अधिक मात्रा में प्रभावित होती रही हैं । इससे भारत भी अछूता नहीं रहा है । भारतीय चार्वाक तो भौतिक और यथार्थ विचार धारा से इतने प्रभावित हुए कि "यावत जीवेत सुखं-जीवेत, गृणमं कृत्वा घृतम् पिबेत ।" के माध्यम से सुख पूर्वक, जीवन-यापन को ही सार्थक मानते थे । इस्लाम की रहस्यवादी अवधारणा ने भारतीय सामाजिक और धार्मिक स्थितियों में सुधारवादी आन्दोलन चलाया, इन्हें प्रभावित किया, क्योंकि ये भारतीय सामाजिक और धार्मिक विचारधाराओं के अति निकट थी । इस संदर्भ में निम्न विचारों की ओर भी ध्यान दिया जा सकता है - "मुसलमान रहस्यवादियों और उनके धार्मिक विचारों ने जो प्रभाव

1. एफ. एंगेल्स : डाइलोटिक्स ऑफ नेचर पृ.292

डाला, उसके फलस्वरूप हिन्दुओं में कितने ही सुधार आन्दोलन उठ खड़े हुए। ये आन्दोलन समूचे देश में फैले और उन्होंने जीवन के प्रति हिन्दुओं के दृष्टिबिन्दु और विचार-पद्धति पर गहरा प्रभाव डाला।"[1] आत्मा परमात्मा मिलन के समानान्तर सूफी शिक्षाओं में फना के सिद्धान्त का भी महत्त्वपूर्ण स्थान है इसके लिये निकोलसन का कथन- "एक नैतिक अवस्था के रूप में फल की परिभाषा, और सभी आवेगो तथा इच्छाओं को तिरस्कृत करने की विधि, निर्वाण की परिभाषा से इतनी अधिक मिलती है कि बौद्ध प्रभाव से इन्कार नहीं किया जा सकता। जहाँ तक फना का सर्वेश्वरवादी पक्ष है, वेदान्त तथा भारतीय विचारधारा की ऐसी ही अन्य पद्धतियाँ अपनी याद दिलाती है।"[2]

अतः उपरोक्त विवेचना को ध्यान में रखते हुए उदात्त रूप से मानवीय चेतना के आधार पर कहा जा सकता है कि एक ही समय विशेष में विभिन्न देशों में लगभग एक सी विचारधारायें चलती रहती हैं। और वे एक ही विचार बिन्दु एकतत्त्ववाद में ही ठहरती नजर आतीं हैं। उनका बाह्य रूप भले ही भौतिकवाद हो या आदर्शवाद या फिर सूफी रहस्यवाद। सभी विभिन्न प्रकार से की गई व्याख्याएँ ही होती हैं जिनका एक दूसरे के घनिष्ठ सम्बन्ध होता है, क्योंकि वे सभी एक दूसरे के तरीकों के द्वारा अपने तरीके में सरल और सहज होकर आपस में प्रभावित होती रहती हैं। और अपने आध्यात्मिक चिन्तन को जीवन से जोड़कर सरल व्याख्या के सहारे अपने समाज को प्रभावित करती हैं। भारतीय आध्यात्मिक चिन्तन भी पाश्चात्य चिन्तन परम्परा से कुछ अर्थों में समृद्ध होता हुआ निखरा। उसने अपने परम्परागत स्वरूप को निखारते हुए चमकाया। जिसका तेज आधुनिकता के चकाचौंध में सुदृढ़ और ओजस्वी बना रहा क्योंकि उसके पास सत्य एवं सार्थकता भी भूमि जो है।

(छ) विविध समाज विज्ञान और भारतीय सामाजिक चेतना

समाज विज्ञानों के विकास के माध्यम से भी भारतीय सामाजिक चेतना का क्षेत्र व्यापक हुआ। जिन विषयों से मानव और उसके समाज को विभिन्न दृष्टियों से जानकारियाँ मिलती है उनकी सामाजिक चेतना के विकास में महत्त्वपूर्ण भूमिका रहती है। राजनीति का समाज पर सीधा प्रभाव पड़ता है। वैसे भी समाज की देखभाल और सुरक्षा का दायित्व तो राज्य और केन्द्र सरकारों का ही रहा है। सरकारों की चयन प्रक्रिया, कर्त्तव्य और अधिकार आदि का लेखा जोखा राजनीति विज्ञान में तय रहता है, जिसकी परिधि में सरकार अपना कार्य करती है। सरकार के कार्य क्षेत्र में मानव मात्र से लेकर पूरा देश समाहित रहता है।

समाज के व्यक्तियों पर राजनैतिक व्यक्तियों का सीधा प्रभाव पड़ता है, क्योंकि वे एक व्यवस्था के अन्तर्गत उसके रक्षक होते हैं, यदि वे लोग ही भ्रष्ट, अन्यायी अत्याचारी हो जाते हैं तो जनता पर इसकी सीधी प्रक्रिया होती है। यथा राजा तथा प्रजा की कहावत यों ही नहीं

1. डॉ. ताराचन्द : हिस्ट्री आफ फिलॉसफी : ईस्टर्न एण्ड वेस्टर्न, खण्ड 1, पृ.503
2. रेनोल्ड ए. निकोलसन : एन्साइक्लोपीडिया आफ रिलीजन एण्ड एथिक्स, खण्ड 12 पृ.121

बन गई होगी। जिस देश की राजनीति जितनी स्पष्ट, न्याय संगत और भेदभाव रहित होगी उस देश का समाज उतना ही - सुव्यवस्थित, शांत और उन्नतिशील होगा। क्योंकि समाज का समय अधिकांश में अपनी विविध राजनैतिक समस्याओं के समाधान में नष्ट न होकर उन्नति में लगेगा। यदि समाज का अधिकांश समय भ्रष्टाचार, अन्याय, आदि में ही उलझ कर रह जायेगा तो समाज उन्नति कैसे करेगा ? दूसरे, राजनैतिक व्यवस्था, उसके कर्त्तव्य और अधिकारों का ज्ञान जितना समाज और जनता को होगा वह उतना ही निर्भीक, अपने कर्त्तव्य और अधिकारों के प्रति सजग रहेगा। उसमें देश-समाज के पनप रहे भ्रष्टाचार, अन्याय अत्याचार आदि से लड़ने की क्षमता भी पैदा होगी। इन सबका ज्ञान राजनीति विज्ञान दे सकता है। वह समाज को राजनैतिक स्तर पर जागरूक बनाता है, समाज में राजनैतिक चेतना पैदा कर सकता है। इस प्रकार राजनीति विज्ञान का विकसित होना समाज के लिये विभिन्न दृष्टियों से प्रेरणादायी होता है। उसमें अच्छे समाज के लिये नये-नये चेतना सम्पन्न विचारों का प्रादुर्भाव कराने की सामर्थ्य होती है अतः राजनीति विज्ञान अपने समाज की चेतना को प्रभावित करता है जिससे वह अपना परिष्कार करने की सामर्थ्य अर्जित करता है।

अर्थ की आवश्यकता जीवन का अभिन्न अंग है। वह मनुष्य की आवश्यक आवश्यकता तो है ही साथ ही पारिवारिक एवं सामाजिक भी है। उसी में समाज और देश का भविष्य भी निहित है। सभी देशों में विद्रोह के कारणों में अर्थ की महत्त्वपूर्ण भूमिका रही है। उसके उत्पादन और उपभोग का व्यापक फलक रहा है। धन का उत्पादन जितना महत्त्वपूर्ण है, उससे भी बढ़कर उसका उपयोग होता है। प्राचीन काल में धन - उत्पादन में व्यापार आदि के माध्यम से अनेक देशों की खोजें और साहसिक समुद्री यात्राएं आदि छिपी हैं। औद्योगिक क्रान्तियों के मूल में क्या अर्थ नहीं है ? धन की उत्पादकता किसी देश समाज में विभिन्न प्रकार की असंगतिया -शोषण आदि फैलाती है। इसको पैदा करने का एक विज्ञान होता है। जिसमें किसी वस्तु की मांग, पूंजी, साहस, श्रम, आदि का एक क्रमबद्ध अध्ययन होता है। इन सब बातों के प्रकाशन और विकास का प्रभाव देश और उसके समाज पर पड़ता है जिस प्रकार किसी भी विज्ञान का अध्ययन कर उसमें दक्षता हासिल की जा सकती है उसी प्रकार अर्थ के शास्त्र में भी। फलस्वरूप समाज उसके अध्ययन के माध्यम से धन पैदा करने की तकनीकी, उसकी जोखिमों - आदि से परिचित होता है। जिस प्रकार सरकार समाज की सुख-सुविधाओं के लिये धन की योजनाएं बना-बना कर उसको शिक्षित, निरोगी, इत्यादि कार्यक्रम विकसित करती है, उसी प्रकार सामाजिक स्तर पर भी कार्य किए जा सकते हैं। संक्षेप में यहाँ इतना ही कहा जा सकता है कि अर्थ विज्ञान का मानवीय जीवन में महत्त्वपूर्ण स्थान है वह किसी भी देश की रीढ़ की हड्डी साबित होता है, यदि आज भारत का प्रत्येक जन किसी न किसी छोटे-बड़े कार्य (श्रम) से जुड़ जाता है, तो समाज से ढ़ेर सारी बुराईयों का समाधान तो हो ही जायेगा, साथ ही देश भी उन्नति के शिखर पर पहुँच जायेगा। अतः अर्थ विज्ञान सामाजिक चेतना को प्रभावित किये बिना नहीं रह सकता है। किसी भी समाज के विकास के लिये उसको अर्थ-विज्ञान का ज्ञान होंना अतिआवश्यक है।

इसी तरह समाज के लिये अपने देश विशेष की भौगोलिक स्थिति का ज्ञान होना तो

अतिआवश्यक है ही साथ ही सारे विश्व की भी । कहाँ की जलवायु कैसी है, किस किस के लिये उपयोगी है । कहाँ-कहाँ पर किस-किस के भंडार हैं, कहाँ की भूमि किस-किस फसल के लिये उपयोगी है । इन सब बातों से व्यक्तियों का परिचय होना उसके विकास के लिये आवश्यक है । इन सबसे समाज के भविष्य का सम्बन्ध जुड़ा होता है । नदी-बांध बिजली, सिंचाई, कोयला, लोहा, पत्थर, जंगल, मैदान इन सब में ही तो समाज सांस लेता है । इन सब की व्यापक जानकारी जिस समाज को होती है वह समाज इन सबका अधिक से अधिक उपयोग करता हुआ अपनी उन्नति कर सकता है । यह जानकारी विषय के रूप में समाज को भूगोल कराता है । भूगोल के क्षेत्र में नई खोजों का विकास, उनका प्रकाशन समाज के विद्यार्थियों की सोच उनके कार्य व्यापार को प्रभावित करता है । भौगोलिक स्थितियाँ किसी भी समाज की संस्कृति सभ्यता के मूल में होती हैं उनकी समाज को प्रत्यक्ष अप्रत्यक्ष देन है । जिससे समाज प्रभावित हुए बिना नहीं रह सकता है । किसी किसी स्थान पर तो ऐसी-ऐसी वस्तुएँ मौजूद हैं, जिनके सहारे वहाँ के समाज की अपनी अलग पहचान बन जाती है । जलवायु व्यक्ति के सोच, रहन-सहन, क्रिया-कलापों को भी प्रभावित करती है । संक्षेप में यह कहा जा सकता है कि किसी भी देश के समाज को वहाँ की भौगोलिक - स्थितियाँ परिस्थितियाँ प्रभावित करती हैं उन सबका तो उसे भली भांति ज्ञान होना ही चाहिए इससे बढ़कर संसार की भौगोलिकता का भी । क्योंकि आज संसार भी तो छोटा हो गया है ।

लोक प्रशासन में समाज को प्रशासित करने का विधान होता है । उसमें व्यक्ति समाज के अधिकारों की सुरक्षा, जन जीवन की सुचारू रूप से जीवन यापन करने की पद्धतियों के रख रखाव की व्यवस्था रहती है । लोक प्रशासन को, राजनीति विज्ञान की एक समृद्ध शाखा के रूप में पहचाना जा सकता है । इसके सिद्धान्तों तले समाज एक सुव्यवस्था को प्राप्त होकर अपनी कलात्मक उपलब्धियों की ओर अपनी चेतना को अग्रसर कर सकता है । जीवन के सुख, वैभव सम्पन्नता की तलाश कर सकता है । इसके कार्य क्षेत्र के अन्तर्गत वे सारे सरकारी कार्य आते हैं जिससे लोक कार्यो का सरलीकरण होता है, उन कार्यों की एक व्यवस्था होती है, जिससे समाज में अव्यवस्था और उसके कार्यो में भ्रष्टाचार पर अंकुश लगता है इत्यादि कार्य क्षेत्रों में होकर लोक प्रशासन समाज को एक सुव्यवस्था, सुचारुता प्रदान कर उसकी कलात्मक चेतना को आयाम देता है, उसके विकास से सामाजिक चेतना में जाग्रति और विश्वास पैदा होता है, फलस्वरूप सामाजिक उन्नति के साथ समाज में शान्ति व्यवस्था विविध प्रकार से स्थापित होती है ।

अतः विविध समाज विज्ञानों के विकास से भारतीय समाज को विविध प्रकार की जानकारियाँ प्राप्त हुई जिससे उसके कार्य कलापों का समुचित विकास हो सका । उसके विविध मुखी विकास ने उसके सोच को और अधिक व्यापक बनाया ।

(ज) उपरोक्त प्रभावों का समीक्षात्मक विवरण

इस प्रकार उपर्युक्त प्रभावों स्वतंत्रता-संग्राम, क्रान्तियों, वैज्ञानिक नवीन-नवीन अविष्कारों नूतन-नूतन विदेशी आध्यात्मिक भूमियों के अनुसंधानों, समाज-विज्ञानों के

विकासों ने आधुनिक भारतीय सामाजिक चेतना के स्वरूप को विभिन्न दृष्टियों से प्रभावित किया। खुद भारतीय समाज की अपनी परम्परा भी विकसित हुई क्योंकि जीवन की चेतना से अभिप्रायः उसके ऊर्ध्वगामी गमन से सीधा सम्बन्ध होता है। किसी भी देश में, एक समय विशेष में, लगभग समान रूप से चेतना का विकास होता है, फिर भी इसमें उस देश की सामाजिक, राजनैतिक, धार्मिक आदि परिस्थितियाँ अपना महत्त्वपूर्ण उत्तरदायित्व निभाती हैं। उनके फलस्वरूप, सहारे मानवीय चेतना किसी समस्या के लिये कुछ अधिक सक्रिय हो जाती हैं। और उसके समाधान का प्रयास करती है। भारतीय समाज शताब्दियों से मानव और उसकी सामाजिकता के क्षेत्र में कैदीय जीवन व्यतीत करता चला आ रहा था। जिन-जिन क्षेत्रों में उसकी मुक्ति की आवश्यकता थी, उस ओर चेतना अपना कार्य कर रही थी। यही स्तर लगभग सभी देशों में था। और अमेरिका ने अपना स्वातंत्र्य संग्राम जीत लिया उसका सीधा प्रभाव भारत देश और उसके समाज पर पड़ा क्योंकि वह भी तो उसी दौर से गुजर रहा था। भारत में स्वतंत्रता के लिये अमेरिका के स्वतंत्रता संग्राम के परिणाम ने उदाहरण का काम करते हुए उस अभिमान में जान डाल दी। इसके बाद गांधी ने अफ्रीका में सफलता प्राप्त कर ली थी। उन्होंने भारत आकर स्वतंत्रता आंदोलन की बागडोर सम्भाली और उसे वैज्ञानिक व्यवस्था दी। जिसमें मतभेद अवश्य रहे, लड़ाई जारी रही कुल मिलाकर भारत भी स्वतंत्र हुआ और गांधी जी की वैज्ञानिक व्यवस्था को गांधी दर्शन के नाम से जाना गया, जिसकी विश्व में प्रशंसा तो हुई ही उसके अध्ययन की आवश्यकता भी महसूस की गई।

भारतीय स्वतंत्रता संग्राम पर फ्रांस की राज्य क्रान्ति का प्रभाव तो पड़ा ही। उसके साथ-साथ भारत में समाज सुधारों के आन्दोलन भी छिड़े हुए थे। जो समाज से उसकी विसंगतियों को दूर करने का प्रयत्न कर रहे थे। इसका भी स्वातंत्र्य आन्दोलन पर प्रभाव पड़ रहा था। मनुष्य के श्रम का जो शोषण हो रहा था, उसके कारण भारतीय समाज की स्थिति अच्छी नहीं थी। समुचित विकास का अभाव था। लोग अपना जीवन स्तर सुधार नहीं पा रहे थे। वे अपनी आवश्यक-आवश्यकताओं की पूर्ति में ही अपनी जीवन-चेतना का अधिकांश भाग लगा देते थे। सुख सुविधाओं की तो बात ही अलग थी। इस प्रकार की श्रम शोषित जनता पर भारतीय समाज चिन्तकों के माध्यम से प्रभाव पड़ा। इस चिन्तन धारा ने स्वतंत्रता संग्राम में सक्रिय भूमिका अदा करना अपना फर्ज समझा। स्वतंत्रता संग्राम में एक कारण यह भी रहा जिसका सीधा सम्बन्ध फ्रांस की राज्य क्रान्ति से जुड़ता है। औद्योगिक क्रान्ति ने तो विश्व के समाज में गतिशीलता पैदा कर डाली। भारतीय समाज पर इसका प्रभाव कई क्षेत्रों में जैसे धार्मिक रूढ़ि परम्परा के दूर होने में, आजीविका के पुराने साधनों की धीमी गति को दूर करने में, उद्योग धन्धे, कृषि, व्यापार सभी क्षेत्रों में गतिशीलता के सपने साकार करने की ललक भारतीय समाज में जाग्रत हुई। जीवन को सुख-सुविधाओं से जोड़ने के प्रयासों का समावेश मनुष्य में पैदा हुआ। इस प्रकार औद्योगिक क्रान्ति के नये सवेरे की प्रतीक्षा भारतीय समाज करने लगा और उसके प्रभाव से शीघ्रातिशीघ्र प्रभावित होकर, अपने स्वयं के सपने खोजने के स्वप्न देखने लगा।

विज्ञान के नित्य नवीन आविष्कारों के उदय ने भारतीय सामाजिक चेतना के विविध

क्षेत्रों को प्रभावित किया। शिक्षा के प्रचार-प्रसार की आवश्यकता महसूस हुई। इस क्षेत्र में विज्ञान की शिक्षा का महत्त्व बढ़ा। रूढ़ि-परम्पराओं से जिन-जिन क्षेत्रों में भ्रान्तियाँ फैली हुई थीं उनका निदान होता गया। भ्रमित चाहे धार्मिक क्षेत्र की रही हों या बीमारी के क्षेत्र की या फिर जीवन के विविध मुखी आयाम में व्याप्त रूढ़ियों-परम्पराओं, रीति-रिवाजों, प्रथाओं आदि किसी के भी क्षेत्रों में अशिक्षा आदि के द्वारा व्याप्त भ्रान्तियाँ दूर होने में विज्ञान के नवीन-नवीन आविष्कारों की भूमिका महत्त्वपूर्ण रही। टेलीविजन, दूरभाष आदि ने पर्दा प्रथा के अन्त में क्रान्ति पैदा की। इस प्रकार विविध प्रकार से समाज में बदलाव आया और वह अग्रसर हुआ आगे चलकर समाज पर इतना विज्ञान का प्रभाव पड़ा कि उसका वैज्ञानिकीकरण सा हो गया, यह कहने में भी संकोच नहीं है। शारीरिक और वैचारिक स्तर पर समाज, विज्ञान से इस प्रकार जुड़ गया कि उसके लिये जीवन की कलात्मकता के लिये समय ही नहीं रहा। इस प्रकार बढ़ती वैज्ञानिकता ने समाज से कलात्मकता को कम किया। इस कमी को सामाजिक जीवन में रेखांकित किया जा सकता है।

जीवन के क्षेत्र में विविध नूतन आध्यात्मिक भूमियों के अनुसंधानों से भारतीय सामाजिक जीवन में दर्शन, देवी-देवताओं, मान्यताओं आदि क्षेत्रों में नये सिरे से सोचना प्रारम्भ हुआ। अपनी मान्यताओं की नयी-नयी आविष्कारित भूमियों से तुलना करते हुए व्याख्याएँ की। उनमें सुधार परिष्कार किए। और अपनी संस्कृति सभ्यता का पुनरावलोकन करते हुए, उसे विश्व के समक्ष, नये रूप में प्रस्तुत किया, जिससे विश्व भी प्रभावित हुआ। विवेकानन्द को उदाहरण के रूप में लिया जा सकता है। जिन्होंने अपनी वर्तमान भारतीय आध्यात्मिक दृष्टि को विश्व के धार्मिक सम्मेलन शिकागो में प्रस्तुत किया। जिसने विश्व आध्यात्मिक मनीषियों को प्रभावित किया। कोई भी विचार तब तक समृद्धि को प्राप्त नहीं हो सकता है तब तक कि उसके पास अपनी खुद की, उस विचार से सम्बन्धित स्थिर भूमि नहीं होती है। जिस प्रकार एक भव्य भवन के निर्माण में उसकी नींव ही प्रमुख आधार होती है, ठीक वैसे ही विचार के क्षेत्र में भी। भारतीय समाज के पास पहले से ही आध्यात्मिक शाश्वत (स्थिर) भूमि थी, जिसका ही परिष्कार और परिवर्तन विदेशों में होंने वाली विविध नूतन आध्यात्मिक भूमियों के अनुसंधान ने वर्तमान तरीके से किया।

विविध समाज -विज्ञानों के विकासों ने भारतीय सामाजिक चेतना के उन-उन क्षेत्रों को समृद्ध किया, जिन जिन विषयों के विज्ञान थे। जिनका सामाजिक जीवन से सीधा सम्बन्ध जुड़ता है, जैसे अर्थ शास्त्र, राजनीति शास्त्र, लोक प्रशासन, समाज शास्त्र इत्यादि। इन विषयों ने समाज की चेतना को एक-एक विषय के आधार पर विकसित किया। अर्थ की व्यापक और सम्पूर्ण चर्चा के साथ समाज में उसके अस्तित्व और आवश्यकता को रेखांकित करते हुए जीवन की व्याख्या हुई। इसी प्रकार अन्य विषयों के माध्यम से भी जीवन का खुला चिन्तन हुआ। जीवन की सार्थकता, उसके महत्त्व इत्यादि रूपों पर विविध विषयों के विकास के साथ चर्चा, चिन्तन स्थापित हुआ। यों तो हर क्षेत्र में बाधाएँ न जाने कब से जीवन के साथ जुड़ी हुई हैं, और जीवन का उनको समझते हुए उनके निदान का प्रयास क्रम चलता ही रहता है और चलता ही रहेगा यही तो जीवन की गतिशीलता का क्रम है। यही तो जीवन-सौन्दर्य

है जिसको कोई भी कलाकार चित्रित करने में असमर्थ रहा है, क्योंकि उसमें गतिशीलता जो है। वह उसके सुन्दर स्वरूप की जब तक व्याख्या करता है तब तक वह और अधिक सुन्दर (परिवर्तित) हो जाता है। अतः देश विदेशों में संग्राम, क्रान्तियाँ आविष्कार, अनुसंधान इत्यादि विकास अपनी-अपनी आवश्यकताओं के साथ होते रहे हैं उनका प्रभाव भी देश विदेश के समाजों पर पड़ता रहा है और रहेगा। आज का भारतीय समाज इसका उदाहरण है जिसने अपने अन्दर सामाजिक जीवन के प्रति अपनी चेतना को संचालित करते हुए बाह्य प्रभावों को ग्रहण कर-करके नये रूप में प्रस्तुत होने के लिये नित्य लालायित सा रहता है। इसमें सामाजिक चिन्तकों विचारकों की कमी नहीं है। लेकिन उसके भी तो विविध प्रकार के फसने के शिकंजे जो हैं, जैसे इस समय भारतीय समाज भौतिकवाद के शिकंजे में फसा हुआ है देखना यह है कि वह अभी कहाँ तक और फसेगा।ऐसे ही भय है कहीं समाज अपनी पर्दा प्रथा का अन्त करते-करते बेपर्दा की समस्या से ग्रसित तो नहीं हो जायेगा? ऐसे बहुत सारे बिन्दु समाज के लिये पैदा होते जा रहे हैं, जिन पर समय रहते ध्यान नहीं दिया तो उसे ही उन्हें आगे चलकर दूर करना होगा।

द्वितीय अध्याय

पाश्चात्य सामाजिक परिवर्तनों से भारतीय सामाजिक चेतना के लिए उभरते तत्त्व

पश्चिम में हुए विभिन्न संग्राम, क्रान्तियाँ, विकास और आविष्कारों के परिणामस्वरूप वहाँ के समाज में बदलाव आता चला गया फलस्वरूप वहाँ के सोच और कार्यों में नई जाग्रति उत्पन्न हुई। इसका प्रभाव भारतीय समाज पर भी पड़ा यहाँ चल रहे स्वतंत्रता संग्राम, धार्मिक आन्दोलन, सामाजिक पुनरुत्थान आदि क्षेत्रों में नई चेतना पैदा हुई। राजनैतिक क्षेत्र में अपनी स्वतंत्रता के लिये लड़े जा रहे संग्राम में राष्ट्रवादी चेतना का विकास हुआ। सम्पूर्ण भारतवासी अपने भारत को अपना ही एक राष्ट्र समझने लगे और उस पर मर मिटने को तैयार हो गये, तो दूसरी ओर धार्मिक और सामाजिक क्षेत्र में भी सुधार की आवश्यकता समझकर अनेक सामाजिक संस्थाओं का उदय हुआ। जिनमें ब्रह्म समाज, आर्य समाज, थियोसोफिकल सोसाइटी, रामकृष्ण मिशन, इत्यादि की महत्त्वपूर्ण भूमिकाएँ रहीं। जिन्होंने समाज में निहित विभिन्न भ्रान्तियों को दूर किया और उसे पुनः नवीन रूप में संस्थापित करने की दिशा में महत्त्वपूर्ण सफलताएँ प्राप्त कीं।

(अ) भारत में राष्ट्रवादी चेतना का उदय और विकास, सामाजिक चेतना का इससे अनुप्राणित होना

राष्ट्र शब्द मानव की पारस्परिक सहयोग की प्रवृत्ति का विकसित रूप ही है। मनुष्य की राग भावना, परिवार, ग्राम, नगर, राज्य से आगे बढ़ी तो वह राष्ट्र के रूप में ही दिखी। राष्ट्र से आगे यह पावन भावना विकसित होकर 'वसुधैव कुटुम्बकम' के रूप में आई। यों तो भारत में राष्ट्र शब्द को प्राचीन काल से ही देखा जा सकता है। यजुर्वेद में 'राष्ट्रं मे देहि' के अतिरिक्त अथर्ववेद ब्राह्मणग्रन्थों में भी इसका जिक्र मिलता है।मनुष्यों में अपने जन्म स्थान के प्रति लगाव, एवं समूहों में रहने की भावना आदि काल से ही देखी जा सकती है। यह भावना ही विकसित होकर निर्माण की प्रवृत्ति में राष्ट्र निर्माण के रूप में आधुनिक काल में स्पष्ट दिखाई देती है।सामाजिक चेतना का विकसित रूप राष्ट्र है और राष्ट्रीय चेतना का विकसित रूप मानवीयता है। राष्ट्र के स्वरूप निर्धारण के लिये डॉ. सुधीन्द्र का मत है -"भूमि,

जन और जन संस्कृति तीनों के मेल से राष्ट्र का स्वरूप बनता है। भूमि अर्थात् भौगोलिक एकता, जन अर्थात् जनगण की राजनैतिक एकता और जन संस्कृति अर्थात् सांस्कृतिक एकता - तीनों के समुच्चय का नाम राष्ट्र है। राष्ट्र में भौगोलिक, राजनैतिक और सांस्कृतिक इकाइयाँ पुंजीभूत हैं।"[1]

राष्ट्रवादी चेतना का सम्बन्ध भावना से है, इसलिये भावना के अमूर्त होने के कारण राष्ट्रीयता के सम्पूर्ण स्वरूप को किसी परिभाषा में बांधना कठिन है। इस धारणा को महसूस करते हुए पाश्चात्य समीक्षक लास्की का कथन है -"कोई ऐसे मापक तत्त्व नहीं है जिनके आधार पर राष्ट्रीयता की परिभाषा दी जाए।"[2] फिर भी विभिन्न लोगों द्वारा राष्ट्रीयता की विभिन्न परिभाषाएँ देनें के प्रयास किये हैं डॉ. अम्बेडकर के शब्दों में "राष्ट्रीयता श्रेणीगत चेतना की एक अनुभूति है। जो एक ओर तो उन व्यक्तियों को, जिनमें यह इतनी प्रगाढ़ होती है कि आर्थिक संघर्ष या समाजगत उच्चता नीचता के कारण उत्पन्न होने वाले भेद-भावों को दबाकर एक सूत्र में बांधे रखती है और दूसरी ओर उनको ऐसे लोगों से पृथक करती है जो उस श्रेणी के नहीं है।"[3] डॉ. सुधीन्द्र के शब्दों में "व्यक्ति के भाव, विचार और क्रिया व्यापार द्वारा राष्ट्र के हित, कल्याण और मंगल की भावना और चेतना राष्ट्रवाद हैं।"[4] इत्यादि के अतिरिक्त अनेक विद्वान् विचारकों ने राष्ट्रीयता के लिये अपने मत प्रस्तुत किये हैं। सभी भारतीय-पाश्चात्य विद्वानों की राष्ट्रीयता सम्बन्धी धारणाओं को देखते हुए कहा जा सकता है कि राष्ट्रीयता के लिये कुछ बातें आवश्यक होती है जिनका होना राष्ट्रीयता के लिये अति आवश्यक है। भौगोलिक एकता, जातीय एकता, भाषा की एकता, धर्म की एकता, आर्थिक आकांक्षा की एकता, राजनीतिक एकता की आकांक्षा, इतिहास एवं लक्ष्य की समानता तथा सांस्कृतिक आदि का होना राष्ट्रीयता के लिये महत्त्वपूर्ण हैं पाश्चात्य विचारक रेम्जे म्योर ने भी राष्ट्रीयता के लिये आवश्यक तत्त्वों की चर्चा की है - "भौगोलिक एकता, जातीय एकता, भाषा की एकता, धर्म की एकता, प्रशासन की एकता, आर्थिक एकता तथा परम्परा की एकता।"[5]

आधुनिक भारतीय राष्ट्रीय चेतना के संदर्भ में विद्वानों के दो मत हैं। पहले मत के अनुसार राष्ट्रीयता की भावना भारतवर्ष में प्राचीन काल से ही विद्यमान थी दूसरा वर्ग यह मानता है कि आधुनिक भारतीय राष्ट्रीय चेतना पश्चिम की देन है। यहाँ पर आधुनिक भारत में राष्ट्रवादी चेतना को जन्म देने के लिये दोनों वर्गों के विद्वानों के मतों पर संक्षेप में विचार किया जायेगा।

पहले मतानुसार भारत में राष्ट्रप्रेम का प्रारम्भ प्राचीन काल से ही चला आ रहा है राष्ट्र का अस्तित्व भूमि से ही स्थूल रूप में देखा जा सकता है, जो कि राष्ट्रीयता की चेतना को

1. हिन्दी कविता में युगान्तर - डॉ. सुधीन्द्र पृष्ट - 164-165
2. ए ग्रामर ऑफ पोलिटिक्स - लॉस्की, हरोल्ड जे, पृष्ट - 219
3. थॉट ऑन पाकिस्तान - अम्बेडकर (डॉ.) बी. आर. पृष्ट - 25
4. हिन्दी कविता में युगान्तर - सुधीन्द्र (डॉ.) पृष्ट - 37
5. नेशनलिज्म एण्ड इंटरनेशनलिज्म - म्योर, रेम्जे, पृष्ट - 131-142

आन्तरिक रूप से भी प्रमाणित करती आई है। भूमि के बिना क्या जीवन की कल्पना की जा सकती है। पाश्चात्य समीक्षकों ने भी कई दृष्टियों से विचार किया, कई उदाहरण (यहूदियों को भी दिये लेकिन राष्ट्रीयता की भावना, राष्ट्र प्रेम, राष्ट्र भक्ति आदि की बात कह कह कर भौगोलिकता को नहीं नकार पाये। मातृ भूमि के रूप में, भारतवर्ष के वैदिक काल में इसकी चर्चा विस्तार से मिलती है। अथर्ववेद के पृथ्वी सूक्त में तिरसठ भावुकता पूर्ण प्रार्थनाएँ हैं क्योंकि पृथ्वी, भूमि भौगोलिकता के रूप में हमारी सम्पूर्ण चेतना की आधारशिला है। संस्कृत भाषा का साहित्य, राष्ट्रीय चेतना से भरा पड़ा है। "जननी जन्म भूमिश्च स्वर्गादपि गरीयसी"[1] भारत में चक्रवर्ती राजा के साथ, भौगोलिक एकता की कल्पना ही है। इस संदर्भ में पं. नेहरू ने लिखा है - "भारत में बहुत पुराने जमाने से ही संसार के चक्रवर्ती राजाओं का जिक्र मिलता है ... भारत पर हुकूमत करने वाला सारी दुनिया का सरताज है ... पौराणिक राजा भरत, जिसके नाम पर हमारा देश भारतवर्ष कहलाता है, ऐसा ही एक चक्रवर्ती राजा माना गया है।"[2] धीरे धीरे चन्द्रगुप्तोत्तर काल से गुजरती हुई राष्ट्रीय भावना मध्ययुग तक आते-आते राष्ट्र से, राज्यों में परिवर्तित हो गई। यों तो शिवाजी और राणा प्रताप के समान वीर, योद्धा राष्ट्रीयता के प्रतीक कहे जा सकते हैं, भले ही उनकी राष्ट्रीयता का भौगोलिक क्षेत्र सीमित रहा हो। प्राचीन भारतवर्ष में सांस्कृतिक एकता के कारण राष्ट्रीयता के भावों में विकास हुआ। सांस्कृतिक अर्थात् संस्कृति और देश एक दूसरे के पर्याय से हो गये। डॉ. वार्ष्णेय भारतीय राष्ट्रीयता पर सांस्कृतिक दृष्टि से विचार करते हैं- "सांस्कृतिक एकता तो निश्चित रूप से प्राचीन काल से चली आ रही थी। भारतीय जीवन की विभिन्नता में अन्तः सलिला धारा की भांति एकता निहित थी। वशिष्ठ, व्यास, वाल्मीकि, मनु, याज्ञवल्क्य, चाणक्य आदि सभी ने अपने-अपने ढ़ंग से राष्ट्रीय शाखा प्रशाखाएँ फूट पड़ी, जिन्होंने अपनी छत्रछाया में सम्पूर्ण देश को अपना लिया।"[3] एक अन्य स्थान पर तो यहाँ तक लिखते हैं - "भारतीय राष्ट्रीयता का जन्म यहाँ की संस्कृति की कुक्षि से हुआ।"[4]

भारत में उसकी सांस्कृतिक परम्परा की धारा सतत् प्रवाहित होती रही है। वैदिक काल में आर्य संस्कृति का विकास तत्पश्चात् बौद्ध धर्म का आविर्भाव हुआ। बौध धर्म भी आर्य संस्कृति में मिल गया। भगवान शंकराचार्य जैसे विद्वानों ने सम्पूर्ण भारत को सांस्कृतिक एकता में तीर्थ स्थानों आदि की सहायता से एक सूत्र में बांधे रखा। तीर्थों की यात्रा से लोगों में भौगोलिक धार्मिक प्रेम विकसित होकर भारत की एकता और अखण्डता का भाव प्रबल होता गया। भारतीय राष्ट्रीयता के निर्माण में धार्मिक एकता ने महत्त्वपूर्ण योगदान दिया है। काफी समय तक एक ही धर्म "वैदिक धर्म" की ही प्रधानता रही। भक्ति, ज्ञान, धर्म, ब्रह्मा, विष्णु, महेश आदि अवतार धार्मिक एकता की भाव धारा में विकसित होते चले गये। इस

1. वाल्मीकि रामायण
2. विश्व इतिहास की झलक - नेहरू पं. जवाहरलाल, पृष्ट - 85
3. बीसवीं शताब्दी, हिन्दी साहित्य : नए संदर्भ - वार्ष्णेय (डॉ.) लक्ष्मी सागर, पृष्ट - 108
4. बीसवीं शताब्दी, हिन्दी साहित्य : नए संदर्भ - वार्ष्णेय (डॉ.) लक्ष्मी सागर, पृष्ट - 42

व्यापक और उदार धार्मिक भावना के सहारे ही आज भी हिन्दू, मुसलमान, जैन, बौद्ध, पारसी, यहूदी, ईसाई आदि सभी भारतीयता की भावना को लिये हुए हैं ।जातीय एकता ने राष्ट्रीयता का विकास किया है । एक ही जाति आर्य के आधार पर भारतवर्ष को आर्यावर्त कहा जाता थां । भाषा की एकता ने भारतीय सांस्कृतिक एकता के निर्माण में महत्त्वपूर्ण भूमिका निभाई - "संस्कृत, हिन्दू संस्कृति की भाषा बन गई एवं सारे देश के चिंतक संस्कृत में ही साहित्य रचना करने लगे ।"[1] देश के ज्ञान विज्ञान का माध्यम यही भाषा रही । प्रारम्भ काल तक पूरी हिन्दू संस्कृति को, यही भाषा अभिव्यक्ति देती रही । आज भी अनेक धार्मिक क्रियाएँ संस्कृत मंत्रों द्वारा पूर्ण की जाती हैं ।भारतवर्ष के लोगों में आर्थिक एकता, धार्मिक आकांक्षा के रूप में विद्यमान थी । हमारे प्राचीन साहित्य में अनेक व्यवसायों, उद्योग धन्धों, आदि का वर्णन इस बात का प्रमाण हैं । सभी वर्णों के लोग अलग-अलग व्यवसाय कार्य करते हुए भी मानव जाति के विकास के प्रति सचेत थे ।प्राचीन भारत की हिन्दू राजनीति में राजनीतिक एकता का ही परिचय दिया है । सार्वभौम, अधिराज, सम्राट, राजसूय, अश्वमेघ यज्ञ आदि अर्थपूर्ण पदों से भारतीय राजनीतिक एकता का ही परिचय प्राप्त होता है । चन्द्रगुप्त, अशोक, हर्ष आदि सम्राट राष्ट्र को एक सूत्र में बांधने के रूप में जाने जाते हैं ।

इस प्रकार संक्षेप में विचार करने पर भी यह स्पष्ट हो जाता है कि भारतवर्ष में प्राचीन काल से ही राष्ट्र निर्माण के आवश्यक तत्त्व मौजूद थे, जिनको देश भक्ति, जाति, भाषा, धर्म, संस्कृति, भौगोलिकादि रूपों के प्रचुर मात्रा में देखा जा सकता है । जिन्होंने राष्ट्रीय चेतना में सम्पूर्ण भारत को बांधे रखा था ।"दूर तक अतीत में भी प्राचीन हिन्दुओं में राष्ट्रीयता का पूर्ण बोध तथा उसका फल राष्ट्रीय चेतना-अविच्छिन्न रूप से जागृत थी तथा यह भावना देशान्तर से लाई हुई आज कल की उपज नहीं है ।"[2] श्री राधामुकुद मुकर्जी का कथन यहाँ विशेष महत्त्वपूर्ण है- "ये मान लेना गलत है कि राष्ट्रवाद की विशिष्ट सामाजिक घटना का उद्गम पश्चिम में हुआ, कि यह यथार्थतः एक परिक्षमी वस्तु है जो पूर्वी देशों में उनकी शुद्धि और परिवर्द्धन के बाद बहुत बाद में वहाँ से लायी गयी, कि पूर्वी मानस मातृभूमि की अवधारणा से ही पूर्णतया अपरिचित था ।. . . ये धारणाएँ पूर्व की संस्कृति के बारे में अत्यधिक अज्ञान के कारण हैं । सुदूर अतीत के धुंधले काल में भी, जिस पर ऐतिहासिक ज्ञान से कोई प्रकाश नहीं पड़ता, हम देखते हैं कि ऋग्वेद के मंत्रों में, जो मानव की सर्वप्रथम वाणी है, राष्ट्रवाद के आधारभूत सिद्धान्तों का निरूपण विद्यमान है ।"[3]

दूसरे मत के विद्वान यह मानते हैं कि आधुनिक भारतीय-राष्ट्रवादी चेतना यूरोपीय देन है । अठारहवीं शताब्दी में पश्चिमी यूरोप एवं उत्तरी अमेरिका में राष्ट्रीयता का जन्म हुआ । अमेरिकी स्वातंत्र्य संग्राम एवं फ्रांस की राज्य क्रान्ति में दूसरे स्वरूप को सर्वप्रथम देखा जा सकता है । धीरे-धीरे यह भावना सम्पूर्ण योरूप में फैल गई । बीसवीं शताब्दी के पूर्वार्द्ध में ही

1. संस्कृति के चार अध्याय - दिनकर, रामधारी सिंह, पृष्ट - 52
2. हमारी राष्ट्रीयता - गोलवलकर, मा. स. पृष्ट - 100
3. हिन्दु संस्कृति में राष्ट्रवाद - मुकर्जी, राधा कुमुद, पृष्ट - 48

यह एशिया अफ्रीका आदि देशों में छा गई। 'राष्ट्रीयता का उदय केवल अठारहवीं शताब्दी के अन्त में हुआ जो आगे चलकर सार्वजनिक और व्यक्तिगत जीवन को ढ़ालने वाली एक सर्वमान्य भावना और यदि सबसे बड़ी नहीं तो कम से कम इतिहास की एक अकेली प्रबल निर्णायक शक्ति बन गई।"[1] पूंजीवाद से मुक्ति पाने की भावना, मध्यवर्ग का जन्म होना, आर्थिक आवश्यकताओं की अधिकता, जीवन और शिक्षा पर धर्म का प्रभुत्त्व बढ़ जाना, तानाशाहों द्वारा बड़े-बड़े साम्राज्यों की स्थापना के प्रयास करना इत्यादि कारणों की प्रतिक्रिया से राष्ट्रीयता की उद्‌भावना हुई। इस उद्‌भावना के मूल में सभी मनुष्य एक समान हैं की भावना ने राजा को उसके पद से हटाकर देश के भू-भाग पर जनता के अधिकार की प्रेरणा दी। राजा की सत्ता के स्थान पर जनता की सत्ता होती चली गई। अठारहवीं शताब्दी में इस प्रकार की स्वाधीनता की भावना में विकास हुआ। इसी समय सम्पूर्ण विश्व को समानता एवं मानवतावाद की दृष्टि से देखने का दृष्टिकोण उभरकर सामने आया। जिसको लॉक की राजनीतिक विचारधारा नाम दिया गया। एक विचार से अमेरिका में स्वतंत्रता और व्यक्तिगत अधिकारों की बात उठी, जो सफल रही। अमेरिका के स्वातंत्र्य संग्राम की विजय ने सम्पूर्ण विश्व को स्वतंत्रता और समानता का संदेश दिया। जिसका फ्रांसीसी क्रान्ति पर प्रभाव पड़ा फलस्वरूप वहाँ पर समानता तथा बंधुत्व (इक्वालिटी. लिबर्टी एंड फ्रेटरनिट्री) का नारा गूंजा। जिसका सम्पूर्ण विश्व ने आदर किया। नेपोलियन की सेना ने सम्पूर्ण योरोप में राष्ट्रीयता की भावना का पाठ पढ़ा दिया। रॉबिन्सन कहते हैं कि 'नेपोलियन यूरोपीय राष्ट्रीय भावना का पिता है। इसी भावना ने इटली में मैक्यावेली - तासो, फ्रांस में मां-रेसिन, स्पेन में सर्वेण्टिस, इंग्लैण्ड में स्पेंसर - शेक्सपियर- जानसन-बेकन, जर्मनी में प्लेमिंग आदि महान् राष्ट्रीय साहित्यकारों को पैदा किया। इस समय की राष्ट्रीय भावना से ओत प्रोत काव्यधारा मानवता के रूप में पहचानी गई। बीसवीं शताब्दी में अंग्रेजों के माध्यम से यह राष्ट्रीयता की विचारधारा एशिया में फैली सन् 1905 ई. में जापान की रूस पर विजय ने तो भारत आदि गुलाम देशों को स्वतंत्रता की ओर बढ़ने की गति और बलवती कर डाली।

यह पूर्ण रूपेण सत्य है कि संस्कृत साहित्य में राष्ट्रीय भावना का स्वरूप अपनी चरम सीमा पर है। लेकिन धीरे-धीरे यह राष्ट्रीय भावना ह्रासोन्मुखी होती चली गयी। हिन्दी साहित्य के आदिकाल एवं मध्यकाल में राष्ट्रीय भावना का संकुचित स्वरूप दिखाई पड़ता है। राष्ट्रीय भावना, राष्ट्र प्रेम जिसे आज के अर्थ में राष्ट्रीयता कहा ज़ा रहा है उसका स्वरूप आधुनिक काल में अंग्रेजों के आने पर शुरू होता है। अंग्रेजी शासन व्यवस्था के कारण भारत में अपने मूल रूप से परिवर्तनों की दिशाओं में बढ़ने लगा। कृषक सामन्तवादी व्यवस्थाएँ आदि पूंजीवादी व्यवस्था में बदलने लगी। यूरोप के विज्ञान और सामाजिक दर्शन ने व्यक्तिवाद, नारी स्वातंत्र्य आदि के प्रभाव भारतवर्ष पर भी पड़े। इस प्रकार भारत का सामाजिक, सांस्कृतिक इतिहास उन्नीसवीं शताब्दी में विशेष प्रभावित होता चला गया। इसी के साथ भारतवर्ष पर यूरोप की राष्ट्रवादिता तथा साम्राज्यवादिता का प्रभाव पड़ा।

1. इन्साइक्लोपीडिया ब्रिटेनिश - खण्ड 19, पृष्ट - 149

अंग्रेजी राज्य में भारत यूरोपीय पूंजीवाद-साम्राज्यवाद के शोषण का शिकार हुआ । उपरोक्त कारणों से छुटकारा पाने के लिये भारतवर्ष में पुनरुत्थान की आकांक्षा जाग्रत हुई ।

भारत के लिये ही नहीं, संसार के लिये भी उन्नीसवीं शताब्दी मनुष्यों के जीवन की दृष्टियों में विस्फोट पैदा करने वाली सिद्ध हुई । नित नवीन वैज्ञानिक आविष्कारों कारखानों, रेल यातायात आदि कारणों से व्यापारिक क्षेत्र का विकास होकर, पूंजी सिमटकर, व्यापारियों की हो गई । इस पूंजी का प्रयोग, व्यापारियों ने राजसत्ता पर जैसे ही शुरू किया वैसे ही राजतंत्र के विरुद्ध विद्रोह शुरू होकर प्रजातंत्र के स्वरूप को उभारने लगा । देश के ऐसे वातावरण में राष्ट्र में अपनी साझेदारी, अपने महत्त्व की दृष्टि से लगाव जनता में उभरकर आया जिसे आज राष्ट्रीयता की संज्ञा दी जाती है । यह राष्ट्रीय दृष्टिकोण धीरे- धीरे सारे विश्व में उभरकर सामने आया । भारत में इस विचारधारा के तथा परम्परा से मिले सांस्कृतिक चेतना के देश-प्रेम से राष्ट्र के प्रति नई जाग्रति उभरी जिससे भारतीय स्वतंत्रता संग्राम सफल हुआ ।

अंग्रेजों के आगमन से राष्ट्रीय स्तर में ही हल चल नहीं मची अपितु सामाजिक, धार्मिक आदि पारम्परिक स्वरूपों पर फिर से सोचा जाने लगा, बुद्धि की कसौटी पर कसा जाने लगा । भारतीयों के मन में पाश्चात्य राजनैतिक उथल पुतलों की जानकारी के साथ-साथ अन्य धार्मिक, सामाजिक, कलात्मक, आर्थिक आदि के स्वरूपों की जानकारी महसूस होने लगी । राजनैतिक उथल पुथल की जानकारी से अमेरिका, इंग्लैण्ड आदि राष्ट्रों में देश के प्रति लगाव 'अपना देश' 'अपना शासन' आदि भावनाओं का ज्ञान हुआ जिससे हमारी भारतीय राष्ट्रीय भावना भी विकसित हुई । इस संदर्भ में रामधारीसिंह दिनकर एवं विभिन्न भारतीय साहित्यकारों, विचारकों के मत इस प्रकार हैं - "आज के प्रचलित अर्थ में राष्ट्र और राष्ट्रीयता, ये दोनों शब्द भारत के लिये नये हैं । अर्थात् इनका चलन हमारे यहाँ तब प्रारम्भ हुआ, जब अंग्रेजी शासन के विरुद्ध भारत में प्रतिक्रिया जागने लगी । भारतीय और यूरोपीय संस्कृति के संघर्ष से पिछली शताब्दी में भारत में जो महान् सांस्कृतिक जागरण हुआ, उसी के परिणामस्वरूप नवीन भारत का जन्म हुआ । यूरोप में पहले सांस्कृतिक राष्ट्रीयता जगी, पीछे वही राष्ट्रीयता राजनीतिक राष्ट्रीयता में परिणत हो गई ।"[1] 'अंग्रेजों के संपर्क से हिन्दू धर्म में जागृति की ऐसी लहर उठी कि हिन्दुत्त्व का रोग ही दूर हो गया और अंग्रेजी पढ़ने के कारण ही भारतीयों में राष्ट्रीयता की उमंग उठी, जिससे वे अपने अधिकारों की मांग करने लगे ।"[2]

इसी मत के आलोक में आधुनिक भारतीय राष्ट्रीयता के सम्बन्ध में डॉ. लक्ष्मीसागर वार्ष्णेय के विचार हैं - "ब्रिटिश जाति के माध्यम द्वारा पश्चिमी विचारों के प्रचार से देश में बहुत कुछ चेतना हुई, उसी प्रकार जिस प्रकार उससे पहले स्वयं पश्चिम में हो चुकी थी । धर्म का स्थान राष्ट्रीयता ने ग्रहण किया ।"[3] आगे एक जगह लिखते हैं - "उन्नीसवीं शताब्दी में

1. राष्ट्रभाषा और राष्ट्रीय एकता - दिनकर, रामधारी सिंह, पृष्ट - 113
2. संस्कृति के चार अध्याय - दिनकर रामधारी सिंह पृष्ट - 418
3. भारतेन्दु की विचार धारा - वार्ष्णेय (डॉ.) लक्ष्मीसागर, पृष्ट - 159

भारतवर्ष में धार्मिक आन्दोलन उसी प्रकार उठ खड़े हुए थे जिस प्रकार सोलहवीं शताब्दी में वे यूरोप में उठे थे। धार्मिक सुधार और धर्म के विशुद्ध रूप की पुनर्स्थापना करने की चेष्ठा ने राष्ट्रीयता को जन्म दिया और मध्यकालीन परम्पराओं पर प्रहार करने शुरू किये।"[1]

आचार्य हजारीप्रसाद द्विवेदी इस संदर्भ में कहते हैं कि - "राष्ट्रीयता भारतवर्ष के लिये नवीन विश्वास थी इससे पहले इस देश में यह बात अपरिचित थी।"[2] राष्ट्रीयता के संदर्भ में डॉ. नगेन्द्र का विचार है कि "आधुनिक राष्ट्रीयता का प्रथम उत्थान हमें सन् 1857 के विद्रोह में मिलता है। अंग्रेज शासन के विरुद्ध हिन्दुस्तान की संगठित राष्ट्र भावना का वह प्रथम आह्वान था और इसी समय से हमारी राष्ट्रीयता का जयनाद आरम्भ हो गया। पहली बार प्रदेश अथवा धर्म, सम्प्रदाय के संकुचित वृत्त से निकलकर राष्ट्रीयता ने समस्त देश को अन्तर्भूत कर लिया।"[3] आचार्य चतुरसेन शास्त्री लिखते हैं - "देशभक्ति नामक तत्त्व अंग्रेजों के आगमन से पूर्व हमारे लिये अपरिचित था। हम धर्म, भक्ति आदि से भले ही परिचित थे। 1857 के बाद इसी देश-देवता को सर्वाधिक शक्ति प्राप्त हुई।"[4] आचार्य नरेन्द्रदेव इस संदर्भ में लिखते हैं कि - "विभिन्न आर्थिक कारणों से साम्राज्यवाद का जन्म हुआ और इसी साम्राज्यवाद का विरोध करने के लिये भारत तथा एशिया के अन्य देशों में राष्ट्रीयता का जन्म हुआ।"[5] भारतवर्ष में राष्ट्र निर्माण की प्रवृत्ति तो आ गई थी जिसको उस समय के साहित्यकारों ने अपने साहित्य में चित्रित किया है। इस संदर्भ में डॉ. ओंकारनाथ श्रीवास्तव का मत है कि, "भारतीय राष्ट्रीयता और आधुनिक हिन्दी साहित्य का विकास साथ-साथ हुआ' तथा 'भारतीय राष्ट्रीयता का विकास अंग्रेजी शासन की छाया में हुआ।"[6] डॉ. सुधीन्द्र इस संदर्भ में कहते हैं - राजभक्ति से असंतोष उत्पन्न होने पर ही शुद्ध राष्ट्रभक्ति का प्रादुर्भाव हुआ। और इसी से राष्ट्रवाद का विकास।"[7]

विश्व में इस प्रकार विभिन्न विद्वानों के मतानुसार राष्ट्रवादी चेतना का उद्भव और विकास हुआ। जिसने निःसंदेह पूरे विश्व को प्रभावित किया। भारत पर भी इसका प्रभाव पड़ा। परम्परा से कम अधिक मात्रा में चले आ रहे देश प्रेम या देश भक्ति ने राजनीति के क्षेत्र में राष्ट्रीयता का रूप धारण कर लिया। इस राष्ट्रवादी चेतना से भारतीय सांस्कृतिक जागरण भी हुआ। जिससे समाज के विभिन्न क्षेत्रों में जागृतियाँ पैदा हुई। धर्म के क्षेत्र में विकास हुआ। धर्म को विभिन्न प्रकार की कैदों से मुक्ति मिली। पश्चिमी लोगो के साथ रहने

1. भारतेन्दु की विचार धारा - वार्ष्णेय (डॉ.) लक्ष्मीसागर, पृष्ट - 156
2. हिन्दी साहित्य : उसका उंद्भव एवं विकास - द्विवेदी डॉ. हजारी प्रसाद, पृ.257
3. आस्था के चरण - नगेन्द्र (डॉ.) पृ.263
4. पग ध्वनि नाटक की भूमिका - आचार्य चतुरसेन, पृ.14
5. राष्ट्रीयता और समाजवाद - आचार्य नरेन्द्र देव, पृ.9
6. हिन्दी साहित्य : परिवर्तन के सौ वर्ष - डॉ. ओंकारनाथ श्रीवास्तव, पृ.25
7. हिन्दी कविता में युगान्तर - डॉ. सुधीन्द्र, पृ.21

उठने-बैठने से सामाजिक स्तर पर, धर्म का भी समाजीकरण हो गया। समाज पर हिन्दू धर्म के रूप में पड़े प्रभाव के बारे में श्री रामधारी सिंह 'दिनकर' के विचार है - "अंग्रेजों के सम्पर्क से हिन्दू धर्म में जागृति की ऐसी लहर उठी कि हिन्दुत्त्व का रोग ही दूर हो गया।"[1]

पाश्चात्य देशों में सामाजिक परिवर्तनों के कारण राजनैतिक क्रान्तियाँ हुईं, और उन राजनैतिक क्रान्तियों ने भारतीय राजनीति को प्रभावित किया। भारत में भी राष्ट्रवादी चेतना पैदा हुई। जिसके बारे में विवेचन ऊपर किया जा चुका है। राष्ट्रवादी चेतना का भारत में भी व्यापक विकास हुआ जिसका स्वतंत्रता प्राप्ति में महत्त्वपूर्ण योगदान रहा। भारतीय राष्ट्रीय चेतना ने समाज को भी प्रभावित किया। अंग्रेजी शासन काल में भी भारतीय समाज प्रभावित हुआ तो स्वतंत्रता के बाद भी राजनीति ने उसको प्रभावित किया।भारतीय समाज का एक लम्बा इतिहास है। इसमें समाज व्यवस्था के कुछ नियम सिद्धान्त उस समय को ध्यान में रखते हुए बनाये गये थे जिससे समाज व्यवस्थित गति से चलता रहता था। धीरे-धीरे उसमें विकट संकीर्णताओं ने घर कर लिया। एक दृष्टि से उसका स्वरूप विकृत हो गया। समाज को व्यवस्थित करने वाले धर्म आदि माध्यमों की भी वही स्थिति हो गई। ऐसी स्थिति में समाज पर पाश्चात्य प्रभाव आसानी से पड़ने लगे फलस्वरूप समाज की स्थिति और भी दयनीय हो गई। तब भारतीय समाज को नष्ट होने से बचाने के लिये उनमें सुधारों की आवश्यकता पर बल दिया गया। अपनी प्राचीन सामाजिक मान्यताओं के महत्त्व को प्रतिपादित करके यथासम्भव युगानुरूप उनकी पुनः प्रतिष्ठा की आवश्यकता हुई। मैथिलीशरण गुप्त ने इसी संदर्भ को स्पष्ट शब्दों में लिखा है—

> हम कौन थे, क्या हो गये हैं और क्या होंगे अभी।
> आओ विचारें आज मिलकर ये समस्याएँ सभी॥[2]

भारतेन्दु युग समाज सुधार के लिये चिन्तित है। 'भारत दुर्दशा' आदि साहित्यिक कृत्तियों की रचना देश की चिन्ताओं की पृष्ठभूमि के रूप में है। 'हरिऔद्य', मैथिलीशरण गुप्त, में सुधारोन्मुखी परम्पराप्रियता के दर्शन होते हैं। महादेवी वर्मा इस संदर्भ में लिखती हैं - "अंग्रेजों की पराधीनता के विरोध में जागृत राष्ट्रीय चेतना तथा सामाजिक रूढ़िग्रस्तता के विद्रोह में उत्पन्न सुधार आन्दोलनों ने हिन्दी और मराठी दोनों के गद्य को प्रगतिशील विकास दिया है।"[3] कवि नवीन ज़ी भी कुछ ऐसा लिखने के लिये बेताब है कि समाज में सुधार की दिशा में किसी तरह से उथल पुथल मच जाये- कवि कुछ ऐसी तान सुनाओ जिससे उथल-पुथल मच जाए'। इस प्रकार अधिकांश साहित्यकार येनकेन प्रकारेण समाज के पुनः उत्थान के लिये चिन्तित थे, यह उसके ऊपर तत्कालीन वातावरण का ही प्रभाव था। 'साकेत' की नवींनता के संदर्भ में आचार्य नंद दुलारे वाजपेयी कहते हैं - "साकेत" में प्रथम बार मानव का उत्कर्ष अपनी चरम सीमा पर ईश्वर के समक्ष लाकर रखा गया है। जो मध्ययुग में किसी

1. संस्कृति के चार अध्याय - रामधारीसिंह दिनकर, पृष्ट - 418
2. भारत भारती - मैथिलीशरण गुप्त, पृ. 70
3. क्षणदा - महादेवीवर्मा, पृ. 63

प्रकार संभव न था। 'साकेत' इसी कारण हिन्दी की प्रथम मानवतादर्शवादी रचना कही जा सकती है।...राम और सीता के स्थान पर भरत और उर्मिला के जीवन-सूत्रों से कथा-तन्तु का निर्माण साहित्यिक इतिहास में एक प्रवर्तन है और विचारों की दुनिया में एक अभिनव क्रान्ति।"[1] इस प्रकार कह सकते हैं कि आधुनिक भारतीय साहित्य राष्ट्रीयता की बातों के साथ-साथ समाज को चेतना की ओर ले जाने के लिये भी सचेत था।

साहित्यकारों के साथ राजनेता एक ओर तो स्वाधीनता संग्राम की लड़ाई लड़ रहे हैं तो दूसरी ओर समाज सुधार के लिये चिन्तित हैं। गांधी जी के लिये आचार्य चतुरसेन शास्त्री लिखते हैं -"गांधी जी ने इसमें धर्म के माध्यम को ऐसे कौशल से संयुक्त किया कि धर्म, समाज और राजनीति का एकीकरण हो गया। यह विश्व के मानव-जीवन के लिये इस युग में बड़ी ही नूतनतम वस्तु थी। उसका सबसे भारी प्रभाव किसानों, अछूतों, मजदूरों और स्त्रियों पर पड़ा। इन चारों ने ही भारतीय जीवन में समान अधिकार प्राप्त किया।"[2] गांधी, तिलक, नेहरू आदि राजनेता राजनीति के प्रति जितने चिन्तित है लगभग उतने ही समाज के प्रति भी।

समाज सुधारकों ने तो इस समय समाज को पुनः जीवित करने के लिये क्रान्ति ही कर डाली। उनका तत्कालीन भारत पर सबसे अधिक प्रभाव पड़ा। समाज में संघर्ष छिड़ गया। स्वामी दयानन्द और राजा राममोहनराय ने समाज को ऐसी जागृतियाँ दी जिनकी आवश्यकता को समझकर जनता ने स्वीकार किया। समाज सुधार के मुख्य अंग दहेज, विदेश-गमन, छूआछूत, स्त्री शिक्षा, सती प्रथा आदि थे। उस समय न जाने कितने धार्मिक विवाद उठे उनके लिये न जाने कितनी सामाजिक संस्थाएँ — आर्य समाज, ब्रह्म समाज, थियोसोफिकल सोसायटी आदि बनी। जिन्होने समाज की विभिन्न विसंगतियों को दूर करने में अपना विशेष योगदान दिया। आर्य समाज और ब्रह्म समाज का तो इतना प्रभाव पड़ा कि इन्होंने पुराने समाज को झकझोर डाला। इनके बौद्धिक दृष्टिकोणों ने हिन्दू समाज को चौंका दिया। फलस्वरूप पुराने, परम्परावादी, पौराणिक लोग भी सोचने को विवश हुए कि कहीं न कहीं हमारी वर्तमान समाज व्यवस्था में कुछ न कुछ खराबियाँ हैं, इस तरह समाज को सुधारने वाली संस्थाओं ने सामाजिक क्रान्ति ला दी थी। इस क्रान्ति को स्वामी रामकृष्ण, विवेकानन्द, अरविन्द जैसे आध्यात्मिक विचारकों की दिशा मिली। आर्य समाज के प्रभाव के बारे में बच्चन जी लिखते हैं- "एक साधारण पर कट्टर सनातन धर्मी घर में पलकर यह बगावत शुरू में कहां से आई, यह आज भी मेरे रिश्तेदारों में अचरज की बात समझी जाती है। शुरू जवानी में आर्य समाजी बनकर मैंने कुल में पूजे जाने वाले देवी-देवता, माता-भवानी से छुट्टी ली। एक जाति से निकले हुए सज्जन के घर कच्चा खाना खा कर स्वयं पंगत में बैठकर खाने का अधिकार खोया और अन्त में जात पांत धर्म से बाहर विवाह करके शायद सदा के लिये मैंने अपने परम्परागत समाज से अपना सम्बन्ध तोड़ लिया।"[3] इस प्रकार हम पाश्चात्य

1. हिन्दी साहित्य का परिचय - आचार्य चतुरसेन शास्त्री, पृष्ट - 135-136
2. आधुनिक साहित्य - आचार्य नंददुलारे वाजपेयी, पृ.43-44
3. नये पुराने झरोखें - हरिवंशराय बच्चन, पृ. 166

सामाजिक परिवर्तनों के परिणामों के फलस्वरूप भारतीय राष्ट्रवादी चेतना से प्रभावित होकर, अपनी प्राचीन सामाजिक व्यवस्था को समाज के विभिन्न वर्गों के द्वारा सुधारोन्मुखी ले जाने के लिये प्रयत्नशील रहे और इसमें हमें काफी हद तक सफलता मिली। उसी दिशा में आज भी समाज विकासोन्मुखी है।

(आ) भारत में उत्पन्न होने वाली सुधारवादी सामाजिक संस्थाओं का उदय

भारत में राष्ट्रीय चेतना के उद्‌भव एवं विकास के साथ-साथ सुधारवादी सामाजिक संस्थाएँ भी कार्य करने लगी थी। राष्ट्रीय जागृति सर्वत्र फैल गई। बड़े-बड़े नेता भारत की पराधीनता को लेकर परेशान थे। इस पराधीनता से छुटकारा दिलाने के लिये सुसंगठित होकर सामूहिक प्रयत्न कर रहे थे। उन्होंने राष्ट्रीयता की भावना को भारत के जन-जन तक पहुँचाने का अभियान छेड़ दिया था। राजनैतिक जागरण के लिये समाज में धार्मिक जागरण की आवश्यकता महसूस की गई। हमारे समाज में कुछ ऐसी संकीर्णताएं थी जो राष्ट्रीय जागरण के लिये बाधक थी, जिनका निदान करने की ओर सामाजिकों का ध्यान गया। दूसरे, हमारा समाज परम्परा एवं रूढ़ियों से इस प्रकार ग्रसित था कि इसमें जीवन का आध्यात्मिक, धार्मिक, व्यावहारिक और सामाजिक पक्ष संतोषजनक नहीं था। इन क्षेत्रों में भी पुनः निर्माण की आवश्यकता थी इसलिये इस दिशा में आधुनिक काल में सफल प्रयास हुए हैं।

एक तो हमारी आध्यात्मिक, धार्मिक, सामाजिक चिन्तन परम्परा अपनी पहचान में ही बदसूरत होती जा रही थी। दूसरे, उसके ऊपर अपने काल विशेष की परिवर्तनशीलता की मांग थी, इतने पर पाश्चात्य संस्कृति का प्रभाव और ईसाई मिशनरियों के धर्म प्रचार के साथ-साथ समाज सेवा नये सामाजिक विचारों का प्रचार आदि सब मिलाकर हमारी भारतीय सांस्कृतिक स्थिति खतरे में थी। इस सांस्कृतिक परिस्थितियों में विविध विषमताओं के बीज पाश्चात्य राजनीति बोती चली जा रही थी। इन सब बातों को ध्यान में रखते हुए भारतीय समाज में सुधार की नितान्त आवश्यकता हुई। यह आवश्यक नहीं था कि जब स्वराज की प्राप्ति हो जायेगी तब ही इन विसंगतियों को दूर किया जायेगा अपितु राष्ट्रीय आन्दोलनों की तरह समाज सुधार आन्दोलन भी शुरू हो गये। और ये सुधार-कार्य, संस्थाओं के द्वारा संचालित हुए। उस समय भारत में समाज के विविध क्षेत्रों आध्यात्मिक, धार्मिक आदि सभी में प्रयास हुए। सभी को मानव जीवन के कल्याण से जोड़ने पर जोर दिया गया। सामाजिक चेतना के क्षेत्र में विशेष रूप से ब्रह्म समाज, आर्य समाज, थियोसोफिकल सोसाइटी और रामकृष्ण मिशन ने अपना-अपना महत्त्वपूर्ण योगदान दिया इसलिये इनकी चर्चा करना यहाँ आवश्यक है।इनके अतिरिक्त उस समय सामाजिक संस्थाओं के रूप में प्रार्थना समाज, मुसलमानों में बहावी आन्दोलन, अहमदिया आन्दोलन आदि कार्य कर रहे थे।

उन्नीसवीं शताब्दी के प्रारम्भिक दशकों में ही समाज में आत्मलोचन की प्रक्रिया शुरू हो गई थी लेकिन इसको आन्दोलन के रूप में प्रारम्भ करने के लिये महान व्यक्तित्व की तलाश थी। जो कई भाषाओं के माध्यम से अतीत का अध्ययन करके अपनी बात को तार्किक रूप

में प्रस्तुत करने के लिये साहस कर सके। इस आवश्यकता की पूर्ति राजा राममोहनराय ने किसी हद तक पूरी की। उन्होंने आधुनिक काल के सामाजिक सुधारों के रूप में ब्रह्म समाज नाम से पहली किस्त तत्कालीन समाज को दी। जबकि भारतीय समाज निष्क्रियता और जड़ता के दल-दल में फंसा था और यूरोप ज्ञान, विज्ञान के क्षेत्र में संघर्ष करके जी रहा था। भारतीय राजनैतिक व्यवस्था के पतन के कारण समाज को अस्थिरता और असुरक्षा के दौर से गुजरना पड़ा जिससे उसके अन्दर एक प्रकार की जड़ता आ गई। कमजोरों पर बलवान धौंस जमाते, गरीबों से बेगार कराई जाती, राहगीरों को दिन दहाड़े लूटा जाता, स्त्रियों की स्थिति तो बड़ी दयनीय थी ऐसा लगता था कि उनको मानवता के किसी प्रकार के अधिकार प्राप्त है ही नहीं। उनके ऊपर समाज, धर्म, राजनीति आदि सभी अत्याचार किए चले जा रहे थे। पन्द्रह, सोलहवीं शताब्दी में तो कबीर, नानक और चैतन्य जैसे भक्ति सुधारकों ने इस स्थिति पर अपनी वाणी खोली, लेकिन बीच में यह आवाज न जाने कहाँ गायब हो गई। अठारहवीं शताब्दी के सामाजिक, धार्मिक अंधकारमय युग में बहुत सारी बुराइयाँ पनप गई। धर्म भारतीय - जीवन और उसके समाज का एक केन्द्र बिन्दु रहा है जिससे समाज के तौर तरीके, रहन सहन, खान पान आदि की आदतों पर प्रभाव पड़ता है। हमारे यहाँ जब धर्म पूर्ण ब्रह्म की खोज का दर्शन रहा है तब समाज सजीव व गतिशील रहा है। लेकिन जब धर्म को मात्र बाह्य आड़म्बरों में ही बांध के रख दिया तो समाज में जड़ता आ गई। अन्तः चेतना की पूजा ने मूर्ति पूजा का रूप ले लिया। और लोग लकीर के फकीर बनते चले गये। धर्म का अर्थ खान-पान, जाति-पाति, छूआछूत, स्नानहिकर, मूर्ति मंदिर, कटोरी कमंडल, घोती लंगोटी आदि बाह्य आड़म्बरों में ही उलझ गया। हिन्दू धर्म की गरिमा नष्ट हो गई जो धर्म सभी धर्मों को अपने अन्दर समेटने की सामर्थ्य रखता था उसका रूप ही बदल गया। धर्म का अर्थ मूर्ति पूजा के साथ-साथ जड़ पदार्थों की पूजा अपनी चरम सीमा पर पहुँच गई। और झाड़ फूंक, टोना टोटका, जादू तांत्रिक क्रियाएँ आदि ने धर्म के स्वरूप को विकृत कर दिया। समाज अंध विश्वासों में घसता चला गया जहाँ तक कि नर बलि पर भी चूं नहीं करता। इस्लाम धर्म की भी स्थिति बिगड़ चुकी थी। औरंगजेब ने इस्लाम धर्म का पतन कर दिया। हिन्दू और मुसलमानों के बीच वैमनस्य काफी बढ़ गया। दोनों सम्प्रदायों के बीच सद्भाव लगभग समाप्त हो गया और दोनों अपने-अपने दायरे में सिमट गये। इस्लाम ने भी अपने को अन्य धर्मों से अलग कर लिया वह भी अपनी रूढ़ियों में सिमट गया तो मुसलमान समाज भी धार्मिक आड़म्बरों से न बच सका। इस प्रकार भारत के धार्मिक क्षेत्र में आन्तरिक सत्य की खोज से अधिक बाह्य आड़म्बरों को महत्त्व दिया जाने लगा तो धार्मिक अंधविश्वास, रूढ़ियाँदि सामाजिक जीवन के सभी क्षेत्रों में छाने लगीं। और पंडित मौलवियों की संख्या बढ़ती गई। ये लोग धर्म ग्रन्थों से दूर रहकर कर्मकांडों में समाज को बांधने लगे। अज्ञानता के कारण समाज में बहुत सारी हानिकारक प्रथाओं ने जन्म ले डाला और समाज इन बुराइयों को शास्त्रोचित समझकर व्यवहार में जीने लगा। इन्हीं के कुछ रूप जाति-पांति के कड़े नियम, छूआछूत की बीमारी, स्त्रियों की विभिन्न प्रकार से दयनीय स्थिति आदि थीं।

यहाँ पर कुछ सामाजिक बीमारियों का जिक्र कर देने पर ही सुधार कार्यों की चर्चा सार्थक होगी क्योंकि जब तक यह पता ही नहीं होगा कि उस समय क्या-क्या सामाजिक

विसंगतियां थी, सुधार की किस स्तर तक आवश्यकता थी। इसलिये यहाँ संक्षेप में उन पर प्रकाश डालना भी आवश्यक है।

भारतवर्ष का हिन्दू समाज विभिन्न जातियों का एक सामूहिक रूप था। जिनके समय-समय पर कार्य व नाम बदलते रहे यह विषय अपने आप में विस्तृत हैं। भारतीय जातीय इतिहास में कभी-कभी तो निम्नवर्ग - चाण्डाल की छाया पड़ना भी घृणा से देखा जाता था तो कभी वे भावातिरेक में एक दूसरे के गले भी मिलते हैं। इसकी मध्यस्थता विगत शताब्दियों के बीच-बीच में भक्त, सन्त आदि अपने-अपने माध्यमों से करते आये हैं, लेकिन अठारहवीं शताब्दी में जाति-पांति की खाईयां साफ नजर आ रहीं थीं जिनसे समाज के नैतिक मूल्यों में गिरावट आ रही थी। उन्नीसवीं शताब्दी में जात पांत समाज पर पूरी तरह से हावी थी जिसमें सुधार की अति आवश्यकता थी। इस जात पांत के अलगाव के कारण ही भारत में सामाजिक एकता का अभाव रहा और विदेशियों ने आक्रमण करके अपना शासन तक स्थापित कर लिया। फ्रांस के एक सैलानी टेवरर्नियर ने अठारहवीं शताब्दी से पहले ही भारतीय जात पांत के दोषों के बारे में लिखा है - "भारत में मूर्तिपूजा की संख्या इतनी है कि एक मुसलमान के अनुपात में यह पांच या छः है। बड़ी हैरानी की बात है कि इतनी बड़ी जनसंख्या ने किस प्रकार थोड़े से लोगों को अपना शासक बनने दिया और मुसलमान राजाओं ने जुए के नीचे सिर झुका दिया। लेकिन जब हम यह सोचते हैं कि इन मूर्तिपूजकों के बीच कोई एकता नहीं है और उनके अंधविश्वासों के कारण, इतने विचित्र और अलग-अलग मत, प्रथाएँ आदि बन गई हैं कि वे कभी एक दूसरे के साथ सहमत नहीं हो जाते तो यह आश्चर्य समाप्त हो जाता है।" एक विद्वान ने जात-पांत को एक दृष्टि से उचित ठहराया है उन्होंने कहा भी है कि एक ओर तो भारतीय जात-पांत ने भारतीय कला कारीगरी, धर्म, नैतिकता आदि को बनाएँ रखा तो दूसरी ओर आजीविका का निश्चित साधन भी थी। मोनियर विलियम्स कहते हैं कि - जात पांत प्रणाली, व्यक्ति में आत्मोत्सर्ग की भावना जगाने, और उसे एक संगठन के अधीन लाने, और बुराई को अंकुश में रखने तथा गरीबी को रोकने में सहायक रही है।'

जात-पांत की बुराइयाँ अच्छाईयाँ जो भी वैचारिक स्तर पर रही हों लेकिन सामाजिक स्तर पर यह एक अलगाव पैदा करने वाली सामाजिक विसंगति थी सच्चे अच्छे गुणी व्यक्ति के लिये निम्न जाति में पैदा होना अभिशाप था तो मूर्ख व्यक्ति के लिये उच्च वर्ग की जाति में पैदा होना एक वरदान। कहने का अभिप्रायः यह है कि व्यक्तियों का उचित सामाजिक मूल्यांकन नहीं होता था। अन्तर्जातीय खान-पान, विवाह आदि निषेध थे ऐसा करने पर व्यक्तियों को विभिन्न प्रकार से दण्डित एवं उपेक्षित किया जाता था। इस क्षेत्र में उच्च वर्ग के लोग अपने को सीमित करते चले गये। धार्मिक ढ़ोंगी लोग शारीरिक पवित्रता के नाम पर 'मुझे मत छुओ' की सीधी बात व्यवहार में लाते थे। श्रम विभाजन की आर्थिक प्रणाली के अन्तर्गत जातपांत लाभकारी उचित ठहराई जा सकती है लेकिन इससे स्पृश्य और अस्पृश्य का भेद उभरकर सामाजिक असमानता की स्थिति पैदा हो गई। सबसे बढ़ा दुर्भाग्य यह था कि जात-पांत छूआछूत को धार्मिक मान्यता मिली हुई थी। जो कि धर्म गुरुओं का ढ़ोंग अपने

लाभ के लिये बनाए गए नियम थे। भारतीय जनता अशिक्षित होने के कारण निम्न वर्गों को जीवन के मूल अधिकारों से वंचित करती रही उन्हें तालाबों, कुओं, धर्मशालाओं तथा स्कूलों में नहीं जाने दिया जाता। मंदिर सार्वजनिक स्थानों पर अछूतों का जाने का प्रश्न ही नहीं था। ऐसी स्थिति में भी पाश्चात्य समीक्षक अपने यहाँ के निम्न वर्ग से भारतीय निम्न वर्ग को काफी उच्च व्यवस्थित समाज का अंग मानते थे हारेस हेमैन बिल्सन के शब्दों में -"हिन्दू जीवन पद्धति के सबसे निम्न जात का व्यक्ति भी जात विहीन नहीं है और समाज में उसका एक निर्दिष्ट स्थान है; वह एक वर्ग का सदस्य है और इस वर्ग भेद को वह अपने से ऊपर की जात वालों से कहीं अधिक मानता है... नीच चांडाल भी, जो समाज का एक सदस्य है, यूरोप के सभ्य समाजों के भिखारियों से कहीं कम दुःखी और दयनीय दशा में है जबकि भिखारी ऐसे हैं, जिन्हें कोई भी व्यक्ति नहीं अपनाता, उनका कोई संगी साथी नहीं है। यही सच्चे बहिष्कृत लोग हैं न कि परियाँ या चांडाल। भारत के संदर्भ में अठारहवीं शताब्दी में जातपांत छूआछूत अपने उग्र रूप में था। यह भारत की सामाजिक असमानता का भयानक पहलू था। जिसे कुछ पाश्चात्य विचारों के प्रभाव से, कुछ हिन्दू सुधार आन्दोलनों से दूर करने के प्रयास किये गये। लेकिन फिर भी पूर्ण रूप से सामाजिक स्थिति संतोषजनक नहीं हो सकी।

सत्रह-अठारहवीं शताब्दी में स्त्रियों की स्थिति बड़ी दयनीय थी इस संदर्भ में जितना भी कहा जाय वह कम पड़ेगा। उनके साथ अमानवीय व्यवहार की चरम पराकाष्ठा थीं। पर्दा प्रथा हिन्दू और मुसलमान दोनों में कड़ाई से प्रचलित था। लड़कियों की शिक्षा की एक तो कोई समाज में खास व्यवस्था ही न थी दूसरे, समाज आवश्यक भी नहीं समझता था। इस प्रकार स्त्रियों को पूरी तरह पुरुषों पर आश्रित रहकर जीवन यापन करना पड़ता था। स्त्रियां बचपन जवानी, बुढ़ापे में पिता पति और पुत्रों पर आश्रित ही रहती थीं। उनको न तो पिता की सम्पत्ति में से कोई हिस्सा मिलता था और न पति की ही सम्पत्ति में से। इस प्रकार स्त्रियों को आर्थिक दृष्टि से पूर्णरूपेण पुरुषों पर ही निर्भर रहना पड़ता था जो उनकी मुसीबतों का मुख्य कारण था। अठारहवीं शताब्दी में हिन्दू समाज में स्त्रियों की स्थितियों को लेकर कुछ घृणास्पद सामाजिक, धार्मिक प्रथाएँ चल पड़ी जिनका स्त्री जाति काफी समय तक शिकार बनती रही जिनमें बाल वध, बहु विवाह, विधवा विवाह वर्जित, सतीप्रथा आदि महत्त्वपूर्ण थीं जिनका आगे चलकर विभिन्न सुधार और आन्दोलनों ने दूर करने का प्रयास किया, जिसकी सहायता कानून ने भी की। इस प्रकार भारत में सामाजिक धार्मिक स्थिति अत्यन्त सोचनीय थी। लेकिन फिर भी भारतीय जीवन में बहुत कुछ शेष था। इस शेष से ही सुधारवादी सामाजिक संस्थाओं का उदय हुआ और उन्होंने भारतीय सामाजिक जीवन में क्रान्ति पैदा कर दी। उस समय भी भारत में कहीं-कहीं यदि नैतिकता थी तो वह अपने पूर्ण स्वरूप में दिखती थी।

जिनसे सुधारवादी सामाजिक धार्मिक संस्थाओं का उद्भव हुआ था उस नैतिकता के बारे में 1813 ई. में वारेन हेस्टिंग्स ने लिखा है - "लोगों के मन में (इंग्लैण्ड में) यह विचार भर देने की पूरी-पूरी कोशिश की गई है कि साधारण भारतवासी नैतिकता से बिल्कुल गिरा हुआ है और वे हर ऐसी बुराई और अपराध करते हैं जिनसे मानवता पर कलंक लग सकता

है । मैं शपथ लेकर यह कह रहा हूँ कि भारतीयों के चरित्र का यह वर्णन बिल्कुल निराधार है ... लोगों के बारे में मेरा यही कहना है कि हिन्दू अत्यन्त विनम्र दयावान स्वभाव के हैं और वे अपने प्रति किये गये अन्याय का बदला नहीं लेते बल्कि यदि उनके साथ कोई भलाई की गई हो तो अत्यन्त आभारी हो जाते हैं... उनकी आराधना और पूजा के तरीके गंवारों वाले तो हैं लेकिन उनकी धार्मिक मान्यताएँ इतनी अच्छी और सुन्दर हैं कि समाज, उनकी शांति और व्यवस्था के लिये पूरी तरह उपयुक्त हैं; उनके धर्मशास्त्रों में से ऐसे-ऐसे तर्क वितर्क निकाले जा सकते हैं जो हमारे अपने रहस्यमय और उच्च कोटि के परिष्कृत प्रश्नों पर प्रकाश डाल सकते हैं ।' टामस मनरो के शब्दों में -"यदि एक अच्छी कृषि प्रणाली अद्वितीय निर्माण कौशल, आवश्यकता या ऐशो आराम के लिये चीजें तैयार करने की क्षमता लिखाई, पढ़ाई, गणित, सिखाने के लिये प्रत्येक गांव में स्कूलों की स्थापना, आम तौर पर एक दूसरे के साथ पूर्ण अतिथि सत्कार और दान-पुण्य करना, स्त्रियों पर पूर्ण विश्वास, उनके प्रति आदर भाव और विनम्रता का व्यवहार, सभ्य लोगों के गुण माने जाते हैं तो हिन्दू, यूरोप के राष्ट्रों से किसी तरह भी गौण नहीं हैं । और यदि सभ्यता दोनों देशों के बीच व्यापार की वस्तु बनती है तो मुझे विश्वास है कि यह देश (इंग्लैण्ड) इस माल का आयात करके फायदे में रहेगा ।" जॉन मालकोन के शब्दों में -"ये लोग बहादुर, उदार, मानवतावादी हैं और इनकी सच्चाई भी उतनी ही उल्लेखनीय है जितना इनका साहस ।" केप्टन सिडनहैम के अनुसार - "मैं समझता हूँ कि आम तौर पर हिन्दू विनम्र, आज्ञाकारी, शालीन और अनाक्रामक प्रवृत्ति वाले हैं जब तक कि उनकी धार्मिक मर्यादाओं और नियमित क्रियाकलापों का उल्लंघन नहीं होता । जब तक उनके स्वामी उनके साथ अच्छा व्यवहार करते हैं तब तक वे अत्यन्त स्नेही और वफादार रह सकते हैं, उनमें किसी भी बात को जल्दी समझ लेने की क्षमता है, वे बुद्धिमान, सक्रिय और आम तौर पर ईमानदार हैं तथा दान पुण्य आदि से अपने कर्त्तव्य निभाते हैं, और अपने माता पिता के साथ उतनी ही सच्चाई के साथ स्नेह करते हैं जितना कि किसी अन्य राष्ट्र के लोग ।" ग्राइम मरसर ने अपने शब्दों में कहा है कि - "भारत के लोग विनम्र स्वभाव के, आम तौर पर भद्र व्यवहार वाले, अपने पारिवारिक संबंधों में दया और स्नेहपूर्ण हैं ।" इस प्रकार से अनेक यूरोपियों की भारतीयों के प्रति विचारधारा को भी ध्यान में रखते हुए यह कहा जा सकता है कि 19 वीं शताब्दी की राजनैतिक अस्थिरता सामाजिक अव्यवस्था, जीवन की विषम परिस्थितियों के बावजूद भारतीय जीवन में नैतिक मूल्यों एवं मानवीय व्यवहार की कमी नहीं आई । जिनसे अनेक सुधारवादी सामाजिक संस्थाओं का जन्म हुआ ।

(क) ब्रह्म समाज और आधुनिक भारतीय सामाजिक चेतना

ब्रह्म समाज सुधारवादी सामाजिक संस्था उन्नीसवीं शताब्दी की पहली संस्था थी । जिसकी स्थापना सन् 1828 में राजा राममोहनराय ने की । वे प्रथम भारतीय थे जिन्होंने सुधारवादी आन्दोलन का भारत में श्री गणेश किया । उनकी दृष्टि भारतीय विकास के विविध पहलुओं पर थी । उनके विचार में भारत का सर्वांगीण विकास मानव जीवन के आन्तरिक एवं बाह्य दोनों पक्षों को विकसित करके ही हो सकता है क्योंकि आन्तरिक विकास के लिये

भारत में उसकी अपनी सांस्कृतिकता है जिसके ऊपर धूल की पर्त सी जम गई है उसे उड़ाना होगा। दूसरे, बाह्य विकास के लिये भारत के पास किसी से कम प्राकृतिक सम्पदा नहीं है उसका उपयोग भारतीय भौतिक विकास के लिये सहायक होगा। इस प्रकार राममोहनराय का या किसी अन्य चिन्तक का सोच भारतीय जीवन के सर्वांगीण विकास के लिये सार्थक हो सकता था। राजा राममोहनराय का मानना था कि भारत का जितनी जल्दी हो सके विकास, आधुनिकीकरण हो जाय उतना ही अच्छा है। क्योंकि विश्व चेतना जीवन के सभी क्षेत्रों में विकसित होती चली जा रही है। जबकि भारतीय चिन्तन परम्परा की मौलिकता पर भी पर्दे पड़े हैं उसके (चिन्तन) विकास की बात तो दूर रही। इसलिये ब्रह्मसमाज के द्वारा राममोहन राय ने भारतीय जीवन को प्रभावित करने वाले धार्मिक, आध्यात्मिक, सामाजिक स्वरूपों के यथार्थ रूपों और तत्कालीन भारतीय जीवन में व्यवहृत स्वरूपों पर चिन्ता व्यक्त की। उन्होंने अपने व्यक्तिगत जीवन में सामाजिक जीवन की विसंगतियों को झेला। उनके आत्म तत्त्व ने उस समय प्रचलित सामाजिक, धार्मिक, आध्यात्मिक स्वरूपों के प्रति विद्रोह किया इसके लिये उन्होंने अपने सर्वस्व को समाज के लिये एक दृष्टि से अर्पित करके पूर्ण सामाजिक की भूमिका निभाई। परम्परा और रूढ़िवादी युग में राजा राममोहनराय एक प्रमुख ब्राह्मण परिवार में जन्मे और धार्मिक आडम्बरों, सामाजिक बुराइयों के वातावरण में पले। मात्र नौ वर्ष की अल्पायु में ही उन्हें दो बार विवाह करना पड़ा। बाद में एक बार और उनका विवाह हुआ। बड़े होकर उन्होंने अपनी भाई की पत्नि को सती होते देखा इत्यादि कारणों ने उनकी आत्मा को हिलाकर रख दिया। और बहुत सारी नारी शोषण की, धार्मिक आड़म्बरों की घटनाएँ, समाज में जब वे देखते थे तो उनकी मानवता कांपने लगती और अंधे समाज को दया की दृष्टि से देखती थी। अतः राजा राममोहनराय ने भारतीय जीवन के बहुआयामी विकास के लिये दृढ़ संकल्प होकर कार्य करना प्रारम्भ किया। उनका कार्य क्षेत्र बहुआयामी था। धार्मिक क्षेत्र में उन्होंने सुधारक के रूप में विभिन्न धर्मों में प्रचलित रूढ़ियों, आड़म्बरों को छोड़ने पर बल दिया। आध्यात्मिक क्षेत्र में एकेश्वरवाद के सिद्धान्त का प्रतिपादन किया। सामाजिक क्षेत्र में तो उन्होंने एक प्रकार से क्रान्ति का सूत्रपात करके उसमें बौद्धिक चेतना का प्रवाह बहाया। उनके प्रयत्नों से ही सती प्रथा के अन्त पर कानून पास हुआ। उन्होने समाज में बाल विवाह पर रोक, विधवा विवाह, अन्तर्जातीय विवाह को प्रोत्साहन दिया। शिक्षा के क्षेत्र में सम्पूर्ण विकास के लिये, शिक्षा की आधुनिक पद्धति, विविध भाषाओं के ज्ञान आदि की आवश्यकताओं पर उन्होंने बल दिया। इस प्रकार राजा राममोहनराय ने जीवन को प्रभावित करने वाले सभी क्षेत्रों में विकास की सम्भावनाओं पर प्रकाश डाला और साथ ही जीवन-चेतना के प्राचीन मौलिक ज्ञान की जानकारी पर भी जोर दिया। वे सामाजिक धार्मिक जीवन के क्षेत्र में प्राचीन और वर्तमान को मिलाकर एक नई सामाजिक जमीन तैयार कर रहे थे जिस पर आधुनिक भारतीय जीवन टिक सके - "वे समाज सुधारक, धार्मिक परम्पराओं का सम्मान करते थे। किन्तु, वे संस्थागत धर्म के उन सड़े गले तत्त्वों के सामने सिर झुकाने को तैयार नहीं थे, जो नई उत्पादक शक्तियों के विकास में आड़े आ रहे थे। वे पूरी गम्भीरता से यह मानते थे कि जात-पांत के भेद भावों और अस्पृश्यता के खिलाफ संघर्ष चलाकर, मूर्ति पजा और सती प्रथा का विरोध करके, साथ ही विधवा विवाह तथा अन्तर्जातीय विवाहों का

समर्थन करके, वे पुराने धर्म को ही पुनरुज्जीवित कर रहे हैं। और उसे और भी शुद्ध बना रहे हैं। किन्तु, असलियत यह है कि वे ऐसे नये धार्मिक विचारों तथा नये सामाजिक सम्बन्धों के लिये जमीन तैयार कर रहे थे जो उत्पादन की पूंजीवादी पद्धति के विकास के अनुरूप हो।"[1]

उनके आध्यात्मिक चिन्तन, आराधना विधियों एवम् सामाजिक चिन्तन पर रूढ़िवादियों की धर्मान्धता व सामाजिक रूढ़िग्रसिता पूर्ण प्रतिक्रियाएँ उत्पन्न हुई लेकिन राममोहन राय इसकी तनिक भी चिन्ता न करके बड़े बड़े खतरे उठाकर भी हतोत्साहित नहीं हुए। सन् 1820 ई. में उन्होंने 'ईसा मसीह उपदेश, शांति और सुख का मार्ग' (प्रीसैप्ट्स ऑफ जीसस, द गाइड टू पीस एण्ड हैपीनैस) नामक पुस्तक लिखी। जिसको देखकर पढ़कर, क्रिश्चियन कट्टरपंथियों में विद्रोह उभर कर सामने आया जबकि वह ईसाई धर्म की विनम्र व उदारता पूर्ण की गई व्याख्या थी। जिस पर कि ईसा मसीह के चमत्कारों पर विशेष बल न देकर उनके आध्यात्मिक चिन्तन पर प्रकाश डाला है। जिसके लिये वे मिशनरियों की आलोचना के शिकार हुए हैं। वैसे मिशनरियों द्वारा हिन्दू-मुसलमानों का धर्मपरिवर्तन करना उन्हें पसंद नहीं था इस संदर्भ में उनका आक्षेप भी था कि अंग्रेज़ शासकों ने ईसाई मिशनरीयों को हिन्दुओं और मुसलमानों के धर्मों का उपहास करने वाली किताबें लिखने की अनुमति देकर, धार्मिक तटस्थता के अपने वचन को भंग किया है। वे हिन्दू धर्म के अवतारवाद आदि के विरोधी थे तो कहीं इस्लाम के भी।

धार्मिक स्वरूप के अतिरिक्त प्रत्यक्ष समाज व्यवस्था में वे उसके पतनोन्मुखी स्वरूप आचार-विचारों और मान्यताओं के घोर विरोधी थे, वे चाहे किसी समाज की क्यों न हों। वे हिन्दुओं के सामाजिक जीवन के पुनरुत्थान की बात करने के लिये बाह्य आडम्बरों का विरोध करते थे। उनको हिन्दुओं का भी भयंकर विरोध सहना पड़ा। अपने आत्मकथात्मक लेख में सामाजिक रूढ़िवादियों की प्रतिक्रिया व्यक्त की है - "ब्राह्मणों से मेरे वाद- विवादों तथा मूर्ति पूजा और अंधविश्वासों पर बहसों ने, विधवाओं को जलाने की उनकी प्रथा तथा अन्य ऐसे ही घृणित कार्यों को रोकने में मेरे हस्तक्षेप ने, मेरे विरुद्ध उनके क्रोध को भड़का दिया, और मेरे परिवार पर इन ब्राह्मणों का जो प्रभाव था, उसके फलस्वरूप मेरे पिता को मुझ पर से अपना संरक्षण हटा लेने के लिये विवश होना पड़ा - यद्यपि थोड़ी बहुत आर्थिक मदद वे अब भी देते रहे।"...मेरे विचारों के प्रति विरोध की उग्रता के बावजूद स्वयं मेरे सम्बन्धियों के बीच से तथा अन्य लोगों में से, कितने ही प्रतिष्ठित सज्जन मेरे विचारों को स्वीकार करने लगे, और मेरे अनुयायी बन गये।"[2]

इस प्रकार भारत में समाज सुधारक के रूप में राजा राममोहनराय प्रथम व्यक्ति थे। जिनका सबसे बड़ा योगदान ब्रह्मसमाज के रूप में रहा। आध्यात्मिक, धार्मिक आदि दृष्टियों से तत्कालीन अव्यवस्था को देखकर इनका पुनः मूल्यांकन हुआ है ब्रह्म समाज में।

1. भारतीय चिन्तन परम्परा - के. दामोदरन, पृष्ट - 361

2. चेजिंग इंडिया - राजा राममोहनराय और इकबाल सिंह, पृ. 18-19

ब्रह्म समाज की सामाजिक देन

सामाजिक रूढ़िवादी विचार परम्परा की दम घोंटने वाली पकड़ से सामाजिक चेतना को मुक्त करके, लोगों को नये समय की पुकार से जोड़ने में ब्रह्म समाज का एक सृजनात्मक प्रयास रहा है। समाज के रूढ़िवादियों के घोर विरोध के बावजूद भी ब्रह्म समाज ने, समाज में विशेष सम्मान प्राप्त किया। असंख्य लोगों को अपनी ओर आकर्षित किया। इसने समाज में प्रचलित मूर्तिपूजा, छूआछूत, जाति प्रथा आदि का विरोध तो किया ही है, विधवाओं के पुनर्विवाह तथा अन्तर्जातीय विवाहों पर भी जोर दिया है। इससे समाज सुधार आन्दोलन को अत्यधिक बल मिला।राष्ट्रीय स्वतंत्रता और उसके विकास की जड़े सामाजिक विकास में प्रतिस्थापित करने का उद्देश्य ब्रह्म समाज का रहा है। इसके लिये सामाजिक क्रान्ति का रूप अपनाया गया है। इसमें निम्न वर्ग, स्त्री जाति की जीवन समस्याओं के निदान की पैरवी ब्रह्म समाज ने की है और इस क्षेत्र में वह सफल भी रहा हैं क्योंकि इसमें व्यक्ति को उसकी परम्परा से एकदम नहीं काटा है अपितु अनेक व्यवधानों को दूर कर उससे जोड़ा है।

ब्रह्म समाज भारतवासियों के अन्दर मूर्तियों की पूजा करने के अन्तर को मिटाकर हमारी इस चेतना को एकता में बांधते हुए अद्वैतवाद की परम्परा से जोड़ता है। - राज राममोहनराय का कहना है कि - उपनिषद अद्वैतवाद की शिक्षा देते हैं जिसमें मूर्ति पूजा का कोई स्थान ही नहीं है।" राजा राममोहनराय का सोचना था कि मूर्ति पूजा ने हिन्दू समाज को कई छोटे बड़े टुकड़ों में विभक्त कर रखा है। मूर्ति पूजा हिन्दू धर्म का कोई हिस्सा नहीं है।

दूसरा चलन तो समाज में बाद में आकर हुआ है। मूर्ति पूजा के इस तर्क को कि- असली चीज श्रद्धा है। मूर्ति की श्रद्धा पूर्वक पूजा कीजिए तो ईश्वर प्राप्त होगा का उत्तर ब्रह्मसमाज में इस प्रकार है कि - विष को श्रद्धा के साथ दूध मानकर पीने से भी वह घातक ही सिद्ध होगा। जब जीवन के छोटे-छोटे व्यापारों में हम अपने विवेक से काम लेते हैं तो महत्त्वपूर्ण बातों को श्रद्धा के ऊपर कैसे छोड़ सकते हैं ? इसलिये हमें अपने को धोखें में रखते हुए मात्र ढ़ोंग के ऊपर जीवन की महत्त्वपूर्ण सोच के हिस्से को यों ही नहीं छोड़ देना चाहिए। ब्रह्म समाज की अवधारणा है - ईश्वर ने कभी कोई अवतार नहीं लिया। ईश्वर प्रार्थनाएँ सुनता है और उनका उत्तर भी देता है। मंदिर तथा पूजा-पाठ के निश्चित स्थान अनावश्यक है। सभी जातियों और सभी नस्लों के व्यक्तियों को ईश्वर की आराधना का अधिकार है। प्रकृति और अन्तःप्रज्ञा ईश्वर ज्ञान के स्रोत हैं। कोई भी ग्रन्थ प्रामाणिक नहीं है।" इससे आगे सनातनी हिन्दू धर्म से अपनी भिन्नता स्पष्ट करते हैं -"हमारी भिन्नता का पहला तत्त्व यह है कि हमारे पंथ में एक सकारात्मक पहलू है, जिसके अनुसार पूजा-आराधना की परिभाषा यह है कि ईश्वर से प्रेम किया जाय और ऐसे कार्य किये जायें जो ईश्वर को प्रिय हैं.. .।

हमारे पंथ का नकारात्मक तत्त्व हमें किसी भी मानव सृजित सत्ता अथवा वस्तु की पूजा करने से वर्जित करता है और यह सनातनियों से हमारी भिन्नता का दूसरा तत्त्व है। ये सनातनी अवतारों में विश्वास करते हैं, या मध्यस्थों, प्रतीकों अथवा किसी भी प्रकार की मूर्तियों की आवश्यकता में विश्वास करते हैं। हम अपनी श्रद्धा को तर्क और चेतना द्वारा पुष्ट,

धर्म के मूलभूत सत्यों पर आधारित करते हैं। अपनी आत्मा तथा परमात्मा के बीच सीधे तादात्म्य के रास्ते में हम किसी भी मनुष्य, ग्रन्थ अथवा मूर्ति को खड़े होने की अनुमति नहीं देते।" इस प्रकार ब्रह्म समाज, मूर्ति पूजा का विरोध करता है। यह उसका बहुत बड़ा सहारा है क्योंकि हमारे भारतीय समाज के घर घर में एक दिन में अलग अलग व्यक्तियों द्वारा अलग अलग मूर्तियां पूजी जाती हैं। यहाँ तक कि एक ही व्यक्ति एक समय में कई मूर्तियों को पूजे चले जाता है। भारतीय समाज की इस व्यापक चलन (मूर्ति पूजा) के सामने विरोध में आना, आत्मबल का ही परिचायक है। जिससे सैकड़ों लोग प्रभावित हुए।

ब्रह्म समाज कुछ ऐसी परम्पराएँ जो रूढ़ि बन गई हैं जिनकी आज के जीवन में कोई आवश्यकता नहीं है का खुलकर विरोध करता है। परम्परा की आड़ में अन्ध विश्वास के सहारे कुछ अविवेक पूर्ण मान्यताएँ समाज में प्रचलित कर दी जाती हैं। जिनका कि विश्लेषण किया जाय तो पता चलता है कि वे कुछ स्वार्थों की पूर्ति के लिये पैदा कर दी गई हैं। जिनका वास्तविकता से कोई सम्बन्ध नहीं है। जिनको कि परम्परा का नाम दे दिया जाता है। इनका ब्रह्म समाज विरोध करता है। परम्पराओं की वास्तविकताओं के संदर्भ में ब्रह्म समाज में स्पष्ट लिखा गया है कि-"यदि आप परम्परा को सर्वोपरि मानते हैं तब तो कर्मकाण्ड और मूर्ति पूजा को छोड़कर शुद्ध ब्रह्म की पूजा करना सर्वथा आवश्यक हैं, क्योंकि शुद्ध ब्रह्म की पूजा ही आपके धर्म की सबसे प्राचीन परम्परा है।" इस प्रकार राममोहनराय परम्परा या रूढ़ियों के रूप में धर्म के उन सड़े-गले तत्त्वों के साथ समझौता करने को तैयार नहीं थे जो जीवन के विकास में आड़े आ रहे थे। वैसे वे अपनी धार्मिक परम्पराओं का सम्मान करते थे। कुछ भारतीय समाज में चलने वाले अन्धविश्वासों का यहां जिक्र करना आवश्यक है जिससे स्थिति स्वयं स्पष्ट हो जायेगी। जिनमें बिना तर्कसंगत विचार किये, आंख बन्द करके उनका चलन, पालन होता चला जाता है - जैसे 'नर बलि' भारत की पहाड़ियों में रहने वाले, तंत्र मंत्रों में विश्वास करने वाले, अधिकांश में निम्न जातियों के लोग तो अपनी देवी को विभिन्न आकांक्षाओं की पूर्ति के लिये प्रसन्न करने के लिये नर बलि तक दे देते थे, तो यह रूप उच्च वर्ग के कुछ हिन्दुओं में भी कुछेक अवसरों पर इस क्रिया को देखा जाता था। नर बलि की प्रथा पर शाक्त सम्प्रदाय का प्रभाव लगता है, जिसमें काली मां को मानव रक्त और नर मुण्डों की बलि चढ़ाई जाती थी। उन्नीसवी शताब्दी के उत्तरार्द्ध तक तो बंगाल के काली मंदिर में नर मुण्ड पाये ही गये हैं कुछ समाचार पत्रों आदि में बीसवीं शताब्दी तक नरबलि के समाचार मिले हैं।

आत्म दाह की घटनाएँ भी समाज में प्रचलित थी जिसमें व्यक्ति गंगा में, समुद्र और गंगा के संगम पर अपने आप को पानी में डुबो देता था। बीमारी आदि से बचने के लिये, पवित्र स्थानों पर शरीर त्याग देने से मोक्ष प्राप्त हो जाता है, की भावना से व्यक्ति आत्मदाह करता था। बच्चे की बलि चढ़ाने का संकल्प मां बाप कुछ विशिष्ट परिस्थितियों में निर्णय लिया करते थे। स्वयं को यातनाएँ देने के अन्धविश्वास भी समाज में प्रचलित थे। जैसे नुकीली सुइयों आदि से अपनी जिह्वा, बाहों का छेदन, अपने मांस में हुक लगाकर लटकना आदि। इन रीतियों से समाज के लिये अच्छे परिणाम निकलेंगे आदि विश्वासों को लेकर की

जाती थी। कुछ स्त्रियाँ विशेषकर बंगाल में अपनी रक्तांजलि, देवी से कष्ट निवारण हेतु करती थी, विशेषकर पति या बच्चों की बीमारी से निवारण के लिये मां दुर्गा या काली से प्रार्थना करती थी कि अच्छे होने पर एक भेंट (चढ़ाऊँगी) करूँगी। कुछ पुरुष भी अपना रक्त देवी देवताओं पर चढ़ाते थे। कुछ मनुष्य तो देवी मां को प्रसन्न करने के लिये अपनी जीभ तक काट कर उस पर चढ़ा देते थे। ये सारी क्रियाएँ असंगत और अन्धविश्वास पूर्ण थी। इस प्रकार की अज्ञानपूर्ण गलत आस्थाएँ और विश्वास समाज में प्रचलित तो हो गये लेकिन सर्वमान्य नहीं हो सकते थे। क्योंकि विचारशील लोगों के अन्तकरण पर इनका कोई प्रभाव नहीं पड़ सकता था, इनको समाज से दूर करने के प्रयास की भी आवश्यकता थी। अधिकांश लोग इनको त्यागने के लिये तत्पर थे। ब्रह्म समाज ने इस प्रकार की घृणित प्रथाओं को समाज से दूर करने का अभियान छेड़ दिया क्योंकि इनके साथ समाज की प्रगति तो दूर रही, अपने वास्तविक स्वरूप में भी रह पाना असंभव था फिर तो समाज को आगे बढ़ने के लिये नयी खोजो-उपलब्धियों के साथ भी चलना था, इत्यादि की दृष्टि में ब्रह्म समाज ने इन पर प्रहार किए और इनको समाज से समूल नष्ट करने पर बल दिया।

भारतीय समाज में नारियों की स्थिति बड़ी दयनीय रही है। उनके साथ उचित व्यवहार, संतुलित सोच आदि नहीं होता था। हिन्दी साहित्य के इतिहास में चाहे वीरगाथा काल हो चाहे भक्ति काल या फिर रीतिकाल सभी में नारियों के प्रति दृष्टिकोण स्वस्थ नहीं रहा है। आधुनिक काल में जब समाज की विभिन्न दृष्टियों से पुनःरुत्थान की आवश्यकता थी उस समय नारियों की स्थिति स्पष्ट दृष्टिगोचर होती है। बचपन से बुढ़ापे तक वह अपने को असहाय महसूस करती रही है। आधुनिक काल में नारियों के साथ अन्याय अत्याचारों की कहानियाँ कई रूपों में मिलती हैं जैसे बाल वध, बाल-विवाह, बहु विवाह, विधवा विवाह निषेध, पिता-पति की सम्पत्ति में कोई हिस्सा नहीं, सती प्रथा आदि। ये आधुनिक काल के समाज की उभरती हुई समस्याएँ थी। जिसके निदान का प्रयत्न ब्रह्म समाज का विषय था। जिसमें वह एक सीमा तक सामाजिक स्तर पर ही नहीं कुछ में राजनैतिक स्तर पर भी सफल रहा।

उन्नीसवीं सदी में कुछ कानून के जरिये तथा अधिक समाज सुधार आन्दोलनों के जरिये नारी समस्यायों को चुनौती दी गई, उनके निवारण के लिये प्रयास किये गये, ब्रह्म समाज भी उन्हीं प्रयासों में से एक था। बाल वध प्रथा में लड़कियों को पैदा होते ही गुप्त रूप से अधिकांश अमीर उच्च वर्ग में मार दिया जाता था वैसे सम्पूर्ण भारतीय समाज में यह प्रथा चोरी छुपे चलती रहती थी इसका पता 1789 ई. में ब्रिटिश रेजीडेंट जोनाथन डंकन के बनारस के राजकुमारों में इस प्रथा का पता लगाया और खोज करने पर पता चला कि काठियावाड़, कच्छ के जाड़ेजा वर्ग के लोगों में, इलाहाबाद क्षेत्र के कच्छवाह राजपूतों में, मैनपुरी के चौहान राजपूतों और पाठक अहीरों में, पंजाब-जालंधर के बेदी लोगों में (अपने यहाँ लड़की जीवित रखने पर उसे जात से बाहर कर दिया जाता था)। मुसलमानों के राट कबीले में, यह प्रथा प्रचलित थी। जिनके अलग-अलग कारण थे। चौहानों कें अभिमान के साथ आर्थिक कमजोरी को दहेज के रूप में बर्दास्त न करना, बेटियों के लिये अपनी लड़की

छोटी जात में न देने का गौरव, राजपूताना में लड़कियों की शादी 10 वर्ष के अन्दर अवश्य करना जिसके लिये दहेज के रूप में बड़ी रकम की मांग रखना, इत्यादि कारणों से लड़कियों को पैदा होते हैं उनका वध कर दिया जाता था। यह प्रथा चाहे जिस कारण से उपजी हो, इसके पालन करने से समाज के पतन का स्तर स्पष्ट दिखाई देता है। तो इसके तरीकों से बर्बरता का, जिसका समाज से खोद कर फेंकना नितान्त आवश्यक था। लड़कियों को इस समस्या से आगे निकलते ही बाल विवाह समस्या ता सामना करना पड़ता था। हमारे समाज में बाल विवाह के आर्थिक, भौगोलिक, धार्मिक, दादा-दादी, इच्छा आदि कितने ही कारण रहे हों लेकिन इससे भारतीय समाज को व्यभिचार, बलात्कार, अनैतिकता, जनसंख्या वृद्धि आदि अनेक समस्याओं का सामना करना बड़ा और बहुत सारी बुराइयों को झेलना पड़ा। बहु विवाह प्रथा भी हिन्दू और मुसलमान दोनों वर्गों के लोगों में सामाजिक बुराई के रूप में प्रचलित थी। इस प्रथा ने भी बाल विवाह के कारण उत्पन्न सामाजिक बुराइयों की भांति अनेक बुराइयों को जन्म दिया। उन्नीसवीं शताब्दी तक यह उच्च वर्गों तक सीमित रही लेकिन अपवाद स्वरूप इसको कई कारणों – संतानोत्पत्ति आदि की दृष्टि से समाज के मध्यम व निम्न वर्गों में आज भी देखा जा सकता है।

बहुविवाह से आगे विधवाओं को आजीवन विवाह न करने देने की प्रथा थी। जिनमें कुछ विधवाओं की उम्र तो 5 वर्ष से भी कम थी। जबकि शास्त्रों में ऐसा कहीं उल्लेख नहीं मिलता लेकिन समाज की परम्परा एवं रूढ़ि के सामने शास्त्र भी असहाय सिद्ध होते। सन् 1756 ई. में डाका नरेश राजवल्लभ ने अपनी कम उम्र में विधवा पुत्री का पुनः विवाह करना चाहा इसके लिये बनारस, मिथिला, दक्षिण के प्रकांड पंडितों से हिन्दू शास्त्रों के मत लिये। सभी का मत था कि, 'यदि किसी के पति का कुछ पता न चले, या उसकी मृत्यु हो जाय या वह संसार त्याग कर संयासी हो जाय या नपुंसक हो अथवा जात से बाहर कर दिया जाय तो स्त्रियाँ फिर से विवाह कर सकती है।' राजा राजवल्लभ के विचार के सामने नड़िया के महाराजा कृष्णचंद अपने रूढ़िवादी पंडित पुरोहितो के साथ आड़े आ जाते हैं। इस प्रकार समाज की ऐसी रूढ़ियों ने विधवाओं के जीवन के साथ खिलवाड़ की। जिसका सारा उत्तरदायित्व - समाज का ही था। इससे भी भयंकर अन्याय व अत्याचार नारी जाति के ऊपर समाज का सती प्रथा के रूप में था जिसमें हिन्दू विधवाओं को पति की चिता के साथ जला दिया जाता। यह प्रथा कैसे और कब शुरू हुई। इस संदर्भ में मैक्समूलर का विश्वास है कि प्राचीन काल के अज्ञात समय में यह प्रथा ऋग्वेद के ही एक अंश की गलत व्याख्या के कारण प्रारम्भ होकर चल पड़ी। बीच-बीच में इसको कई मान्यताओं में से होकर गुजरना पड़ा। 19वीं शताब्दी में - 'यदि किसी हिन्दू की पत्नी के पति की मृत्यु हो जाती है तो वह दूसरे व्यक्ति से विवाह नहीं कर सकती। उसे दो में से केवल एक ही रास्ता चुनना है। या तो वह आजीवन विधवा रहे या आत्मदाह कर ले। और आत्मदाह का रास्ता ही वांछनीय समझा जाता क्योंकि एक विधवा के रूप में उसे आजीवन दुर्व्यवहार सहना होगा।' कोई विधवा स्वेच्छा से (कम) या परवशता से (अधिक) अपने अति निकटतम सम्बन्धियों- मां-बाप, भाई, बहिन, पुत्र आदि स्वर्गप्राप्ति की आशा के अंधविश्वास से उन्हें प्रेरित करते थे।

-"मैं अरून्धती की भांति स्वर्ग के वैभव की प्राप्ति की इच्छा करते हुए, अपार शान्ति के क्षेत्रों में विचरण के लिये, अपने माता-पिता और ससुर तीनों परिवारों की शुद्धि के लिये, जब तक चौदह इन्द्र विद्यमान हैं तब तक अप्सराओं द्वारा प्रशस्ति प्राप्त करने के लिये, अपने पति को पापों से मुक्ति दिलाने के लिये स्वेच्छा से पति की चिता में प्रवेश करती हूँ। इस प्रकार का अमानुषिक कृत्य अधिकांशतः समाज के उच्च वर्गों जिनमें ब्राह्मण भी थे चल पड़ा। लेकिन राजा राममोहनराय ने सती प्रथा के विरोध में जो अभियान छेड़ा वह सर्वविदित है उनका इस संदर्भ में कथन है कि 'सती प्रथा या 'सहमरण' शास्त्र-सम्मत प्रथा नहीं है, शास्त्र विकृत कुसंस्कार है।' इसके लिये उन्होंने एक पुस्तक अलग से लिखी। उसको तथा अन्य प्रयत्नों को देखते हुए और इसको नितान्त अनुचित ठहराते हुए तत्कालीन लार्ड विलियम बैंटिक ने एक आज्ञा जारी करते हुए सती प्रथा को 1929 में कानूनन निषिद्ध घोषित कर दिया। जो नारी कल्याण क्षेत्र में ब्रह्म समाज की विशेष महत्त्वपूर्ण उपलब्धि मानी जा सकती है।

सती प्रथा के विरोध में ब्रह्म समाज की उपलब्धि के कुछ विचार स्पष्ट करते हैं कि राजा राममोहनराय का यह प्रयत्न नारी इतिहास में एक महत्त्वपूर्ण तारीख के नाम में याद किया जायेगा। "बंगाल हरकरा" नामक समाचार पत्र में श्रीमती फ्रांसिस के. मार्टिन लिखती हैं "महान् हिन्दू दार्शनिक राममोहनराय की विशेष सहायता के बिना शायद कभी भी अंग्रेज सरकार के लिये कानूनन सती प्रथा रद्द करना सम्भव न होता, परन्तु उनकी यह देन किसी के द्वारा स्वीकृत नहीं की गई।" सोफिया फालेट के विचारों में, राममोहन राय ने हिन्दू धर्म ग्रन्थों के अपने गम्भीर ज्ञान के आधार पर यह प्रमाणित किया कि सती प्रथा धर्म संगत नहीं थी। इतना ही नहीं उन्होंने यह भी दिखाया कि स्वार्थी सम्बन्धी जन किसी धार्मिक प्रेरणा से नहीं, बल्कि विधवाओं के भरण-पोषण के खर्च से छुटकारा पाने के लिये इस प्रथा को जारी रखना चाहते थे।" इस प्रकार ब्रह्म समाज ने समाज में नारी शोषण का विरोध किया उन्होंने नारी स्वातंत्र्य, नारी अधिकार और नारी शिक्षा को बढ़ावा दिया। पर्दाप्रथा का अन्त करके नारियों में स्वावलंबन के बोध को जगाया लड़कियों को शिक्षा संस्थाओं में जाने के लिये जोर दिया। राममोहन राय ने आधुनिक ज्ञान विज्ञान की जानकारी राजनैतिक सम्बन्धो, हलचलों, विचारों क्रान्ति के अध्ययन, ज्ञान के लिये, शिक्षा का माध्यम भारतीय भाषाओं के अतिरिक्त विदेशी भाषाओं में भी होना चाहिए पर जोर दिया।

इस प्रकार ब्रह्म समाज ने आधुनिक भारत के सामाजिक जीवन को दृष्टि देते हुए उसके अन्दर पनपे अनेक अंधविश्वासों, रूढ़ि-परम्पराओं, आड़म्बरों, संकीर्णताओं आदि को दूर करने का प्रयास किया। समय की आवश्यकता का सोच दिया। नारी के प्रति दृष्टिकोण में परिवर्तन की मांग की, कानून बनवाये। आदि कई दृष्टियों से विभिन्न भारतीय जातियों, सम्प्रदायों, कबीलों आदि में से उनकी बुराइयों को उजागर कर करके दूर करने का प्रयास किया। उनको एक सामूहिक रूप में मिलाने का प्रयत्न किया आधुनिक भारतीय जीवन को सुसंगठित, सामूहिक रहने के लिये प्रेरित किया। एक अलग प्रकार के समाज की संरचना का संदेश दिया जिसमें सभी जाति धर्म सम्प्रदाय के लोग एक साथ रह सकें। सभी एक दूसरे के सुख दुःख में शामिल हो सकें। एक दूसरे के साथ मानवीय रिश्तों में बंध सकें। इस प्रकार

सम्पूर्ण भारत में और नहीं तो कम से कम मानवीय दृष्टि से एक समाज की स्थापना हो सके। यह प्रयास ब्रह्म समाज का आदि से अन्त तक रहा।

हम पहले भी एक स्थान पर जिक्र कर चुके हैं कि जीवन-परम्पराओं में परिवर्तन एक दम ही नहीं हो जाता है। इसमें केले की तरह विभिन्न स्तर होते हैं। जो कालक्रमों में जीवन के सभी क्षेत्रों में धीरे-धीरे चढ़ते चले आते हैं। और हमें समाज के रीति रिवाजों, आदि के रूप में मिलते हैं, जिनमें परिवर्तन भी धीरे- धीरे ही सम्भव होता है, किसी समस्याओं को सोचने की दिशा में खड़ा करना भी उसके समाधान का प्रथम प्रयास होता है। और वह समस्या धीरे-धीरे खत्म हो ही जाती है। ब्रह्म समाज के समय और आज के समय को तुलनात्मक दृष्टि से देखने पर यह स्पष्ट हो जाता है कि जिन समस्याओं के प्रति ब्रह्म समाज चिन्तित था वह चिंता वर्तमान में कम होती हुई दिखाई दे रही हैं चाहे वह नारी समस्या हो या फिर विविध धर्माडम्बर। अशिक्षा हो या शिक्षा का माध्यम इत्यादि सम्पूर्ण रूप से आज हम यह कह सकते हैं कि ब्रह्म समाज ने आधुनिक भारतीय समाज को जीवन की नई दृष्टियाँ प्रदान की हैं जिससे उसमें नई जीवन चेतनाएँ प्रस्फुटित हो रही हैं।

(ख) आर्य समाज और भारतीय सामाजिक चेतना

आर्य समाज का उदय सन् 1875 ई. में हुआ। जिसके संस्थापक महर्षि दयानन्द सरस्वती ने 10 अप्रैल 1875 ई. में बम्बई में इसकी स्थापना की। जिसके द्वारा उन्होंने भारतीय संस्कृति की महानता, उसकी सम्पूर्णता को जीवन के विभिन्न क्षेत्रों में आवश्यक बताया। उन्होंने भारतीयों को, वर्तमान-क्षीण एवं पतित अवस्था की चिन्ता करते हुए उनके गौरवपूर्ण अतीत की याद दिलाते हुए भविष्य की ओर अग्रसर करने की प्रेरणा दी। जिसके लिये उन्होंने हिन्दू जागरण पर, भारतीय संस्कृति के साथ जोर दिया। उन्होंने भारतीयों को अपनी साहित्य समृद्धि की ओर लौटाने का प्रयास कर पाश्चात्य कुप्रभावों से बचाने का कार्य किया। उनका मानना था कि पाश्चात्य जीवन-ढ़ंग एक व्यापक छलावा है। जो व्यक्ति को छलता है समाज को भी। क्योंकि उसकी जमीन ही विदेशी है।

स्वामीजी के जीवन के ऊपर उनके परिवार के वातावरण का प्रतिकूल प्रभाव पड़ा। उनका जन्म एक कट्टर धार्मिक ब्राह्मण परिवार में हुआ। लेकिन बचपन से ही उनके मन में मूर्तिपूजा, धार्मिक कर्मकाण्डों के प्रति अविश्वास पैदा हो गया। इसलिये उन्होंने इन सबसे मुक्त होकर एक साधारण रास्ता खोजा जाय इसके लिये वेदों को आधार मान कर जीवन में दिखाई देने वाली सभी प्रकार की विसंगतियों को दूर करने का प्रयास किया। और राष्ट्रीय चेतना के क्षेत्र में भी हिन्दू पुनः जागरण के अभियान को बढ़ावा दिया जो कितना सार्थक रहा कितना नहीं यह तो स्पष्ट ही है लेकिन हां इतना जरूर स्पष्ट है कि इन्होंने हिन्दू धर्म के अन्दर उत्पन्न हुए अन्धविश्वास, रूढ़ि परम्परा आदि को तर्कों के साथ दूर करने का अभियान आर्य समाज के रूप में चलाया। जिससे भारतीय मध्यम वर्ग का हिन्दू प्रभावित भी हुआ। एक सीमा के अन्दर सामाजिक एकता का निर्माण भी हुआ लेकिन यह अपनी ही सीमाओं के अन्दर कैद हो गया। जो सम्पूर्ण भारतवासियों का प्रतिनिधित्त्व नहीं कर सका।

दयानन्द सरस्वती जी के ऊपर उनके अन्ध गुरु विरजानन्द (मथुरा) का विशेष प्रभाव पड़ा। उनके गुरु की आज्ञा थी कि - "तुम हिन्दू धर्म को गन्दे क्षेपकों और विकृतियों से शुद्ध करो।' इसके लिये वे भारतवर्ष में धूम-धूमकर उपदेश देते रहे। दयानन्द जी के अन्तस्तः में एक लौ पैदा हो गई, जो जीवन के धार्मिक, सामाजिक, आध्यात्मिक आदि स्वरूपों के अंधकार को खत्म करना चाहती थी। इसके लिये उन्होंने अपने को दाम्पत्य जीवन के बंधन से मुक्त रखा।

आर्य समाज भी ब्रह्म समाज की भांति दार्शनिक, शैक्षिक, राजनैतिक आदि पहलुओं पर अपने दृष्टिकोण प्रस्तुत करता है। लेकिन यहाँ उनके सामाजिक पहलू पर ही विचार अधिक केन्द्रित रहेगा। सामाजिक संकीर्णताओं को दूर करने तथा उसे विकासोन्मुख ले जाने के लिये उन्होंने भारतीय हिन्दुओं को संगठित करके, हिन्दू धर्म को अंधविश्वासों रूढ़ियों से, वेदों से तर्क दे देकर रक्षा करना, प्राचीन काल से बने चले आ रहे अहिन्दू लोगों को फिर से हिन्दू धर्म में शामिल करके हिन्दू समाज में एकता स्थापित करने का प्रयास लगातार किया। विभिन्न प्रकार की सामाजिक कुरीतियों पर वैदिक धर्म को आधार मानकर प्रहार किए और वैदिक धर्म को ही पूर्ण और सत्य सिद्ध करने पर जोर दिया।

स्वामी दयानन्द सरस्वती ने सोचा कि समाज ही किसी देश की ऐसी इकाई है जिसके ऊपर उस देश के बहुमुखी विकास की संभावना बनती है। समाज के विकास से अभिप्रायः उसके सुख चैन से उसमें कला, संस्कृति, विज्ञान आदि के विकास से है। ये विकास समाज के व्यक्तियों के केन्द्र में ही जन्म लेते हैं। इसके लिये व्यक्ति की चेतना को दिशा देना प्रत्येक समाज का दायित्त्व होना चाहिए।

जब समाज विभिन्न प्रकार की अज्ञानताओं में जीवित रहता है तब उसमें व्यक्ति चेतना की व्यापकता का अभाव बना रहता है। यह अभाव समाज - संस्कृति को अधोमुखी बनाता चला जाता है। इसलिये समाज को बहिर्मुखी बनाने के लिये प्रतिभावान व्यक्तियों को आगे आना चाहिए। बहिर्मुखी समाज ही संगठित होकर देश की विभिन्न समस्याओं का समाधान कर सकता है। अठारहवीं उन्नीसवीं शताब्दियों में इस दिशा में प्रतिभा सम्पन्न व्यक्तियों का सोच रहा उन्हां में से आर्य समाज की भी गणना की जा सकती है। स्वामी दयानन्द जी सोचते थे कि बिना समाज के विकास और संगठित किए हुए किसी राष्ट्र का उत्थान नहीं किया जा सकता है। भारतीय राष्ट्रीय आन्दोलन की सफलता को ध्यान में रखते हुए ही हो सकता है कि दयानन्द जी की सामाजिक सीमा हिन्दुओं तक रही हो। क्योंकि हिन्दुओं की एक ऐतिहासिक सांस्कृतिक विरासत है उसके आधार पर उनको सुसंगठित, सुशिक्षित आसानी से किया जा सकता है। इसी को ध्यान में रखते हुए संस्कृत-हिन्दी भाषा का भी चयन किया था। संस्कृत भाषा हिन्दुओं की ऐतिहासिक भाषा थी, तो हिन्दी हिन्दुस्तान की वर्तमान भाषा। भारतवर्ष का भविष्य भाषा की दृष्टि से हिन्दी के साथ ही उज्ज्वल दिखाई दे रहा था। हो सकता है हिन्दुओं को और हिन्दी को लेकर दयानन्द जी का कोई पहले से सुनियोजित विरोध नहीं रहा हो, लेकिन महसूस करने वालों ने महसूस किया हो यदि ऐसा है तो यह आर्य समाज के साथ अन्याय ही होगा।

उनकी सूझ को किसी ढ़ांचे में कैद कर रखना उनके साथ न्याय नहीं होगा ? उन्होंने सामाजिक चेतना की बात सोची वह राष्ट्रीय चेतना की दृष्टि से सोची उनका मानना था कि देश से अंग्रेजों को तभी भगाया जा सकता है जब समाज में एकता और उसकी सोच हो, जो अंग्रेजों की कूटनीति को समझ सके। वे राष्ट्रीय स्वतंत्रता एवं उसके विकास के लिये समाज सुधारों की आवश्यकता महसूस करते थे। उन्होंने अपनी मेहनत अध्ययन के बल पर देश में प्रचलित विभिन्न प्रकार की बुराइयों के खिलाफ बहुमुखी आन्दोलन खड़ा कर दिया जो आज तक जीवित है।

स्वामी दयानन्द जी यह मानते थे कि किसी समाज के विकास के लिये या किसी देश की सामाजिकता के लिये उसके प्रत्येक व्यक्ति का विकास नितान्त आवश्यक है। एक तो, इसमें प्रत्येक व्यक्ति अपनी समस्याओं के बीच में रहकर संघर्ष के साथ चेतना की ओर बढ़ता है अपनी अपनी समस्याओं के समाधान की राह खोजता है दूसरे, सभी व्यक्तियों की समस्याओं का एक साथ समाधान खोजना और उनके निवारण का प्रयत्न करता है।प्रत्येक व्यक्ति धीरे-धीरे चलते हुए विकास के एक बिन्दु पर पहुँचते हैं जिसमें काफी समय लगता है तो सभी व्यक्तियों की समस्याओं का समाधान एक साथ विकास का विस्फोटक तरीका होता है। समाज वह पाठशाला है जिसमें व्यक्ति का सर्वांगीण विकास होता है जब पाठशाला ही दिशाहीन हो तो विकास कैसा। इसलिये राष्ट्र के प्रत्येक व्यक्ति के जो एक निश्चित भौगोलिक सीमा, एक निश्चित कानून व्यवस्था के अन्दर निवास करते हैं, के विकास का सवाल, सामाजिक विकास की परिभाषा के अन्तर्गत ही आता है। सामाजिक से अभिप्रायः राष्ट्र के प्रत्येक व्यक्ति से है।

स्वामी दयानन्द जी ने भारतवर्ष के सम्पूर्ण विकास के लिए उसके सामाजिक विकास को देखा। भारत एक हिन्दू राष्ट्र था उसका एक साहित्य उसकी एक सभ्यता-संस्कृति (वेद) थी पहले उसको प्राप्त करना, बचाये रखना उसका प्रथम कर्त्तव्य है। तदुपरान्त आधुनिकता को पहचान कर अपनाना। उन्होंने सामाजिकों को हिन्दू, संस्कृत, वेदों के रूप में, परम्परा से जोड़ने का प्रयास किया, उनकी शक्ति को जगाने का बिगुल बजाया, जिसमें प्रत्येक व्यक्ति के लिये एक दूसरे के साथ समर्पण की आवाज की आवश्यकता थी न कि बाह्य ईर्ष्या अहंकार की। उन्होंने सामाजिक जीवन के विभिन्न स्तरों पर असमानता अनुभव करते तो बड़े दुःखी होते, और उस दुःख से छुटकारा पाने के लिये उसकी छटपटाहट को सामाजिकों में बांट देते थे।

स्वामी जी आर्य समाज में वर्णाश्रम व्यवस्था का वेदों के आधार पर समर्थन करते हैं, लेकिन वेदों से अलग हटकर वर्णाश्रम धर्म ने जिस जाति प्रथा, छूआछूत आदि जैसी बुराईयाँ समाज में फैला दी; उसका विरोध करते हैं। क्योंकि इसमें समाज का बोध, जाति सम्प्रदाय आदि तक ही सीमित रह सकता है। व्यापक सामाजिकता के टुकड़े-टुकड़े हो कर बिखर जाते हैं। आर्य समाज वर्ण निर्धारण गुणों, कर्मों के आधार पर होनी चाहिए के पक्ष में हैं ।

इस प्रकार शिक्षा, नौकरियों के क्षेत्र में निम्न-दलित वर्ग को आरक्षण के माध्यम से उठाने, समृद्ध करने का जो उचित, अनुचित प्रयास आज चल रहा है उसी दिशा में दयानन्द जी का स्वस्थ प्रयास जाति व्यवस्था के विरोध में प्रयास था। आज जिस आरक्षण की बात

सरकार आर्थिक, अशिक्षित दृष्टि को लेकर कर रही है । सामाजिक जातिगत आरक्षण का आर्य समाज में विरोध है । समाजगत छूआछूत जाति पांत का भेदभाव खत्म करके वेदों के सहारे वर्णाश्रम व्यवस्था को प्रारम्भ करना निश्चित रूप से समाज के दलित वर्ग के सामने आशा की नई लहर थी । उनके मन में यह बात आ गई कि वे शुभ कर्म करके समाज में सम्मान प्राप्त कर सकेंगे, ऊँचे उठ सकेंगे । यह समाज को बुराइयों से बचाने का अच्छा प्रयास हो सकता था । समाज का प्रत्येक व्यक्ति समाज में अपनी अच्छी स्थिति बनाने के लिये प्रयत्नशील रहता, जिससे समाज में जागृति बनी रहती, लेकिन आधुनिक भारतीय जीवन की विषम, जटिल, स्थितियों में ऐसा होना सम्भव नहीं हो सका ।

शिक्षा के संदर्भ में आर्य समाज का मत है कि सच्ची शिक्षा शरीर निर्माण इन्द्रियों की साधना एवं बौद्धिक शक्तियों के विकास में ही है । दयानन्दजी का मानना था कि समुचित शिक्षा के अभाव में भारतीय समाज किसी भी प्रकार की उन्नति, प्रगति नहीं कर सकता है । और सारी शिक्षाओं का भंडार वेदों में बताया है चाहे वह आध्यात्मिक शिक्षा हो चाहे धार्मिक चाहे सामाजिक या फिर आर्थिकादि अन्य । वेदाध्ययन का अधिकार समाज के प्रत्येक व्यक्ति को है । साथ ही शिक्षा प्राप्त करने का जितना अधिकार पुरुषों को है उतना ही स्त्रियों को भी । भारत में समाज के प्रत्येक व्यक्ति को 18 वर्ष तक निःशुल्क और अनिवार्य शिक्षा देने की बात आर्य समाज में बताई है । नैतिक शिक्षा की ओर भी दयानन्द जी का पूर्ण ध्यान गया है । उनका मानना है कि शिक्षण-कार्य चरित्रवान और विद्वान् व्यक्तियों द्वारा होना चाहिए । वैदिक पद्धति से शिक्षा शुरू करते हुए आर्य समाज ने गुरुकुलों की स्थापना भी की थी । जिनमें हरिद्वार का गुरुकुल कांगड़ी विख्यात हुआ । जो बाद में वेदों के अध्ययन का ही केन्द्र बन गया । जिसमें शिक्षा का माध्यम संस्कृत और हिन्दी ही बना । यहाँ पर आज कल वेदों के अध्ययन के अतिरिक्त विज्ञान, समाजशास्त्रों जैसे विषयों का भी अध्ययन अध्यापन होता है । इसके अतिरिक्त चरित्र निर्माण, सेवाभाव, निष्ठा आदि पर विशेष बल दिया जाता था । आर्य समाज ने गुरुकुलों की स्थापना के अतिरिक्त बेघरबार, बेआसरा, विधवाओं व अनाथों के लिये भी आश्रम बनवाये थे ।

दयानन्द स्वामी समाज में व्याप्त मूर्ति पूजा का विरोध करते थे । इसको वे धर्म विरुद्ध व वेद विरुद्ध मानते थे । वे मूर्ति पूजकों से मूर्ति पूजा की, निरर्थकता पर तार्किक बहस करते थे । वे बहुदेववाद को अस्वीकार करते थे । ईश्वर की विभिन्न मूर्तियों की निरर्थकता समझते थे, क्योंकि ईश्वर तो एक ही है वह निराकार है तो फिर यह ईश्वर के आकार की मूर्ति कैसी । परम्परागत मूर्ति पूजक ब्राह्मण पुरोहितों की अंध कट्टरता का विरोध किया । धार्मिक क्षेत्र में हिन्दू समाज में व्याप्त अनेक प्रकार की कुरीतियों और दोषों को मिटाने की पूर्ण चेष्टा की । आर्य समाज ने हिन्दू धर्म के दरवाजे उन लोगों के लिये भी खोल दिए जो हिन्दू नहीं थे । इसके लिये दयानन्द जी ने 'शुद्धि आन्दोलन' चलाया जिसके अन्तर्गत गैर हिन्दुओं को भी हिन्दू बनाया जा सकता था । विश्व की इस दृष्टि का खण्डन आर्य समाज ने किया कि हिन्दू धर्म जनकल्याणकारी नहीं है उसमें हिन्दुओं का ही वर्चस्व है । उसने बताया कि प्राचीनकाल से ही हिन्दू धर्म ने अहिन्दू जातियों को अपने में मिलाया है जैसे ग्रीक, कुशान, शक, हूण

आदि। इन जातियों ने हिन्दू समाज में हिन्दू बनकर अपना अस्तित्व गौंण समझा है। इस प्रकार हिन्दू धर्म शुरू से ही जन कल्याणकारी धर्म के रूप में रहा है। यह इतना गतिशील भी रहा है कि इसने अपने आप में बहुत सारे धर्मों को समा लिया है। लेकिन कुछ समय के लिये इसमें अस्थिरता भी आ गई जिससे इसमें बहुत सारी रूढ़ियों और अन्धविश्वासों ने जन्म ले डाला। उनको दूर करते हुए हिन्दू धर्म की धर्म समाहार करने की भावना को फिर से जागृत करना, आर्य समाज का एक धार्मिक अभियान "शुद्धि आन्दोलन" के रूप में चलाना ध्येय था। इससे आगे भी इसका अभियान जो लोग कभी अपना धर्म छोड़कर या छुड़ाकर इस्लाम या ईसाई धर्म की दीक्षा ले चुके थे उनको पुनः हिन्दू धर्म में सम्मिलित करने का था।

आर्य समाज के इस पुनः धर्म परिवर्तन के प्रयत्नों से अन्य धर्म वालों के साथ- साथ ब्रिटिश सरकार भी चिंतित हो उठी थी। वस्तुतः धर्म के क्षेत्र में आर्य समाज के रूप में दयानन्दजी का जो एक लड़ाकूपन का परिचय है वह कुछ-कुछ इस्लाम और ईसाइयत दो समकालीन, और सामी (सेमेटिक) धार्मिक समुदायों के मदोन्मत्त रवैये के विरुद्ध सन्तुलन कायम करने का साधन या प्रयास रहा हो। ऐतिहासिक आन्दोलन प्रायः अतीतमुखी हुआ करते हैं। वे अधिकांशतः अतीत के गौरव को पुनः जीवित करने की दिशा में होते हैं। इस तार्किक सामूहिक सत्य का वे वर्तमान में जीवन की विरासत के रूप में प्रयोग करते हैं। दयानन्दजी का धार्मिक आन्दोलन वैदिक आदर्शवाद से कर्म की प्रेरणा लेने के लिये था। धर्म का शाश्वत रूप ही समाज को अज्ञानता से उबारता है। जिस प्रकार विवेकानन्द, गांधी जी आदि सोचते थे कि धर्म ने ही भारत की बड़ी-बड़ी विपत्तियों में रक्षा की है। इस प्रकार उन्होंने धर्म के क्षेत्र में संघर्षात्मक भूमिका निभाते हुए सुधार लाने की लड़ाई लड़ी। वे सत्य के लिये कर्मठ संघर्ष के पक्षपाती हैं दयानन्द प्रथम हिन्दू समाज सुधारक थे जिन्होंने बचाव की नीति छोड़कर हमला शुरू कर दिया जिन्होंने हिन्दू धर्म को ईसाई और मुसलमान आलोचकों के हमले से बचाने का बचाव, उनसे उनकी ही जमीन पर लड़ना स्वीकार किया, ताकि उन्हें अपनी स्थिति बचाने की फिक्र हो। स्वामी दयानन्द का विश्वास था कि विदेशी तत्त्वों को मुँहतोड़ उत्तर देने, हिन्दू धर्म और अपनी संस्कृति की महानता प्रतिस्थापित करने और देशवासियों में स्वाभिमान जाग्रत कर उठ खड़े होने की प्रबल लहर पैदा कर देने में ही हिन्दुओं, देशवासियों और भारत का कल्याण है। उन्होंने संदेश दिया कि केवल वैदिक धर्म ही सत्य और सार्वदेशिक है। उन्होंने नारा दिया कि "वेदों की ओर लौट चलो।"

आर्य समाज स्त्रियों के सामाजिक जीवन पर लगे अन्यायपूर्ण एवं अनुचित प्रतिबन्धों का विरोध करता है। वह स्त्रियों को वेदों में मिले सम्मान का भागीदार समझकर मातृशक्ति के रूप में पूजा करने पर बल देता है। वह हिन्दू समाज में प्रचलित नारी की गरिमा के तिरस्कार का खण्डन करता है। वह नारी सम्बन्धी इस विचारधारा का भी विरोध करता है कि नारी पुरुष की तुलना नहीं कर सकती है। उसे प्रकृति ने ही स्वभाव तथा शरीर से भिन्न बनाया है। यह भिन्नता ही उसे पुरुष की तुलना में हेय बनाती है। स्त्रियों को वेदों के अध्ययन से वंचित रखना सर्वथा अनुचित है। दयानन्द जी को स्त्रियों की शिक्षा की अनावश्यकता में पुरुष समाज की निर्बुद्धिता, स्वार्थपरता दिखाई पड़ती है। वे तो स्त्रियों के लिये समाज में

समान अधिकारों की बात करते हैं । स्त्रियों को दीन-हीन अवस्था से ऊपर उठाकर समाज में पूर्ण स्वतंत्रता के पक्षपाती हैं । स्वामी जी बाल विवाह के विरोधी थे । इसी तरह से दयानन्द जी ने सामाजिक जीवन में आने वाली अन्य बहुत सारी विसंगतियों, समुद्र यात्रा, स्पृश्यता, आदि को अनुचित ठहराया है ।

ईश्वर के सम्बन्ध में दयानन्द जी का मानना है कि ब्रह्म निराकार एवं सर्वशक्तिमान है । वे अपने अनुयायियों से ब्रह्म के सम्बन्ध में कहते हैं- 'वह सत्, चित्, आनंद है । वह निराकार, सर्वशक्तिमान, न्यायशील, दयालु, अज्ञात, अविकार (अपरिवर्तनीय), अनादि, अद्वैत, सर्वाधार, सर्वस्वामी, सर्वव्यापी, अंतर्यामी, अकाल, अमर, अभय, शाश्वत, पवित्र और सृजनहार है ।'

दयानन्द जी सामाजिक जीवन में उत्पन्न हुई विसंगतियों का निदान वेदों के आधार पर ही करना चाहते थे । वेदों के सम्बन्ध के बारे में उनका कथन है - यह (वेद) सत्यबोध के शास्त्र हैं । आर्यो का प्रथम कर्त्तव्य है कि वे इनका अध्ययन, अध्यापन, सस्वर पाठ और श्रवण करें ।' इसके अतिरिक्त किन्हीं दृष्टियों से वे यूरोपीय जीवन दृष्टि से भी प्रभावित थे । यूरोपीय समाज के व्यक्तियों की कुछ विशेषताएँ गिनाई हैं - उनमें बाल विवाह की प्रथा नहीं है, वे लड़के-लड़कियों सबको अच्छी शिक्षा देते हैं, उनमें स्त्रियाँ स्वयं पति चुनती हैं, वे अपने बच्चों को बुरी संगति में नहीं पड़ते देते, वे जो कुछ करते हैं आपसी सलाह से और प्रतिनिधि-सभा को पूछ कर करते हैं, वे अपनी जाति के लिये सर्वस्व त्याग करने को तैयार रहते हैं, वे सुस्त नहीं होते और कर्मठ जीवनयापन करते हैं, वे स्वदेश निर्मित वस्तुएँ प्रयोग में लाते हैं, वे अपनी जीवन- शैली का परित्याग नहीं करते और दूसरों की नकल नहीं करते हैं, प्रत्येक व्यक्ति अपने फर्ज को भली प्रकार निभाता है, वे अपने बड़ों की आज्ञा मानते हैं, तथा अपने देशवासियों की हर काम में मदद करते हैं । इन बातों का यूरोपीय समाज में ढूंढने का अभिप्रायः यह है कि ये बातें सामाजिक विकास के लिये अति आवश्यक हैं । इनकी आवश्यकता भारतीय समाज को ही नहीं अपितु सभी देशों के समाजों को है । दयानन्दजी ने इस प्रकार की दृष्टि भारतीयों को वेदों में से ढूंढने को कहा । उन्होंने वेदों का अनुकरण करने की कहकर वेदों से दृष्टियाँ लेने की बात कही है । वे मानव को विशेष महत्त्व देते हैं । तथा उसे अनुभव कराते हैं कि तुम क्या थे अब क्या हो । आप सभी को यह क्या हो गया है क्या तुम मानवता के विरोधी रोगी हो । इस रोग को जीना चाहते हो । इस रोग को ही जबरदस्ती से रूढ़ियों-आड़म्बरों के रूप में आगामी समाज को देना चाहते हो । इस प्रकार आर्य समाज के रूप में भी उनका स्पष्ट मत है कि मैं कोई नई चीज आपको नहीं दे रहा हूँ । किसी प्रकार का मत नहीं चला रहा हूँ । मैं तो आपके सामने आपको प्रकट कर रहा हूँ । सत्य के अर्थ को समझा रहा हूँ । मानव के कार्य को बता रहा हूँ जिससे सम्पूर्ण भारतवासी स्वाभिमान पूर्वक जीवन की सम्पूर्णता को महसूस करके करा सकें ।

आधुनिक भारतीय सामाजिक जीवन पर बाह्य रूप से आकर धार्मिक, राजनैतिक, आदि का प्रभाव वह चाहे ढ़ोंग, अंधविश्वास के रूप में हो या फिर भ्रष्टाचार-अन्याय के रूप में । इन सभी को समाज से दूर करना । मानवीय चेतना को जगाना सत्य के अर्थ को प्रकाशित करना

आदि सभी आर्य समाज के लक्ष्य थे। मनुष्य को विभिन्न प्रकार के आग्रही, मोहों से मुक्त कर उनकी चेतना को जगाकर वर्तमान सत्य से साक्षात्कार कराने का उद्देश्य आर्य समाज का रहा है। इससे अनेक दुराग्रहों से मुक्त होकर आधुनिक समाज ने हिन्दू राष्ट्र की विरासत के परिश्रम (वेदों के सत्य) को समझा। जीवन के मौलिक स्वरूप को महसूस किया और नकलीपन को पहचाना। मनुष्य के खुद के और सामाजिक जीवन के छलावे को देखते हुए अपने को धोखे में रखने से अलग किया। मनुष्य का मनुष्य से सीधा और पहला सम्बन्ध प्रतिस्थापित किया। आर्य समाज की सामाजिक दृष्टि से आज भी प्रासंगिकता है तो राजनैतिक दृष्टि से आवश्यकता। कुछ को छोड़ आर्य समाज के सिद्धान्तों में आज भी समाज के विभिन्न वर्गों के लोग विश्वास रखते देखे जाते हैं। हिन्दी भाषा के बारे में आर्य समाज के मत को आज भी विचारक सामाजिक राजनैतिक एकता के लिये आवश्यक समझते हैं। स्त्री शिक्षा और दशा में आर्य समाज के स्वरूप को महसूस करते हैं। इस प्रकार कई दृष्टियों से आधुनिक सामाजिक जीवन के लिये आर्य समाज के सिद्धान्त अति आवश्यक हैं।

(ग) थियोसोफिकल सोसाइटी और आधुनिक भारतीय सामाजिक चेतना

आधुनिक काल के उन्नीसवीं शताब्दी के अन्तिम दशक में भारत में ब्रह्मसमाज-आर्यसमाज की भांति एक और धार्मिक आन्दोलन आया जिसने भारतीय समाज को प्रभावित किया। इसका असर भारतीय हिन्दुओं पर अधिकांश रूप में देखा गया क्योंकि इसने आध्यात्मिक क्षेत्र में हिन्दुओं की परम्परा से जुड़कर अपना दृष्टिकोण प्रस्तुत किया जो थियोसोफिकल आन्दोलन के नाम से जाना गया।

थियोसाफी शब्द दो ग्रीक शब्द, थीओस और सोफिया से मिलकर बना है जिसका अर्थ क्रमशः ईश्वर और ज्ञान है। इस प्रकार से थियोसोफिकल का अर्थ हुआ ईश का ज्ञान। भारतीय दर्शनशास्त्र में इसे ब्रह्मज्ञान कहते हैं। इस प्रकार थियोसाफीकल सोसाइटी, भारतीय ब्रह्मज्ञान के माध्यम से सामाजिक चेतना को धार्मिक आड़ में घुमड़ाती रहती है। इस आन्दोलन का मुख्य उद्देश्य पाश्चात्य बौद्धिक विकास के साथ-हिन्दू आध्यात्मिक ज्ञान की खोज करना था। आधुनिक भौतिकवाद में अंसतुष्टि का आभास करने वाले ग्रीक मनीषी ईश्वर की अनुभूति कुछ- कुछ भारतीय दृष्टि के सापेक्ष करते थे। वह सारी पद्धति हिन्दू उपनिषदों, पुराणों में भरी पड़ी थी। वे ईश ज्ञान की प्राप्ति एवं उसका विकास चाहते थे जिसके लिये उन्हें प्राचीन भारतीय साहित्य दर्शन का सहारा लेना पड़ा। और इस कार्य ने भारतीय समाज के लिये उनके प्राचीन हिन्दू दर्शन और ब्रह्म सिद्धान्तों में फिर से विश्वास जगाकर दृढ़ करने का कार्य किया। जिसका प्रभाव बुद्धिजीवियों पर भी पड़ा आम लोगों की तो बात ही अलग थी।

थियोसोफिकल सोसाइटी की स्थापना 1875 ई. में मादाम एच.पी. ब्लावत्स्की नामक एक रूसी महिला और इंग्लैण्ड के भूतपूर्व कर्नल एच.एस. आलकोट ने मिलकर अमेरिका में की थी। वे 1879 में भारत आये जिनको यहाँ पर अपने कार्य के लिये अमेरिका आदि अन्य पाश्चात्य देशों से अधिक अनुकूल वातावरण मिल गया। और उन्होंने भारत में इसकी

स्थापना सन् 1882 ई. में मद्रास में कर दी थी। और बाद में 1886 तक यह थियोसोफिकल सोसाइटी आफ इंडिया के रूप में यह मद्रास के अतिरिक्त बंगलौर, बम्बई, कुम्भकोनम्, लुधियाना, सूरत आदि स्थानों पर भी इसके कार्यालय खुल गये परन्तु मुख्यालय मद्रास में ही बना रहा।

ब्लावत्स्की और कर्नल ओलकॉट का दावा था कि उनको गुह्य (गुप्त) शक्तियों पर अधिकार प्राप्त था। मादाम ब्लाबत्स्की के अनुसार इस (थियोसोफिकल) सोसाइटी की स्थापना तिब्बत में गुप्त स्थानों पर रहने वाले "गुरुओं की श्रृंखला" के आदेश पर की गई थी। आध्यात्मिक गुप्त शक्तियों के द्वारा ही गुप्त संचार से इन गुरुओं से आदेश प्राप्त होते थे ऐसा उसका (ब्लाबत्स्की) का दावा था।

थियोसॉफिकल सोसाइटी का कार्य बड़ी चतुराई के साथ समाज में धार्मिक प्रचार के माध्यम से मादाम ब्लावत्स्की बड़े रहस्य के साथ करती थी, जिसके कारण समाज के सीधे-साधे भावुक व्यक्ति उनसे जल्दी प्रभावित होकर बड़े उत्साह के साथ उनका सहयोग करने लगे। ब्लावत्स्की कुछ रहस्यमयी शक्तियों का प्रयोग करके, चमत्कार दिखा-दिखाकर लोगों को यह विश्वास दिलाने पर विवश करती थी कि इस संसार से भी परे कोई शक्ति है। जो इस संसार को चला रही है। इस संदर्भ में स्वामी विवेकानन्द जी ने भी कहा है, "अमरीकी अध्यात्मवाद की भारतीय कलम लगायी गई थी, जिसमें अध्यात्मवादी शब्दजाल के स्थान पर गिने चुने संस्कृत शब्द प्रयुक्त किये जाते थे - भूत प्रेतों की थपथपाहटों और खड़खड़ाहटों का स्थान महात्माओं के प्रार्थना ग्रन्थों ने ले लिया था। पश्चिम के पढ़े लिखे लोगों की नजरों में भारतीय चिन्तन, कूट चिकित्सा और फकीरों द्वारा हथेली पर आम उगा देना- सब एक ही चीज थे। थियोसॉफिस्तों ने हिन्दू धर्म की कुल मिलाकर यही मदद की।"[1] इस प्रकार हिन्दू धर्म का स्वरूप चमत्कार प्रदर्शन, झाड़-फूंक आदि के निकट पहुँचता चला गया। इसके नजदीक ही थियोसॉफिकल सोसाइटी हिन्दुओं को दिखाई पड़ी, इसलिये भारतीय हिन्दुओं का इस ओर झुकना स्वाभाविक हो गया। जिसकी वैज्ञानिक कसौटी पर जांच की आवश्यकता महसूस हुई।

इस संदर्भ में डी.एस. शर्मा रोचकतापूर्ण ढंग से लिखते हैं - "इन कार्रवाईयों में कुछ ऐसी घटनाएँ भी शामिल थीं, जैसे अज्ञात से पत्र मंगवा देना, सहसा शून्य से किसी भौतिक वस्तु को पैदा कर देना और गुरुओं से संदेश प्राप्त करना। थियोसॉफिकल सोसाइटी के लोग जहाँ इन पत्रों और इन घटनाओं को सच्चा मानते थे, वहाँ अन्य लोगों ने इनके बारे में शंकाएँ उठानी शुरू कीं। अतः सोसाइटी फॉर फिजीकल रिसर्च, लंदन ने रिचार्ड होगसन नामक सज्जन को मामले की छानबीन करने और अपनी रिपोर्ट भेजने को नियुक्त किया। यह सज्जन भारत पहुँचे, साक्षियों को एकत्र किया, गवाहों की जांच-पड़ताल की और रिपोर्ट भेजी कि मादाम ब्लावत्स्की जाली पत्र तैयार करती हैं कि वह एक कूट - चिकित्सक और ढोंगी महिला है, कि ओलकॉट तथा अन्य लोगों को उसने मूर्ख बनाया है। दुर्भाग्य से, इसी मौके पर मादाम

1. कम्पलीट वर्क्स आफ स्वामी विवेकानन्द, खण्ड 4, पृष्ट - 263-265

ब्लावत्स्की बीमार पड़ गयी और सहसा उसे भारत से चले जाने के लिये विवश होना पड़ा।"[1] वह लौटकर इंग्लैण्ड में जाकर बस गयी और वहाँ पर भी वह चुपचाप नहीं बैठी। इंग्लैण्ड में भी अपने योग्य-योग्य शिष्यों को गुह्य शक्तियों के बारे में शिक्षाएँ देती रहीं। उससे आइरिश की सुविख्यात महिला मिली जिसका नाम श्रीमती एनीबेसेंट था। उसकी मुलाकात मादाम ब्लावत्स्की से हो गई और वह अपना विचार बदलकर उसकी शिष्या हो गई। उनका उद्देश्य था कि ब्रह्म विधा (थियोसॉफी) का ज्ञान प्राप्त करते हुए उसका समाज में प्रचार प्रसार करते जाना।

इस ब्रह्म विद्या का वर्तमान और अतीत उन्हें भारत में प्रचुर मात्रा में मिला। उनका भारतीय समाज के मध्यम वर्ग पर विशेष प्रभाव था जो कि ईश्वर में विश्वास रखते थे। पं. जवाहरलाल नेहरू का कथन है कि "मध्य वर्ग के हिन्दुओं में आध्यात्मिक और राष्ट्रीय परम्परा के प्रति आत्म विश्वास को सुदृढ़ करने में श्रीमती एनीबेसेन्ट एक शक्तिशाली प्रभाव थी।"[2] एनीबेसेन्ट का प्रभाव भारतीय समाज पर इसलिये अधिक था क्योंकि थियोसोफिस्टों के सभी विश्वास विशुद्ध रूप से लगभग वे ही थे जोकि हिन्दू धर्म के थे इसलिये हिन्दुओं को लगा कि यह तो उन्हीं के उपनिषदों के तत्त्वों (ब्रह्म, ब्रह्माण्ड और जीव) की ही चर्चा है। इसलिये एनीबेसेंट के भाषणों में उन्हें अपने दर्शन की पुनर्नवीनीकरण की प्रतीति होती थी। जैसा कि एक स्थान पर एनीबेसेंट कहती हैं - 'एक अनुभवातीत (इन्द्रिय ज्ञान से परे) तत्त्व, स्वविद्यमान जीव, शाश्वत, सर्वव्याप्त, सर्वपालक है, जिससे सभी संसारों को जीवन मिलता है, तथा जिससे और जिनमें, सभी जीव अस्तित्व पाते हैं और अपने विकास को अग्रसर होते हैं। हमारे विश्व के लिये यह स्वविद्यमान जीवं, सभी में बसा हुआ है और 'शब्द-ब्रह्म' रूप में अभिव्यक्त होता है, जिसकी पूजा, विभिन्न, धर्मों में अलग अलग नामों से होती है, लेकिन जिसे सभी सृजक पालक और पुनरुत्पादक मानते हैं।' अन्यत्र वे घोषणा करती हैं -"विश्व के महान धर्मों में मैं किसी भी अन्य धर्म को इतना पूर्ण, इतना वैज्ञानिक, इतना दार्शनिक और इतना आध्यात्मिक नहीं पाती हूँ, जितना हिन्दू धर्म को। आप जितना ही उसके बारे में जानते हैं, उतना ही अधिक उसे प्यार करने लगते हैं, जितना ही उसे अधिक समझते हैं, उतनी ही अधिक गहराई से आप उसके मूल्य की श्रेष्ठता को जानने लगते हैं।" और भी "भूल न कीजिए" हिन्दू धर्म के बिना भारत का कोई भविष्य नहीं है। हिन्दू धर्म ही वह मिट्टी है, जिसमें भारत की जड़ें गहरी जमी हुई हैं। इस मिट्टी से अलग कर देने पर, निश्चय ही, वह उसी तरह कुम्हला जायेगा, जैसे कोई वृक्ष जमीन से उखाड़ लिये जाने पर कुम्हला जाता है।"

इस प्रकार थियोसोफी आन्दोलन ने भारतीय समाज में उनकी संस्कृति के प्रति विश्वास पैदा किया। जब भारतीय समाज ने देखा कि हमारे धर्म के प्रति एक विदेशी सुविख्यात अंग्रेजी महिला का इतना लगाव है कि वह हिन्दू धर्म की महानता का जयघोष किए चली जा रही है तो निश्चित रूप से हमारा हिन्दू धर्म बड़ा महान है ऐसा विश्वास उनके मन में बार-बार जगता है। क्योंकि थियोसोफिकल सोसाइटी के माध्यम से ही यूरोप, अमेरिका आदि देशों में

1. हिन्दूइज्म थ्रू दि एजेज - डी.एस. शर्मा, पृष्ट - 114

2. भारत एक खोज - जवाहरलाल नेहरू, पृ. 343

भगवतगीता तथा उपनिषदों का प्रचार एवं प्रसार हो सका। एनीबेसेंट ने एक दृष्टि से सम्पूर्ण हिन्दू धर्म का, वेद, उपनिषद, पुराण, महाकाव्य आदि के ज्ञान प्रसार के माध्यम से विकास किया। उन्होंने हिन्दू धर्म के दर्शन नीति, पूजा, योग, अवतारवाद, दैववाद आदि सभी का एकदम समर्थन किया यहाँ तक कि थियोसोफिकल सोसाइटी ने हिन्दू धर्म को उनके सड़े गले रीति रिवाजों और कर्म कांडों तथा कर्म और पुनर्जन्म के सिद्धान्तों सहित ज्यों का त्यों स्वीकार कर लिया था। पुनर्जन्म के सम्बन्ध में तो एनीबेसेन्ट अपने को पूर्वजन्म की हिन्दू मानती थी। इस प्रकार एनीबेसेंट का ध्यान पुनर्जन्म, पूर्वजन्म, ईश्वर की एकता, ईश्वर के रूप, दिव्य आत्माएँ, विश्व बन्धुत्त्व इत्यादि में ही अधिक लगा रहता था जबकि उस समय भारत में साम्राज्यवाद-विरोधी आन्दोलन जोर पकड़ रहा था। एक बात स्पष्ट है कि थियोसॉफी आन्दोलन से हिन्दू धर्म की बहुत सारी रहस्यमयी गूढ़ बातों को वैज्ञानिक दृष्टि मिली इसके सहयोग से हिन्दू धर्म सभी धर्मों में श्रेष्ठता की ओर आया, उसने धार्मिक सहिष्णुता की दृष्टि भी स्पष्ट की जिससे मानव जीवन में भ्रातृभाव को बढ़ावा मिला। दूसरे, यह कर्म, पुनर्जन्म, मोक्ष और निर्वाण आदि को समझने, विचारने आदि के लिये एक मानसिक स्थिति तैयार करती थी साथ ही समाज का कोई व्यक्ति सोसाइटी का सदस्य बने बिना भी इसके सिद्धान्तों को अपना सकता था। तीसरे, थियोसाफी सभी धर्मों और उनकी पूजा विधियों की प्रशंसक थी उसका मानना था कि - सारे मानव समाज का वही स्रोत है, जो सभी मानव विचारों का। इसलिये जो ऊपरी भेद दिखाई देते हैं वे सभी एक दैव की केवल भिन्न-भिन्न अभिव्यक्ति हैं।

कुछ कार्य थियोसोफिकल आन्दोलन ने ब्रह्म समाज और आर्यसमाज के भी आगे बढ़ाये। आर्य समाज की तरह थियोसोफिकल सोसाइटी चारों जातियों के बीच उप विभाजनों को खत्म करने के पक्ष में थी लेकिन स्वयं जाति प्रथा को खत्म नहीं करना चाहती थी। इस संदर्भ में लाला लाजपतराय लिखते हैं - "श्रीमती एनीबेसेन्ट और उनके पंथ ने मुख्य जातियों में उप विभाजनों के विरुद्ध अभी ही अपना मत प्रकट कर दिया है। चार जातियों की मूल हिन्दू अवधारणा का उनके द्वारा संरक्षण मुख्यतः इस मामले में आर्य समाजियों के विचार से मेल खाता है और वर्तमान जाति प्रथा पर व्यवहारतः सीधी चोट करता है, यद्यपि सिद्धान्त रूप में ही। अमल में न तो आर्य समाजी, और न ये सुधारक ही, निन्दा करने से आगे बढ़ सकते हैं। सब इस बारे में सहमत हैं कि शुरूआत उप जातियों से की जानी चाहिये।" आगे चलकर एनीबेसेन्ट की जातीय विचारधारा बदल गई। 1913 में वे जाति प्रथा की आलोचना करती हुई कहती हैं -"मुझे खेद है, किन्तु मुझे यह कहना ही होगा कि राष्ट्र के जीवन में जो परिवर्तन आ रहे हैं और इस देश के पुत्र और पुत्रियों के कंधों पर जो भार बढ़ने वाला है, उसे देखते हुए यह सम्भव नहीं दिखता कि भारत में जाति प्रथा जारी रह सकेगी।" एनीबेसेन्ट के इस कथन का हिन्दू धर्म में विश्वास रखने वाले कट्टर थियोसॉफिस्टों पर अच्छा प्रभाव नहीं पड़ सका। बहुतों ने थियोसॉफिकल सोसाइटी की सदस्यता से ही त्याग पत्र दे दिया। अब तो एनीबेसेन्ट काफी अकेली सी ही रह गयीं और वे इस धार्मिक- सामाजिक आन्दोलन को उतना सुचारू रूप से नहीं चला पाती जितना कि पहले

चलाती थीं। फिर भी बीसवीं शताब्दी तक तो यह आन्दोलन भारतीय समाज को अपनी ओर खींचता रहा लेकिन बाद में महात्मा गांधी के सक्रिय रूप से राष्ट्रीय आन्दोलन के लिये सामाजिक पृष्ठभूमि तैयार करने से यह छिप सा गया। और जगह जगह पर विभिन्न कट्टरपंथी एवं पुनरुत्थानवादी हिन्दुओं के संगठन तैयार हो गये। इन सभी प्रान्तों के धार्मिक संगठनों का सम्मेलन करके एक किया गया और यह 'भारतीय धर्म महामण्डल' के नाम से जाना गया। यह संगठन हिन्दुओं के सनातन धर्म की रक्षा और उसके पुनरुत्थान पर विशेष बल देने लगा। जिसकी कि भारतीय समाज ने प्रशंसा की और राजा महाराजा, जमींदार, साहूकार आदि ने इसको अपना समर्थन देकर प्रचार प्रसार भी किया। हिन्दू धर्म और शिक्षा के क्षेत्र में मदन मोहन मालवीय आदि का नाम लिया जा सकता है।

थियोसॉफिकल सोसाइटी ने अध्यात्म, दर्शन, साहित्य, धर्म, अनुसंधान आदि के क्षेत्र में विशेष कार्य किया। विशेष रूप से हिन्दू जागृति में अपना बहुमूल्य योगदान दिया। हिन्दू शास्त्रों का पुनः सृजन, अनुवाद, प्रकाशन आदि किया जिसे तत्कालीन समाज के बुद्धिजीवियों को संसार और इसकी सृष्टि करने वाले आदि से सम्बन्धित प्राचीन विचारों के बारे में ज्ञान होता चला गया। इससे नई सामाजिक चेतना का विकास हुआ। इस संदर्भ में विपिनचन्द्र पाल का कथन है कि -"इस सोसाइटी ने हमारी जनता को यह सिखाया है कि अपने अतीत और उसकी विरासत के प्रति लज्जित होने के बजाय, उन्हें उस पर न्यायोचित गर्व करने का अधिकार है, क्योंकि उनके प्राचीन दार्शनिक और ऋषि उच्चतम सत्यों के प्रवक्ता थे और उनके ग्रन्थ, जो आज इतना गलत समझे जाते हैं, उच्चतम मानवीय ज्ञान और प्रज्ञा के भण्डार थे।"[1] इस प्रकार सोसाइटी ने सामाजिक सुधारों को तो प्रोत्साहन दिया ही शैक्षणिक योजनाओं को भी बनााया। इसने भारत में अनेक जगहों पर स्कूल कॉलेज तथा छात्रावासों का निर्माण कराया। वाराणसी का सेंट्रल हिन्दू कॉलेज जो आज बनारस हिन्दू विश्वविद्यालय में विलीन हो गया है उसे थियोसोफिकल सोसाइटी ने ही बनवाया था। शिक्षा के प्रचार-प्रसार में इसने भारतीय समाज के लिये विशेष महत्त्वपूर्ण कार्य किया है। इसके अतिरिक्त सोसाइटी ने समाज में प्रचलित बहुत सी कुरीतियों का घोर विरोध करके पीछे से चले आ रहे समाज सुधारवादी आन्दोलन को आगे बढ़ाने में महत्त्वपूर्ण भूमिका निभाई है। जैसे बाल विवाह, छूआछूत, विधवा विवाह, कन्या वर विक्रय इत्यादि। इस प्रकार विभिन्न कार्यों को करने के कारण विशेष रूप से भारतीय समाज के हिन्दुओं ने थियोसॉफिकल सोसाइटी का बड़ा सम्मान किया और इसे कई दृष्टियों से, भारतीय सामाजिक जीवन के पुनः निर्माण एवं विकास में सहयोगी माना।

अतः यह कहा जा सकता है कि भारतीय सामाजिक चेतना की जो चिंगारी अठारहवीं शताब्दी में मानवीय जीवन में सुलग चुकी थी उसको थियोसोफिकल सोसाइटी ने हवा दी जिससे वह जीवन की सचेत चिंगारी बुझ न पाई। साथ ही पाश्चात्य प्रभावों के प्रभाव से भारतीय समाज अपने को हीन अविकसित पिछड़ा आदि न मानकर जीवन के सामाजिकादि

1. मैमोरीज ऑफ माई लाइफ एण्ड टाइम्स इन दि डेज ऑफ माई यूथ, कलकत्ता, 1932 - बिपिन चन्द्र पाल, पृष्ट - 386

क्षेत्रों में खुद को समृद्ध-विकसित महसूस करने लगा। यह भारतीय समाज के लिये धर्म, दर्शन, जात-पांत आदि दृष्टियों से विशेष उपयोगी रहा। क्योंकि मानव जीवन में चिंतन का जो सिलसिला शुरू होकर चलता ही चला जाय, वह निश्चित रूप से उपलब्धि का स्वरूप होता है। भारतीय समाज ने अपने तत्कालीन समाज में विद्यमान कुरीतियों के बारे में सोचना शुरू किया वह चिन्तन थियोसोफिकल सोसाइटी में होकर समस्याओं के निदान में ही परिणित हुआ। जो इस सोसाइटी के अपने खुद के सुधार, विकास अभियान थे उनकी अपनी भी विशेष उपलब्धि रही। जिनसे समाज में सामाजिक चेतना का विकास हुआ। जैसे शिक्षा के प्रचार-प्रसार से मानवीयता का विकास। फलस्वरूप जीवन का बोध विकसित होना और इसमें बाधा पहुँचाने वाले अज्ञान का अन्त होते चले जाना। समाज में फैली हुई कुरीतियों का धीरे-धीरे अन्त होते जाना। आध्यात्मिक व दार्शनिक विचारों से एक ही ब्रह्म का बोध होना, हम सब उसी के छोटे-बड़े अंश हैं तो फिर हम सभी भी एक हैं इत्यादि इत्यादि से भारतीय जीवन की एकता का विकास होता ही चला गया। जिससे समाज में एक से समाजीकरण के बोध को अनुभव क्षेत्र मिलता चला गया, और सभी भारतीय मिलजुल कर विभिन्न प्रकार के भेदभावों को मिटाकर साथ-साथ रहने, व्यवहार व खानपान, करने को, स्वीकार करते चले गये। एक दूसरे के त्यौहार, खुशियों में, दुःखों में, सच्चे दिल से शामिल होने का साहस करने लगे। इसके अतिरिक्त परवर्ती सामाजिक चेतना के अभियान को प्रभावित करना तथा जीवन के पुनः जागरण-अभियान को जाग्रत बनाये रखने के कार्य को इस सोसाइटी ने आगे बढ़ाया फलस्वरूप भारतीय सामाजिक जीवन में चेतना के नए-नए रूप विकसित हुए। अतः यह कहा जा सकता है कि थियोसोफिकल सोसाइटी ने आधुनिक भारतीय सामाजिक चेतना के विकास में अपनी महत्त्वपूर्ण भूमिका निभाई।

(घ) रामकृष्ण मिशन और भारतीय सामाजिक चेतना

स्वामी रामकृष्ण की शिक्षाओं से प्रभावित होकर उनके शिष्यों ने अपने गुरु की यादगार में उनके नाम पर ही उनके मनुष्य जाति के नाम संदेश को आगे तक सुनाने के लिये रामकृष्ण मिशन नामक संस्था बनाई, जिसमें उनके प्रमुख शिष्य स्वामी विवेकानन्द ने अपने गुरु के सिद्धान्तों का ही प्रतिपादन किया। भारत में अंग्रेजों के खिलाफ राष्ट्रीय आन्दोलन छिड़ा हुआ था। इसमें 1857 ई. में भारत की बुरी तरह से सब दृष्टियों तबाही हो गई। ब्रिटिश शासक भारतीय जनता के अन्दर धार्मिक विद्वेशों को भड़का-भड़का कर फूट फैलाने की नीति अपना रहे थे। जिससे विभिन्न धर्मों के अनुयायी, भारतीय एक होकर विरोध में कमी न आ सके के लिए; काली मंदिर के एक निरक्षर पुजारी ने "सब धर्म एक ही वृक्ष की शाखाएँ हैं।" भारतीय जनता को एकता के सूत्र में बांधने वाले दर्शन की घोषणा रामकृष्ण परमहंस ने कर डाली - "मैं अपने चारों ओर लोगों को धर्म के नाम पर लड़ते हुए देखता हूं। हिन्दू, मुसलमान, ब्राह्मण, क्षत्रिय, वैष्णव और शैव, सभी इन झगड़ों में उलझे हुए हैं। वे क्षणभर रुक कर यह भी नहीं सोचते कि भगवान कृष्ण और शिव एक ही हैं, कि ब्रह्मा, ईसा और अल्लाह सब एक हैं, और एक ही राम के सहस्र नाम है।"

रामकृष्ण का जन्म 1836 ई. में बंगाल के हुगली जिले में हुआ था। उनका जीवन सामान्य रूप से कबीर, नानक के समान ही साधारण सा था। लेकिन वह जीवन के अनोखे रहस्यों एवं संदेशों से भरा पड़ा था। इसलिए उसका सम्पूर्णता में वर्णन करना कठिन होगा। ब्राह्मण परिवार में पैदा होकर धार्मिक वातावरण में बड़े होकर रामकृष्ण ने हिन्दू धर्म और शास्त्रों का बहुत ज्ञान प्राप्त कर लिया था। अल्पायु में ही इन्होंने धार्मिक रीतियों में अपने को विलीन करने में दक्षता हासिल कर ली थी। उनका जीवन इस प्रकार अलौकिक रहस्यमय अनुभवों से असाधारण बनता चला गया। उन्होंने अपने जीवन को पूरी तरह से भक्तिभाव में विलीन करते हुए आध्यात्मिक खोजों को सौंप दिया। 20 वर्ष की आयु में वे दक्षिणेश्वर (कलकत्ता) में काली मंदिर के पुजारी हो गये थे।

काली मां में अगाध श्रद्धा ने उनके अन्दर ऐसा विश्वास उत्पन्न कर दिया कि जिससे वह उन्हें पूर्ण शक्ति लगने लगीं और सारा विश्व इसी शक्ति से उत्पन्न हुआ है मानने लगे। उनके लिये वह मां जन साधारणों वाली कालीदेवी नहीं थी, जो अनेक अंधविश्वासों, क्रूर क्रियाओं से सम्बद्ध थी। उनके लिये तो वह सर्वव्यापी सर्वशक्तिमयी दैवी शक्ति के रूप में थी। इस प्रकार रामकृष्ण के लिये काली माता अलौकिक ज्ञान प्राप्ति का साधन बन गई। उन्होंने तांत्रिक क्रियायें की। वेदानुसार सन्यासियों का जीवन जीकर देखा। यौगिक अनुशासन और साधना की। भक्ति शास्त्रों के माध्यम से उन्हें सर्वोच्च शक्ति के दर्शन प्राप्त हुए। उनके इतने सारे अनुभवों के बाद उन्हें जो बोध हुआ संक्षेप में वह इस प्रकार है - "मानव का सर्वोच्च ध्येय ईश्वर की भक्ति है। यह भक्ति और निष्ठा, अनंत स्नेह के द्वारा व्यक्त की जा सकती है। यहाँ रामकृष्ण के विचार मध्यकालीन संतों के भक्तिकालीन कवियों के भक्ति मार्ग जैसे ही थे। स्नेह और प्रेम से प्राप्त ईश्वर, बिल्कुल व्यक्तिगत हो सकता है और उसे किसी भी रूप में देखा जा सकता है। लेकिन फिर भी वह अगोचर, अनाम, अरूप निर्गुण है। इस प्रकार परमात्मा, रूप रहित या रूप सहित हो सकता है। मनुष्य जिस तरह चाहे उसकी प्राप्ति कर सकता है। ब्रह्म के सम्बन्ध में इस तरह की धारणा को लेकर रामकृष्ण ने किसी भी धर्म के लिये बहुत बड़े व्यापक आयाम की कल्पना की। सभी धर्मों में सभी को भगवान के साथ सच्ची लौ लगाने की पूर्ण स्वतंत्रता है। धर्म तो मात्र एक मार्ग है जिस पर चलकर उस परम लक्ष्य तक पहुँचा जा सकता है सभी धर्मों से कुछ कट्टर बातों को समूल नष्ट करना चाहा था जिनको रूढ़िवादी लोग बिना सोचे समझे सत्य मान लेते हैं। सगुण और निर्गुण ब्रह्म के सम्बन्ध में उनके विचार हैं - वे जो यह मानते थे कि भगवान का कोई स्वरूप नहीं है उसको उसी प्रकार प्राप्त कर सकते हैं जिस प्रकार वे लोग जो यह विश्वास रखते हैं कि परमात्मा का कोई रूप हैं।" लेकिन इन दोनों के लिये आस्था और आत्मसमर्पण की आवश्यकता है। हिन्दू धर्म के अन्दर छोटे-छोटे मतों और भेदभावों की दीवारों को रामकृष्ण के विचारों ने तोड़ डाला। सभी मतों व वादों को उसी परम शक्ति की आन्तरिक खोज का रास्ता बताया। इस प्रकार उनके उपदेशों से हिन्दू धर्म में नई शक्ति और एकता की भावना पैदा हो गई। किसी भी धर्म में सुधारों की सम्भावना हो सकती है लेकिन सुधारों के साथ धर्म को छोड़ने की

आवश्यकता हो ऐसा नहीं है। जैसे कि हिन्दू धर्म को मूर्ति पूजा के आधार पर नहीं छोड़ा जा सकता है। मूर्ति पूजा किए बिना भी सच्चे हिन्दू क्या रह सकता है। जो मूर्ति पूजा नहीं करते हैं उनकों भी ब्रह्म प्राप्त के लिये वही करना पड़ता है जो मूर्ति पूजक करते हैं। अतः ईश्वर की पहचान भी मनुष्यों में सामाजिक एकता ला सकती है। उन्नीसवीं शताब्दी के भारत में रामकृष्ण ने आध्यात्मिक एकता के द्वारा विश्वबन्धुत्त्व की कल्पना का चित्र प्रस्तुत किया।

इस प्रकार उन्नीसवीं शताब्दी में भारतीय समाज के सभी वर्ग और स्तर के लोग रामकृष्ण की ओर आकर्षित हुए। कहने को वे एक निरक्षर और अत्यन्त साधारण व्यक्ति थे। लेकिन उनकी दार्शनिक अन्तर्दृष्टि और अगाध श्रद्धा के प्रभाव से सैकड़ों, बुद्धिजीवी उनसे प्रभावित हुए। केशवचन्द्र सेन ब्रह्म समाजी नेता, बंकिमचन्द्र चटर्जी तथा गिरीशचन्द्र घोष जैसे साहित्यकार उनके उपासक बन गये। एक प्रकार से रामकृष्ण, मनुष्यों के बीच देवत्व के प्रतीक (अवतार) बन गये थे। उनके बहुत सारे शिष्य हो गये। लेकिन उन सभी में नरेन्द्रनाथ दत्त नामक एक युवक सबसे अधिक प्रतिभासम्पन्न हुआ। जिसका इतिहास विवेकानन्द के नाम से सभी को परिचित कराता है।

स्वामी विवेकानन्द का जन्म एक मध्यवर्गीय परिवार में 1863 ई. को कलकत्ते में हुआ था। वे ब्रह्म समाज के आधुनिक विचारों से विशेष रूप से प्रभावित हुए। जब वे छात्र थे उन दिनों उन्होंने श्री रामकृष्ण परमहंस का नाम सुना तो वे उनसे दक्षिणेश्वर के मंदिर में मिलने जा पहुँचे और उनसे विशेष रूप से आध्यात्मिक क्षेत्र में संवाद करने लगे। उन्होंने रामकृष्ण परमहंस से पूछा - "क्या आपने ईश्वर को देखा है ?" परमहंस ने इस साहसपूर्ण प्रश्न का उत्तर बड़ी निर्भयता से दिया "हाँ, मैं ईश्वर को देखता हूँ, जैसे तुमको देखता हूँ..। ईश्वर को देखा जा सकता है। ईश्वर को पाया जा सकता है। लेकिन इसकी लगन किसे है ? अपनी पत्नी, बच्चों और अपनी धन सम्पत्ति के लिये लोग कितने कष्ट उठाते हैं, कितनी पीड़ाएँ सहते हैं ? वे कितना रोते हैं ? यदि कोई ईश्वर के दर्शन के लिये अबोध की तरह आंसू बहाये, तो वह उसे अवश्य देख सकता है।" इस प्रकार के दृढ़ उत्तर ने युवक हृदय नरेन्द्र को उद्वेलित कर डाला। यह घटना नरेन्द्र की सत्रह वर्ष की आयु में घट गई और उनका हृदय ईश्वर की शक्ति को प्राप्त करने के लिये बेचैन हो गया। इस प्रकार रामकृष्ण परमहंस के सम्पर्क में विवेकानन्द के जीवन को एक दिशा विशेष की ओर सार्थकता प्रदान की। उनके हृदय में आध्यात्मिक दृष्टि के प्रति आत्म विश्वास पैदा किया। जो विवेकानन्द को लक्ष्य की प्राप्ति कराने में सहायक सिद्ध हुआ। रामकृष्ण परमहंस के देहावसान के उपरान्त 1886 ई. में विवेकानन्द ने उनकी याद, दिशा निर्देशन में ही रामकृष्ण मिशन की स्थापना की। जिसका उद्देश्य समाज में नये संदेश का प्रचार-प्रसार करके जन-जन में नयी चेतना को विविध प्रकारों से जगाना था। सामामिक सेवा के लिये रामकृष्ण के शिष्यों आदि ने मिलकर रामकृष्ण मिशन में शामिल होकर कार्य करना प्रारम्भ कर दिया।

विवेकानन्द प्रतिभासम्पन्न बुद्धिजीवी थे। उन्होंने अध्ययन कर-करके आधुनिक विज्ञान एवं विश्व इतिहास और दर्शन के क्षेत्र में अभूतपूर्व दक्षता हासिल कर डाली थी। समकालीन विचार धाराओं पूंजीवादी व्यवस्थाओं की ओर उनका ध्यान गया था। फ्रांसीसी क्रान्ति ने

उनको प्रभावित किया था तो कोलम्बिया के स्वतंत्रता संग्राम का उन्होंने आदर किया। इस प्रकार प्राचीन दर्शन के साथ-साथ समकालीन सत्यों का वे आदर करते थे। विवेकानन्द का मानना था कि भारतीय प्रगति विश्व प्रगति के साथ ही है। उनकी दृष्टि, विश्व को एक साथ लेकर चलने वाली थी। उनका कहना था कि -"समूचा संसार जब तक एक साथ आगे कदम नहीं बढ़ाता, तब तक कोई प्रगति संभव नहीं है। जैसे - जैसे दिन बीतते हैं, यह स्पष्ट होता जाता है कि संकीर्ण नस्ली अथवा राष्ट्रीय दृष्टिकोण से किसी भी समस्या का समाधान संभव नहीं है।"

भारतीय परिपेक्ष्य में उन्होंने सम्पूर्ण देश का भ्रमण भारतीय जनता से प्राप्त भिक्षा प्राप्त कर करके किया, देश को नजदीक से देखा और समझा उन्होंने पाया कि भारतीय, विविधता के पीछे एकता छिपी है जिसको भारतीय अशिक्षा, अज्ञानता, अंधविश्वास के अभाव में नहीं देख-खोज पाता है। भारतीयों के व्यक्तित्व को अंग्रेज और उच्च भारतीय रौंदते चले जा रहे हैं। जिससे भारतीय चेतना का एक बहुत बड़ा हिस्सा नष्ट होता चला जा रहा है। जिसके मूल में गरीबी, कंगाली की समस्या ही प्रधान है। इसे दूर किए बिना उनको नैतिक, बौद्धिक, धार्मिक आदि किसी भी रूप में खड़ा नहीं किया जा सकता है। उन्होंने महसूस किया कि रामकृष्ण मिशन का पहला उद्देश्य भारतीयों की गरीबी को दूर करके उनके जीवन स्तर को उन्नत करना होना चाहिए। इस संदर्भ में उन्होंने लिखा है - "वे हमसे रोटी मांगते हैं," "लेकिन हम उन्हें पत्थर देते हैं। भूख से पीड़ित जनों के गले में धर्म उड़ेलना, उनका अपमान करना है। भूख से अधमरे व्यक्ति को धार्मिक सिद्धान्तों की घुटी पिलाना, उनके आत्म सम्मान पर आघात करना है।" इस प्रकार वे एक ओर तो मिशनरियों को व्यक्तियों की भुखमरी से रक्षा करने की बात कहते हैं तो दूसरी ओर भारतीय समाज की कमजोरियों और संकीर्णताओं की तीव्र भर्त्सना करते हैं - "जब तक करोड़ो भूखे और अशिक्षित रहेंगे, तब तक मैं प्रत्येक उस आदमी को विश्वासघातक समझूंगा, जो उनके खर्च पर शिक्षित हुआ है, परन्तु जो उन पर तनिक भी ध्यान नहीं देता। वे लोग जिन्होंने गरीबों को कुचलकर धन पैदा किया है और अब ठाठ-बाट से अकड़ कर चलते हैं, यदि उन बीस करोड़ देशवासियों के लिये ज़ो इस समय भूखे और असभ्य बने हुए हैं, कुछ नहीं करते, तो वे घृणा के पात्र हैं।"[1] उन्होंने अस्पृश्यता, जाति प्रथा, पंडे पुरोहितों, धार्मिक आतंक आदि बहुत सारी कमजोरियों की खुल कर निन्दा की।

विवेकानन्दजी का विश्वास था कि भारतवर्ष से आध्यात्मिकता का कभी लोप नहीं हो सकता है। आध्यात्मिकता भारतवर्ष का प्राण रही है। उसी के माध्यम से धर्म की मानवीय परिभाषा को पुनः स्थापित करना उनका मूल उद्देश्य था। क्योंकि धर्माडम्बरों, अंधविश्वासों ने व्यक्ति को संशय में डालकर घेर लिया था। सभी व्यक्तियों के सामने भारत का भविष्य खतरे में था। उनको संदेश देते हुए विवेकानन्द कहते हैं कि भारतवर्ष की पहचान जिस दिन खत्म हो जायेगी उस दिन मानवीय जीवन ही खत्म हो जायेगा - "क्या भारत मर जायेगा ? तब तो संसार से सारी आध्यात्मिकता का समूल नाश हो जायेगा, धर्मों के प्रति सारी मधुर

1. युवाओं से - स्वामी विवेकानन्द पृष्ट - 50

सहानुभूति नष्ट हो जायेगी, सारी भावुकता का भी लोप हो जायेगा, और उसके स्थान में काम रूपी देव और विलासितारूपी देवी राज्य करेगी। धन उसका पुरोहित होगा। प्रतारणा, पाशविक बल और प्रतिद्वन्द्विता, ये ही उनकी पूजा पद्धति होगी और मानवता उनकी बलि सामग्री हो जायेगी। ऐसी दुर्घटना कभी हो नहीं सकती।"... तुम तो ईश्वर की संतान हो, अमर आनंद के भागी हो, पवित्र और पूर्ण आत्मा हो। अतएव तुम कैसे अपने को जबरदस्ती दुर्बल कहते हो ? उठो, साहसी बनो, वीर्यवान होओ। सब उत्तरदायित्व अपने कंधे पर लो- यह याद रखो कि तुम स्वयं अपने भाग्य के निर्माता हो। तुम जो कुछ बल या सहायता चाहो, सब तुम्हारे ही भीतर विद्यमान है। इत्यादि प्रकार से विवेकानन्द भारत के नौजवानों को संदेश देते हैं। वे मानते हैं कि भारत का भविष्य और वर्तमान युवा में छिपा है यदि उसको किसी तरह से जगा दिया जाय और उसको सही दिशा में लगा दिया जाय तो बहुत सारी समस्याओं का समाधान हो सकता है। वे युवाओं की शक्ति को देश निर्माण में लगाना चाहते थे। उनके अन्दर शक्ति पैदा करना चाहते थे तर्क दे-देकर वे मनुष्य को उसकी शक्ति का आभास कराना चाहते थे। वे युवाओं से कहते हैं कि - एक बात विचार करके देखिए, मनुष्य नियमों को बनाता है या नियम मनुष्य को बनाते हैं ? मनुष्य रुपया पैदा करता है या रुपया मनुष्यों को पैदा करता है ? मनुष्य कीर्ति और नाम पैदा करता है या कीर्ति और नाम मनुष्य को पैदा करते हैं ? मेरे मित्रों, पहले मनुष्य बनिए, तब आप देखेंगे कि वे सब बाकी चीजें स्वयं आपका अनुसरण करेंगी। इस प्रकार विवेकानन्द युवा-नौजवानों के हृदयों में आत्मविश्वास पैदा कर रहे थे- "मजबूत बनो। कायर और लिबलिबे न बने रहो। साहसी बनो। कायर की जरूरत नहीं।... आज हमारे देश को जिस चीज की आवश्यकता है वह है दृढ़ इच्छा शक्ति, इस्पात, जैसी मांस-पेशियाँ और मजबूत स्नायु - जिन्हें कोई भी ताकत रोक या झुका न सके, जो यदि जरूरी हो तो सागर की अतल गहराइयों में भी अपने लक्ष्य की पूर्ति के लिये मौत का मुकाबला करने को तैयार रहें।" इत्यादि प्रकार के उनके उद्बोधनों ने भारतीय स्वातंत्र्य के लिये तो चेतना जगाई ही, आध्यात्मिक चिन्तन को भी प्रखर किया।

उनका मानना था कि व्यक्ति अंधविश्वासों, रूढ़ि आदि से स्वतंत्र होकर ही धर्म के सही स्वरूप को अपना सकेगा और उसका व्यवहार में पालन कर सकेगा। धर्म के बारे में भी विवेकानन्द जी के विचार बुद्धिवाद और वैज्ञानिक दृष्टि पर आधारित थे। उनकी दृष्टि में धर्म ही वह प्रबल शक्ति है जिसके आधार पर समाज में जागरूकता पैदा की जा सकती है। क्योंकि मनुष्य के लिये धर्म उसके लिये सर्वस्व है। उनका मत धर्म के संदर्भ में है - "मानवजाति के भाग्य निर्माण में जितनी शक्तियों ने योगदान दिया है, और दे रही हैं, उन सबमें धर्म के रूप में प्रकट होने वाली शक्ति से अधिक कोई महत्त्वपूर्ण नहीं हैं।" सभी सामाजिक संगठनों के मूल में कहीं न कहीं यही अद्भुत शक्ति काम करती रही है, तथा अब तक मानवता की विविध इकाइयों को संगठित करने वाली सर्वश्रेष्ठ प्रेरणा इसी शक्ति से प्राप्त हुई है। धार्मिक एकता का सम्बन्ध प्रायः जातिगत, जलवायुगत तथा वंशानुगत एकता के सम्बन्धों से भी दृढ़तर होता है। यह एक सर्वविदित तथ्य है कि एक ईश्वर को पूजने वाले

तथा एक धर्म में विश्वास करने वाले लोग जिस दृढ़ता और शक्ति से एक दूसरे का साथ देते हैं, वह एक ही वंश के लोगों की बात ही क्या, भाई-भाई में भी देखने को नहीं मिलती।"

धर्म की परिधि में विवेकानन्द समस्त संसार को समेटने का प्रयत्न करते हैं। वे भारतीय चिन्तन और दर्शन की विविध प्रवृत्तियों में समन्वय करने की कोशिश करते हैं और धर्म के बाह्य आडम्बरों की निंदा करते हैं -"हमारे धर्म रसोईघर में हैं। हमारा ईश्वर पतीले में है और हमारे धर्म का स्वभाव है, मुझे मत छूओ मैं पवित्र हूँ। इस प्रकार विवेकानन्द का मानना है कि अंधविश्वास ग्रस्त मूर्ख से तो नास्तिक अच्छा है। विवेकानन्द किसी धर्म का विरोध नहीं करते हैं। वे सभी को अपनी दृष्टि में समा लेते हैं- "हम किसी को अस्वीकार नहीं करते - न तो ईश्वर वादी को, न सर्वेश्वरवादी को, न एकतत्त्ववादी को, न बहुदेववादी को, न अनीश्वरवादी को और न नास्तिक को। हमारे धर्म में शिष्य बनने के लिये एक ही शर्त है। वह यह कि चरित्र का गठन इस तरह किया जाय कि वह एक साथ ही अत्यन्त व्यापक हो और उसमें गहराई हो।"[1]

इस प्रकार विभिन्न विचार स्रोतों को एक करके वेगवती धर्म धारा का रूप देने का उन्होंने प्रयत्न किया। जिससे अतीत की रूढ़ियाँ तथा वर्तमान की असफलताएँ दूर रहीं। उन्होंने मानवता को ही ब्रह्म की अभिव्यक्ति के रूप में समझने-देखने का संदेश दिया। वे धर्म को जनता में सूझबूझ बढ़ाने और सुन्दरतर भविष्य के निर्माण के लिये संघर्ष करने की शक्ति प्रदान करने वाला, कमजोर और निर्धन व्यक्तियों की सहायता करने वाला होना चाहिए के पक्ष में थे – "कहीं एक स्वर्ग है या नरक है, इसकी किसे चिन्ता है ? आत्मा है या नहीं, इसकी किसे परवाह है ? कोई अपरिवर्तनशील सत्ता है या नहीं, इसके बारे में किसे व्यग्रता है ? हमारे सामने यह संसार है, और यह दुःख पीड़ाओं से भरा हुआ है। इस संसार में उतरो, जैसे बुद्ध उतरे थे, और इन दुःख पीड़ाओं को कम करने के लिये संघर्ष करो या प्रयत्न करते हुए मर जाओ। अपने को भूलो- यही पहला सबक सीखना है। तुम आस्तिक हो या नास्तिक, अनीश्वरवादी हो या वेदान्ती, ईसाई हो या मुसलमान- एक सबक जो सबके सामने स्पष्ट होना चाहिए, वह यह है कि अपने नन्हे अहम् को नष्ट करो और सच्चे आत्म का निर्माण करो।"[2]

उन्होंने ईसाइयों के भ्रम को कुमारी मेरी हेल को 28 अप्रैल - 1897 ई. में लि खे पत्र द्वारा दूर किया है - "पश्चिमी राष्ट्र वैज्ञानिक संस्कृति में चाहे कितने ही उन्नत क्यों न हों, परन्तु तत्त्वज्ञान और आध्यात्मिक शिक्षा में वे निरे बालक ही हैं। भौतिक विज्ञान केवल लौकिक समृद्धि दे सकता है, परन्तु आध्यात्म-विज्ञान शाश्वत जीवन के लिये हैं। यदि शाश्वत जीवन न भी हो तो भी आध्यात्मिक विचारों का आदर्श मनुष्य को अधिक आनन्द देता है, अधिक सुखी बनाता है, परन्तु जड़वाद की मूर्खता ही स्पर्द्धा, अयोग्य और तीव्र अभिलाषा, एवं

1. लेटर्स ऑफ स्वामी विवेकानन्द, पृष्ट - 83

2. प्रैक्टीकल वेदान्त - स्वामी विवेकान

व्यक्ति तथा राष्ट्र की अन्तिम मृत्यु का साधन होती है ।" विवेकानन्द धार्मिक संकीर्णता के विरोधी हैं वे तो धर्म की व्यापकता के पक्षधर हैं । मानवजाति में वे ऐसा सोच पैदा करने की लालसा लिए हुए हैं जिससे उनमें मानवीय दृष्टि का विकास होकर धार्मिक व्यापकता का सोच आ सके । विवेकानन्द दुनियाँ में हो रहे परिवर्तन को नजदीक से देखते हैं उन पर विचार करते हैं । वे समाजवाद से भी बहुत प्रभावित थे । वे अपने को समाजवादी बतलाते हुए कहते हैं - "मैं एक समाजवादी हूँ, इसलिये नहीं कि यह व्यवस्था पूर्णतः परिपूर्ण हैं, बल्कि इसलिये कि एक भी रोटी न होने से आधी रोटी ही भली है ।" मजदूरों की देन और शक्ति का आभास कराते हुए वे कहते हैं - "अगर मजदूर काम करना बन्द कर दें, तो आपको रोटी और कपड़ा भी बन्द हो जायेगा । और, आप उन्हें नीच वर्ग के लोग समझते हैं और उनके सामने अपनी संस्कृति का ढ़ोल पीटते हैं । अपने को जिन्दा रखने के संघर्ष में उलझे रहने के कारण, उन्हे ज्ञान के जागरण का अवसर नहीं मिला । अब तक उन्होंने मानव बुद्धि द्वारा संचालित मशीनों की तरह एकचित्त, एक रस होकर काम किया है और चतुर, चालाक, शिक्षित लोगों ने उनके श्रम के फलों का अधिकांश भाग हड़पा है । हर देश में ठीक यही दशा रही है । विवेकानन्द की साधारण मानव में विशेष सहानुभूति बढ़ती गई उनका मानना था कि उच्च वर्ग तो भौतिक और नैतिक रूप से खोखले हो चुके हैं । भारत को यहि किसी प्रकार की आशा है तो वह सामान्य जनों से है वे जन साधारण को शिक्षा, समाज, धर्म आदि में समान अधिकारों के पक्षपाती हैं वे सामान्य जनों की विविध प्रकार की स्वतंत्रता की बात करते हैं ।

धर्म पर विवेकानन्द ने व्यापक प्रकाश डाला है क्योंकि धर्म ही मनुष्य जाति की नशों, दिमागों में भली प्रकार रचा पचा है उसकी सही ढ़ंग से व्याख्या करना मानव सेवा करना ही है । विवेकानन्द ने प्रत्यक्ष रूप से समाज में फैली विसंगतियों धार्मिक सामाजिक रीति रिवाजों, अंधविश्वासों - रूढ़ियों पर बड़े प्रहार किए हैं । उनको भारतीय समाज से दूर करने के भरसक उपाय किए हैं । उन्होंने समाज सेवा को आध्यात्म-साधना से जोड़ने का प्रयास किया है । वे समाज की उन्नति कठिन परिश्रम के साथ मानते थे जिसमें यदि आन्तरिक परिश्रम जुड़ जाय तो निश्चित रूप से भारत उन्नति के पथ पर आगे बढ़ता चला जायेगा । वे मानव जीवन को अंधकार की स्थिति में देखते हैं तो उद्वेलित हो जाते हैं और पुकार-पुकार कर कहते हैं कि - "मन, प्राण और शरीर से हमें काम में लग जाना चाहिए । और जब तक एक ही आदर्श के लिये अपना सर्वस्व त्यागने को तैयार न रहेंगे तब तक हम कदापि आलोक नहीं देख पाएँगे ।"

स्वामी विवेकानंन्द सामाजिक संगठन में धर्म की दखलंदाजी बर्दाश्त नहीं करते हैं । उनका मानना है कि क़िसी भी धार्मिक दृष्टि से तो समाज संगठित ही होना चाहिए फिर यह विभिन्न धर्मों के द्वारा भी असंगठित क्यों ? एक उच्च धर्म के संरक्षण में भी तत्कालीन भारतीय समाज की दयनीय दशा देखकर विवेकानन्द को असह्य कष्ट होता था उन्होंने भारतीय समाज के पतन के कारणों पर विचार किया और उनके निदान का प्रयास किया उन्हें भारतीय समाज में अनेक कारण मिले जो उसके लिये अभिशाप थे जैसे अस्पृश्यता, श्रद्धा-

विहीनता, पाश्चात्य भौतिक वादी संस्कृति के प्रति अत्यधिक आकर्षण, बेईमानी, छात्र भावना का अभाव, हीन समझने की मनोदशा, साहस एवं मौलिकता की कमी, संकीर्णता, आलस्य धार्मिक भावना की उपेक्षा इत्यादि। इन कारणों से ही भारतीय समाज गर्त में समाता चला जा रहा है। विवेकानन्द ने इन कारणों को दूर करने का प्रयास किया। अस्पृश्यता को उन्होंने अस्पृश्यवाद की संज्ञा दी तथा रूढ़िवाद को 'रसोई धर्म' कहा।

विवेकानन्द ने कहा कि जीवन प्रगतिशील है हमारा आज का जीवन प्रगतिशीलता का ही परिणाम है इसे हमें आगे ले जाना है न कि पीछे। इसलिये हमें रूढ़िवादिता को छोड़कर हर पल प्रगति पथ पर हर दृष्टि से आगे बढ़ना चाहिए। हमारे समाज में व्याप्त विविध प्रकार के अंध विश्वासों पर यों का त्यों न मानकर उन्हें तर्क और बुद्धि की तराजू पर तौलकर स्वीकार अस्वीकार करना चाहिए। पश्चिम की संस्कृति को तो उन्होंने भारतीय रूढ़िवादिता से भी गई बीती बतलाया है उनका कहना है कि रूढ़िवादी व्यक्ति में कम से कम अपने पैरों पर खड़े रहने की शक्ति तो होती है लेकिन यूरोपीय सभ्यता का अनुकरण करने वाले व्यक्ति तो अपनी रीढ़ की हड्डी भी खो देते हैं। उसके हाथ तो कुछ भी नहीं लगता है। इसलिये विवेकानन्द भारतीयों को भारतीय बना रहने का संदेश देते हैं क्योंकि इसी में उसकी भलाई है। विवेकानन्द के हृदय में भारतीय गरीब-दलितों के प्रति असीम श्रद्धा थी जो कि सदियों से उपेक्षा के शिकार बने हुए थे। उनको उनके मानवीय अधिकारों से भी वंचित रखा गया था। उनके अन्दर भी बराबर की मानवीय शक्ति है जो आज भी उन्नति की ओर बढ़ने की सोच रहे हैं। उच्च वर्ग तो नीचे की ओर जा रहा है अपने समाज-देश को भी ले जा रहा है लेकिन गरीब-दलितो में आज भी कुछ कर दिखाने की लालसा विद्यमान है। विविध प्रकार से गरीबों के प्रति सहानुभूति प्रकट करते हैं - "गरीब और अभावग्रस्त पीड़ित और पद-दलित, सब आओ, हम सब रामकृष्ण की शरण में एक है।" "हम पूजा के इस तामझाम को यानी देवमूर्ति के सामने शंख फूंकना, घण्टा बजाना और आरती करना छोड़ दें। हम शास्त्रों के पठन पाठन और व्यक्तिगत मोक्ष के लिये सब तरह की साधनाओं को छोड़ दें और गांव-गांव में जाकर गरीबों की सेवा, गरीबों और पीड़ितों की सेवा करने का बीड़ा उठा लें।"

विवेकानन्दजी बालविवाह के घोर विरोधी थे। इसका कड़ा विरोध करते हुए वे कहते हैं - "जिस प्रथा के अनुसार अबोध बालिकाओं का पाणिग्रहण होता है, उसके साथ मैं किसी प्रकार के सम्बन्ध रखने में असमर्थ हूँ।" क्योंकि इसके द्वारा समाज में ढ़ेर सारी विसंगतियां फैलती हैं। नारी जाति का शोषण तो होता ही है। वे कहते हैं कि - "बाल विवाह से असामयिक सन्तानोत्पत्ति होती है और अल्पायु में सन्तान धारण करने के कारण हमारी स्त्रियां अल्पायु होती हैं, उनकी दुर्बल और रोगी सन्तान देश में भिखारियों की संख्या बढ़ाने का कारण बनती है।" विधवाओं का कारण - "आज घर-घर इतनी अधिक विधवाएँ पाए जाने का मूल कारण बाल विवाह ही है, यदि बाल विवाहों की संख्या घट जाय तो विधवाओं की संख्या भी स्वयमेव घट जायेगी।" इस प्रकार विवेकानन्द जी बाल विवाह निराकरण, विधवा विवाह आदि के लिये उनका तर्क था - "हमारा कर्त्तव्य तो यह है कि हम समाज के प्रत्येक

घटक को, चाहे वह स्त्री हो या पुरुष शिक्षित और सुसंस्कृत बनाए। जनता के इस प्रकार शिक्षित हो जाने पर, वह स्वयं अपने हानि लाभ का विचार कर इस प्रकार की कुरीतियों को निकाल बाहर करेगी और तब दबाव से किसी बात को समाज पर लादने की आवश्यकता नहीं रह जायेगी।"

भारतीय समाज में पनपी जाति प्रथा जो विभिन्न प्रकार की विसंगतियाँ फैलाने में सहायक है, उसके विवेकानन्द अतिविरोधी थे। उनका वैसे मानना यह है कि यह जाति प्रथा धीरे-धीरे अपने आप खत्म हो जायेगी इसके लिये किसी अभियान, धर्म विज्ञान की आवश्यकता नहीं है। उनका मानना है कि जाति विधान तो केवल एक सामाजिक संरचना है जिसकी उपयोगिता भूतकाल में कुछ भी रही हों लेकिन वर्तमान में तो यह भारतीय जीवन में कटुता फैलाती जा रही है इसका अन्त तो तभी संभव है जब कि लोग अपने खोये हुए सामाजिक व्यक्तित्व को फिर से प्राप्त करें।

लेकिन भारत वर्ष में जाति वाद की जड़े मजबूती से जम चुकी थी उनको समूल नष्ट करना आसान नहीं था इसलिये विवेकानन्द ने कहा कि पिछड़ों को निम्नजाति को ऊपर उठाओ। उनकी संस्कृति को भी जिससे समाज का उत्थान हो सके, उनका कहना है कि - "एक ओर आदर्श है ब्राह्मण तथा दूसरी ओर आदर्श है चाण्डाल और चाण्डाल को उठाकर उसे ब्राह्मण स्तर तक ले आना ही सम्पूर्ण कार्य है।" समाज सुधारक के रूप में जन साधारण के स्तर को ऊपर उठाने में रामानुज, चैतन्य, कबीर, आदि सन्तों ने विशेष महत्त्वपूर्ण कार्य किया है। लेकिन वह कार्य स्थायी नहीं हो सकता। विवेकानन्द पुरोहित कर्म और परम्परावादी ब्राह्मणों के पुरातन अधिकारवाद के घोर विरोधी थे। उन्होंने पुरोहित कर्म की कटुशब्दों में निन्दा की है क्योंकि उससे सामाजिक अत्याचार को कायम रखने में सहायता मिलती थी और जनता की उपेक्षा होती थी। इससे शूद्र आध्यात्मिक वेदों के ज्ञान से वंचित रह जाते हैं। जबकि सभी मनुष्य समान हैं उनको समान रूप से आध्यात्मिक अनुभूति तथा परम ज्ञान प्राप्त करने का समान अधिकार है। इस प्रकार विवेकानन्द ने सांस्कृतिक महानता का स्पष्टवादिता ने प्रचार कर सामाजिक अनुदारता के विरुद्ध विध्वंसकारी योद्धा की भांति संघर्ष किया। जिससे समाज में जाग्रति आई। विवेकानन्द विभिन्न प्रकार के सामाजिक परिवर्तनों के विषय में उग्रवादी नहीं थे। उनका मानना था कि एक दम उग्र क्रान्तिकारी परिवर्तनों की तुलना में धीमें, स्पष्ट और सुदृढ़ सुधारों के माध्यम से समाज में परिवर्तन लाना उपयुक्त होगा। उनका मानना था कि समाज में पुरानी सामाजिक-परिपाटियों की जड़े बड़ी गहरी होती हैं जिन्हें एकदम उखाड़ने के प्रयत्न विफल भी हो सकते हैं। इसके साथ ही लोगों में भी असंतोष फैल सकता है इसलिये विवेकानन्द का मानना था कि यदि पुरानी सामाजिक परिपाटियों से सहमत नहीं है तो इसके लिए हिंसात्मक साधनों का प्रयोग करने के बजाय विवेकपूर्ण धीरे-धीरे उन परिपाटियों के कारणों को ही समूल नष्ट करें तभी परिवर्तन स्थायी हो सकता है। विवेकानन्द को भारत वर्ष की महान् समन्वयकारी शक्ति पर गौरव था। हिन्दू

समाज अपनी जीवन शक्ति बनाए रखने में इसलिये सफल रह सका क्योंकि उसमें आत्म सात करने की - परिपाचन की विशेष सामर्थ्य थी। "यदा कदा वह आक्रामक हो गया था, किन्तु उसका बुनियादी रवैया यही था कि जिन शक्तियों के साथ सम्पर्क हो उनके सर्वोत्तम तत्त्वों से आत्म सात कर लिया जाये।" विवेकानन्द जी सामाजिक जीवन में क्रान्तिकारी परिवर्तनों की अपेक्षा धीमी गति से सुधार के पक्षपाती हैं। यूरोप के अंधानुकरण की कटु आलोचना करते हुए कहते हैं - "हमें अपनी प्रकृति के अनुसार ही विकसित होना चाहिए। विदेशियों ने जो जीवन-प्रणाली हमारे ऊपर थोप दी है उसके अनुसार चलने का प्रयत्न करना व्यर्थ है, ऐसा करना असम्भव भी है। परमात्मा को धन्यवाद है कि यह असम्भव है, हमें तोड़ मरोड़कर अन्य राष्ट्रों की आकृति का नहीं बनाया जा सकता। मैं अन्य जातियों की संस्थाओं की निन्दा नहीं करता, वे उनके लिये अच्छी हैं, किन्तु हमारे लिये अच्छी नहीं हैं। उनकी विद्याएँ, उनकी संस्थाएँ तथा परम्पराएँ भिन्न हैं और उन सबके अनुरूप ही उनकी वर्तमान जीवन प्रणाली है। हमारी अपनी परम्पराएँ हैं और हजारों वर्षों के कर्म हमारे साथ हैं, इसलिये स्वभावतः हम अपनी ही प्रकृति का अनुसरण कर सकते हैं, अपनी ही लकीर पर चल सकते हैं और हम वही करेंगे। हम पाश्चात्य नहीं बन सकते, इसलिये पश्चिम का अनुकरण करना निरर्थक है। यदि मान भी लिया जाय कि आप पश्चिम की नकल कर सकते हैं, तो आप उसी क्षण मर जायेंगे, आप में जीवन शेष नहीं रह जाएगा। एक सरिता का उस समय उद्गम हुआ जब काल का भी प्रारम्भ नहीं हुआ था और मानव इतिहास के करोड़ो युगों को पार करती हुई बहती चली आई है, क्या आप उस सरिता को पकड़कर उसके उद्गम हिमालय के किसी हिमनद की ओर मोड़ देना चाहते हैं? जब आप देखते हैं कि यूरोपवासियों के लिये अपनी कुछ शताब्दियों पुरानी संस्कृति को छोड़ देना संभव नहीं है तो फिर आप अपनी बीसियों शताब्दी पुरानी जगमगाती हुई संस्कृति का परित्याग कैसे कर सकते हैं? यह नहीं हो सकता। अतः भारत का यूरोपीकरण करना असंभव तथा मूर्खतापूर्ण काम है। इस प्रकार भारत की जीवनशैली का विदेशीकरण हो रहा है ठीक है वह स्थायी नहीं रहेगा। उसका हमें अनुशासनात्मक विरोध नहीं करना चाहिए। सहन में ही भारतीयों की समझ में, यह संस्कृति भेद समझ में आ जायेगा, वे अपने आप भारतीय संस्कृति की धारा के साथ बहने लगेंगे। इसमें ज्यादा चिन्ता करने की आवश्यकता नहीं है। हमारी भारतीय संस्कृति के पास शक्ति है एक प्रलम्ब अनुभव है जो बड़ा रच-पच और परख-परख कर समाज में लाया गया है।

विवेकानन्द भारतवर्ष के समाज में स्वतंत्र चिन्तन का अभाव-महसूस करते थे। जबकि स्वतंत्र चिंतन व्यक्ति एवं समाज की उन्नति के लिए अतिआवश्यक है। भारत में स्वतंत्र चिंतन में यहाँ की ज़लवायु भी बाधक बनती है यहाँ की भयंकर गर्मी व्यक्तियों को अकर्मण्य बनाकर आराम कराकर विचारों की तर्कहीनता के लिये बाध्य करती है तो यहाँ के धार्मिक पंडे पुरोहित ब्राह्मण दूर देशों की यात्रा नहीं करते हैं समुद्र पार जाने को तो वे निषेध ही मानते हैं। व्यापारी वर्ग का दिमाग तो सामाजिक चेतना की ओर जाता ही नहीं है।

स्वामी विवेकानन्द ने अपने नियमों, पत्रों और भाषणों के द्वारा वह संदेश दिया जिससे किसी भी देश का समाज प्रगति के शिखर पर पहुँच सकता है लेकिन उस पर आचरण करने के बिना नहीं। विवेकानन्द समाज के व्यक्तियों से अपने दिमाग की खिड़कियां खोलने की बात करते हैं। और कहते हैं कि व्यक्ति को जहाँ भी कुछ अच्छा मिले उसे ग्रहण करना चाहिए। वे व्यक्तियों में आत्म विश्वास पैदा करने की शिक्षा देते हैं। उनका कहना है कि आत्म विश्वासी समाज बहुत सारी समस्याओं का सामना करते हुए आगे बढ़ता चला जाता है। एक जगह वे लिखते हैं - "लोग कहते हैं - इस पर विश्वास करो, उस पर विश्वास करो, मैं कहता हूँ- पहले अपने आप विश्वास करो। अपने पर विश्वास करो - सर्वशक्ति तुम में है -इसकी धारणा करो और शक्ति जगाओ - कहो, हम सब कुछ कर सकते हैं। नहीं - नहीं कहने से तो सांप में विष भी नहीं रह जाता।" विवेकानन्द को इस बात का दुःख है कि देश के विभिन्न वर्ग और समूह अधिकारों के लिये संघर्ष कर रहे हैं लेकिन वे कर्त्तव्यों के प्रति उतने जागरूक नहीं हैं। उनका तो विश्वास था कि निष्काम कर्तव्य करते जाने से अधिकारों की स्वयं ही प्राप्ति हो जाती है। विवेकानन्द का सत्य पर पूरा विश्वास और भरोसा था उनका समाज के लिये संदेश था कि -"सतर्क रहो, जो कुछ असत्य है उसे पास न फटकने दो। सत्य पर डटे रहो, बस तभी हम सफल होंगे। शायद थोड़ा अधिक समय लगे, पर सफल हम अवश्य होंगे।" वे व्यक्ति को प्रेम, मीठी वाणी और स्नेहित व्यवहार का संदेश देते हैं उनका कहना था कि -"संसार सिद्धान्तों की कुछ परवाह भी नहीं करता। वह मनुष्य ही को मानता है। जो मनुष्य उन्हें प्रिय होगा उसके वचन वे शान्ति से सुनेंगे, चाहे वे कैसे ही निरर्थक हों, परन्तु जो मनुष्य उसे अप्रिय होगा उसके वचन नहीं सुनेंगे। मनुष्य प्रेम को पहचानता है, चाहे वह किसी भी भाषा में प्रकट हो।" किसी भी समाज को प्रेम, सहानुभूति और कृतज्ञता ज्ञापन प्रगति की ओर ले जाते हैं तो पवित्रता, धैर्य और अध्यवसाय आदि गुण उसे अधोगुणी से बचाते हैं। ये सारी बातें वे एक व्यवहारिक धरातल पर बताते हैं उनका मानना है कि "सर्वांग सुन्दर कुछ नहीं हो सकता - शुभ-अशुभ का विद्यमान् रहना अवश्यम्भावी है और साथ ही समाज में आप प्रत्येक व्यक्ति को संतुष्ट करने में सफल नहीं हो सकते। उनका कहना था कि "सर्वांग सुन्दर जीवन" एक स्वविरोधी बात है, अतः हमें सदैव यही देखने के लिये प्रस्तुत रहना चाहिए कि विश्व की घटनाएँ हमारे चरम आदर्श से निम्न श्रेणी की हैं, एवं यह जानकर सभी क्षेत्रों में सब वस्तुओं को हमें यथा संभव अच्छी दृष्टि से ग्रहण करना चाहिए।" इस प्रकार रामकृष्ण मिशन के संस्थापक और सहयोगियों ने भारतीय सामाजिक जीवन में जन जागरण का अभियान छेड़कर देश को धार्मिक आदि शिक्षाओं के सहारे आगे बढ़ाया। भारतीय समाज के दलित पीड़ित वर्ग को ऊपर उठाने का भरसक प्रयास किया। रामकृष्ण मिशन ने देश के सामाजिक और राष्ट्रीय जीवन में वेदात्तवाद का प्रचार प्रसार करके प्रेम-विश्व-बन्धुत्त्व के बीज सींचे। रामकृष्ण मिशन ने पूर्व एवं पश्चिम की संस्कृतियों के समन्वय पर जोर दिया उसका संदेश था कि पश्चिम की अच्छी बातों को ग्रहण करके हमें अपना मानसिक क्षितिज ऊँचा बनाने में संकोच नहीं करना चाहिए। इस प्रकार विवेकानन्द के

सारे संदेश रामकृष्ण मिशन के संदेश थे जिन्होंने सामाजिक जड़ता और धार्मिक अज्ञानता को दूर करने का अथक प्रयास किया। भारतीय समाज की सांस्कृतिक धारा में रामकृष्ण मिशन ने चेतना के नए-नए स्रोत शामिल किए जिससे धारा समय के साथ आगे बढ़ती चली जाय और व्यक्ति अपने जीवन को सींचकर उसे पल्लवित और पुष्पित बनाता चला जाय।

अध्याय तृतीय

हिन्दी महाकाव्यों में सामाजिक चेतना का राष्ट्रवादी पक्ष

आधुनिककाल में भारतीय जनता का अंग्रेजों के विरुद्ध असहयोग आन्दोलन चल रहा था। अंग्रेजों को देश से भगाने का अभियान छिड़ चुका था और भारत की जनता अपनी जान की बाजी लगा कर, प्राणों की आहुतियाँ दे रही थी तो साहित्यकार अपने साहित्य में मौन धारण कैसे कर सकते थे। वे अपने देश की विशेषताएँ बता-बता कर जनता में उसके (देश के) प्रति प्रेम पैदा कर रहे। जाति-पांति, ऊँच नीच, अमीर-गरीब, स्त्री-पुरुष आदि के भेद भावों को मिटाकर राष्ट्र के स्तर पर एक जुट होने का संदेश दे रहे थे। अन्याय के प्रति न्याय की लड़ाई का बिगुल बजा बजा कर अपनी कलम से वीर रस के अतिरिक्त अपनी संस्कृति की महानता विशालता, समग्रता के गुण भारतीय समाज में जगाने में प्रयत्नरत थे। जो-जो समस्याएँ आ रही थी उनके कारण और निराकरण ढूंढ रहे थे।

महाकाव्यों में अपने आदि भारतीय कथानकों के माध्यम से महाकवि राष्ट्रीयता के गीत गा रहे थे। चाहे वे मैथिलीशरण गुप्त हो या रामधारी सिंह दिनकर या अन्य कोई। ऐसा कोई ही महाकाव्य होगा जिसमें राष्ट्रीयता का पक्ष स्पष्ट न हुआ हो। क्योंकि वह समय की जरूरत भी थी और वातावरण भी, उसको महाकाव्यकार कैसे अपने महाकाव्य का विषय नहीं बनाता वह तो महाकाव्य के विषय की अनिवार्यता थी। महाकाव्यकारों ने समाज को चेताया कि पहले तुम क्या थे अब क्या हो, आगे क्या होंगे, इस पर विचार करो। जैसे-जैसे स्वदेश गौरव, भारत भूमि की महिमा आदि से सम्बन्धित चेतना धीरे-धीरे भारतीय समाज में विकसित होती चली गई। समय समय पर उस भावना का बड़ी क्रूरता से अंग्रेजों द्वारा दमन भी किया। और भारतीय समाज को इसकी आवश्यकता महसूस होती रही। जिसमें हिन्दी के महाकाव्यकारों ने महाकाव्यों के माध्यम से उस भावना की पूर्ति की। सन् 1857 की क्रान्ति में अंग्रेजों ने भारतीय जनता में राष्ट्रप्रेम रखने वालों के साथ अत्याचार कर- करके एक प्रकार का भय पैदा कर दिया था तथा निराशा का अंधकार उपस्थित करके आंतक फैला रखा था। प्रश्न यह है कि यह राष्ट्रीय भावना कहाँ से उमड़ी इस सम्बन्ध में विचार करने की यहाँ आवश्यकता है। कुछ लोगों का विचार है कि यह राष्ट्रीयता भारतीय समाज में पहले से ही विद्यमान थी और

यह अपनी सतत् परम्परा से आकर आधुनिक काल में आ गई। कुछ विद्वान आधुनिक भारतीय राष्ट्रवाद को पाश्चात्य देन समझते हैं। यह क्या है, कहाँ से आई, इस पर विद्वान विचार करेंगे, मेरा सोच भारतीय जीवन की सहनशीलता, त्याग आदि की पृष्ठभूमि (हृदयभूमि) पर तत्कालीन राज्य के अन्याय अत्याचारों की प्रतिक्रिया है। अपना ही देश, अपना ही धन धान्य, सब कुछ, इतने पर हमारे ऊपर सांस्कृतिकादि असहनीय अत्याचार भी। यह मानव जीवन का शोषण नहीं तो क्या ? आदि का सोच अपने इतिहास की पुनः सृजना कर राष्ट्रवाद के रूप में उभर कर आया। इस पर पाश्चात्य, संग्राम और क्रान्तियों के प्रभार को भी नकारा नहीं जा सकता लेकिन मूल में भारतीय समाज की राष्ट्रवादी भावनाओं ने ही कार्य किया। रीतिकाल में राष्ट्रवाद टुकड़े-टुकड़ों में बंटा रहा। उन टुकड़ों को जोड़ कर, ब्रिटिश सरकार ने एक सामूहिक अपना राज्य रूप बनाया। भारतीय समाज की कुछ वैसी आवश्यकताओं की पूर्ति, जो भारतीय शासक न कर सके, वह उन्होंने की जिससे राष्ट्रीयता भ्रमिक होकर विवश होकर घुमड़ाती रही, दबती रही, जिसको अंग्रेजों के अन्याय अत्याचारों ने उभारा। आधुनिक काल के भारतेन्दु काल में यह विवशता 'अंग्रेज राज सुख साज, सबैसुख भारी, परि धन विदेश चलिजात, यह अति ख्वारी, इत्यादि कविताओं में स्पष्ट परिलक्षित की जा सकती है। साथ ही अंग्रेजों की ओर से मिस्र.में युद्ध करने गई भारतीय सेना की जीत ने हममें आत्मबल का संचार किया। यह बात साहित्य में - "पुनि भारत को सीस, जगत महँ उन्नत कीनो।"[1] आदि रूपों में उभरकर भारतीयों के वीरत्त्व पर गर्व महसूस कराने में सहायक सिद्ध होती है। साथ ही, भारतीयों को रघु, अज, परशुराम, हनुमान, भीष्म, द्रोणाचार्य, चन्द्रगुप्त शकारि, विक्रमादित्य, पृथ्वीराज इत्यादि से जोड़ कर उनको बताया कि देखों ये आपके भारतीय वंशज तुम्हारे यश कीर्ति की रक्षा कर रहे हैं -

"तुमरी कीरति कुल-कथा सांची करबे हेतु।
लखहु-लखहु नृप-गन सबै फहरावत जप केतु॥"[2]

आधुनिक काल में राष्ट्र के प्रति भारत की जनता अधिक से अधिक सोचने लगी। उसके पास प्राचीन राष्ट्रीयता का भंडार वेद-पुराण उपनिषद् संस्कृत-साहित्य हिन्दी साहित्य का आदिकाल, भक्तिकाल (रामचरित मानस) आदि के रूप में था ही, आधुनिक काल में नये संदर्भों में आकर उफन पड़ा। रामधारीसिंह दिनकर लिखते हैं - "भारतीय और यूरोपीय संस्कृति के संघर्ष से पिछली शताब्दी में भारत में जो महान सांस्कृतिक जागरण हुआ, उसी के परिणामस्वरूप नवीन भारत का जन्म हुआ। यूरोप के सांस्कृतिक आक्रमणों से भारतीयता की रक्षा करने के क्रम में भारत में पहले सांस्कृतिक राष्ट्रीयता जगी, पीछे वही राष्ट्रीयता, राजनीतिक राष्ट्रीयता में परिणत हो गई।"[3]

इस रूप में भारतीय समाज और उसके काव्य में राष्ट्रीय चेतना स्पष्ट परिलक्षित होती है।

1. भारतेन्दु ग्रन्थावली, भाग - 2, पृष्ट - 801
2. भारतेन्दु ग्रन्थावली, भाग - 2, पृष्ट - 801
3. राष्ट्रभाषा और राष्ट्रीय एकता - रामधारी सिंह दिनकर, पृष्ट - 801

आधुनिक हिन्दी कविता और राष्ट्रवादी धारा

आधुनिक काल की कविता में राष्ट्रीय भावनाओं के उद्‌गार स्पष्ट दृष्टिगोचर होते हैं। भारतेन्दु काल से ही इसमें जोश बढ़ता गया। डॉ. नगेन्द्र का मत है कि - "आधुनिक राष्ट्रीयतता का प्रथम उत्थान हमें सन् 1857 के विद्रोह में मिलता है। अंग्रेज शासन के विरुद्ध हिन्दुस्तान की संगठित राष्ट्र भावना का वह प्रथम आह्वान था और इसी समय से हमारी राष्ट्रीयता, का जयनाद आरम्भ हो गया। पहली बार प्रदेश अथवा धर्म, सम्प्रदाय के संकुचित वृत्त से निकलकर राष्ट्रीयता ने समस्त देश को अन्तर्भूत कर लिया।"[1]

"आधुनिक भारतीय राष्ट्रीयता का जन्म अंग्रेजों के आगमन के परिणाम स्वरूप हुआ, ब्रिटिश जाति के माध्यम द्वारा पश्चिमी विचारों के प्रचार से देश में बहुत कुछ चेतना हुई"[2] "अंग्रेजों के सम्पर्क से हिन्दू धर्म में जागृति की ऐसी लहर उठी कि हिन्दुत्त्व का रोग ही दूर हो गया और अंग्रेजी पढ़ने के कारण ही भारतीयों में राष्ट्रीयता की उमंग उठी, जिससे वे अपने अधिकारों की मांग करने लगे।"[3]

"देश भक्ति नामक तत्त्व अंग्रेजों के आगमन से पूर्व हमारे लिये अपरिचित था। हम धर्म, भक्ति, आंदि से भले ही परिचित थे। 1857 के बाद इसी देश देवता को सर्वाधिक शक्ति प्राप्त हुई।"[4]

"भारतीय राष्ट्रीयता और आधुनिक हिन्दी साहित्य का विकास साथ-साथ हुआ तथा भारतीय राष्ट्रीयता का विकास अंग्रेजी शासन की छाया में हुआ।"[5]

उपरोक्त विचारों के परिप्रेक्ष्य में भारत में सामूहिक राष्ट्र प्रेम में उफान आधुनिक काल में ही आया। सम्पूर्ण देश में राष्ट्र प्रेम की लहर उठ खड़ी हुई। इसको यों भी कहा जा सकता है कि जिस व्यापक स्तर से आधुनिक काल में राष्ट्र प्रेम उमड़ा उतना उससे पूर्व के हिन्दी साहित्य में दिखाई नहीं देता है।

आधुनिक काल में जिस प्रकार से हिन्दी साहित्य अपनी विविध विधाओं में समृद्धि पाता गया। उसी प्रकार उनमें राष्ट्रप्रेम भी विकसित होता चला गया। जिस राष्ट्रीय भावना की हम चर्चा कर रहे हैं, राष्ट्रीय भावना का उदय 1857 और उसके पूर्व ही प्रारम्भ हो गया था। जो धीरे-धीरे विकसित होती चली गयी। भारतेन्दु युग में हमें राष्ट्रीयता का शैशव दिखलाई पड़ता है जो प्रसाद काल में आकर काफी विस्तार प्राप्त कर चुका था और वह आगे चलकर स्वतंत्रता प्राप्ति के रूप में स्पष्ट परिलक्षित हुआ।

1. आस्था के चरण - डॉ. नगेन्द्र, पृष्ट - 236
2. भारतेन्दु की विचारधारा, डॉ. लक्ष्मीसागर वार्ष्णेय, पृ.259
3. संस्कृति के चार अध्याय, रामधारी सिंह दिनकर, पृ.418
4. पगध्वनि नाटक की भूमिका - आचार्य चतुरसेन, पृ.14
5. हिन्दी साहित्य : परिवर्तन के सौ वर्ष - डॉ. ओंकारनाथ श्रीवास्तव, पृ.25।

'प्रियप्रवास' और राष्ट्रवादी धारा

आधुनिक काल के महाकाव्यों ने राष्ट्रीय एकता को बनाये रखने की दिशा में विशेष प्रयास किया है। और प्रबन्धत्व में भी राष्ट्रीय एकता विषय ने विस्तार पाया है। जिसके लिये "प्रियप्रवास" को आधुनिक काल का प्रथम महाकाव्य माना जा सकता है। जिसकी महाकाव्यगत विशेषताओं में राष्ट्रीयता के स्वर सुनाई पड़ते हैं।

कथानक की दृष्टि से हम विचार करें तो उसके सारे कथानक में राष्ट्रहित ही परिलक्षित होता है। अन्तरकथाओं में राष्ट्रप्रेम कूट-कूट कर भरा है चाहे वह तृण्यवर्त, शकटासुर, वकासुर, कालीनाग आदि किसी रूप में आई हों। कंस जैसे निरंकुश अंग्रेज शासन का दमन होना ही चाहिए और एक व्यवस्थित राज्य की स्थापना होनी चाहिए यह संदेश हमें "प्रियप्रवास" के कथानक से मिलता है और तत्कालीन अंग्रेज राज्य के प्रति चल रहे विद्रोही अभियान में "प्रियप्रवास" की कथा भी अपना साहित्यक दृष्टि से सहयोग करती दिखाई पड़ती है। जैसे -

समाज उत्पीड़क धर्म्म-विप्लवी।
स्व-जाति का शत्रु दुरन्त-पातकी।
मनुष्य द्रोही भव-प्राणि पुंज का।
न है क्षमा योग्य बरंच बध्य है ॥[1]

"प्रियप्रवास" के कथानक के कई स्थानों को लिया जा सकता है जिसमें प्रत्यक्ष, अप्रत्यक्ष रूप से राष्ट्र प्रेम दिखाई पड़ता है।चरित्र चित्रण की दृष्टि से यदि हम विंचार करते हैं तो इस महाकाव्य के अधिकांश पात्र समाज-सेवा से ऊपर उठकर राष्ट्रसेवा-भाव में पहुँचते नजर आते हैं। इस इतिहास सम्मत प्रख्यात कथानक के राधा व कृष्ण पात्र तो व्यक्तिगत धरातल से ऊपर उठकर राष्ट्रीय स्तर पर वर्णित हैं। इनका परब्रह्म परमेश्वर के रूप में चित्रित न करके लोक सेवी, पुरुष रत्न के रूप में चित्रण किया है। कवि ने राधा और कृष्ण को मानवता की पूर्ण मूर्ति के रूप में अंकित करने की चेष्टा की है। बिना मानवता के मानव सेवा, राष्ट्रसेवा असंभव है।

श्रीकृष्ण मानवता के अनन्य पुजारी हैं वे ब्रज राज्य को असुरों का वध कर-करके अत्याचारों अन्यायों, आपत्तियों से बचाते हैं। इसके लिये अपने को संकटों में डाल देते हैं। "प्रियप्रवास" में कृष्ण का मुख्य जीवन कार्य लोकोपकार, जनसेवा है इसके लिये वे अपने प्रिय से प्रिय का त्याग कर प्रवास को चुनते हुए कठिन पथ के पान्थ बनते हैं कृष्ण अपने त्याग, कर्त्तव्यपरायणता, लोकोपकार की भावना से जन जन के हृदय में बसकर महामानव के रूप में प्रतिष्ठित हो जाते हैं। श्रीकृष्ण के इस प्रकार के चरित्रांकन से कवि ब्रज राज्य के समान राष्ट्र प्रेम का संदेश देते हैं तथा महाकाव्य की प्रजा जनता के कष्ट दूर करके अन्याय, अत्याचारों से पीड़ित मनुष्यों के उद्धार के लिये भारतीय जन-जन के हृदय में भाव जगाते हैं। दो ही भाई

1. 'प्रियप्रवास' हरिऔद्य., त्रयोदश सर्ग, पृष्ट - 176

मिलकर इतने बड़े कंस (ब्रिटिश) राज्य को खत्म करने का आत्मबल प्रदान करते हैं। राधा के माध्यम से नारी जाति का देश के लिये समर्पण सबसे ऊपर बताया है। वे अपने प्रिय कृष्ण के पास संदेश पहुँचाकर उनकी कर्त्तव्यपरायणता में बाधा खड़ी न कर सहयोग देती है - "प्यारे जीवें जगहित करें गेह चाहे न आवें।" वे प्रिय की प्राप्ति कौमार्यव्रत लेकर लोक सेवा, राष्ट्र सेवा में करती हैं। इस प्रकार राधा का भी चरित्र परम्परा से हट कर युगीन नारी के कर्त्तव्य का औचित्य प्रतिपादित करता है। अन्य पात्रों को भी इस दृष्टि से देखा जा सकता है और चरित्र चित्रण की दृष्टि से प्रियप्रवास में राष्ट्रप्रेम की बात को नकारा नहीं जा सकता।

प्रकृति चित्रण में प्रियप्रवास के नवम सर्ग के गोवर्धन पर्वत द्वारा हिमालयत की याद कवि कराता हुआ धन धान्य की समृद्धि के साथ-साथ आत्मबल का भी संचार करता है -

"ऊँचा शीश सहर्ष शैल करके था देखता व्योभ को,
या होता अति ही स-गर्व वह था सर्वोच्चता दर्प से।"[1]

युग-चित्रण की झांकी प्रियप्रवास में मिलती है। राष्ट्रप्रेम की दृष्टि से अहिंसा की जगह हिंसा को जिससे प्राणी का उद्धार हो, को अधिक महत्त्व दिया है। सबल अत्याचारी के वध में ही कल्याण को ढूंढा है। इस प्रकार तत्कालीन राष्ट्रप्रेम से ओतप्रोत क्रान्तिकारी विचारों का प्रभाव "प्रियप्रवास" में दिखाई पड़ता है।

रस की दृष्टि से वियोग श्रृंगार की पराकाष्ठा को सहकर, राष्ट्र-सेवा में ही विशेषानन्दनानुभूति कराई है। अर्थात् वियोग श्रृंगार को सहते हुए राष्ट्र सेवा में संयोग की अनुभूति या उसे भुलाने का या कर्म की प्रधानता को महत्त्व दिया है। अपने प्रिय की अनुभूति जन-जन की सेवा के माध्यम से अपने "प्रियप्रवास" के व्यापकत्त्व के विस्तार के माध्यम से कराई है।

"प्रियप्रवास" में राष्ट्रीय एकता के लिये मानवधर्म की प्रतिस्थापना की है। सभी धर्मों का विलय मानवता में कराया गया है। सभी धर्मों से बढ़कर मानव धर्म को माना है। मानव धर्म की दृष्टि से सभी जातियों की संकीर्णता को मानव जाति में विस्तार दिया गया है। राष्ट्रीय एकता के लिये मानवीय-एकता की आवश्यकता पर तो बल दिया ही है। साथ ही साथ उसके विस्तार की भी आवश्यकता को भी आवश्यक माना है।

राष्ट्रीय एकता के लिये एक ही भाषा के लिये जोर दिया है भाषा विभेद राष्ट्रीय एकता में बाधा उपस्थित करती है। इसके लिये 'प्रियप्रवास' में जीवन के व्यवहार के भावों के बिल्कुल नजदीकी भाषा पर जोर दिया है। भाषा विभेद के क्षेत्र में खड़ी बोली (हिन्दी) ही सम्पूर्ण राष्ट्र को समेटने में सक्षम होगी। ऐसा 'प्रियप्रवास' महाकाव्य से अभिव्यंजित होता है।

क्षेत्रीयता की संकीर्णता को 'प्रियप्रवास' विस्तार देता है कृष्ण की कर्म स्थली गोकुल से मथुरा से द्वारिका इत्यादि भी विस्तार पाती जाती है। और सम्पूर्ण भारत को एक ही समझने की वकालत महाकाव्य करता हुआ प्रतीत होता है।

1. 'प्रियप्रवास' - नवम सर्ग

'प्रियप्रवास' के उद्देश्य में लोक हित, लोकाराधन के द्वारा देश भक्ति, देश की सेवा आदि सबसे ऊपर उभरता हुआ नजर आता है।

प्रियप्रवास के अवतारी, अलौकिक एवं अमानवीय चरित्र (कृष्ण) का लौकिकीकरण, मानवीकरण करके महानता के साथ स्वदेश-स्वराष्ट्र की रक्षा एवं उन्नति कराने के लिये त्याग, सेवा, परोपकार का माध्यम बताया है। कवि ने कृष्ण और राधा के माध्यम से उच्चकोटि के मानवीय आदर्शों की स्थापना कराई है। 'प्रियप्रवास' मानव जीवन कैसे उन्नत हो? कैसे मानवता का संचार हो? आदि आदि सवालों के जवाब देता है।

राष्ट्र के प्रति लगाव, अपनापन का भाव आदि राष्ट्रीयता कही जा सकती है। इस संदर्भ में कुछ लोगों के विचार नीचे दिये जा रहे हैं - "राष्ट्रीयता वह मनःस्थिति है जिसमें व्यक्ति की सर्वोच्च निष्ठा राष्ट्र अथवा राज्य के प्रति उन्मुख होती है।"[1]

> "एक सम्मिलित राजनीतिक ध्येय में बंधे हुए किसी विशिष्ट भौगोलिक इकाई के जन-समुदाय के पारस्परिक सहयोग और उन्नति की अभिलाषा से प्रेरित उस भू-भाग के लिये प्रेम और गर्व की भावना को राष्ट्रीयता कहते हैं।"[2]

> "प्रत्येक व्यक्ति राष्ट्र का एक अंश है और उस राष्ट्र की सेवा के लिये, उसे धनधान्य से समृद्ध बनाने के लिये, उसके प्रत्येक नागरिक को सुखी और सम्पन्न बनाने के लिये प्रत्येक व्यक्ति को सब प्रकार से त्याग और कष्ट को स्वीकार करना चाहिए।"[3]

राष्ट्रीयता में कई एक वस्तुओं की एकता की आवश्यकता होती है। भारतीय राष्ट्रीयता के बारे में विचार करें तो यह एकता उतने पूर्ण रूप में नहीं हो सकी जितने के द्वारा भारत राष्ट्र एक सूत्र में बद्ध सके। प्राचीन काल में अशोक आदि सम्राटों ने यह प्रयत्न किया था लेकिन वह स्थायी नहीं रह सका। और उसका परिणाम भारत की परतंत्रता रही। राष्ट्र को परतंत्रता से छुड़ाने के लिये फिर से राष्ट्रीय भावना की आवश्यकता हुई।

राष्ट्रीयता के लिये कुछ आवश्यक बातों की नितान्त आवश्यकता होती है। ये बातें अपना स्वरूप आकार बदलती रहती हैं जैसे भौगोलिक एकता, जातीय एकता, भाषिक एकता, संस्कृति एवं परम्पराओं की एकता धार्मिक एकता आदि। इन सब बातों का भारतीय संदर्भ में बड़ा महत्त्व है। राष्ट्रवाद के लिये भौगोलिक एकता, जातीय एकता, भाषिक एकता संस्कृति एवम् परम्पराओं की एकता, धार्मिक एकता, आदि महत्त्वपूर्ण अंग है जो समय के साथ अपना स्वरूप रूपान्तरित कर लेते हैं। आज के संदर्भ में नये ढंग से ये ही विशेषताएँ विद्यमान हैं। इन विशेषताओं के प्रति लगाव, प्रेम आदि राष्ट्रप्रेम में ही विलीन हो जाता है। राष्ट्रीयता के लिये उपरोक्त भौगोलिकादि एकताओं में समर्पण आदि भाव रखना होगा।

1. इन्साइक्लोपीडिया ब्रिटेनिका - खण्ड 19, पृष्ठ - 149
2. बाबू गुलाबराय, राष्ट्रीयता, पृ.2
3. डॉ. हजारी प्रसाद द्विवेदी, हिन्दी साहित्य : उसका उद्भव एवं विकास, पृ.257

राष्ट्र की पूर्ण समृद्धि के लिये, तथा उसमें रहने वाली जनता की उन्नति के लिये, राष्ट्र में रामराज्य की परिकल्पना की जा.सकती है। रामराज्य की परिकल्पना का श्रेय महात्मा गांधी को जाता है उनका एक दर्शन था जिसका पूर्व में वर्णन किया जा चुका है। सत्य अहिंसा, के सिद्धान्तों से राष्ट्र को चलाना चाहिए। अपने सारे व्यवहार विचारादि को सत्य की कसौटी से कस कर राज्य के सम्पूर्ण कार्य किए जाय, दण्ड आदि पहले तो बहुत कम होंगे क्योंकि सत्य के साथ अन्याय, अत्याचारादि के लिये स्थान कम ही रह जाते हैं फिर भी यदि कुछ हैं तो उनका दण्ड अहिंसक होना चाहिए। इस प्रकार सत्य और अहिंसा के सिद्धान्त पर जब राष्ट्र का विधि विधान होता है तो राष्ट्र व्यवस्था अति उत्तम होगी, इससे मानवीय संचेतना में विकास होता जायेगा और भविष्य में मानवता की रक्षा होती चली जायेगी। राष्ट्र में प्रत्येक व्यक्ति का प्रतिनिधित्व हो सकेगा। उसकी भौतिक, सांस्कृतिक आदि दृष्टि से सुरक्षा हो सकेगी। अन्याय का असत्य का घोर विरोध हो सकेगा। जीवन में सत्य-अहिंसा के सहयोग से कर्मण्यता की प्रधानता होती चली जायेगी और राष्ट्र उन्नति के पथ पर चलता चला जायेगा। क्योंकि उसमें राजतंत्र नैतिक आधार पर आधारित होगा। सारा तंत्र मानव धर्म के अनुकूल ही होगा। इससे मानवता की रक्षा होगी। उसमें धार्मिक (मानव धर्म) की अधिकता पर अधिकांश कार्य कलाप टिके रहेंगे। इस प्रकार उसमें राष्ट्र के प्रत्येक व्यक्ति का राष्ट्र निर्माण संचालन में योगदान रहेगा। आधुनिक हिन्दी महाकाव्यों में इस परिकल्पना की झांकी मिलती है।

'प्रियप्रवास' में प्रत्येक व्यक्ति का ध्यान रखा गया है उनके आन्तरिक भावों की रक्षा की गई है। इसमें लोकहित का स्वर गूंजता हुआ सुनाई पड़ता है जहाँ तक कि पशु पक्षी आदि भी इसमें शामिल दिखाई देते हैं। 'हरिऔध' ने कृष्ण के अवतारी चरित्र को मानवीय रूप में उतार कर उसमें जन-जन को सम्मिलित कर लिया है। कृष्ण एक महान नेता की भांति स्वराष्ट्र की रक्षा, उन्नति के लिये बड़े से बड़ा त्याग, करने के लिये तैयार रहते हैं। अपने प्राणों की किंचित मात्र भी परवाह नहीं करते हैं। 'प्रियप्रवास' में मानवीय जीवन कैसे ऊपर उठे ? मनुष्य अपने कर्त्तव्यों की ओर कैसे अग्रसर हो ? मनुष्य के हृदय में मानवता का संचार कैसे हो ? प्रत्येक व्यक्ति किस प्रकार से सभी प्राणियों के प्रति स्नेह सौहार्द्र आदि भाव रखते हुए कैसे जीवन यापन करे। और सभी प्राणियों के हृदय में राष्ट्र प्रेम से भी बढ़कर किस प्रकार विश्वप्रेम उत्पन्न हो ? आदि बातों की ओर ध्यान दिया गया है। जिससे कि भविष्य में एक उत्कृष्ट राष्ट्र का निर्माण हो सके। धार्मिक दृष्टि से मनुष्य को सबसे ऊपर माना है। उसकी सेवा, सहायता ही भगवान की सेवा-अर्चना बताया है। इसी से इसमें सर्वाधिक लोकहित हो सकता है। फलस्वरूप राष्ट्र के प्रत्येक अंग का ध्यान, विकास संभव हुआ -

"आंटा चींटी विहगन्गन थे वारिऔ अन्न पाते।
देखी जाती सदय उनकी दृष्टि कीटादि में भी॥

पत्तों को भी न तरु-बर के वे बृथा तोड़ती थीं।
जी से वे थीं निरत रहती भूत सम्बर्द्धना में॥[1]

'साकेत' में राष्ट्रीय एकता की प्रतिष्ठा

'साकेत' आधुनिक काल की कई दृष्टियों से महत्त्वपूर्ण कृति है। जब 'साकेत' की रचना हो रही थी उस समय भारत में अंग्रेजों का अन्याय, अत्याचार अपनी चरम सीमा पर था। वे भारत को छोड़ने के पक्ष में कतई दिखाई नहीं दे रहे थे। भारत की संस्कृति, धर्म, सभ्यता सभी को ध्वस्त करते चले जा रहे थे। लेकिन भारत में स्वतंत्रता प्राप्ति की ललक उठ चुकी थी। इसके लिये समाज में और जाग्रति की आवश्यकता थी। अपने जीवन दर्शन के माध्यम से महात्मा गांधी समाज को समेटे हुए थे। उनकी धर्म, नीति दर्शन पर टिके रहने के लिये, जीवनयापन करने के माध्यम खोज-खोज कर दे रहे थे, तो उधर साहित्यकार उन्हें अपने राष्ट्र की परम्परा की कहानी आधुनिक आवश्यकताओं की दृष्टि से सुना रहे थे, जिससे देश स्वतंत्र हो सके, अन्यायी अत्याचारियों का भी दमन हो सके। 'साकेत' में मैथिलीशरण गुप्त ने समाज में विविध दृष्टि से चेतना जाग्रत करके राष्ट्र को एकता में संगठित करने का प्रयास किया है। जो समय की आवश्यकता थी। गुप्त जी राष्ट्र की एकता, और उन्नति में नारी की उतनी ही आवश्यकता पर बल देते हैं जितनी पुरुष की। इसके लिये उर्मिला का घर पर ही बने रहना उतना ही महत्त्वपूर्ण है, जितना सीता का वन गमन।

'साकेत' की कथा अपने अतीत का वर्णन करती हुई सम्पूर्ण राष्ट्र को अपनी स्वतंत्रता प्राप्ति के लिये बलिदान देने के लिए प्रेरित करती है। अन्याय अत्याचारों का सामना कराती हुई न्याय की विजय निश्चित करती है। मनुष्य के मन में बैठे हुए डरों को निकाल फेंकने का संदेश देती है। जन-जन के मन से विविध प्रकार की संकीर्णताओं (काम, क्रोध, लोभ, मोह) से उत्पन्न अंधकार को नष्ट करती हुई उसे आत्म प्रकाश की ओर ले जाती है। और मनुष्य को एक पूर्ण मानव चरित्र के रूप में प्रतिष्ठित करती है। चतुर्थ सर्ग में सुमंत्र कहते हैं -

"अमर वृन्द नीचे आवें, मानव चरित देख जावें"

यहाँ पर गुप्त जी ने अपने मानव को राष्ट्रीय स्तर से भी आगे अन्तर्राष्ट्रीय स्तर पर पहुँचा दिया है।

'साकेत' में राष्ट्रीय एकता के लिये समाज में उस समय उपस्थित भिन्न भिंन्न समस्याओं का समाधान करने के प्रयास किये हैं। धार्मिक दृष्टि से, तत्कालीन समाज में उपस्थित विभिन्न धर्मों को एक करने का प्रयत्न किया है। उन सबमें मानवता की रक्षा, सत्य की प्रतिष्ठा, अन्याय-अत्याचार के विरोध पर बल दिया है। हमारे समाज में चली आ रही विभिन्न प्रकार की धार्मिक रूढ़ियों, परम्पराओं, ढ़कोसलों आदि से उसे मुक्त करने के प्रयास किये हैं। सभी धर्मों की संकीर्ण दीवार को तोड़कर उसमें अन्य धर्मों की अच्छी बातों को शामिल कराने का प्रयास कराया है। साकेत के राम व्यापक मानवता के स्वरूप हैं। वे सत्य के पुजारी हैं। इतना ही नहीं साकेत के राजा दशरथ तो सत्य के लिये अपने प्राणों को भी त्याग देते हैं। और सत्य को सब धर्मों का सार तत्त्व बतलाते हैं। वे कहते हैं -

"सत्य से ही स्थिर है संसार,
सत्य ही सब धर्मों का सार,
राज्य ही नहीं, प्राण परिवार,
सत्य पर सकता हूँ सब बार ॥[1]

इस प्रकार गुप्त जी सभी धर्मों में सत्य के माध्यम से एकता स्थापित करते हैं। धर्मों के आधार पर भारतीय समाज के अलगाव को दूर करते हुए उसे एकता में बांधने का प्रयत्न करते हैं। जिससे सभी भारतीय धार्मिक आधार पर भी एक रह (टिक) सकें और सब मिलकर अन्याय अत्याचारों का अंग्रेजी सरकार के विरुद्ध विरोध कर सकें।

यों तो साकेत की धार्मिक दृष्टि से व्यापक चर्चा की जा सकती है। लेकिन यहाँ पर विभिन्न धर्मों के समन्वय की आवश्यकता ही राष्ट्रीय आन्दोलन को चलाने में सहायक हुई, विचार करना होगा। भारतीय धार्मिक चिन्तन में त्याग, धैर्य, परोपकार का विशेष महत्त्व है। ये मनुष्य को मनुष्य से जोड़ने का कार्य करते हैं। साकेतकार ने धर्म की विभिन्न धाराओं को बहाकर समाज को एक करने का प्रयास किया है। समाज में समानता, एकता के लिये गुप्त जी धन के संग्रह को घातक बतलाते हैं वे उसके त्याग, उपयोग पर बल देते हैं और अंग्रेज सरकार की धन संचयनीति की ओर इशारा करते हैं -

"हाँ, तब अनर्थ के बीज अर्थ बोता है,
जब एक वर्ग में मुष्टि-बद्ध होता है।

जो संग्रह करके त्याग नहीं करता है,
वह दस्यु लोक धन लूट लूट धरता है।"[2]

राष्ट्रीय स्वतंत्रता के लिये विचलित भारतीय समाज को गुप्त जी धैर्य रखने का संदेश 'साकेत' के एकादश सर्ग में हनुमान के कथन से देते हुए –

"धैर्य न छोड़े आप, शान्त हों,
भक्षक से रक्षक बलवान।"[3]

भारतीय जनता को साधे रखने का प्रयास करते हैं।

गुप्त जी 'साकेत' में परोपकार के माध्यम से जन-जन को जोड़ते हुए सौहार्द्रपूर्वक रहने का संदेश देते हैं। यदि आपस में ही नहीं जुड़ पायेंगे तो स्वतंत्रता के अभियान को कैसे चलायेंगे। इसके लिये वे कहते हैं कि -

करते हैं जब उपकार किसी का हम कुछ,
होता है तब संतोष हमें क्या कम कुछ ?

1. साकेत, द्वितीय सर्ग पृष्ट - 64
2. साकेत, अष्टम सर्ग पृष्ट - 232
3. साकेत, एकादश सर्ग पृष्ट - 442

निज हेतु बरसता नहीं व्योम से पानी ।
हम हों समष्टि के लिये व्यष्टि-बलिदानी ।"[1]

इस प्रकार धार्मिक दृष्टि से हम यदि खोज करते हैं तो 'साकेत' में गुप्त जी ने ऐसे प्रयत्न किए हैं कि जिससे जनता एकता के सूत्र में बंध कर राष्ट्रीयता की स्थिति पर विचार कर सकें ।

भारतीय समाज में फैल रही जाँति-पांति की स्थिति को दूर करना राष्ट्रीय एकता की दृष्टि से नितान्त आवश्यक था । इसके लिये महात्मा गांधी ने सार्थक प्रयत्न किए और उन्होंने सभी मनुष्यों को ईश्वर की सन्तान के आधार पर एक करने का प्रयत्न किया इसके लिये उन्होंने हरिजन शब्द का प्रादुर्भाव किया । ऐसे प्रयत्न जाति-पांति को भूल साकेतकार ने भी किए हैं । साकेत के राम अपने क्षत्रियत्त्व को भूल निकृष्ट जाति के वन में रहने वाले गुह के गले लग जाते हैं -

"उसे हृदय से लगा लिया श्रीराम ने,
ज्यों त्यों करके बिदा किया घी-धाम ने ।"[2]

'साकेत' के अष्टम सर्ग में सीता वन की कुटिया में राजभवन का अनुभव करती हुई कोल, किरात, भील आदि की बालाओं को सस्नेह से बुलाती हैं और उनकी सेवा के लिये तत्पर हो जाती हैं - इससे उच्च वर्ग और निम्नवर्ग के बीच खाई कम होती हुई नई और भव्य मानवता के दर्शन नहीं होते हैं क्या ?

"ओ भोली कोल-किरात-भिल्ल-बालाओं,
मैं आप तुम्हारे यहाँ आ गई, आओ ।

मुझको कुछ करने योग्य काम बतलाओ,
दो अहो ! नव्यता और भव्यता पाओ ॥"[3]

इस प्रकार 'साकेत' में गुप्त जी जातियों के आधार पर समाज में निहित अलगाव को दूर करने छूआछूत जांतिपांति के भेद भाव को दूर करने की तत्कालीन आवश्यकताओं पर बल देते हैं । और सभी प्राणियों को एक ही हाड़मांस का बना हुआ संदेशित करते हैं, जिससे एक स्वस्थ राष्ट्र की कल्पना हो सके । इसके लिये गुप्त जी नारी पुरुष के भेदभाव को भी दूर करते हैं । नारी को पुरुष की बराबरी का दर्जा देने की वे वकालत तो करते ही हैं साथ ही साथ नारी को 'साकेत' के नायक बनाने पर भी दृष्टि रखते हैं । पुरुष नारी के बिना पूर्ण ही नहीं है । और एक महान व्यक्ति के अन्दर नारी शक्ति के रूप में निहित रहती है । साकेत के राम सीता के बिना अधूरे हैं–

बैठी है सीता सदा राम के भीतर,
जैसे विद्युद् द्युति घनश्याम के भीतर ।"

1. साकेत अष्टम सर्ग पृष्ट - 233
2. सकित पंचम सर्ग पृष्ट - 146
3. साकेत अष्टम सर्ग पृष्ट - 229

नारी के वीरांगना स्वरूप के भी चित्र गुप्तजी खींचते हैं। वे कहीं सुमित्रा से, तो कहीं उर्मिला से वीररस की उक्तियाँ उद्घाटित करने में पीछे नहीं रहते हैं। क्योंकि (राष्ट्र निर्माण में) नारीयों का भी उतना ही सहयोग होता है जितना कि पुरुषों का। किसी भी राष्ट्र की मानव शक्ति नारी विहीन नहीं हो सकती। ऐसा गुप्त जी प्रकट करते से जान पड़ते हैं।

भाषा का राष्ट्रीयता से घनिष्ट सम्बन्ध है। जिस प्रकार साहित्य आन्तरिक धरातल पर जन जन में राष्ट्रीय भाव का विकास करता हुआ, राष्ट्र को एकता में बांधने का प्रयास करता है उसी प्रकार भाषा बाह्य रूप में मनुष्यों को एकता में बनाये रखने में सहायक सिद्ध होती है। सम्पूर्ण राष्ट्र की एक भाषा होनी चाहिए जिसमें उसके सभी कार्य संचालित होने चाहिए। इसके लिये महाकाव्यकारों ने हिन्दी भाषा के सत्सम रूप को स्वीकार किया। उन्होंने यह माना कि हिन्दी ही एक ऐसी भाषा है जो राष्ट्र को एकता के सूत्र में रख सकती है। उसमें सरलता है, तो सरसता भी। समग्रता है, तो क्या व्यापकता (लौकिकता) नहीं ? इस प्रकार गुप्त जी देखते हैं कि सम्पूर्ण भारतवर्ष में कम अधिक रूप में हिन्दी विद्यमान है उसका विकास किया जा सकता है और उसके द्वारा राष्ट्र को एकता के सूत्र में बांधा जा सकता है।

'साकेत' की भाषा जन मानस (लोक मानस) की समझ की भाषा है। वह ही एक ऐसी भाषा है जो राष्ट्रीय भाषा बन सकती है। इसका भविष्य उज्ज्वल है। अतः सम्पूर्ण रूप से साकेत की भाषा पर विचार किया जाय तो कहा जा सकता है कि यह भाषा राष्ट्र को एकता में बांधे रखने में सहायक सिद्ध हुई। क्योंकि यह जन-जन की समझ के अतिनिकट थी। वह भारतीय संस्कृति, सभ्यता, धर्म, दर्शन आज की परिस्थितियों का सफलतापूर्वक वर्णन करके उन्हें भारतीय समाज के सम्मुख रखने में सफल रही हैं।

क्षेत्रीयता की परिधि को समाप्त करते हुए एक राष्ट्र की अवधारणा कराना भी महाकाव्यकार का उद्देश्य होना चाहिए। गुप्त जी छोटे-छोटे राज्यों को एक राज्य में मिलाने का प्रयत्न करते रहे हैं। 'साकेत' में विभीषण रावण को राज्य की सीमा व्यापक होनी चाहिए उसे अपनी सीमा में ही बंध कर कल्याण की बात नहीं सोचनी चाहिए। इसके लिए विभीषण रावण से कहता है -

"किसी एक सीमा में बंधकर,
रह सकते हैं क्या ये प्राण ?
एक देश क्या, अखिल विश्व का
तात्, चाहता हूँ मैं त्राण ?"[1]

साकेत की कथा में विभिन्न स्थान, तीर्थों, वन, पर्वत, नदी, सागर इत्यादि का वर्णन किया गया है ये सब भारत को एक राष्ट्र में जोड़ने के माध्यम ही तो हैं। चाहे वे धार्मिक दृष्टि से हों, चाहे सांस्कृतिक दृष्टि से। ये सभी राष्ट्र को एकता में बांधते हैं। वह चाहे साकेत नगरी हो, या फिर वरुणालय। साकेत नगरी देवताओं की नगरी है तो सागर विश्व की करुणा का घर। ये

1. साकेत, एकादश सर्ग पृष्ट - 437

सभी वर्णन समाज में राष्ट्र के प्रति प्रेम ज़ाग्रत करते हैं। और राष्ट्र पर कुर्बान होने के लिये, तत्परता का समावेश कराते हैं।

आधुनिक हिन्दी महाकाव्यों में राष्ट्रीय एकता की प्रतिष्ठा के लिये देशभक्ति, देशसेवा और देश के गुण गानादि भी किए हैं। 'साकेत' का इस दृष्टि से विशेष महत्त्व है। गुप्त जी को तो राष्ट्रीय कवि के रूप में विभूषित किया गया है। आधुनिक हिन्दी महाकाव्यों में देशभक्ति, देश सेवा एवं देश के गुणगानादि हमें देखने को मिलते हैं। 'साकेत' महाकाव्य में गुप्त जी ने इनके व्यवहार पक्ष को बड़े अच्छे ढ़ंग से चित्रित किया है। गुप्त जी भारत वर्ष में विभिन्न राज्यों के पक्ष में न होकर एक राष्ट्र के पक्ष में हैं। उनका मानना है कि जब भारत अपने कई हिस्सों में बंटा रहेगा तो उसमें उतनी शक्ति नहीं रहेगी जितनी एक साथ रहने में होगी। उनका कहना है कि -

"एक राज्य न हो, बहुत से हों जहाँ,
राष्ट्र का बल बिखर जाता है वहाँ।"[1]

इस प्रकार गुप्त जी एक राष्ट्र की कल्पना करते हैं। और उस राज्य में प्रजा, जन-जन को महत्त्व देने की बात करते हैं। राजा को लोक-समाज की सेवा करनी चाहिए न कि उसका व्यक्तिगत उपभोग करना चाहिए। उनके विचार से शासक तो मात्र लोक-सेवक होता है। "नियत शासक लोक-सेवक मात्र।" उनकी मान्यता है कि राजा अपनी इच्छा से कुछ नहीं कर सकता है। उसे तो लोक मत का ध्यान रखना चाहिए तभी वह आदर्श राज्य कहलायेंगा -

"राजा हमने राम, तुम्हीं को है चुना,
करो न तुम यों हाय! लोकमत अनसुना।"[2]

गुप्तजी ने शासक के लिये लोकमत की तो आवश्यकता होनी ही चाहिए उसे लोक का ध्यान ही नहीं विशेष ध्यान करना चाहिए। तभी वह राष्ट्र की सच्ची सेवा कर सकता है। जब शासक देश सेवा भूलकर, समाज की सुरक्षा शान्ति का ध्यान न रख कर राज्य का भोग करता है। वह कुशल शासक नहीं है। गुप्तजी के राम राज्य को भोग की वस्तु नहीं समझते बल्कि लोक की समझते हैं -

"हे राम, त्याग की वस्तु नहीं वह ऐसी।"
"पर मुने, भोग की भी न समझिए वैसी।"[3]

राज्य है प्रिये, भोग या भार?
बड़े के लिये बड़ा ही दण्ड!
प्रजा की थाती रहे अखण्ड।"[4]

1. साकेत, प्रथम सर्ग, पृष्ट - 24
2. साकेत, पंचम सर्ग, पृष्ट - 129
3. साकेत, अष्टम सर्ग, पृष्ट - 259
4. साकेत, द्वितीय सर्ग, पृष्ट - 57

यदि राजा प्रजा की सेवा नहीं करते हैं तो गुप्तजी उनको चेतावनी देते हुए कहते हैं -

"शासन सब पर है, इसे न कोई भूले-
शासक पर भी, वह भी न फूलकर ऊले।"[1]

इस प्रकार शासक को अपने राष्ट्र की जनता की सेवा करनी चाहिए।

गुप्तजी को अपने राष्ट्र पर गर्व है। यहाँ की संस्कृति सभ्यता अपने में पूर्ण है। जो व्यक्ति को जीवन की एक व्यवस्था प्रदान करती है व्यक्ति इसमें सुखपूर्वक जीवन यापन कर सकता है। गुप्त जी ऐसे देश को अपना देश नहीं मानते हैं जो दूसरों का अहित करता, दूसरों के साथ अन्याय करता है। विभीषण रावण से कहता है - "पर वह मेरा देश नहीं जो करे दूसरों पर अन्याय।" साथ ही गुप्त जी देश के संचालन आदि के लिये एकत्रित किये गये धन को नीति से अर्जित करने के पक्ष में हैं। क्योंकि राज्य धन की तो बड़ी लम्बी चौड़ी व्याख्या हो जाती है। इसलिये गुप्तजी राज्य के लिये नैतिक धन के पक्ष में हैं। उर्मिला के माध्यम से वे कहते हैं -

"सावधान! वह अधम-धान्य-सा धन मत छूना,
तुम्हें तुम्हारी मातृभूमि ही देगी दूना।"[2]

इस प्रकार गुप्तजी को अपने राष्ट्र पर गर्व है। वे इसकी प्रशंसा विभिन्न प्रकार से 'साकेत' में करते हैं। भारतीय राष्ट्रवाद की विशेषताएँ 'साकेत' में मिलती हैं। राष्ट्र में लोक मत की प्रधानता होनी चाहिए।

उसकी आय एवं व्यय के साधन उचित होने चाहिए। राज्य संचालन में धर्म (मानव धर्म) का सहारा लेना चाहिए। भारतीय संस्कृति एवं सभ्यता का राष्ट्र को अनुपालन करना चाहिए। दूसरे देशों, राष्ट्रों के प्रति उदार दृष्टि होनी चाहिए। उसका एक व्यापक क्षेत्र, भाषा होनी चाहिए। इत्यादि इत्यादि, भारतीय राष्ट्र में होने चाहिए। 'साकेत' में ऐसे ही राष्ट्र की कल्पना की गई है। जिसमें प्रत्येक व्यक्ति का हिस्सा है। समस्या समाधानों के लिये उसे राम के राज्य की तरह होना चाहिए। तुलसीदास जी ने रामराज्य का एक स्वरूप बताया है। जिसमें व्यक्तियों को एक प्रकार के दुःख से ही नहीं विभिन्न दैहिक, दैविक, भौतिक दुःखों से भी छुटकारा दिलाने की कल्पना की है। ऐसी ही झांकी गुप्त जी ने 'साकेत' महाकाव्य में कल्पित की है —

"व्याधि की बाधा नहीं तन के लिये,
आधि की शंका नहीं मन के लिये।
चोर की चिन्ता नहीं धन के लिये,
सर्व सुख हैं प्राप्त जीवन के लिये।"[3]

1. साकेत, अष्टम सर्ग पृष्ट - 260
2. साकेत, द्वादश सर्ग पृष्ट - 475
1. साकेत, प्रथम सर्ग पृष्ट - 22

इस प्रकार अनेक सुखों से परिपूर्ण राज्य की झांकी 'साकेत' महाकाव्य में मिलती है ।अतः 'साकेत' राष्ट्रीय एकता की प्रतिष्ठा करने वाला महाकाव्य है ।

कामायनी और राष्ट्रीय एकता

कामायनी में तत्कालीन राजनीति का चित्रण इड़ा सर्ग में देखा जा सकता है; जिसमें कि मनु ने बिखरे हुए सारस्वत प्रदेश का निर्माण कर्म और बुद्धि के सहयोग से कर डाला, जो भौतिकवादी राजतंत्र के समान परिभाषित होता है जिसमें भाव, दया, करुणा का नितान्त अभाव परिलक्षित है । यदि राजतंत्र भी निरंकुश, नियमविहिन होता है तो उसका पतन भी अवश्यंभावी है । चाहे वह देवलोक हो या सारस्वत प्रदेश । सारस्वत प्रदेश के राजा (मनु) यदि अनैतिकपूर्ण आचरण करते हैं तो उन्हें प्रजा का कोपभाजन बनना पड़ता है । उनकी हत्या होती है । यह वर्णन तत्कालीन राजनैतिक स्थिति का चित्रण नहीं करता है क्या ? भारतीय विद्रोह के कारणों पर प्रकाश नहीं डालता है क्या ? ऐसी संकुचित स्थिति में प्रजा के सुख की कल्पना करना व्यर्थ है -

यह अभिनव मानव प्रजा सृष्टि
द्वयता में लगी निरंतर ही वर्षों की करती रहे वृष्टि
अनजान समस्यायें गढ़ती रचरी हो अपनी ही विनष्टि
कोलाहल कलह अनंत चले, एकता, नष्ट हो, बढ़े भेद
अभिलषित वस्तु तो दूर रहे, हाँ मिले अनिच्छित दुखद-खेद
हृदयों का हो आवरण सदा अपने वक्षस्थल की जड़ता
पहचान सकेंगे नहीं परस्पर चले विश्व गिरता पड़ता
तब कुछ भी हो यदि पास भरा पर दूर रहेगी सदा तुष्टि
दुख देगी यह संकुचित दृष्टि ।

कामायानी स्पष्ट करती है कि - राष्ट्रीय जीवन में जब तक समरसता नहीं आ जाती, तब तक एक राष्ट्र दूसरे राष्ट्र को अपने अधीन रखने का प्रयत्न करता रहेगा । इसके लिये चाहे उसे कितनी ही क्रूरता और बर्बरता से काम क्यों न लेना पड़े । अन्य राष्ट्रों को भी अपने साथ क्यों न मिलाना पड़े । पर अनियमित अधिकारों की सृष्टि कर कर सामाजिक और राष्ट्रीय जीवन को असहनीय कष्टों एवं दुःखों में पहुँचाते रहेंगे । ऐसी ही कुछ राष्ट्रीय विषमता के फलस्वरूप कामायनी के सारस्वत प्रदेश में संघर्ष छिड़ा था । वहाँ की सुख शांति के लिये श्रद्धा ने अपने पुत्र को राष्ट्र में समरसता से काम लेने की सलाह दी थी -

सबकी समरसता का कर प्रचार
मेरे सुत सुन माँ की पुकार ।

पुत्र ने इड़ा के साथ सारस्वत प्रदेश में लौटकर समरसता से कार्य लिया फलस्वरूप सारस्वत प्रदेश की वर्ग भेद समस्या का समापन हो गया सम्पूर्ण देश में सुख शांति और समृद्धि का साम्राज्य स्थापित हो गया।

इस प्रकार प्रसादजी ने कामायनी के माध्यम से समरसता की स्थिति स्थापित कर, किसी भी देश की राजनैतिक समस्या का हल नहीं विश्व की राजनैतिक समस्या का समाधान भी हो सकता है, का सुझाव दिया है। यदि विश्व के सभी मानव समरसता को अपना ले तो विश्व मानवजीवन के आनन्द क्षेत्र में बड़ी ऊँचाईयों को छू सकता है। सभी जीवन-वसुधा के समतल पर पहुँचकर जीवन के चरम लक्ष्य को प्राप्त कर सकेंगे।

कामायनी आधुनिक युग का श्रेष्ठ महाकाव्य है। वह जीवन की विविध समस्याओं के समाधान की वैज्ञानिक खोज पर बल देता है। समस्याओं के समूल नष्ट के उपाय बताता है। चाहे समस्या व्यक्तिगत, सामाजिक, राष्ट्रीय या फिर अन्तर्राष्ट्रीय क्यों न हो। राष्ट्रीय समस्याओं के समाधान को प्रसाद जी ने अपने गद्य साहित्य (नाटकों) में विशेष स्थान दिया है। 'कामायनी' महाकाव्य तो मानव जीवन की क्रमिक विकास यात्रा का चित्रण है। जिसमें सारस्वत राज्य भी मनुष्य की प्रशासनिक वृत्ति का पड़ाव है। वहाँ की समस्याओं और उनके समाधान में से होकर चेतन यात्रा को आनन्द तक पहुँचाना प्रसाद जी का मुख्य उद्देश्य है।

निष्कर्ष

'प्रियप्रवास' महाकाव्य का नाम पहले 'ब्रजांगना विलाप' था, क्योंकि इसी नाम की मांग उसके कथानक की थी। जिसमें प्रारम्भ से अन्त तक श्रीकृष्ण के लिए विलाप ही विलाप है। ऐसे प्रिय का विलाप जो ब्रजभूमि को ही कष्टों से छुटकारा नहीं दिलाता है, अपितु उसके कर्म भाव में विश्व मानवता का प्रतिबिम्ब झलकता था उसका प्रवास हो जाता है। उस प्रिय का संदेश मानवता की सेवा, रक्षा करना है जिसे सभी करते हैं। ऐसा राष्ट्रीय नेतृत्व प्रियप्रवास के श्रीकृष्ण के चरित्र में पाया जाता है। उस समय स्वतंत्रता संग्राम चल रहा था कोई कार्यकर्ता कहीं, कोई कहीं, देश विदेश में भी घूम-घूमकर इस कंस राज्य को खत्म करने के लिए प्रयत्नशील थे। उनको अपने प्रियजनों की चिन्ता क्यों नहीं सताती होगी, लेकिन अपने मानव सेवा, अधिकारों के माध्यम से राष्ट्रीय कर्म के प्रति सतर्कता ही दिखाई पड़ती है। यह प्रियप्रवास का युग चित्रण राष्ट्रीय प्रेम के रूप में निहित है। महाकाव्य के कथानक का ऐतिहासिक होना भी राष्ट्रीय प्रेम का घोतक है। भारतीय जनमानस में धार्मिक भावनाएँ कूट-कूट कर भर पड़ी है। कृष्ण और राम उनके आदर्श शासक नेता उपयुक्त पूर्व मान्य हैं हीं। उनके कार्यों की आकांक्षा भारतीय जनमानस के दिल की बात है इससे प्रिय प्रवास की राष्ट्रीयता ही झलकती है। 'प्रियप्रवास' के कृष्ण, राधा पात्रों की भाँति तत्कालीन भारत को परतंत्रता से निकालने के लिए मानवीय सहायता, समानता को आधार बनाकर लड़ाई लड़ रहे थे- उत्तर भारत में रासबिहारी का दल काम कर रहा था। मास्टर अमीर चन्द वगैरह इस दल

के नेताओं को पहली ही फाँसी हो चुकी थी। बंगाल में अनुशीलन दल काम कर रहा था। कलकत्ते की तरफ यतीन्द्र मुकर्जी काम कर रहे थे। उधर भारत के बाहर गदर पार्टी बनी थी। अमेरिका के भारतीयों ने अपने संगठन कामय किये। ये ही संगठन मिलकर हिन्दी एसोसीएशन के रूप में आये। इसी एसोसीएशन का नाम गदर पार्टी पड़ा। इस पार्टी का उद्देश्य आजादी और बराबरी था। भारतीय और गोरों में बराबरी ही उनका उद्देश्य था। इन पार्टियों का इतिहास, भारतीय इतिहास का गौरवपूर्ण अध्याय है।"[1] प्रियप्रवास की कथा कुछ रही हो उसका मूल उद्देश्य लोकहित या लोकाराधन ही है। इसी उद्देश्य की पूर्ति हेतु तो 'हरिऔद्य' जी अवतारी पुरुष श्रीकृष्ण का सहारा नहीं ले रहे हैं? अलौकिक व चरित्र को लौकिक एवं मानवीय बना रहे हैं जो एक महान देश भक्त नेता की भांति, स्वजाति, स्वदेश, स्वराष्ट्र की रक्षा और उन्नति के लिए महान् त्याग करते हुए सेवा, परोपकार, सत्य ईमानदारी के प्रतीक बन गए हैं।'प्रियप्रवास' का नायक मानवीय आदर्शों की स्थापना करता है। उन्हें लौकिक अन्याय, अत्याचारों से ही नहीं अलौकिक अत्याचारों से भी बचाता हुआ निर्भीक बनाता है। तो उधर साकेत के पात्र राज्य मोह छोड़कर ऐसे रावण (अंग्रेज) राज्य से जूझ रहे हैं जो सीता लक्ष्मी (धन दौलत) को जबरदस्ती सोने की लंका नगरी (औद्योगिक देश इंग्लैण्ड) ले जा रहा है। अन्याय अत्याचार की पराकाष्ठा में शासन कर रहा है। ऐसे राज्य के विनाश के स्वर 'साकेत' महाकाव्य में विद्यमान है। गुप्त जी का राष्ट्रीय प्रेम उनके साहित्य के माध्यम से अभिव्यक्त होता है, उन्होंने सक्रिय रूप से राजनीति में भाग न लेकर साहित्य के माध्यम से लिया। उनका 'साकेत' राष्ट्र प्रेम से परिपूर्ण है। उन्होंने तो भारत में रामराज्य की परिकल्पना करके अयोध्या को भारत की राजधानी बना दिया है।'कामायनी' महाकाव्य बड़े से बड़े राज्य देवराज के पतन में उनके अनीति पूर्ण एवं विलासिता मग्न कार्यों को कारण बताते हैं। वर्तमान में औद्योगिकतामयी (अंग्रेज) राज्य को सुख चैन से विहीन बताकर मनुष्य के कल्याण का मार्ग खोजते हैं। उनकी 'कामायणी' भारतीय राजनीति का इतिहास प्रस्तुत करती है।

'प्रियप्रवास', 'साकेत' और 'कामायनी' में एक राष्ट्र के लिए एक भाषा होनी चाहिए, वह भारतीय हिन्दी ही हो सकती है न कि अंग्रेजी आदि अन्य कोई। एक राष्ट्र में वहाँ वे सभी लोगों को एकता के सूत्र में बाँधने के लिए सरल सहज और स्पष्ट भाषा के रूप में तीनों महाकाव्य खड़ी बोली हिन्दी को उपयुक्त सिद्ध करते हैं। जिससे भारत का जन-जन जुड़ सकता है। प्राचीन और वर्तमान सभी भारतीय भाषाओं का सरलीकरण ही तो हिन्दी है। जिसमें परम्परा से लेकर वर्तमान तक राष्ट्र प्रेम संचित है। भारतीय जीवन की स्वर ध्वनि निहित है। 'जो भरा नहीं है भावों से, बहती जिसमें रसधार नहीं, हृदय नहीं वह पत्थर है, जिसमें स्वदेश का प्यार नहीं।' ऐसी भाषा हिन्दी आज भारत को एकता में बाँध कर साथ-साथ आगे बढ़ा रही है। ऐसी भाषा जो सर्वगुण सम्पन्न, भारतीयों की आवश्यकताओं की पूर्ति एवं समस्याओं के समाधान में अपनी महत्त्वपूर्ण भूमिका निभाती है।

1. मन्मथनाथ गुप्त: राष्ट्रीय आन्दोलन का इतिहास, पृ.275

इस प्रकार यह कहा जा सकता है कि 'प्रियप्रवास' 'साकेत' और 'कामायनी' तीनों महाकाव्यों में तत्कालीन समाज में निहित उनके राष्ट्रवादी पक्षों को उभारते हैं। विभिन्न माध्यंमों से प्रत्यक्ष, अप्रत्यक्ष उनके राष्ट्र प्रेम को अभिव्यंजित करते हैं। कुल मिलाकर ये महाकाव्य साहित्य के माध्यम से पूरा करते हैं तत्कालीन राष्ट्रीय माँग को।

चतुर्थ अध्याय

आधुनिक हिन्दी महाकाव्यों में सामाजिक चेतना के आर्थिक पक्षों का उभार

किसी भी देश के समाज में उसकी चेतना को प्रभावित करने वाले वहाँ के आर्थिक पक्ष होते हैं। जिनसे चेतना अपना विविधमुखी सम्बन्ध स्थापित करके वहाँ के समाज में विकास का वातावरण सृजित करते हुए उसे ऊँचाइयों पर ले जाती है।

हिन्दी के आधुनिक महाकाव्यों में आर्थिक पक्षों की दृष्टि से उनमें मार्क्सवाद एवं गांधीवाद पर विचार किया जा सकता है। मार्क्सवादी अभिव्यक्ति तो हिन्दी के आधुनिक महाकाव्यों में बहुत कम, लगभग नहीं के बराबर है। क्योंकि मार्क्सवाद वर्ग युद्ध (शोषक एवं शोषितों) का समर्थन करता है मार्क्सवाद साध्य पर बल देता है साधन चाहे जैसे हों। मार्क्सवाद धर्म का विरोध करता है, वह धर्म को अफीम मानता है। मार्क्सवाद मजदूरों की बात करता है, किसानों का विरोध करता है। इन सारी दृष्टियों का हिन्दी के आधुनिक महाकाव्यों में प्रायः अभाव सा ही है। इसलिये आधुनिक महाकाव्यों में मार्क्सवादी अभिव्यक्ति को ढूंढ़ना निरर्थक प्रयास है। 'हरिऔद्य', 'मैथिलीशरण गुप्त', 'सोहन लाल द्विवेदी', आदि के काव्य में पूर्णरूपेण गांधीवाद है। अहिंसा सत्य, सत्याग्रह, किसान, गांव, गाय, स्वदेशी, भारतप्रेम आदि के चित्रण से यह काल भरा पड़ा है। गांधीवाद सर्वोदय की बात करता है। जीवन यापन करने के लिये साधनों की पवित्रता पर बल देता है। सर्वधर्म समभाव की बात करता है। इन सब दृष्टियों का आधुनिक हिन्दी महाकाव्यों में संक्षेप से वर्णन है। जिनकी चर्चा करना यहाँ आवश्यक होगा। इसके लिये गांधीदर्शन पर भी विस्तार से विचार करना उचित है।

आधुनिक भारतीय साहित्य को गांधी जी की विचारधाराओं ने प्रभावित किया है। आज के भारतीय जीवन में गांधीजी का नाम देश की राजनीति से आगे चलकर समाज में आ पहुँचा है, तो साहित्य में आये बिना कैसे रह सकता है। उन्होंने देश को स्वतंत्र कराने के लिये समाज में चेतनाएँ जाग्रत करने का माध्यम अपनाया था। जिससे वे समाज में विराजमान विसंगतियों को किसी हद तक दूर करने में सहायक सिद्ध हुए थे। उनकी जीवन शैली इस प्रकार की थी कि लोगों ने उनके जीवन को आदर्शोन्मुख ले जाने की दिशा के कारण 'महात्मा'

विशेषण से विभूषित किया। उनकी जीवन शैली में ऐसी सारी विशेषताएँ थी जो कि एक ऋषि मुनि की महान आत्मा में विद्यमान होती हैं। पं. जवाहरलाल नेहरू ने उनकी जीवन कला के लिये लिखा है - "यह आवाज दूसरों से कुछ भिन्न थी। यह शान्त और धीमी थी फिर भी सर्वसाधारण के शोर से ऊपर सुनाई देती थी। वह मुलायम और नम्र थी, फिर भी उसमें कहीं फौलाद का लौहपन छिपा हुआ था। यह मीठी और अपील से भरी हुई थी, फिर भी उसमें कोई वृद्ध और डरावनी चीज थी। उसमें प्रयोग किया हुआ प्रत्येक शब्द धैर्य से भरा हुआ था और उसके पीछे जबरदस्त सच्चाई मालूम देती थी। शान्ति और मित्रता की भाषा के पीछे शक्ति और क्रिया की कांपती हुई छाप थी और अन्याय के आगे न झुकने का निश्चय था। आज तो हम उस आवाज से परिचित हो गये हैं परन्तु फरवरी, मार्च 1919 में वह हमारे लिये नई थी। हम ठीक तरह नहीं जानते थे कि उसका क्या करना चाहिए, पर हम पुलकित हो उठे। हमारी शोर गुल भरी राजनीति से यह एक बिल्कुल जुदा चीज थी। उस राजनीति से यह बिल्कुल भिन्न थी, जो सदा विरोध के निस्सार और बेअसर प्रस्तावों में, जिन पर कोई अधिक ध्यान नहीं देता था, सख्त होती थी। यह क्रिया की लड़ाई भी राजनीति थी, बातचीत और विवाद की राजनीति नहीं।"[1]

महात्मा गांधी ने भारतीयों को बतलाया कि जिस शक्ति से हम दासता के बन्धन में बंधे है वह ब्रिटिश शक्ति न होकर हमारी अपनी ही है इसलिये हम असहयोग के द्वारा ब्रिटिश शासन से मुक्त हो सकते हैं। इसके लिये सहनशीलता को अपनाना आवश्यक है । गांधीजी स्वयं सहनशीलता की पराकाष्ठा थे।

गांधी जी द्वारा दिए गये विचार दर्शन को गांधीदर्शन के रूप में जाना जा सकता है। इसको गांधीवाद के घेरे से बाहर सर्वोदय का सिद्धान्त कहना ज्यादा उपयुक्त होगा क्योंकि - "गांधीवाद नाम की कोई चीज नहीं है और न ही अपने पीछे मैं कोई ऐसा सम्प्रदाय छोड़ जाना चाहता हूँ। मैं कदापि यह दावा नहीं करता कि मैंने किन्हीं नए सिद्धान्तों को जन्म दिया है। मैंने तो अपने निजी शाश्वत सत्यों को दैनिक जीवन और उसकी समस्याओं पर लागू करने का प्रयत्न मात्र किया है। मैंने जो सम्पत्तियाँ बनाई हैं और जिन परिणामों पर मैं पहुँचा हूँ, वे अन्तिम नहीं हैं मैं उन्हें बदल भी सकता हूँ। मुझे संसार को कुछ नया नहीं सिखाना है। सत्य और अहिंसा उतने ही पुराने हैं जितनी कि ये पहाड़ियाँ। मैंने तो केवल व्यापक आधार पर सत्य और अहिंसा के आचरण में जीवन और उसकी समस्यों का अनेक विधियों से परीक्षण किया। अपनी सहज जन्मजात प्रकृति से मैं सच्चा तो रहा हूँ परन्तु अहिंसक नहीं। तथ्य तो यह है कि सत्य मार्ग की खोज में हीं मैंने अहिंसा को ढूंढ निकाला। मेरा दर्शन जिसे आपने गांधीवाद का नाम दिया है। सत्य और अहिंसा में निहित है। आप इसे गांधीवाद के नाम से न पुकारें क्योंकि इसमें वाद तो नहीं है।"[2] गांधीदर्शन के मूल में सत्य और अहिंसा प्रतिष्ठित है। इनसे व्यक्ति का तो विकास होता ही है कभी (समाजों) का भी विकास, उदय (सर्वोदय) संभव है। ये सत्य और अहिंसा भारतीय संस्कृति के मूल में सदियों से चले आ रहे

1. ग्लिम्प्सेस ऑफ वर्ल्ड हिस्ट्री - पं. जवाहरलाल नेहरू, पृ.286।

2. गाँधी और गाँधीवाद, डॉ. बी. पट्टाभिसीतारमैया, अनु. श्री हरिभाऊ उपाध्याय, पृ.26।

हैं। इस प्रकार सत्य और अहिंसा के रूप में गांधी जी ने प्राचीन संस्कृति को आधार बनाकर भारतीय जनता को अपनी और आकर्षित किया। उनमें समयोपयोगी विचारधाराएँ प्रवाहित कर अपने आन्दोलन को सफल बनाया। गांधी जी के आन्दोलन ने जीवन के विविध क्षेत्रों को प्रभावित किया, उनमें चेतना जगाई, उन्हीं में से एक सामाजिक क्षेत्र भी है। यहाँ पर हमारा - उद्देश्य गांधी दर्शन के मात्र सामाजिक पहलू को ही देखना रहेगा। सामाजिक उत्थान के लिये गांधीजी ने सृजनात्मक कार्यक्रमों को विशेष महत्त्व दिया, जिसमें खादी और ग्रामोद्योग, हिन्दू मुस्लिम आदि जातियों में एकता, छूआछूत को मिटाना, शराबबन्दी, प्रौढ़शिक्षा, ग्रामसुधार आदि महत्त्वपूर्ण थे। सामाजिक सुधार के लिये वे सर्वप्रथम विदेशी दासता से मुक्त होना परमावश्यक मानते हैं। इसके लिये असहयोग आन्दोलन की भूमिका तैयार करते हैं। और साथ ही साथ सामाजिक विकास पर भी ध्यान टिकाये रहते हैं। और तन मन से सत्य के प्रति उनका आग्रह रहता है। गांधीजी प्रत्येक सत्याग्रही से आशा करते थे कि - "जिस तरह सशस्त्र विद्रोह के लिये सैनिक शिक्षा जरूरी है, उसी तरह असहयोग आन्दोलन के लिये सृजनात्मक प्रयास की शिक्षा जरूरी है।" गांधी जी ने प्रथम विश्वयुद्ध के प्रभाव से बढ़ी गरीबी से जनता को लड़ने के लिये घरेलू दस्तकारी की ओर बढ़ाया। गांवों में बहुत सारे लघु उद्योगों को ध्यान में रखते हुए गांधीजी ने चर्खा कातकर खादी बुनने पर ही विशेष जोर दिया क्योंकि भारत में कपड़े बनाकर पहनने मात्र से लोगों की आजीविका चल सकती थी दूसरे विदेशी कपड़े का विरोध भी करना था। इस प्रकार कम लागत पर व्यक्ति अपने तन को ढ़कते हुए आजीविका चला सकता था। और समाज अपने नियम, धर्मों, आत्मरक्षा आदि करके व्यवस्थित रह सकता था।

महात्मा गांधी ने उस समय भड़क रही हिन्दू मुस्लिम समस्या को विविध प्रयासों से रोकने का प्रयत्न किया। इसमें उनकी धार्मिक प्रवृत्ति ने महत्त्वपूर्ण और सफल भूमिका निभाई। बचपन से ही उन पर हिन्दू धर्म के अतिरिक्त इस्लाम, ईसाई और जैन धर्मों के नैतिक आदर्शों ने गहरा प्रभाव छोड़ा था। हिन्दू धर्म के सम्बन्ध में उनके स्पष्ट विचार थे- मैं अपने को सनातनी हिन्दू कहता हूँ, क्योंकि (एक) मैं वेदों, उपनिषदों, पुराणों तथा सभी हिन्दू धर्म ग्रन्थों में विश्वास करता हूँ, अतः अवतारों और पुनर्जन्म में भी विश्वास करता हूँ, (दो) मैं वर्णाश्रम धर्म में विश्वास करता हूँ - उसके विशुद्ध वैदिक रूप में, न कि आज के प्रचलित भौंडे रूप में, (तीन) मैं गौ रक्षा में विश्वास करता हूँ - किन्तु लोक प्रिय अर्थों में इससे जो समझा जाता हूँ, उससे कहीं अधिक व्यापक अर्थों में, और (चार) मैं मूर्तिपूजा में अविश्वास नहीं करता।"[1] यों तो गांधीदर्शन का समूचा स्वरूप ही सामाजिक चेतना का पर्याय हो सकता है। इसमें विश्वसनीयता की कमी नहीं है क्योंकि यह हमारी परम्परा - धर्म, दर्शन, संस्कृति आदि से टंका (जुड़ा) है। गांधी दर्शन के मूल तत्त्व एवं सिद्धान्तों को यहाँ हम सामाजिक दृष्टि से देखने का प्रयत्न करेंगे। साथ ही उनकी सफलता पर भी प्रकाश डालेंगे।

सत्य और अहिंसा गांधी दर्शन के मूल तत्त्व हैं। कहना चाहिए प्राण है। इन्हीं से गांधी दर्शन आगे बढ़ता है। आज की समस्याओं से जूझने का तरीका, बल प्रदान करता है। जो कि हमको विरासत में मिला हुआ है ज़िसको हम भूल चुके हैं उसका उपयोग कर्म के क्षेत्र से बहुत

1. यंग इंडिया : एम. के. गाँधी, 6 अक्टूबर 1921

दूर हो गया है। जिसकी बात सतत् हमारे दर्शन, धर्म, साहित्य आदि करते चले आ रहे हैं इनकी पुनर्स्थापना गांधी दर्शन करता है। सत्य शाश्वत है इसकी विजय निश्चित है उसी का गान हमारे महाकाव्य, आदि सभी ग्रन्थ करते चले आये हैं - "सत्य का मार्ग वह पथ है जिस पर देवता और विद्वान चलते हैं क्योंकि यह मुक्ति का विधायक तत्त्व है।"[1] "मनुष्य के सम्पूर्ण कार्यों का उत्पादक और नियामक सत्य वचन ही हैं जो मनुष्य वाणी से ईमानदार नहीं वह सभी मांनों में बेईमान होता है।[2] इस प्रकार गांधीजी मानते हैं कि सत्य की महिमा अपार है वह न जाने कब से इस सृष्टि में चली आ रही है, और न जाने कब तक चलती चली जायेगी, अर्थात् जब तक सृष्टि है सत्य भी रहेगी।

सामाजिक संदर्भ में प्रत्येक प्राणी में सत्य होता है, उसके बिना मनुष्य की तो कल्पना करना असंभव है, जिसकी कि व्यापकता मनुष्यों में प्रचुर मात्रा में मिलती है, कमी है तो बस उसे-उनके महसूस करने की। गांधी जी लिखते हैं -"सत्य एक विशाल वृक्ष है। ज्यों-ज्यों उसकी सेवा की जाती है त्यों-त्यों उसमें अनेक फल आते दिखाई देते हैं। उसका अन्त ही नहीं होता। ज्यों ज्यों हम गहरे पैठते हैं त्यों त्यों उसमें से रत्न निकलते हैं, सेवा के अवसर हाथ आते रहते हैं।[3] गांधी जी सत्य को जीने और समझने के संदर्भ में अनुभव करते हैं -"मैं केवल सत्य का शोधक हूँ। मेरा दावा है कि मैं सत्य.को पाने का सतत् प्रयत्न कर रहा हूँ परन्तु मैं यह स्वीकार करता हूँ कि मुझे वह अभी तक मिला नहीं है। सत्य को पूरी तरह प्राप्त कर लेना ही सम्पूर्ण हो जाना है। मुझे अपनी अपूर्णताओं का दुखद भान है और इसी में मेरा सारा बल समाया हुआ हैं क्योंकि अपनी मर्यादाओं को जान लेना मनुष्य के लिये दुर्लभ वस्तु है।"[4] इस प्रकार सत्य को समझना जितना अपूर्ण होगा, उतना अपने को ही समझना कुछ पूर्ण हो सकेगा उनका मानना है कि - सृष्टि में सत्य की ही एक मात्र सत्ता है और उसके सिवा दूसरा कोई नहीं है... परमेश्वर की व्याख्याएँ अगणित हैं क्योंकि उसकी विभूतियाँ भी अगणित हैं। विभूतियाँ मुझे आश्चर्यचकित तो करती हैं, मुझे क्षणभर के लिये मुग्ध भी करती हैं। पर मैं तो पुजारी हूँ सत्य-रूपी परमेश्वर का। मेरी दृष्टि में वही एकमात्र सत्य है दूसरा सब कुछ मिथ्या है। पर यह सत्य अभी तक मेरे हाथ नहीं लगा है। अभी तक तो मैं उसका शोधक मात्र हूँ। हाँ, उसकी शोध के लिये मैं अपनी प्रिय से प्रिय वस्तु को भी छोड़ देने के लिये तैयार हूँ और इसी शोध रूपी यज्ञ में अपने शरीर को भी होम देने की तैयारी कर ली है।"[5] इस प्रकार गांधीजी सत्य के शोधार्थी के रूप में अपने को लगाये हुए हैं। सत्य के प्रति उनका आग्रह है - "पृथ्वी सत्य के बल पर टिकी हुई है। असत्य के मानी है नहीं, सत्य अर्थात् 'है' जहाँ असत् अर्थात् अस्तित्व ही नहीं है उसकी सफलता कैसे हो सकती है? और जो सत् अर्थात् है उसका नाश कौन कर सकता है? बस, इसी में सत्याग्रह का समस्त शास्त्र समाविष्ट है।"[6]

1. मुण्डकोपनिषद् - खण्ड 3, श्लोक 6।
2. मनुस्मृति, अध्याय 4, श्लोक 256।
3. आत्मकथा, भाग 3, पृ.240।
4. यंग इण्डिया, अंक 19-11-1921
5. 'आत्म-कथा' महात्मा गाँधी, पृ.505।
6. दक्षिण अफ्रीका का सत्याग्रह, महात्मा गाँधी, पृ. 139।

सत्य का व्यावहारिक स्वरूप व्यक्ति को अहिंसक बनाता है। स्वयं गांधीजी कहते हैं - "सत्य के पथ का व्यावहारिक आरोपण अहिंसा के अभाव में कठिन है।"[1] जिस प्रकार व्यक्ति में सत्य तत्त्व निश्चित होता है वैसे ही अहिंसक तत्त्व भी। हमारा ध्येय गांधी जी की अहिंसा को सार्वजनिक रूप में देखना है। प्रत्येक व्यक्ति की अहिंसा मिल मिलकर जब एकता का रूप धारण कर ले, तो उसमें सामाजिकता का विकास सरलता से संभव है। क्योंकि अहिंसा आन्तरिक (मानसिक) स्तर पर भी होती है और इसका क्षेत्र व्यापक होता चला जाता है और इसमें पूरा ब्रह्माण्ड समा जाता है। लेकिन मनुष्य अपने सामने बहुत सारी परेशानियों के कारण उस स्तर तक पहुँच नहीं पाता है। गांधीजी बढ़ते वैज्ञानिक युग में विश्व के अन्दर अहिंसा की कमी देखते हैं फिर भी भारत को इसके लिये आज भी उपयुक्त मानते हैं। विश्व में जिस स्तर पर विभिन्न प्रकार की हिंसाएँ विकासोन्मुखी होती जा रही है भारत में भी ये फैलती - फैलाई जा रही है। गांधीजी इससे चिन्तित है और भारत के भविष्य के लिये अहिंसा की पुर्नस्थापना की आवश्यकता समझते हैं। क्योंकि किसी राष्ट्र के शक्तिशाली होने के लिये एकता की आवश्यकता है। एकता की सुदृढ़ता व्यावहारिक रूप से सामाजिक होने से हो सकती है और सामाजिकता का स्वरूप अहिंसा में विद्यमान है जिसका सम्बन्ध बालक, युवा, वृद्ध, स्त्री, पुरुष आदि सबसे आगे जाकर सामाजिक होते हुए अन्तर्राष्ट्रीय हो जाता है। अहिंसा में बड़े से बड़ा जन समूह समा सकता है इस संदर्भ में गांधीजी के विचार हैं - "यह समझना एक जबरदस्त भूल है कि अहिंसा केवल व्यक्तियों के लिये ही लाभदायक है जन समूह के लिये नहीं। जितना वह व्यक्ति के लिये धर्म है उतना ही वह राष्ट्रों के लिये भी धर्म है।"[2] गांधी जी ने अहिंसा को बड़े व्यापक रूप में लिया है उस स्तर पर किसी भी समाज या राष्ट्र की एकता सुसंगठित हो सकती है। और विभिन्न प्रकार की समस्याओं का समाधान कर सकती हैं। जिस प्रकार महात्मा गांधी ने राष्ट्र की स्वतंत्रता के लिये उसको अपनाया और उसमें सफलता प्राप्त की उसी प्रकार तमाम वर्तमान सामाजिक समस्याओं का समाधान भी अहिंसा से किया जा सकता है। इसके लिये उसे अपने व्यक्तित्व की ओर मुड़ना होगा।

महात्मा गांधी के विचार दर्शन के अन्य पहलू भी थे वर्ग सहयोग, विकेन्द्रीकरण, ट्रस्टीशिप, हृदयपरिवर्तन आदि। जैसे गांधी-दर्शन में सत्य और अहिंसा का जो स्वरूप है वैसा ही उपरोक्तों का भी है। गांधी जी का मानना था कि समाज का उत्थान विभिन्न जातियों वर्णों, समुदायों आदि के उत्थान से ही है। शोषित व शोषक वर्गों को वे स्वीकार करने के पक्ष में कतई नहीं थे। आय व पूंजी के कारण समाज में जो अलगाव था, उसे खत्म करके ही समाज में चेतना का वातावरण पनप सकता है। श्रम के महत्त्व तथा पैसे की आवश्यकता अनावश्यकताओं पर उन्होंने विभिन्न प्रकार से प्रकाश डाला है। जैसे -"श्रम के बिना सोना-चांदी और तांबे का कोई महत्त्व नहीं है... श्रमिक अपने महत्त्व को समझे और अपने भाग्य को न कोसे। हमारे देश में पैसे वाले और तथाकथित उच्च वर्ग के लोग शरीर श्रम को नीचा और हेय समझते हैं यहाँ तक कि उसके प्रति घृणा का भाव रखते हैं।"[3]

1. आत्मकथा, महात्मा गाँधी, भाग 4, अध्याय 6।
2. हरिजन सेवक, अंक 5-9-1936।
3. वर्ग सहयोग के प्रवर्तक, प्रकाशन शाखा, उत्तर प्रदेश सूचना विभाग पृ.51

शोषक का निर्मूलन पूर्णरूप से तभी संभव है जब शोषक और शोषित वर्गों में सहयोग हो तथा पूंजी और श्रम में सामंजस्य हो, क्योंकि यदि पूंजी ताकत है तो श्रम भी ताकत है। दोनों ही ताकतों का विनाश या रचना के लिये उपयोग किया जा सकता है। दोनों एक दूसरे पर निर्भर हैं।"[1] सच तो यह है कि गरीब हिन्दुस्तान स्वतंत्र हो सकता है लेकिन चरित्र खोकर धनी बने हुए हिन्दुस्तान का स्वतंत्र होना मुश्किल है।... अंग्रेजी राज्य को कायम रखने वाले यह धनी ही हैं क्योंकि उनका स्वार्थ इसी में है। पैसा आदमी को रंक बना देता है।[2] मनुष्य को आजीविका का अधिकार होना चाहिए धनोपार्जन का नहीं। उनके शब्दों में प्रत्येक उद्यमी मनुष्य को आजीविका पाने का अधिकार है मगर धनोपार्जन का अधिकार किसी को नहीं। सच कहें तो धनोपार्जन स्तेय है चोरी है। जो आजीविका से अधिक धन लेता है, वह जाने में या अनजाने में दूसरों की आजीविका छीनता है।[3]

इस प्रकार गांधीजी श्रम और पूंजी के आधार पर वर्ग भेद को समाज के समुचित विकास में बाधक मानते थे। और उसे दूर करना अनिवार्य ही नहीं अपरिहार्य समझते थे। इसके रहते समाज में अलगाव, दूरी बनी ही रहेगी। अतः समाज के उत्थान के लिये, उसमें विकास के लिये, एक दूसरे को मिल जुलकर रहना अनिवार्य है।

गांधी जी पूंजी की शक्ति के केन्द्रीयकरण के ही नहीं, अन्य सभी प्रकार की शक्तियों, सत्ता, प्रभुता, अधिकारों आदि के विकेन्द्रीकरण के पक्षधर थे। क्योंकि इससे किसी शक्ति या सत्यता का अधिकार केवल एक व्यक्ति, वर्ग या समुदाय के हाथों में रहने का डर नहीं रहता है। उन्होंने विकेन्द्रीकरण के पक्ष में लिखा है - "यदि भारत को अहिंसक रीति से विकास करना है तो उसे बहुत बातों का विकेन्द्रीकरण करना होगा। केन्द्रीयकरण का संचालन और उसकी रक्षा बिना पर्याप्त शक्ति के नहीं हो सकती।"[4] गांधी जी के अनुसार समाज के प्रत्येक व्यक्ति को पहले उसकी आवश्यक आवश्यकताओं की पूर्ति जरूरी है तदोपरान्त चेतना की बात आती है और ये आवश्यकताएं- भोजन, कपड़ा, मकान विकेन्द्रीकरण की नीति से सुगमता से सुलभ हो सकती हैं। खेती के अलावा छोटे-छोटे कुटीर उद्योग धन्धों (ग्रामोद्योग) के विकास से ये आवश्यकताएं आसानी से प्राप्त की जा सकती हैं। अतः गांधी जी ने उद्योग धंधों के केन्द्रीकरण का विरोध किया और छोटे-छोटे ग्रामोद्योग का समर्थन। इस प्रकार समाज को व्यवस्थित करने के लिये गांधी जी विकेन्द्रीकरण के पक्षधर थे।

गांधी जी का मानना है कि व्यक्ति के सोच में परिवर्तन होता है, किया जा सकता है। संसार के सभी धर्म प्रत्यक्ष अप्रत्यक्ष रूप से कहीं न कहीं हृदय परिवर्तन की बात करते हैं। इसमें अन्याय करने वाले एवं अन्याय सहने वाले दोनों व्यक्तियों का हृदय परिवर्तन हो सकता है। अन्याय सहने वाले व्यक्ति को असहयोग की सहायता से अपने को कष्ट सहने

1. वर्ग सहयोग के प्रवर्तक प्रकाशन शाखा, उत्तर प्रदेश सूचना विभाग पृ.5।

2. हिन्द स्वराज, सन् 1908

3. हिन्दी नवजीवन, 2-9-1929, पृ.29

4. हरिजन अंक, दिसम्बर 1939, पृ.391

की स्थिति में डालते हुए अन्यायी का हृदय परिवर्तित कराया जा सकता है। गांधीजी का मानना है कि शोषक चाहे किसी भी वर्ग का क्यों नहीं हो उसका भी हृदय परिवर्तन निश्चित है। एक स्थान पर वे लिखते हैं कि "हिंसा से प्रतिहिंसा बढ़ती है, अतएव अहिंसा ही हृदय परिवर्तन की सर्वोत्तम विधि है, क्योंकि सत्याग्रही का एक मात्र उद्देश्य अन्यायी का हृदय परिवर्तन है, न कि उसके साथ बल प्रयोग।"[1] अतः गांधी जी का दर्शन समाज के व्यक्तियों को आजीवन एक सी ही मान्यताओं में बने रहने का विरोध करता है उनका मानना है कि व्यक्ति के हृदय में परिवर्तन होना संभव है। इससे नये अच्छे मनुष्य की संभावना बनी रहती है हमें इस दिशा में भी प्रयत्न करते रहना चाहिए। और पुरानी पीढ़ी के सुधार में भी उतनी ही संभावनाएँ रहती हैं जितनी कि नई पीढ़ी में।

गांधी दर्शन के सिद्धान्तों में सत्याग्रह का विशेष महत्त्व है सत्याग्रह से आशय सत्य को समझकर सही के प्रति आग्रह सत्य से उत्पन्न होने का बल से है। इसके लिये गांधी जी लिखते है -"सत्याग्रह एक ऐसी तलवार है जिसके सब ओर धार है। उसे जैसे चाहो वैसे काम में लाया जा सकता है। उसे काम में लाने वाला और जिस पर वह काम में लाई जाती है, दोनों सुखी होते हैं। खून न बहाकर भी वह बड़ी कारगर होती है। उस पर न तो कभी जंग लगता है और न कोई उसे चुरा ही सकता है।"[2] गांधी दर्शन में सत्याग्रह ने अहिंसात्मक प्रतिरोध के रूप में प्रतिष्ठा पाई है। सत्याग्रह के लिये एक जगह वे लिखते हैं - ''इसका मूलार्थ सत्य को ग्रहण करना है। इससे यह सत्य शक्ति है। मैंने इसे प्रेम शक्ति या आत्मशक्ति भी कहा है। सत्याग्रह का प्रयोग करने में बिल्कुल प्रारम्भिक अवस्था में मैंने यह देख लिया है कि सत्य के अनुगमन में विरोधी के प्रति हिंसा करने की कोई गुंजाइश नहीं है। उसकी गलती तो धैर्य और सहानुभूति द्वारा ही दूर करनी पड़ेगी। क्योंकि जो एक को सत्य जान पड़ता है वहीं दूसरे को गलत जान पड़ सकता है। धैर्य का अर्थ स्वयं कष्ठ उठाना है इसलिये सत्याग्रह का यह अर्थ लिया गया है कि विरोधी को पीड़ा देकर नहीं बल्कि स्वयं कष्ठ उठाकर सत्य की रक्षा करना है।"[3] इस प्रकार गांधी जी ने तत्कालीन देश की समस्याओं का गहनता से अध्ययन करते हुए अपना दर्शन उसी के सापेक्ष खोजा और उसमें वर्ग सहयोग, बिकेन्द्रीयकरण ट्रस्टीशिप, हृदयपरिवर्तन एवं सत्याग्रह आदि जैसी दृष्टियाँ दी उनके द्वारा उन्होंने देश की राजनैतिक, धार्मिक, आर्थिक सामाजिक आदि समस्याओं का निदान करने का सार्थक अभियान चलाया। उन्होंने तत्कालीन समस्याओं के निवारण के लिये निम्नलिखित क्षेत्रों में रचनात्मक कार्य करते हुए उनसे सम्बन्धित विचार व्यक्ति किए। गांधी जी के समय में साम्प्रदायिक अलगाव का भीषण जोर था। उन्होंने साम्प्रदायिक दंगों की विकरालता और उनके दुष्परिणामों से प्रभावित होकर एक संघ की स्थापना की, तथा यह प्रतिज्ञा करते हुए उस संघ का संचालन किया - "जब तक मैं संघ का सदस्य रहूँगा तब तक वचन और कर्म में अहिंसक रहूँगा और इस बात का प्रयास करूँगा कि मन से भी अहिंसक

1. हरिजन मार्च 1939, पृ.64
2. 'हिन्द स्वराज' प्रकाशन सन् 1908
3. यंग इंडिया, अंक 14, जनवरी, सन् 1920

रहूँ, क्योंकि मेरा विश्वास है कि अहिंसा से भारतवर्ष की वर्तमान परिस्थिति में खिलाफत और पंजाब को सहायता मिल सकती है और स्वराज्य स्थापित हो सकता है और भारतवर्ष की सब जातियों में चाहे वह हिन्दू, मुसलमान, सिख, पारसी, ईसाई या यहूदी हो एकता स्थापित हो सकती है। मुझे ऐसी एकता में विश्वास है और मैं उसकी उन्नति के लिये सदैव प्रयत्न करता रहूँगा।"[1] संघ का सदस्य बनने के लिये उन्होंने शर्ते भी रखी जिनका पालन करना संघ में शामिल होने वाले सदस्य के लिये अनिवार्य था। क्योंकि उनकी यह दृढ़ मान्यता थी कि धर्म की जड़े तो हमेशा हरी रहती हैं वे किसी भी देश या क्षेत्र में ऐसी पैठ जाती है कि उनको समूल उखाड़ फैंकना असंभव होता है - "हिन्दुओं के लिये यह आशा करना कि इस्लाम, ईसाई धर्म और पारसी धर्म हिन्दुस्तान से निकाल दिया जायेगा एक निरर्थक स्वप्न है। इसी तरह मुसलमानों का भी यह उम्मीद करना कि किसी दिन अकेले उनके कल्याणगत इस्लाम का राज्य सारी दुनियां में हो जायेगा कोरा ख्वाब है। पर अगर इस्लाम के लिये एक ही खुदा को तथा उसके पैगम्बरों की अनन्त परम्परा को मानना काफी हो तो हम सब मुसलमान हैं इसी तरह हम सब हिन्दू और ईसाई भी हैं।"[2] इस प्रकार उन्होंने साम्प्रदायिक एकता को बनाये रखने के भरसक प्रयत्न किए। हमारा मानना है उनके प्रयत्नों से राष्ट्रीय एकता सामाजिक एकता को बाह्य एवं आन्तरिक रूप से बल मिला जिससे साम्प्रदायिक अलगाव की विकरालता में कमी आई होगी, इस बात से इन्कार नहीं किया जा सकता।

गांधी जी ने उस समय देखा कि समाज को एकजुट होने में अस्पृश्यता कुछ न कुछ अंश में बाधा खड़ी कर रही है इसका निवारण जितना जल्दी हो सकेगा उतना ही यह देश के हित में होगा। इसके लिये गांधीजी ने इसके मूल में देखा और उसके लिए विभिन्न तर्क दिए - "वर्ण नियम का अर्थ है कि प्रत्येक व्यक्ति को अपने पूर्वजों का धन्धा धार्मिक कर्त्तव्य की भाँति अपनाना चाहिए। यदि वह धन्धा बुनियादी नीति से अनमेल न हो। उसी धंधे से वह व्यक्ति अपनी जीविका कमाये। वह धन संचय न करे किन्तु उसे जन हित में लगा दे।"[3] "वर्ण का एवं जन्म का अति निकट का सम्बन्ध है। यद्यपि यह सम्बन्ध अटूट नहीं है। वर्ण का निर्धारण जन्म से होता है किन्तु उसकी रक्षा वर्ण के कर्त्तव्य पालन से होती है। ब्राह्मण माता पिता का पुत्र ब्राह्मण कहलायेगा किन्तु वयस्क हो जाने पर यदि उसके जीवन में ब्राह्मणों के गुणों की अभिव्यक्ति न होगी तो उसे ब्राह्मण नहीं कहा जा सकता। उसका ब्राह्मणत्व से पतन हो चुकेगा। दूसरी ओर वह व्यक्ति जो जन्म से ब्राह्मण नहीं हैं किन्तु अपने आचरण से ब्राह्मणों के गुणों की अभिव्यक्ति करता है, ब्राह्मण माना जायेगा यद्यपि वह स्वयं इस वर्ण को स्वीकार न करेगा।"[4] "धन्धों और पेशों में कोई ऊँचा नीचा नहीं है, सब बराबर हैं।"[5]

1. सर्वोदय तत्त्व दर्शन, डॉ. गोपीनाथ धवन, पृ.220
2. हिन्दी नवजीवन, अंक सितम्बर, 1924
3. हरिजन अंक, सितम्बर 1934
4. हरिजन अंक सितम्बर पृ.261
5. हरिजन अंक मार्च 1937, पृ.25

इन तर्कों के माध्यम से अस्पृश्यता (छूआछूत) को दूर करने के स्थायी पक्षों को समाज के सामने उजागर किया जिससे जनता के ऊपर इनका गहरा प्रभाव पड़ा। फलस्वरूप बदलते, विकास के साथ-साथ समाज में अस्पृश्यता कट्टरता के रूप में बची रही, और समय के साथ-साथ इसका अन्त सा होता चला जा रहा है।

गांधी जी का मानना था कि व्यक्ति का मादक द्रव्यों के सेवन से नैतिक पतन हो जाता है, उसकी आत्मा उसे कोसती हैं। सत्याग्रह करने वाले व्यक्तियों के लिये मद्य निषेध आवश्यक मानते हैं। इस तरह आन्तरिक गिरावट के साथ-साथ बाह्य स्वास्थ्य की भी हानि होती है। गाधी जी ने मद्य निषेध के लिये योजनाएँ प्रस्तुत की हैं वे कहते हैं कि "यदि हम अहिंसात्मक प्रयत्न के द्वारा अपना ध्येय प्राप्त करना चाहते हैं, तो जो लाखों स्त्री पुरुष, शराब, अफीम वगैरह नशीली चीजों के व्यसन के शिकार हो रहे हैं, उनके भाग्य का निर्णय हम सरकार पर नहीं छोड़ सकते। कांग्रेस कमेटियों को ऐसे विश्रांतिगृह खोलने चाहिए, जहाँ थके-मांदे मजदूर को विश्राम मिले। उसे स्वास्थ्यपूर्ण और सस्ता कलेवा मिले और उनके लायक खेल खेलने का इंतजाम हो। यह सारा काम चित्ताकर्षक और उन्नति कारण है।"[1] मद्य निषेध के लिये विद्यार्थियों व स्त्रियों के सहयोग की बात करते हैं -"स्त्रियों और विद्यार्थियों को मद्यपान निषेध करने की विशेष सुविधा है। प्रेमपूर्ण सेवा के कार्यों द्वारा और मन बहलाव के स्थान खोलकर वे नशाखोरों को प्रभावित कर सकते हैं और उन्हें इन द्रव्यों के सेवन की आदत से छुड़ा सकते हैं।"[2] इस प्रकार गांधी जी ने समाज में मद्यपान से उत्पन्न बुराइयों को दूर करने के लिये मद्य निषेध पर बल दिया। समाज में इस पर व्यर्थ अर्थ व शक्ति को, अन्य समाज के अच्छे कार्यों में व्यय करने पर ध्यान दिया। उनका मानना है कि यदि मादक द्रव्यों के सेवन पर रोक लगाई जायेगी तो व्यक्ति की शक्ति व पैसे का उपयोग अन्य कार्यों पर ही होगा।

गांधी जी ने खादी प्रयोग पर विशेष बल दिया। खादी के प्रचार एवम् प्रसार से गरीबों की रोजी रोटी तो चलती ही है, स्वाभिमान की रक्षा भी होती है। तथा अपने देश में अपने द्वारा काता, बनाया कपड़ा पहनने में अधिक सुख देता है। खादी के प्रचार एवं प्रसार के लिये गांधीजी के विचार हैं - कि सारी चीजें चरखें से ही निकली हैं। चरखा तो लंगड़ें की लाठी है, सहारा है। भूखों को दान देने का साधन है। निर्धन स्त्रियों के सतीत्व की रक्षा करने वाला किला है, खादी भारत की सारी जनता की एकता, आर्थिक स्वतंत्रता और समानता की प्रतीक है।... स्वराज्य के समान ही खादी भी राष्ट्रीय जीवन के लिये श्वास के जितनी ही आवश्यक हैं। जिस तरह हम स्वराज्य को नहीं छोड़ सकते, उसी प्रकार खादी को भी नहीं छोड़ सकते। खादी को छोड़ने के माने होंगे, भारतीय जनता को बेच देना, भारत वर्ष की आत्मा को बेच देना।"[3] "मेरा विश्वास है कि भारतवर्ष के आर्थिक, राजनैतिक और नैतिक उद्धार के लिये स्वदेशी आवश्यक है। मैं दूसरी तरह के सब कपड़ों को छोड़कर केवल हाथ के कते और बुने

1. गाँधी बाणी, श्री रामनाथ सुमन, पृ.९५
2. क़ान्स्ट्रक्टिव प्रोगाम, पृ.7
3. यँग इण्डिया, भाग 2, पृ.797।

खद्दर का ही इस्तेमाल करूँगा।"[1] मैं जितनी बार चरखे पर सूत निकालता हूँ, उतनी ही बार भारतके गरीबों का विचार करता हूँ । भूख की पीड़ा से व्यथित ही ईश्वर है। उसे जो रोटी देता है वही उसका मालिक है। जिसके हाथ पैर सही सलामत हैं, उन्हें दान देना, अपना और उनका दोनों का ही पतन करना है। उन्हें तो किसी न किसी तरह के धन्धे की जरूरत है और वह धन्धा जो करोड़ों को काम देगा, केवल हाथ कताई का ही हो सकता है।[2] इत्यादि बहुत सारे तर्कों तथ्यों के द्वारा गांधी जी ने खादी के प्रयोग पर विशेष बल दिया।

गांधी जी ने सोचा कि ब्रिटिश शासन काल में औद्योगिकता और यंत्रीकरण के प्रचार एवं प्रसार से पूंजीवाद को बढ़ावा मिला जिससे शोषण के क्षेत्र में काफी वृद्धि हुई।

शोषण निराकरण हेतु कुटीर उद्योग धंधों के प्रसार पर बल दिया। उन्होंने देखा कि भारतवर्ष एक कृषि प्रधान देश है यहाँ की जनता अधिकतर वर्ष में कुछ समय खेतों में काम करती है यदि उसके बचे समय को छोटे-छोटे उद्योग धन्धों में लगाया जायेगा तो आर्थिक असमानता तो कम होगी ही ग्रामीणों में आत्मनिर्भरता का भी बोध होगा। जिससे नगरों की ओर बढ़ रही प्रवृत्ति पर भी रोक लग सकेगी। इत्यादि रूपों के सन्तुलन से भारतीय समाज का ढ़ांचा फैलफूट कर अपना विकास करता रहेगा। और देश की समृद्धि में सहायक होगा।

गांधी जी शिक्षा को युगजीवन के अनुकूल बनाने पर बल देते हैं, और उनका मत है - राष्ट्र के रूप में हम शिक्षा में इतने पिछड़े हुए हैं कि यदि हमने शिक्षा का यह कार्यक्रम धन पर आधारित किया तो हम राष्ट्र के प्रति शिक्षा के अपने उत्तरदायित्वों को इस पीढ़ी में थोड़े समय में निर्वाह करने की आशा नहीं कर सकते हैं। अतः मैंने अपनी रचनात्मक योग्यता की ख्याति को संकट में डालकर यह प्रस्ताव करने का साहस किया है कि शिक्षा आत्मनिर्भर होनी चाहिए। शिक्षा से मेरा अर्थ है बच्चों और मनुष्यों की सम्पूर्ण शारीरिक मानसिक तथा आत्मिक शक्तियों का सर्वतोमुखी विकास। साक्षरता न तो शिक्षा का अन्त है और न आदि। यह तो अनेक साधनों में से एक साधन है जिसके द्वारा पुरुष एवं स्त्री को शिक्षित किया जा सकता है। साक्षरता स्वयं शिक्षा नहीं है। अतः मैं बच्चों की शिक्षा उसे एक उपयोगी हस्त शिल्प सिखाकर और जिस समय से वह अपनी शिक्षा प्राप्त करता है, उसी समय से उसे उत्थान करने योग्य बनाकर प्रारम्भ करना चाहता हूँ। इस प्रकार यदि राज्य, विद्यालयों में निर्मित वस्तुओं को ले लेने का उत्तरदायित्व ले लें तो प्रत्येक विद्यालय आत्म निर्भर बनाया जा सकता है।"[3] शिक्षा सात वर्ष से 14 वर्ष तक के बच्चों के लिये अनिवार्य एवं निःशुल्क मातृभाषा के माध्यम से होनी चाहिए।गांधी दर्शन में नारी सम्बन्धी विचार निम्नलिखित है -

"स्त्री क्या है ? त्याग की साक्षात् मूर्ति है। जब कोई स्त्री किसी काम में जी जान से लग जाती है; तो वह पहाड़ को भी हिला देती है।"[4]

1. सर्वोदय तत्त्व दर्शन, डॉ. गोपीनाथ धवल, पृ.221
2. यंग इण्डिया, 20 मई, 1926
3. हरिजन अंक, जुलाई 21, 1937
4. हिन्दी नव जीवन, अंक दिसम्बर 12, 1921

"अगर अहिंसा हमारे जीवन का ध्यान मंत्र है तो कहना होगा कि देश का भविष्य स्त्रियों के हाथ में है।"[1]

"युद्ध में फंसी हुई दुनिया आज शांति का अमृत पान करने के लिये तड़प रही है। यह शांति कला सिखाने का काम भगवान ने स्त्री को दिया है।"[2]

"स्त्री में जिस प्रकार बुरा करने की, लोक नाश करने की शक्ति है उसी प्रकार भला करने की, लोकहित साधन करने की शक्ति भी उसमें सोई पड़ी है। अगर वह यह विचार छोड़ दे कि वह खुद अबला है और पुरुष के खेलने की गुड़िया होने के ही योग्य है तो वह खुद अपना और पुरुष का (पिता,पुत्र, पति) जन्म सुधार कर सकती है और इन दोनों के लिये इस संसार को अधिक से सुखमय बना सकती है।"[3]

इस प्रकार के नारी के प्रति गांधी जी के दृष्टिकोण थे, जिनका स्वरूप आधुनिक हिन्दी महाकाव्यों में देखने को मिलता है। वे पुराने समय से चले आ रहे नारी के प्रति संकुचित विचारों को दूर करते हैं, लेकिन भारतीयता के दायरे में ही। नारी की स्वतंत्रता की भी बात करते हैं लेकिन पाश्चात्य देशों से अलग हटकर। इस प्रकार गांधी दर्शन में नारी उत्थान की बात भारतीय संस्कृति, सभ्यता के साथ गांधी जी करने के पक्ष में हैं। गांधी जी का विचार है कि समस्त राष्ट्र को एक सूत्र में बांधने वाली एक भाषा होनी चाहिए। भारतवर्ष की भी एक भाषा होनी चाहिए इस संदर्भ में गांधी जी के मत थे - हिन्दुस्तानी अर्थात् हिन्दी और उर्दू दोनों के मिश्रण से बनी हुई हिन्दी, देहली, लखनऊ, प्रयाग जैसे नगरों में आम लोगों द्वारा बोली जाने वाली भाषा हिन्दुस्तान की भाषा है। शिक्षित मनुष्य को यह भाषा शुद्ध रीति से बोलनी, लिखनी और पढ़नी आनी चाहिए।"[4]

"अब तो मैं यह मानता हूँ कि भारतवर्ष के उच्च शिक्षण क्रम में मातृ भाषा के उपरान्त राष्ट्रभाषा हिन्दी के लिये भी स्थान होना चाहिए।"[5]

"हिन्दी को हम राष्ट्र भाषा मानते हैं। वही राष्ट्रीय भाषा होने लायक है। वही भाषा राष्ट्रीय बन सकती है जिसे अधिक संख्यक लोग जानते बोलते हैं और जो बोलने में भी सुगम हो। ऐसी भाषा हिन्दी ही है। अन्य प्रांतों ने भी स्वीकार कर लिया है।"[6]

1. यंग इण्डिया, अंक अप्रैल 4, 1930
2. हरिजन सेवक, अंक फरवरी 24, 1940, पृ.16
3. हरिजन सेवक, दिसम्बर 31, 1938, पृ. 371
4. मेरे सपनो का भारत, महात्मा गाँधी, पृ.216
5. आत्म कथा, महात्मा गाँधी, पृ.181
6. हिन्दी साहित्य कोश, प्रधान सं. डॉ. धीरेन्द्र वर्मा, भाग 1, पृ.256

सेवा भावना के संदर्भ में उनके विचार स्पष्ट हैं -

"निर्धन की सेवा ही ईश्वर की भक्ति है ।"[1]

"अपनी शुद्ध सेवा के बल पर जो पद और सत्ता हमें मिलती है वह हमारे हृदय को उच्च बनाती है । जो सत्ता सेवा के नाम पर केवल बहुमत के बल पर प्राप्त की जाती है वह केवल भ्रम जाल है । सेवेच्छु के लिये न सत्ता, न पद, न शान दरकार होती है ।"[2]

"मेरा धर्म सिद्धान्त है ईश्वर की और इसलिये मनुष्य जाति की सेवा । पर एक भारत वासी के नाते मैं भारत की और एक हिन्दू के नाते भारतीय मुसलमानों की सेवा न करूँ तो न ईश्वर की सेवा कर सकता हूँ न मनुष्य जाति की । ऐच्छिक सेवा का अर्थ शुद्ध प्रेम हैं ।"[3] इत्यादि विचार गांधीजी के सेवा भावना के बारे में हैं जिसका प्रयोग आधुनिक महाकाव्यों में स्पष्ट रूप सें देखा जा सकता है ।

प्रियप्रवास

'प्रियप्रवास' महाकाव्य पर गांधी दर्शन का प्रभाव दिखाई पड़ता है । जिस प्रकार गांधीजी भारतीय जनता के उत्थान, को साथ लेकर, देश को स्वतंत्र कराने की दिशा में दत्तचित्त दिखलाई पड़ते हैं; वैसे ही प्रियप्रवास का नायक भी प्रयत्नशील है । इसमें श्रीकृष्ण लोक सेवी, युग पुरुष के रूप में चित्रित हुए हैं । महाकाव्य के तत्त्वों की दृष्टि से 'प्रियप्रवास' पर गांधी दर्शन की सानुरूपता का संक्षेप में यहाँ विचार करेंगे । 'प्रियप्रवास' का कथानक अपने युग में आदर्शवादिता की आवश्यकता पर बल देता है । "प्यारे जीवें जग हित करें गेह, चाहे न आवें ।"[4] अहिंसा कीं बात करता है परन्तु कर्त्तव्य पालन को जीवन की आवश्यकता के लिये महत्त्व देता है । -

"अवश्य हिंसा अति निंद्य कर्म है ।
तथापि कर्त्तव्य प्रधान है यही ।
न सद्म हो पूरित सर्प आदि से,
बसुंधरा में पनपें न पातकी ॥"[5]

'प्रियप्रवास' का कथानक मनुष्य को विशेष महत्त्व देता है । मनुष्य का सबसे धर्म मानव मात्र की सेवा करना है । असहायों की सहायता करना ही सभी धर्मों से बढ़कर है -

---

1. हिन्दी नवज़ीवन अंक, फरवरी 5, 1925
2. यंग इण्डिया अंक अक्टूबर 26, 1924
3. हिन्दी नवजीवन अंक अक्टूबर 26, 1924
4. प्रिय प्रवास षोड़श सर्ग, पृ. 243
5. प्रिय प्रवास त्रयोदश सर्ग, पृ. 176

"विपत्ति से रक्षण सर्वभूत का।
सहाय होना असहाय जीव का।
उबारना संकट से स्वजाति का।
मनुष्य का सर्व प्रधान धर्म है ॥"[1]

'प्रियप्रवास' का कथानक दिव्य फल आदि की प्राप्तिं से बढ़कर सत्य, त्याग के गौरव की महिमा का गायन करता है कि त्याग में जो सुखानुभूति होती है वह किसी वस्तु के प्राप्त करने में नहीं हो सकती -

"अन्यूनता दिव्य-फलादि की, दिखा।
महत्त्व और गौरव, सत्य-त्याग का।
विचित्रता से करती प्रकाश थी।
स-पत्रता पादप पत्र हीन की।"[2]

अन्यत्र, इस जगत की भलाई और सेवा को जो अपने प्राणों से भी बढ़कर मानता है वही इस पृथ्वी पर सच्चा त्यागी है।

"जी से प्यारा जगत हित और लोक सेवा जिसे है।
प्यारी सच्चा अवनितल में आत्म त्यागी वही है ॥"[3]

सेवा भाव से व्यक्ति अपने कर्म क्षेत्र से आगे निकलकर विश्व में पूजा जाता है। जबकि धन-द्रव्य से तो व्यक्ति एक सीमा तक ही जाना जा सकता है -

"भू मैं सदा यद्यपि है जन मान पाता।
राज्याधिकार अथवा धन-द्रव्य द्वारा।
होता परन्तु वह पूजित विश्व में है।
निस्वार्थ भूत-हित और कर लोक-सेवा ॥"[4]

इसलिये व्यक्ति को निस्वार्थ भाव से सेवा करनी चाहिए और अपने यश की कीर्ति से समाज में सेवा भाव को विकसित करना चाहिए।

गायों की सेवा, गोपों की रक्षा, श्रीकृष्ण के साथ जुड़ी हुई है। नन्द जशोदा श्रीकृष्ण को गाय का दूध पिला-पिला कर प्रबल, देश की रक्षा के लिये बलवान बनाते हैं, ब्रज प्रदेश की आजीविका का साधन गौ पालन था। आज भी गौ पालन बेरोजगारी की स्थिति में जीवन यापन करने का पवित्र साधन हो सकती है। भारतवर्ष में गाय की रक्षा तो क्या, पूजा होती

1. प्रिय प्रवास एकादश सर्ग, पृ. 142
2. प्रिय प्रवास षोड़श सर्ग, पृ. 228
3. प्रिय प्रवास षोड़श सर्ग, पृ. 235
4. प्रिय प्रवास द्वादश सर्ग, पृ. 160

चली आ रही है – 'प्रियप्रवास' के कथानक में हरिऔद्य जी श्रीकृष्ण के गायसेवा भाव को छोड़ नहीं पाये हैं।"[1]

सम्पूर्ण रूप से यदि हम विचार करते हैं तो पाते हैं कि 'प्रियप्रवास' का कथानक समाज सेवा, जन्म भूमि के प्रति अटूट श्रद्धा, दुराचारी के प्रति विद्रोह भावना, स्वदेश प्रेम, लोकोपकार सत्य गांव, गाय, सत्याग्रह आदि से परिपूर्ण है। सम्पूर्ण कथानक में मानव आदर्श के उत्कृष्ट रूप का निरूपण हुआ है। जो तत्कालीन युग के एकदम सारी दृष्टियों (सामाजिक, राजनैतिक, धार्मिक आदि) से अनुकूल है। इस प्रकार 'प्रियप्रवास' के कथानक में जीवन की गुरुता और गम्भीरता स्पष्ट परिलक्षित होती है।

'प्रियप्रवास' के पात्रों के चरित्र का मूल्यांकन करते हैं तो उनपर भी गांधी दर्शन का प्रभाव दिखाई पड़ता है। कृष्ण के चरित्र में मानव सेवा, सत्यनिष्ठा, सर्वोदय की भावना दिखलाई पड़ती है। उनको मनुष्य की दुर अवस्था, कातरता की स्थिति में बड़ा दुःख होता है। और उसको वे विशेष महत्त्व देते हैं। उसकी रक्षा करते हैं -

"जो सेवा हों कुंवर करते स्वीय-माता-पिता की
या वे होवें स्व-गुरु जन को बैठ सम्मान देते।
ऐसी बेला यदि सुन पड़े आर्त वाणी उन्हें तो।
वे देवेंगे शरण उसको त्याग सेवा बड़ों की॥"[2]

इस प्रकार वे प्राणी मात्र की भलाई के लिये अपने जीवन की सार्थकता महसूस करते हैं। वे कहते हैं -

"स-शक्त होते तक एक लोम के।
किया करूँगा हित सर्वभूत का॥"[3]

वे अपने प्राणों को भी संकट में डालकर जननी, जन्मभूमि, ब्रज की जनता, गाय, ग्वाले इत्यादि की रक्षा में सतत् लगे दिखाई पड़ते हैं। वे मानव की सेवा, उद्धार को महान धर्म मानते हैं। वे अपने अत्यन्त प्रिय जन का त्याग करके कर्त्तव्य के कठिन पथ के पान्थ बन जाते हैं।

'प्रियप्रवास' की राधा स्त्री जाति को, कौमार्य व्रत पालन कर परोपकार के लिये जीवन यापन करते हुए शिक्षा देती है। जिससे स्त्री जाति का भी समाज को उन्नत करने में पूर्ण योगदान रहे। इस प्रकार नन्द-यशोदा आदि के चरित्रों को भी लिया जा सकता है 'प्रियप्रवास' के पात्रों में माता-पिता, पुत्र व प्रेमिका आदि के आदर्श रूप का चित्रण हुआ है। जो जीवन में गांधी दर्शन के अति निकट दिखाई पड़ते हैं।

1. 'प्रियप्रवास' एकादश सर्ग पृ.139
2. 'प्रियप्रवास' चतुर्दश सर्ग पृ.186
3. 'प्रियप्रवास' एकादश सर्ग पृ.132

'प्रियप्रवास' विप्रलम्भ (वियोग) श्रृंगार का महाकाव्य है। रस की दृष्टि से यह संदेश देता है कि मनुष्य का धैर्य से समय के साथ-साथ, सार्थक जीवन व्यतीत करना चाहिए। दुःख की स्थिति को आत्मसात् करते हुए सुख की सृष्टि करना ही जीवन की उपलब्धि है। इससे व्यक्ति की अनुभूति सीमा का विस्तार होता चला जाता है। उसे सारा संसार एक सा प्रतीत होने लगता है और समाज के लिये अपनी सही उपयोगिता का आभास हो जाता है। यह दिशा भी गांधी दर्शन के किसी हिस्से से मेल खाती है।

'प्रियप्रवास' महाकाव्य का उद्देश्य 'लोकहित' उभरकर सामने आता है। गांधी दर्शन का मूल प्रयोजन भारतीय जीवन का उत्थान है। इसके लिये उसमें सैद्धान्तिक बातें हैं। फैली हुई विविध विसंगतियों के निराकार का ब्यौरा है। जिससे किसी तरह एक अच्छे राज्य की स्थापना हो सके और लोग ईमानदारी से एक दूसरे की भलाई करते हुए जीवन यापन करें।

'प्रियप्रवास' की रचना सन् 1914 ई. की है। कहने को तो उस समय की कुछ सामाजिक आवश्यकताओं का 'प्रियप्रवास' पर प्रभाव है जिन आवश्यकताओं को गांधीजी भी महसूस करते हैं। और एक व्यवस्थित दृष्टि देते हैं।

साकेत

'साकेत' में मार्क्सवाद की अभिव्यक्ति नहीं के बराबर हुई है। पर गांधीदर्शन का 'साकेत' पर विशेष प्रभाव पड़ा हैं। गांधी दर्शन में सत्य और अहिंसा पर विशेष बल दिया गया है। 'साकेत' में सत्य के स्पष्ट चित्र अंकित हैं। राजा दशरथ सत्य के अनन्य पुजारी हैं। वे कैकेयी से कहते हैं -

"सत्य से ही स्थिर संसार,
सत्य ही सब धर्मों का सार,
राज्य का नहीं, प्राण परिवार,
सत्य पर सब सकता हूँ बार।"[1]

'साकेत' के अष्टम सर्ग में सीता, राम से सत्य के महत्त्व की चर्चा करती है। सत्य के प्रति विश्वास प्रकट करती है -

"तुम हंसो नाथ, निज इन्द्रजाल के फल पर,
पर ये फल होंगे प्रकट सत्य के बल पर।"[2]

गांधी जी हिंसा के विरोधी थे और हिंसा करके कुछ प्राप्त करने के भी विरोधी। ऐसी प्राप्ति व्यक्ति का पतन तो करती ही है। इसमें निरीह प्राणियों की हत्या भी होती है। यह कार्य निन्दनीय है। लक्ष्मण मेघनाद को ललकारते हुए कहते हैं कि ये तेरे हथियार निरीह दीन-प्राणियों की हत्या कर रहे हैं -

1. साकेत द्वितीय सर्ग पृ.64
2. साकेत अष्टम सर्ग 229

पशु बलि देकर बली शस्त्र पूजन करता था।
अस्फुट मन्त्रोंच्चार कलित कूजन करता धा।
....शत्रु खड़े हुङ्कार रहे हैं -
तेरे आयुध यहाँ दीन पशु मार रहे हैं।"[1]

इस प्रकार 'साकेत' में गुप्त जी हिंसा की निदा करते हैं। तथा विविध प्रकार की अन्य अहिसाओं का परिपोषण करते हैं।

गांधीजी गांव के विकास पर बल देते हैं। वहाँ के जन समुदाय के लिये आजीविका के साधनों पर जोर देते हैं। तथा कृषि की उन्नत हालत के लिये प्रोत्साहित करते हैं -

"जिनके खेतों में है अन्न
कौन अधिक उनसे सम्पन्न ?
पत्नी सहित विचरते हैं वे,
भव-वैभव भरते हैं,
हम राज्य लिये मरते हैं।"[2]

इस प्रकार गांधी दर्शन में साधन व साध्य की पवित्रता पर बल देकर व्यक्ति में आत्म प्रकाश की उत्पत्ति आवश्यक बतलाई है। हर किसान के अन्दर इतना आत्मबल पैदा हो जाता है कि वह कह उठता है -

"अपना ग्राम ग्राम है मानो,
एक स्वतंत्र देश सम्पन्न।"[3]

गांधी गौ रक्षा की बात करते हैं, क्योंकि एक तो वह हमारी संस्कृति से जुड़ी हुई है दूसरे उसके पालने से बल बुद्धि का विकास दुग्ध के द्वारा होता है तथा बछड़ों और गोबर की उत्पत्ति कृषि के लिये आवश्यक है। इस प्रकार गाय जीवन यापन के लिये एक पवित्र साधन होती हुई, बेरोजगारी में सहायता करके, व्यक्ति को गिरने, पतित होने से बचाती है। उर्मिला के मुख से किसानों के लिये कथन है -

"वे गोधन के धनी उदार,
उनको सुलभ सुधा की धार,
सहनशीलता के आगर वे श्रम सागर तरते हैं।"[4]

गांधी जी गाय पालन पर जोर देते हैं और गौधन को समृद्धि का प्रतीक समझते हैं।

1. साकेत, द्वादश सर्ग, पृ. 484-85।
2. साकेत, नवम सर्ग, पृ. 307।
3. साकेत, एकादश सर्ग, पृ. 407।
4. साकेत, नवम सर्ग, पृ. 307।

साकेत वासियों में ऐसा कोई घर नहीं है जो गायों से रहित हो । गुप्त जी 'साकेत' महाकाव्य के प्रथम सर्ग में लिखते हैं-

"कौन है ऐसा अभागन गृह कहो,
साथ जिसके अश्व गोशाला न हो ।"[1]

अन्यत्र –

"फिर रही गायें रंभाती दूर ।"[2]

इस प्रकार 'साकेत' में गाँव किसान व गाय का गुप्त जी ने वर्णन करके साकेत में अपने गांधी दर्शन के प्रति रुचि को अभिव्यंजित किया है ।

'साकेत' में गुप्त जी सर्वोदय की बात करते हैं -

"बल विकास के लिये, नाश के लिये नहीं है ।"[3]

गुप्त जी अपने इस महाकाव्य में अयोध्यानगरी का वर्णन करते हुए अपने भारत प्रेम को प्रदर्शित कर रहे हैं । तथा एक आदर्श राष्ट्र के रूप में भारत को देखना चाहते हैं । भारतवर्ष की नगरी अयोध्या में सभी प्राणी मिल जुल कर एक साथ कैसे रहते हैं-

"एक तरु के विविध सुमनों से खिले,
पौर जन रहते परस्पर हैं मिले ।
स्वस्थ, शिक्षित, शिष्ट, उद्योगी सभी,
बाह्य भोगी, आन्तरिक योगी सभी ।" [4]

गांधीदर्शन में आजीविका के साधनों की पवित्रता पर जोर दिया गया है । 'साकेत' के द्वादश सर्ग में जब भरत अपनी सेना के साथ लंका को लूटने की बात कहते हैं तभी उर्मिला गरज कर कह उठती है -

गरज उठी वह - "नहीं, नहीं, पापी का सोना,
यहाँ न लाना, भले सिन्धु में वही डुबोना ।

सावधान ! वह अधम धान सा धन मत छूना,
तुम्हें तुम्हारी मातृभूमि ही देगी दूना ।
किस धन से हैं रिक्त कहो, सुनिकेत हमारे ?
उपवन फल-सम्पन्न, अन्नमय खेत हमारे ।"[5]

1. साकेत, प्रथम सर्ग, पृ.23 ।
2. साकेत, सप्तम सर्ग, पृ.185 ।
3. साकेत, द्वादश सर्ग, पृ.483 ।
4. साकेत, प्रथम सर्ग, पृ.221 ।
5. साकेत, द्वादश सर्ग, पृ.474 ।

इस प्रकार 'साकेत' में मेहनत करके धन कमाने, उसके द्वारा आजीविका चलाने की ओर ध्यान दिया गया है। 'साकेत' सर्व धर्म समभाव की बात करता है और सत्य को उसके मूल में बताता है। सभी धर्मों के मूल में सत्य है। सभी धर्म सत्य पर टिके हुए हैं -

"सत्य ही सब धर्मों का सार"[1]

गांधी दर्शन में नारी को विशेष महत्त्व दिया है। गांधी जी मानते हैं कि नारी के सह्योग के बिना राष्ट्र पूर्ण उन्नति नहीं कर पायेगा। इसके लिये नारी शिक्षा, नारी स्वतंत्रता, नारी का समाज में पुरुष के बराबर का दर्जा आदि आवश्यक है। 'साकेत' में गुप्त जी ने नारी के उत्थान को महत्त्व दिया है। यहाँ तक कि 'साकेत' की नायिका भी, गुप्त जी ने उर्मिला को बना डाला है। गुप्त जी आदर्श नारी की प्रशंसा करते नहीं थकते हैं। विभीषण का रावण के प्रति कथन सीता को लेकर सती नारी की महत्ता को प्रदर्शित करता है -

"उड़ जावेगा दग्ध देश का,
सती-श्वास से ही बल-वित्त,
राम और लक्ष्मण तो होंगे
कहने भर के लिये निमित्त।"[2]

"औरों के हाथों यहाँ नहीं पलती हूँ, अपने पैरों पर खड़ी आप चलती हूँ।"आदि वाक्य नारी की स्वावलम्बिनी वृत्ति के चित्र है जो तत्कालीन नारी की आवश्यकता थी। दूसरी ओर भोली-भाली कोल, किरात एवं भीलों की अशिक्षित बालिकाओं को नागरिकता का पाठ पढ़ाना, तथा कातने-बुनने की कला सिखाना गांधी दर्शन के अन्तर्गत ही आते हैं।

गांधी जी मनुष्य के परिष्कार के पक्ष में है। वे व्यक्ति को सुधारने की दिशा में विश्वास करते हैं। कोई व्यक्ति नीच नहीं हैं और सभी हैं लेकिन हमें अपने अन्दर सत्गुणों के द्वारा विकास करना चाहिए; इसके लिये व्यक्ति अपनी संवेदनाओं को जीवित रखें। इसके लिये उसे भावुक होना चाहिए। क्योंकि भावुक जन ही महान् से महान् कार्य कर सकते हैं -

"भावुकजन से ही महत्कार्य होते हैं,
ज्ञानी संसार असार मान रोते हैं।"[3]

गुप्त जी 'साकेत' में मनुष्य के ऊपर उठने की ही बात करते हैं। मनुष्य की व्याख्या भरत-राम के संवाद द्वारा बड़े ही सुन्दर ढ़ंग से प्रस्तुत की है -

"मानव मन दुर्बल और सहज चंचल है,
इस जगती तल में लोभ अतीव प्रबल है।

1. साकेत, द्वितीय सर्ग, पृ.64।
2. साकेत, एकादश सर्ग, पृ.438।
3. साकेत, अष्टम सर्ग, पृ.260।

देवत्त्व कठिन, दनुजत्व सुलभ है नर को,
नीचे से उठना सहज कहाँ ऊपर को ?"
"पर हम क्यों प्राकृत पुरुष आप को माने ?
निज पुरुषोत्तम की प्रकृति क्यों न पहचानें ?
हम सुगति छोड़ क्यों कुगति विचारें जन की ?
नीचे-ऊपर सर्वत्र तुल्य गति मन की ।"[1]

इस प्रकार साकेत के राम, व्यक्ति को उन्नति की ओर उठने का ही संदेश देते हैं ।

गुप्त जी व्यक्ति को करम में रत रहने का संदेश देते हैं चाहे कैसी भी परिस्थितियाँ क्यों न हों, व्यक्ति को उसका सामना करते हुए करम में रत रहना चाहिए, क्योंकि करम ही तो जीवन है - "मरण है अवकाश, जीवन कार्य ।"

इस प्रकार गांधी दर्शन की दृष्टि से हम 'साकेत' पर विचार करते हैं तो हमें उसमें गांधी दर्शन का प्रभाव स्पष्ट नजर आता है । क्योंकि साकेत में सत्य, अहिंसा सत्याग्रह, किसानों की प्रशंसा, गांवों की सम्पन्नता, गाय समृद्धि सूचक, स्वदेश पर गर्व, भारतवर्ष के प्रति प्रेमभाव, सर्वधर्म समभाव, आदि स्पष्ट रूप से दिखलाई पड़ते हैं । गांधी दर्शन का सत्य, तो साकेत का सार है । सारी कथा सत्य से ही आगे बढ़ती है । इत्यादि सम्पूर्ण रूप से विचार करने पर निसंकोच कहा जा सकता है कि 'साकेत' पर गांधी दर्शन का पूर्ण प्रभाव है ।

कांमायनी

महाकवि युग द्रष्टा होता है । वह वर्तमान में खड़े होकर अतीत के साथ भविष्य की ओर बढ़ता है । अतीत के प्रभाव को वर्तमान के साथ जोड़ता है । वर्तमान की चेतन धाराओं से प्रभावित होता है और इन भूत-वर्तमान चेतनाओं को मिलाकर अपने समय की समस्याओं का समाधान करना ही उसकी सजगता का परिचय है । कामायनी के सृजन काल में अनेक मनीषियों ने जीवन को विभिन्न माध्यमों से दृष्टियाँ दी थीं । जिन्होंने तत्कालीन जीवन की दुरूहताओं के समाधान के प्रयत्न किये थे । गांधी दर्शन भी उनमें से एक था । यों तो गांधी दर्शन का सीधा प्रभाव कामायनी पर नहीं पड़ा है, पर अप्रत्यक्ष रूप से वह बच भी नहीं पाई हैं । गांधीदर्शन जीवन की सार्थकता है । जीवन की सार्थकता महाकाव्य में न होगी तो कैसा महाकाव्य । कामायनी में ऐसे अनेक स्थल है जिनको गांधी दर्शन से जोड़ा जा सकता है ।

गांधी दर्शन में मद्यनिषेध है तथा कर्म पर विशेष जोर दिया गया है । भारतीय उच्च वर्ग मद्यपान एवं अकर्मण्यता का शिकार होता रहा है । कामायनी के मनु उच्च जाति का प्रतिनिधित्व करते हैं, जिन पर आधुनिकता का प्रभाव है । और वे आकर्षण पूर्ण विश्व को

1. साकेत, अष्टम सर्ग, पृ.239 ।

भोग्य की वस्तु समझते हैं न कि त्याग की । गांधीदर्शन ने आत्मसुख की अपेक्षा पर सुख पर विशेष बल दिया है । भौतिक वाद की तुलना में आदर्शवाद पर भी ।

आकर्षण से भरा विश्व यह,
केवल भोग्य हमारा,
जीवन के दोनों कूलों में
बहे वासना-धारा ।
मैं उसको निश्चय भोग चलूँ
जो सुख चलदल सा रहा डोल ।[1]

पाश्चात्य भौतिकवादी संस्कृति भोग और स्वच्छन्दता में पल जी रही है । अंग्रेजी शासक उसके ही प्रतिनिधि भारत में राज्य कर रहे थे। मनु उनका ही कामायनी में प्रतिनिधित्त्व करता है, जो विविध प्रकार की मानसिक भटकन, अशान्ति, भागदौड़ का शिकार होता है, इसका कारण उनकी स्वच्छन्दता ही है। वैज्ञानिकता के साथ कार्य करते हुए तत्कालीन शासकों (अंग्रेजों) की भांति स्वच्छन्द विचरण करते हुए सभी लोगों का शोषण कामायनी में करते हैं । यहाँ तक कि जब श्रद्धा अपने बच्चे के लिये वस्त्र, झूला आदि बनाकर ममता का परिचय देती है, तो मनु को अपनी संतान से ही ईर्ष्या होने लगती है । उसे छोड़कर वे सारस्वत प्रदेश पहुचते हैं, और सपत्नीक होकर भी इड़ा पर अधिकार जमाकर उसके साथ भी अकृत्य करते हैं । ये भोगवादी संस्कृति के ही लक्षण हैं । वे (मनु) तभी सुखी रह पाते हैं जब इसका परित्याग कर देते हैं । इस प्रकार पाश्चात्य भोगवादी संस्कृति के प्रभाव से भारतीय समाज को निकालने बचाने की दिशा ही कामायनी में मनु का चित्रण है ।

गांधीदर्शन आजीविका के सत् कर्ममय साधन पर जोर देता है । श्रद्धा का अपने बच्चे के लिये सूत कातकर वस्त्र, झूला, शय्या आदि तैयार करना । अन्नादि पैदा करना मनु को अच्छा नहीं लगता है । यहाँ उनके लिये न ममता के लिये कोई स्थान है, और न सत्कर्म के लिये वे कहते हैं जब मैं शिकार कर, मांस खाने के लिये, और पशुओं की खाल पहनने के लिये लाता हूँ तो ये सब कार्य करने की तुम्हें क्या आवश्यकता है । गांधी दर्शन तो अहिंसा पर टिका है । श्रद्धा निरीह पशु आदि की हिंसा के एकदम विपरीत है इसके लिये उसे भले ही मनु से बिछोह सहना पड़ा ।

गांधीजी की विचारधारा कभी भी अपनी परम्परा संस्कृति का विरोध नहीं करती है । कामायनी हमारे सामने प्राचीनता और नवीनता दोनों के साथ प्रस्तुत हुई है । उसके पात्रों में प्राचीनता में नवीनता और नवीनता में प्राचीनता है । स्त्रीपात्रों में श्रद्धा प्राचीन भारतीय नारी के रूप में भावों से परिपूर्ण हैं, तो इड़ा आधुनिक तरीके के रूप में। मनु पहले आधुनिक भौतिकवादी रूप में उपस्थिक है तो बाद में प्राचीन भारतीय आदर्श व्यक्ति के रूप में ।

1. कामायनी, पृ.128-130 ।

गांधी दर्शन जीवन को नीचे से ऊपर की ओर ले जाने का प्रयास है। कामायनी का कथानक जीवन के उत्कर्ष की कथा है। जीवन के क्रमिक विकास का विश्लेषण है।

गांधी दर्शन जीवन का एक साधन है, तो क्या कामायनी की कथा जीवन साधना की प्रक्रिया नहीं? इसके साथ कामायनी की कथा करुणा, दया, सहानुभूति और विश्व-प्रेम इत्यादि से भरी पड़ी है जो वर्तमान युग के पीड़ित और जर्जरित मनुष्य को सही संदेश देती है। उनकी उलझनों को उनके सामने सुलझाने का दावा करती है। इच्छा-कर्म-ज्ञान के माध्यम से जिस दार्शनिक भाव भूमि पर अपने संदेश को इस प्रकार से स्पष्ट और सरल बनाती है, कि वहाँ समरसता के माध्यम से आनन्द (जीवन लक्ष्य) की उद्‌भावना के दर्शन होते हैं। गांधी दर्शन मनुष्य जीवन के आनन्द की ही खोज है।

निष्कर्ष

जीवन में अर्थ का महत्त्वपूर्ण स्थान है। पुरुषार्थ चतुष्ट में भी इसका क्रम (धर्म, अर्थ काम मोक्ष) दूसरे स्थान पर है। अर्थ की उत्पत्ति धर्मानुसार कर्म करने पर हमारी परम्परा जोर देती है। बिना रीति, नीति धर्म के अर्थ प्राप्त करना, सुख में बाधक बनता है। आधुनिक चिन्तक मनीषी भी धन कमाने में साधक की पवित्रता पर बल देते हैं। साथ ही सन्तुलित वितरण पर भी। यदि ऐसा नहीं होता है तो अमीर-गरीब के बीच में आर्थिक असमानता की गहरी खाई बन जाती है जो एक दूसरे को साथ-साथ मिलने नहीं देती। एक तरफ गरीब इतना अर्थहीन हो जाता है कि उसे भूखे रहना पड़ता है, भूखे पेट उससे सामाजिक चेतना आदि की अपेक्षा करना बेईमानी है, तो दूसरी ओर इतना धन इकट्ठा (पूंजीपति) हो जाता है कि उनके यहाँ दया, करुणा, ममता, ईमानदारी, सच्चाई इत्यादि मानवीय मूल्यों का सफाया हो जाता है। तो वहाँ सामाजिक चेतना की अपेक्षा करना भी निरर्थक है। अतः अर्थ का समाज में संतुलन होना आवश्यक है। आधुनिक महाकाव्यों में अर्थ की हीनता को मिटाने के साधनों की ओर ध्यान दिलाया है। समाज को सात्विक कर्मों में छोटे-बड़े कर्म की परवाह न करते हुए उसे मन से करने की बात बताई है। जिससे समाज में भुखमरी की स्थिति तो नहीं पनपे, साथ ही अकाल आदि प्राकृतिक आपदाओं में भी भरण-पोषण हो सके और सामाजिक मूल्यों एवं जीवन मूल्यों की रक्षा हो सकें। फलस्वरूप भावी समाज से बड़ी-बड़ी उपलब्धियों चेतनाओं की सम्भावना की जा सकें। ये सारी बातें एक महाकाव्य में छिपी रहती है जो समाज के परम्परागत धन्धों से जुड़ी रहती हैं।

'प्रियप्रवास' का समाज अपने परम्परागत धन्धों, पशुपालन, कृषि कार्य गाँव के कुटीर धन्धे, आदि में लगा हुआ बताया जाता है। ब्रज क्षेत्र में यमुना जल के अतिरिक्त दूध, दही,घी की मटकियों के मनोहारी चित्र अंकित किए गए हैं। कथा में गति प्रेरकता और सरसता का विधान गाय, बछड़े, घी, दूध, दही, घोड़े, बैल इत्यादि ही करते नजर आते हैं। 'प्रियप्रवास' कार सजग है, अपने समाज को धनधान्य से परिपूर्ण करने के लिए, तदुपरान्त ही सुख वैभव के

फल फूलों की उसमें बात करता है। तो दूसरी ओर अन्याय अत्याचार, अनीति, अधर्म आदि से कमाये अर्थ को महत्वहीन माना है। ऐसे धन कमाने वाले राक्षसों की निन्दा की है, चाहे वे कंस, जरासंध कोई क्यों न हों। उनको तत्कालीन अंग्रेजों के समकक्ष ही ठहराया है। उनके अन्याय अत्याचारों का दण्ड उनकी मृत्यु ही उचित ठहराया गया है क्योंकि उनको भगाकर इंग्लैण्ड आदि पहुँचाना हमारे महाकाव्यों के कथानक की विवशता है। साकेत की कथा जन-जन के विकास, खुशहाली की कथा है। साकेत समाज में कोई व्यक्ति भूख से पीड़ित नहीं है। वे अपने-अपने परम्परागत धन्धों से जुड़े हुए सुखपूर्वक जीवन यापन करते हैं। ऐसे समाज में सत्य, अहिंसा, मानवीय मूल्यों के विकास की चर्चा साकेतकार ने की है। अपने धन की लूट का विरोध भी जताया है। 'कामायनी' महाकाव्य में अर्थ वैभव को बखूबी जगह-जगह उकेरा गया है, चाहे वह देव-संस्कृति के रूप में भारतीय समाज में या फिर सारस्वत प्रदेश के रूप में पाश्चात्य समाज के रूप में। दोनों की ही अधिकता, असंतुलन को घातक ठहराया है। धन-वैभव के सामंजस्य पर बल दिया है। इसी से सुख चैन का विधान हो सकता है और एक सुखी, स्थिर समाज-जीवन की परिकल्पना की जा सकती है। 'कामायनी' में श्रद्धा के रूप में मनुष्य को अपने परम्परागत धन्धों से जुड़ने की दिशा दी है जैसे चरखा कातते, एवं पशु पालते हुए - भावी जीवन को उच्चता की ओर ले जाना सम्भव है। इसको श्रद्धा पात्र ने 'कामायनी' की कथा में सिद्ध किया है।

कामायनी का कथानक इच्छा क्रिया और ज्ञान के सात्विक क्रम में जीवन की सफलता को रूपायत करता है। आवश्यकतानुसार धन प्राप्त करने की इच्छा करना, उसको कमाने के उचित साधनों को अपनाया, तदुपरान्त उसके खर्च में आनन्द की अनुभूति करने की दृष्टि कामायनी की आर्थिक दृष्टि प्रतिपादित करती है। मनु (अंग्रेजों) के द्वारा सारस्वत प्रदेश का संचालन विध्वंशात्मक है तो मानव (भारतीयों) द्वारा व्यवस्थित। ऐसे कई आर्थिक दृष्टिकोण कामायनी के कथानक में भी दृष्टिगत किए जा सकते हैं।

अंततः यह कहा जा सकता है कि विवेचन महाकाव्यों में सामाजिक चेतना के विकास के लिए आर्थिक साधनों को उभारा गया है जिनके सहारे समाज अपनी आजीविका को प्राप्त करते हुए अपने लक्ष्य की ओर आगे बढ़े। समाज में फैली बुराइयों, अनीतियों का निराकरण करने में अपना सहयोग प्रदान करें, जिससे देश में प्रतिभा सम्पन्न चेतनाओं की उत्पत्ति हो सके जो तत्कालीन समस्याओं के निराकरण करने में समर्थ हो और मानव जीवन उसकी छत्र छाया में सुखचैन की सांस ले सके। मानसिक संत्रासों से बच सके सुख वैभव मय जीवन का अनुभव कर सके।

पंचम अध्याय

आधुनिक हिन्दी महाकाव्यों में सामाजिक चेतना के सांस्कृतिक पक्ष

आधुनिक हिन्दी महाकाव्यों में सामाजिक चेतना के सांस्कृतिक पक्षों का उभार स्पष्ट दिखाई पड़ता हैं। सांस्कृतिक दृष्टि से सामाजिक चेतना के रूप में इस अध्याय में हम व्यक्ति, परिवार, समाज, देश और विश्व की बात करेंगे। आधुनिक हिन्दी महाकाव्यों में सांस्कृतिक तत्त्व - व्यक्ति का विश्लेषण (स्त्री-पुरुष) दोनों रूपों में मिलता है। स्त्री-पुरुष समाज की इकाई हैं और वे मिलकर परिवार का स्वरूप प्रारम्भ करते हैं। इसके बाद अपने प्रेम, त्याग, भरण-पोषण के विस्तार में समुदाय, समाज, देश और विश्व तक में यह सोचभाव पहुँचता है।

समाज की सांस्कृतिक चेतना के इस भाग में, व्यक्ति से विश्व तक के सम्यक रूप में किये गये कुछ कार्य भावों का वर्णन यहाँ करेंगे। सबसे पहले व्यक्ति की संस्कृति निष्ठता की बात पर सूक्ष्म प्रकाश डालेंगे। संस्कृति शब्द 'सम्' उपसर्गपूर्वक 'कृ' धातु से निष्पन्न होता है जिसका अर्थ बलदेव उपाध्याय के शब्दों में - शिक्षा तथा शिक्षण के द्वारा मानसिक वृत्तियों को सुधारना।"[1] शिक्षा तथा शिक्षण भाग में सभ्यता को लिया जा सकता है तो मानसिक वृत्तियों के सुधारने में संस्कृति आ जाती है। इस संदर्भ में आचार्य हजारी प्रसाद द्विवेदी लिखते हैं - "सभ्यता का आन्तरिक प्रभाव संस्कृति हैं।... सभ्यता और संस्कृति भी एक दूसरे के पूरक हैं।"[2]

दिनकर जी लिखते हैं - "संस्कृति जिन्दगी का एक तरीका है और यह तरीका सदियों से जमा होकर उस समाज में छाया रहता है जिसमें हम जन्म लेते हैं।"[3]

"संस्कृति विकास के विविध रूपों कि समन्वयात्मक समष्टि है।"[4]

1. आर्य संस्कृति, पृ.411-415।
2. सभ्यता और संस्कृति, पृ.3
3. संस्कृति के चार अध्याय, दिनकर, पृ.653
4. क्षणदा महादेवी वर्मा, पृ.23

"संस्कृति को मैं मानवीय पदार्थ मानता हूँ जिसमें हमारे जीवन के सूक्ष्म-स्थूल दोनों धरातलों से सत्यों का समावेश तथा हमारे ऊर्ध्व चेतना शिखर का प्रकाश और समदिक् जीवन की मानसिक उपत्यकाओं की छायाएँ गुंफित हैं। उसके भीतर अध्यात्म, धर्म, नीति से लेकर सामाजिक रूढ़ि रीति तथा व्यवहारों का सौन्दर्य भी एक अन्तर सामंजस्य ग्रहण कर लेता है।"[1]

"जो व्यक्ति के अन्तर का विकास हो... भविष्य के अतीत के आदर्श पर जिसकी दृष्टि हो, जो दूर की ओर दृष्टि रखती हो। व्यवस्था के अतीत पर दृष्टि रखती हो, जो "स्थायी" हो संस्कृति है।

सामाजिक चेतना के दायरे में व्यक्ति के सांस्कृतिक होने के लिये उसे सभ्य संस्कृति निष्ठ होना अतिआवश्यक है। यहाँ पर हम कुछ विद्वानों के सभ्यता - संस्कृति सम्बन्धी विचार उद्धृत कर रहे हैं उनके अनुरूप व्यक्ति को चेतन्य होना चाहिए इसी से परिवार समाज देश व विश्व का कल्याण हो सकता है महाकाव्यों में ऐसे व्यक्तियों का वर्णन चित्रण कर महाकाव्यकार महान् व्यक्ति बनने का संदेश देते हैं। बिना सभ्यता और संस्कृति के अनुकरण के व्यक्ति महान् नहीं बन सकता है।

इस प्रकार संस्कृति सम्पन्न महान् व्यक्तियों का हमारे आधुनिक महाकाव्यों में वर्णन मिलता है। जिनमें समय की मांग है। चरित्रों को कैसा होना चाहिए। जिससे समाज शिक्षा ले सकें।

प्रियप्रवास

'प्रियप्रवास' महाकाव्य में स्त्री चरित्र के रूप में राधा, पुरुष चरित्र के रुप में श्रीकृष्ण, माता-पिता के रूप में नन्द-यशोदा, देवकी आदि आते हैं। 'प्रियप्रवास' की राधा का चरित्र भक्ति-रीति काल की राधा से भिन्न है। उसमें अल्हड़पन, विलासपन का नितान्त अभाव है। उसमें वर्तमान काल की नारी जाति की जाग्रति की दिशा है। उसमें नैतिक, पुनरुत्थान, लोक मर्यादा, लोकहित, मानवता-प्रेम, विश्वबन्धुत्त्व आदि भावनाएँ हैं। उसमें नारी-जीवन का सर्वांगीण विकास है। नारी की सामाजिक उपयोगिता की दृष्टि से 'हरिऔद्य' जी ने राधा का चित्रण परोपकार, लोक सेवा, विश्वप्रेम आदि विशेषताओं से विभूषित कर 'प्रियप्रवास' में चित्रित किया है। सूर की राधा से अलग 'प्रियप्रवास' की राधा खुद को सम्हाल कर, विरह पीड़ित गोप-गोपियों को समझाती है। नंद-यशोदा की देखभाल करती हुई उन्हें शोक से निकाल कर सांत्वना प्रदान करती है। दीन-दुखियों की सेवा में लग जाती है। वह विरह की वेदना से विश्वप्रेम, सेवा भाव, प्राप्त करती है। अपने प्रियतम की प्राप्ति समाज सेवा में करती है। वे चाहती हैं कि उनके प्रियतम भी संसार की भलाई करें और सुखी रहें—

"प्यारे जीवें जग हित करें, गेह चाहे न आवें।"[2]

---

1. उत्तरा, पंत, पृ. 151।

2. प्रियप्रवास हरिऔद्य, पृ. 226।

इस प्रकार 'प्रियप्रवास' की राधा का विकास आधुनिक नारी की आवश्यकता है। उसे अपने परिवार, अपने समाज, अपने देश से भी मानवता के क्षेत्र में बढ़ने की आवश्यकता है। एक जगह 'प्रियप्रवास' में राधा कहती है -

"पाई जाती विविध जितनी वस्तुएँ हैं सबों में।
जो प्यारे को अमित रंग और रूप में देखती हूँ।
तो मैं कैसे न उन सबको प्यार जी से करूँगी।
यों है मेरे हृदय तल में विश्व का प्रेम जागा।"

इस प्रकार राधा का चरित्र 'प्रियप्रवास' में बहु उच्चस्तर पर प्रतिष्ठित हो जाता है। और उसकी देवी रूप में पूजा न होकर मानव रूप में पूजा होती है, क्योंकि उसका चरित्र कल्याणकारी, मानवता प्रेम से परिपूर्ण, सात्विकता लिए हुए, विश्वबन्धुत्त्व की भावनाओं से ओत प्रोत है। वह नारी जाति के आदर्श रूप में प्रतिष्ठित होकर हमारे समाज की नारियों का प्रतिनिधित्त्व देश, समाज और विश्व के लिये करती हैं।

पुरुष चरित्र के रूप में श्रीकृष्ण जी का 'प्रियप्रवास' - चरित्र भी नवीनता लिये हुए है। उनका चरित्र समय की, पुरुषों से मांग की पूर्ति करता है। इनका चरित्र पूर्णतः युगानुकूल है। क्योंकि ये मानवता का लोकसेवा, परोपकार, कल्याण आदि करके प्रतिनिधित्व करते हैं। 'प्रियप्रवास' में श्रीकृष्ण के बाल रूप के भी चित्र ब्रज जीवन से जुड़ते नजर आते हैं। बचपन से ही वे संकटों की परवाह नहीं करते। कई राक्षसी आदि का वध करके वे ब्रज की जनता की भलाई करते हैं। वे संसार की भलाई और सेवा को सर्वोपरि मानते हैं। उसके सामने वे मोक्ष के लिये किए जाने वाले तप को भी तुच्छ समझते हैं -

"जो होती है निरत तप में मुक्ति की कामना से ।
आत्मार्थी हैं, न कह सकते आत्म-त्यागी उसे हैं।
जी से प्यारा जगत हित और लोक सेवा जिसे हैं।
प्यारी सच्चा अवनितल में आत्म त्यागी वही हैं।"[1]

संसार के सभी प्रकार के भोग विलास, ऐशो आराम, अन्य विविध प्रकार के सुखों से शान्ति की प्राप्ति नहीं हो सकती है। सच्चे सुख (अलौकिक) की प्राप्ति तो लोकसेवा, जगतहित के द्वारा ही मिलती है। ऐसा संदेश वे मानव जाति को देते हैं -

"भोगों में भी यद्यपि कितनी रंजिनी - शक्तियां हैं।
वे तो भी हैं जगत हित लौं मुग्धकारी न होते।
देखे जाते कलुष उनमें क्लान्ति कारी बड़े हैं।
पाई जाती लसित इनमें शान्ति लोकोत्तरा हैं।"[2]

1. प्रिय प्रवास, हरिऔध, षोडश सर्ग, पृ.234।

2. प्रिय प्रवास, हरिऔध, षोडश सर्ग, पृ.234।

इस प्रकार 'प्रियप्रवास' के कृष्ण तार्किक उपदेश देते नजर आते हैं। यह उपदेश वे राजा के रूप में, अलौकिक ब्रह्म के रूप में नहीं देते हैं अपितु जन साधारण के रूप में सामान्य और स्नेहिल व्यवहार के द्वारा प्रेषित करते हैं। इस संसार में तप, भक्ति से सुख, आनन्द की प्राप्ति नहीं होती है बल्कि निस्वार्थ भाव से, सरल तरीके से लोक सेवा करने से प्रत्येक व्यक्ति को अलौकिक सुख की प्राप्ति हो सकती है। दर्शन की वे ऐसी सरल व्याख्या करते हैं।

'प्रियप्रवास' के श्रीकृष्ण के व्यक्तित्व को पूर्ण रूप से देखा जाय तो उसमें पूर्ण मानव, महान व्यक्ति के ही दर्शन-होते हैं। समाज में व्यक्ति को कृष्ण के सादृश्य अधिकांश रूप में होना चाहिए ऐसा हमारी सांस्कृतिक परम्परा भी कहती हैं। उसमें समयानुरूप अपेक्षा होनी चाहिए। 'प्रियप्रवास' के अन्य कुछ पात्रों में भी व्यक्तिगत स्तर पर ऐसी ही विशेषताएँ हैं।

पारिवारिक रूप का 'प्रियप्रवास' में चित्रण किया गया है। नन्द, यशोदा, श्रीकृष्ण बलदाऊ आदि के चित्र त्याग प्रेम के माध्यम से एक संगठित रूप में चित्रित हुए हैं। यशोदा नन्द का वात्सल्य पुत्रों की कर्मण्यता और लोक सेवा की उत्तरोत्तर वृद्धि में सहायक होता है। वह पारिवारिक प्रेम इतना व्यापक हो जाता है कि गांव और आसपास के क्षेत्र में उमड़ पड़ता है, जिससे वहाँ के निवासी एकता के सूत्र में बंध जाते हैं। आपस में प्रेम, त्याग, सेवा आदि भावों के साथ जीवन यापन करते नजर आते हैं। यह पारिवारिकपन इतना बढ़ता जाता है कि एक समुदाय, एक समाज में रूप में नजर आने लगता है। और वही प्रेम, त्याग, सेवाभाव बढ़ता ही चला जाता है। प्रियप्रवास में समाज के सारे रीति रिवाजों, सम्बन्धों का नैतिकता पूर्ण परिपालन दिखाई पड़ता है। व्यक्तिगत प्रेम का भी राधा-श्रीकृष्ण के रूप में लोकसेवा, त्याग आदि के द्वारा समाजीकरण हो जाता है। वे अपने से अधिक महत्त्व समाज को देते हैं। समाज के शोषण की ओर ध्यान करते हैं। निरंकुशता की अव्यवस्था को खत्म करते हैं। और समाज में सुख शान्ति सुरक्षा का वातावरण सृजित करने में अपने को लगाते हैं।

सांस्कृतिक दृष्टि से 'प्रियप्रवास' के लोक की कल्पना नितान्त भव्य है। सभी प्रकार के शोषणों से रहित की ओर है। निरंकुशता के उन्मूलन की दिशा में है। स्वतंत्रता की भावना से ओतप्रोत है। राष्ट्र के प्रति त्याग बलिदान, सेवा की तत्परता आदि की आवश्यकता के लिये प्रेरक है। 'प्रियप्रवास' का कथा क्षेत्र ब्रज भूमि है। ब्रज भूमि में एक सुचालित, न्यायसंगत राज्य की बात की आवश्यकता पर बल है। 'प्रियप्रवास' के नवम सर्ग में गोवर्द्धन पर्वत का वर्णन स्वाभिमानपूर्ण, सिर ऊँचा किए हुए, ब्रज भूमि के मान दण्ड के रूप में इस प्रकार किया गया है, जिस प्रकार संस्कृत साहित्य में हिमालय का। इससे राष्ट्र के प्रति सम्मान, आदर भाव ही अभिव्यंजित होता है।

"ऊँचा शीश सहर्ष शैल करके था देखता व्योम को।
या होता अति ही स-गर्व वह था सर्वोच्चता दर्प से।
वार्ता यह था प्रसिद्ध करता सामोद संसार में।
मैं हूँ सुन्दर मानदण्ड ब्रज की शोभामयी भूमिका।"[1]

1. प्रियप्रवास हरिऔध, नवम सर्ग, पृ.92

इस प्रकार राष्ट्र के प्रति आदर, अपने राष्ट्र पर गर्व, संसार में सिर ऊँचा रहे आदि भाव 'प्रियप्रवास' से व्यक्त होते हैं।

'प्रियप्रवास' में विश्व के स्वरूप की भी झांकी अंकित है। इसके पात्रों से विश्व प्रेम भाव जाग्रत होता है। मानव मात्र सब एक हैं उनमें कोई भेद नहीं है। सभी जीवन लेकर आये हैं तो वे उच्च से उच्च स्तर का जीवन यापन करें। और अपना जीवन इस संसार की सेवाओं में, मानव मात्र से प्रेम करते हुए व्यतीत करना चाहिए। ऐसी 'प्रियप्रवास' के प्रमुख पात्रों में विश्व प्रेम की झांकी स्पष्ट नजर आती है। वे जन-जन की सेवा में तल्लीन होकर सबके प्रिय हो जाते हैं। इस दृष्टि से राधा और कृष्ण को लिया जाता है। श्रीकृष्ण जी के लिये —

'वे जी से हैं अवनिजन के सर्वथा श्रेय चाही।
प्राणों से है अधिक उनको विश्व का प्रेम प्यारा॥"[1]

श्रीकृष्ण जी राधा के लिये विश्व प्रेम का ही संदेश भेजते हैं —

"जी से प्यारा जगत-हित और लोक सेवा जिसे है।
प्यारी सच्चा अवनितल में आत्म त्यागी वही है॥"[2]

प्रेम की गहनता के कारण राधा, कृष्ण को अपने प्राणों में ही महसूस करने लगती है और इसी तरह उनके अन्दर सम्पूर्ण विश्व के प्रति प्रेम भाव जाग्रत हो जाता है —

"तो मैं कैसे न उन सबको प्यार जी से करूँगी।
यों है मेरे हृदय तल में विश्व का प्रेम जागा॥"[3]

इस प्रकार 'प्रियप्रवास' में सांस्कृतिक दृष्टि से व्यक्ति, परिवार, समाज, राष्ट्र और विश्व का चित्रण आदर्श रूप में किया गया है। इसका व्यक्ति विकास, पारिवारिक- संगठन, लगाव, सामाजिक ढ़ांचा, राष्ट्र व्यवस्था, विश्व दृष्टि आदि का चित्रण मानव जीवन के लिये प्रेरणादायी है।

'साकेत'

सांस्कृतिक तत्त्वों ने साकेत में विशेष प्रतिष्ठा प्राप्त की है। चाहे वह व्यक्ति के स्तर का हो या परिवार के स्तर की या फिर समाज के स्तर का। साकेत की पारिवारिक एवं सामाजिक संस्कृति ने राष्ट्र को ही नहीं विश्व को भी एक आदर्श जीवन का संदेश दिया है। 'साकेत' के पात्र अलग-अलग रहते हुए भी एक संस्कृति का प्रतिनिधित्त्व करने की क्षमता रखते हैं। इनमें दशरथ, राम, उर्मिला, भरत, लक्ष्मण, विभीषण आदि को लिया जा सकता हैं। जिनके चरित्र अत्यन्त व्यापक एवं आदर्श हैं। जिनमें एक समाज ही नहीं राष्ट्र एवं विश्व के समाने

1. 'प्रियप्रवास' हरि औद्य, चतुर्दश सर्ग, पृ.186।
2. 'प्रियप्रवास' हरि औद्य, षोड़श सर्ग, पृ.234।
3. 'प्रियप्रवास' हरि औद्य, षोड़श सर्ग, पृ.243।

की क्षमता निहित है। दशरथ सत्य के प्रतिरूप हैं। वे सत्य पर सब कुछ न्यौछावर करने के लिये तैयार हैं, तो राम सत्य के सहर्ष पालन करने, त्याग करने में अग्रणी हैं। भरत लक्ष्मण सेवाभाव की साकार मूर्ति हैं, तो उर्मिला पतिपरायणता की प्रतीक। जैसा पति चाहता है उसे एक शब्द कहे बिना स्वीकारती हैं। इस प्रकार 'साकेत' में व्यक्तिगत स्तर पर भी सांस्कृतिक पूर्णता परिलक्षित होती है। आदर्श पारिवारिक झांकी का जो स्वरूप 'साकेत' में मिलता है वह कम महाकाव्यों में स्पष्ट रूप से दिखाई पड़ता है। मनुष्य जीवन को परिवार की आवश्यकता पलने एवं कुछ बड़े होने तक ही नहीं, अपितु अन्त समय तक पड़ती है। इस प्रकार भारतीय संस्कृति में परिवार का विशेष महत्त्व है। ईश्वर को भी परिवार की आवश्यकता पड़ी होगी तभी उसने संसार की सृष्टि रचाई होगी। परिवार में स्त्री-पुरुष दोनों का विशेष योगदान होता है। पुरुष अपने उत्तरदायित्वों की पूर्ति करता है तो स्त्री अपने। तभी एक सुखी एवम् आदर्श परिवार की कल्पना की जा सकती है, तभी उसमें अच्छे बच्चों को ढ़ाला जा सकता है। तभी एक आदर्श परिवार का चित्र बन सकता है।

साकेत में एक आदर्श परिवार का पूर्ण स्वरूप अंकित है। राजा दशरथ पिता का पूर्ण उत्तरदायित्व निभारते हैं। वे अपने प्राण पुत्र-प्रेम में त्याग देते हैं। साकेत के वशिष्ठ के शब्दों में —

"त्याग दिया आप अज नन्दन ने एक साथ,
पुत्र हेतु प्राण, सत्य कारण अपत्य है।"[1]

राजा दशरथ की तीन रानियाँ त्रिवेणी के संगम के समान आनन्द प्रदान करने वाली साकेत में चित्रित की गई हैं—

"त्रिवेणीतुल्य रानियाँ तीन, बहाती सुख प्रवाह नवीन।
मोद का आज न ओर न छोर, आम्र वन सा फूला सब ओर।"[2]

इस प्रकार की रानियों (माताओं) के द्वारा पाले पोसे गये उनके पुत्र कैसे होंगे, उनके अनुसार आचरण करने वाली पुत्र वधूएँ कैसी होंगी, इसका चित्र भी साकेत में खींचा गया है-

"राम-सीता धन्य धीराम्बर-इला, शौर्य-सह सम्पत्ति, लक्ष्मण उर्मिला।
भरत-कर्ता, माण्डवी उनकी क्रिया, कीर्ति सी श्रुति कीर्ति शत्रुघ्न प्रिया।
ब्रह्म की हैं चार जैसी पूर्तियाँ, ठीक वैसी चार माया मूर्तियाँ।
धन्य दशरथ जनक पुण्योत्कर्ष हैं, धन्य भगवद् भूमि भारत वर्ष है।"[3]

इस प्रकार के पारिवारिक स्वरूप के चरित्रांकन में साकेत पीछे नहीं रहा है। गुप्तजी ऐसे परिवार के स्वरूप को उपस्थित कर उसके प्रभाव को समाज पर छोड़ते हैं। मानवीय धरातल पर ऐतिहासिक पात्रों को वर्तमान समस्याओं से जोड़कर गुप्त जी आज की पारिवारिक

1. 'साकेत' सप्तम सर्ग पृ.218।
2. 'साकेत' द्वितीय सर्ग पृ.44।
3. 'साकेत' प्रथम सर्ग पृ.18-19।

समस्याओं के निदान का प्रयत्न करते हैं। पहले उदाहरण प्रस्तुत (पारिवारिक स्वरूप चित्रण तदनन्तर अनुकरण का संदेश देते है) यथा राजा तथा प्रजा के आधार पर साकेत के परिवार का समाज पर प्रभाव दर्शाते हुए उसका चित्र अंकित करते हैं —

"नहीं कहीं गृह कलह प्रजा में,
हैं सन्तुष्ट तथा सब शान्त,
उनके आगे सदा उपस्थित,
दिव्य राज कुल का दृष्टान्त।"[1]

गुप्तजी की मान्यता है कि हर व्यक्ति का प्रभाव समाज पर पड़ता है। हर व्यक्ति की समाज को बनाने एवं बिगाड़ने में विशेष भूमिका होती है। हमें खुद के लिये तो जीवित रहना ही चाहिए परिवार - समाज, राष्ट्र तथा मनुष्यता के लिये भी।

पारिवारिक स्तर पर पति-पत्नी के रमणीक चित्र तो मिलेंगे ही, पर एक आदर्श पारिवारिक पत्नी, भाभी, बहू आदि के भी चित्रों की 'साकेत' में कमी नहीं है। जब राम का राज्याभिषेक हो रहा है तब एक पारिवारिक पत्नी-भाभी, बहू के रूप में सीता राम से पूछती है कि कल तक तो आप चारों भाई साथ-साथ समान राज्याभोग करते थे, लेकिन आज उस सब को छोड़कर केवल आपका ही राज्याभिषेक क्यों हो रहा है। इसका प्रत्युत्तर राम बड़े ही अच्छे ढ़ंग से एक आदर्श भाई के रूप में देते हुए साकेत में चित्रित किए गये हैं —

कहा वैदेही ने - "हे नाथ ! अभी तक चारों भाई साथ
भोगते थे तुम सम सुख भोग, व्यवस्था मेट रही बह योग।
भिन्न सा करके कौशल राज-राज्य देते हैं तुमको आज।
तुम्हें रुचता है यह अधिकार ?....।

रहेगा साधु भरत का मंत्र, मनस्वी लक्ष्मण का बल तंत्र।
तुम्हारे लघु देवर का धाम, मात्र दायित्त्व हेतु है राम।"[2]

इस प्रकार 'साकेत' महाकाव्य में महान पारिवारिक स्वरूप का चरित्रांकन किया गया है। जिसमें सभी सदस्यों के द्वारा एक दूसरे के प्रति त्याग, प्रेम, दया आदि का होना अनिवार्य है। एक अच्छे परिवार में किसी एक व्यक्ति की किसी इच्छा की प्रधानता नहीं होनी चाहिए, नहीं तो वह कैकेयी, और रावण का प्रतिनिधित्व हो जायेगा। जिनके कारण सारे परिवार को कष्टों का सामना करना पड़ता है। द्वादशसर्ग में लक्ष्मण मेघनाद को उसके वध का कारण उसके पिता को बताते हुए कहते हैं -

1. 'साकेत' एकादश सर्ग पृ.407।
2. 'साकेत' द्वितीय सर्ग पृ.59-58।

"किन्तु बिगाड़ा जन्म जनक तेरे ने जैसा,
तुझको पैतृक रोग भोगना होगा वैसा।
जो पातक है,
वह अपना ही नहीं, वंश का भी घातक है।"[1]

इस प्रकार स्पष्ट रूप से कहा जा सकता है कि 'साकेत' में एक आदर्श परिवार का चित्रण गुप्त जी ने किया है जो समाज पर अपना प्रभाव छोड़े बिना नहीं रहता।

'साकेत' में समाज व्यवस्था का सुव्यवस्थित चित्रण किया गया है। आज की सामाजिक परिस्थितियों को देखकर कवि चिन्तित हैं। वह समाज को उसके कर्त्तव्य एवं अधिकारों से वंचित देखता है। गुप्त जी के सामने भी यही समस्या थी जब हमारा समाज ही सुव्यवस्थित नहीं रहेगा तो हम राष्ट्र की चिन्ता कैसे करेंगे। इसके लिये गुप्त जी 'साकेत' के माध्यम से समाज का ध्यान अपनी संस्कृति की ओर ले जाते हैं। हमारी संस्कृति में समाज व्यवस्था, सुनिश्चित थी, सभी के कार्य वर्णव्यवस्था के माध्यम से बटे थे, जो जितना चाहे समाज की सेवा कर सकता है, तथा एक वर्णाश्रम व्यवस्था के माध्यम से एक प्रलम्ब जीवन जीकर समाज को विविध प्रकार के संदेश दे सकता है। लेकिन इनकी कमी के कारण भारतीय समाज अव्यवस्थित हो गया, और उसमें अच्छाई कम बुराई अधिक घर करती चली गई। 'साकेत' में गुप्त जी लोकप्रिय भारतीय कथानक के माध्यम से वर्तमान समस्याओं को सुलझाने के लिये अपनी प्राचीन संस्कृति की ओर ध्यान दिलाने की आवश्यकता पर बल देते हुए भारतीय समाज के पूज्य पात्र साकेत के राम द्वारा स्पष्ट कहलवाते हैं -

"मैं आया, जिससे बनी रहे मर्यादा,
बच जाय प्रलय से, मिटे न जीवन सादा।
मैं आर्यों का आदर्श बताने आया,
जन सम्मुख धन को तुच्छ जताने आया।
सुख शान्ति हेतु मैं क्रान्ति मचाने आया।
विश्वासी का विश्वास बचाने आया।"[2]

गुप्तजी ने साकेत के समाज को संस्कृति के प्राचीन आदर्शों के अनुसार जीवनयापन कराया है। जीवन में धन के स्थान को विशेष महत्त्व न देकर उसके त्याग को विशेष महत्त्व दिया है। और आर्य संस्कृति की ओर ध्यानाकर्षित कराया है। इनके परिपालन में अयोध्या का समाज कैसा हो जाता है, इसका चित्र खींचते हुए गुप्त जी प्रथम सर्ग में कहते हैं —

"एक तरु के विविध सुमनों से खिले,
पौर जन रहते परस्पर हैं मिले।

1. साकेत, द्वादश सर्ग पृ.487-488।

2. साकेत अष्टम सर्ग, पृ.234

स्वस्थ, शिक्षित, शिष्ट, उद्योगी सभी,
बाह्य भोगी, आन्तरिक योगी सभी।
व्याधि की बाधा नहीं, तन के लिये,
आधि की शंका नहीं मन के लिये
चोर की चिन्ता नहीं धन के लिये,
सर्व सुख हैं प्राप्त जीवन के लिये।"[1]

इस प्रकार भारतीय संस्कृति के अनुकरण करने पर ऐसे समाज का निर्माण हो सकता है, ऐसा गुप्त जी वर्तमान को संदेश देते हैं। 'साकेत' में समाज की व्यवहारिकता, सुसभ्यता, कला प्रियता आदि के चित्रों की कई जगह झांकी प्रस्तुत की गई हैं-

"धन धान्य परिपूर्ण सबके धाम हैं,
रंगशाला से सजे अभिराम हैं।
नागरों की पात्रता, नव नव कला,
क्यों न दे आनन्द लोकोत्तर भला?"[2]

इस प्रकार के समाज का निर्माण चाहे तो व्यक्ति कर सकता है। इसके लिये प्रत्येक को अपने परिवार की ओर ध्यान देना होगा, प्रत्येक पति-पत्नी को अपनी सन्तानों की ओर ध्यान देना होगा, अपनी आजीविका के साधनों की ओर ध्यान देना होगा, अपने आचार विचारओं की ओर ध्यान देना होगा, तो दूसरों के दुःख दर्दों की ओर भी । तभी एक आदर्श समाज की स्थापना संभव है, अन्यथा असंभव।

साकेत में भारतीय संस्कृति के सामाजिक रीति रिवाजों का वर्णन किया गया है। जब किसी का प्रियजन जब कहीं जाता है तो उसे बड़ी प्रसन्नता प्यार से विदा दी जाती है। उसके अक्षत रोली का तिलक लगाया जाता है। जब राम वनगमन करते हैं, तो प्रजा दुःखी होकर उनका रास्ता रोकती है, तभी राम उन्हें उनकी संस्कृति की याद दिलाते हुए कहते हैं -

"रोकर ही क्या बिदा करोगे सब हमें,
पहुँचाते हैं दूर उसी को शोक में
जिससे मिलना हो न सके फिर लोक में।"[3]

'साकेत' के चतुर्थ सर्ग में राम राज्याभिषेक के समय मां कौशल्या कहती हैं — "बहू! तनिक अक्षत रोली, तिलक लगा दूँ" - माँ बोली।" ऐसे चित्र मिलते हैं तो कहीं गुरुओं को प्रणाम और उनके चरणस्पर्श करते हुए राम दिखाई देते हैं।

1. 'साकेत' प्रथम सर्ग पृ.23।
2. 'साकेत' प्रथम सर्ग पृ.23।
3. 'साकेत' पंचम सर्ग पृ.128।

'गुरु को पुनः प्रणाम किया श्रीराम ने ।
प्रभु मस्तक से गये जहाँ गुरुपद छुए,"[1]

इस प्रकार भारतीय संस्कृति की 'साकेत' के सामाजिक जीवन में विस्तार से चर्चा की गई है । कहीं राम अपनी धरती को प्रणाम करते हुए "जन्मभूमि ले प्रणति और प्रस्थान दे ।[2] नजर आते हैं, तो कहीं सीता पवित्र गंगा की प्रार्थना करती हुई दिखाई देती हैं - "जय गंगे, आनन्द तरंगे, कलरव, अमल, अंचले, पुण्य जले, दिव सम्भवे ।"[3]

ऐसे बहुत सारे उदाहरणों को यहाँ प्रस्तुत किया जा सकता है जिनमें भारतीय संस्कृति के स्वरूप 'साकेत' के समाज में विद्यमान हैं । इनके माध्यम से गुप्त जी, तत्कालीन भारतीय समाज को चेतनता प्रदान करने पर जोर देते हैं । उनका मानना है कि इस प्रकार की भीषण समस्याओं से, समाज को भारतीय संस्कृति की व्यापकता से परिचित करा कर ही बचाया जा सकता है । क्योंकि ये वे भली भांति समझते हैं कि भारतीय सांस्कृतिक जीवन मूल्यों के अभाव के कारण ही भारतीय समाज की ऐसी दुर्दशा हुई है । यदि वह अपनी संस्कृति एवं सभ्यता के साथ जुड़ा रहता तो उसका कुछ और ही रूप होता । आज की यह दयनीय स्थिति उसके सामने नहीं आती ।

वैसे तो 'साकेत' की राष्ट्रीयता के बारे में पूर्व अध्याय में क़ाफी कहा जा चुका है, लेकिन यहाँ भी राजनीति को 'साकेत' की सांस्कृतिक दृष्टि से, संक्षेप में कहना सार्थक होगा। सांस्कृतिक जीवन में राजनीति का भी विशेष योगदान होता है । वह व्यक्तियों की रक्षा के उत्तरदायित्त्व का वहन करती है। तथा एक तरह से सामाजिक जीवन के संचालन को व्यवस्थित भी कर सकती है । राजनीति का जीवन के उत्थान में महत्त्वपूर्ण स्थान होता है । जो राजनीति भारतीय संस्कृति के अन्दर विकसित होती है उसमें भारतीय संस्कृति की ही विशेषताएँ होगी, जो दूसरी संस्कृति में विकसित हुई होगी उसकी विशेषताएँ उसके अनुरूप होगीं । 'साकेत' की राजनीति में भारतीय संस्कृति की विशेषताएँ हैं । गुप्तजी भारत देश में भारतीय सांस्कृतिक राजनीति के पक्षधर हैं । गुप्त जी राज्य प्रणाली में लोक-मत को बड़ा महत्त्व देते हैं । यदि शासक लोक-संसार का ध्यान नहीं रख पाता है तो जनता उसको अपना राजा मानने के लिये तैयार नहीं होगी । साकेत वासी जब राम वन को जाते हैं तो उन्हें रोकते हुए कहते हैं -

"राजा हमने राम, तुम्हीं को है चुना,
करो न तुम यों हाय ! लोकमत अनसुना ।"

1. 'साकेत' पंचम सर्ग पृ.125 ।
2. 'साकेत' पंचम सर्ग पृ.133 ।
3. 'साकेत' पंचम सर्ग पृ.145 ।
4. 'साकेत' पंचम सर्ग पृ.129 ।

गुप्तजी के 'साकेत' का कथानक तो परम्परागत है उसमें उन्हें राजतंत्र का वर्णन तो करना ही पड़ेगा, लेकिन प्रजातंत्र को वर्तमान संदर्भ में आवश्यक मानते हैं। साथ ही राजा को भी स्वतंत्र नहीं छोड़ा है उसे अपने से अधिक प्रजा की सुख-सुविधाओं का ध्यान रखना ही होगा। वे कहते हैं -

"शासन सब पर है, इसे न कोई भूले
शासक पर भी, वह भी न फूलकर ऊले।"[1]

'साकेत' के माध्यम से गुप्त जी तत्कालीन भारत के छोटे-छोटे राज्यों को एक राष्ट्र में बंधने का सुझाव देते हैं। तथा राज्य व देश की परिधि में विस्तार का संदेश देते हैं जो भारतीय संस्कृति से प्रभावित है।-

एक राज्य न हो, बहुत से हों जहाँ,
राष्ट्र का बल बिखर जाता है वहाँ।"[2]

"किसी एक सीमा में बंधकर रह सकते हैं क्या ये प्राण ?
एक देश क्या, अखिल विश्व का तात, चाहता हूँ मैं त्राण।"[3]

इनके अतिरिक्त अन्य कई ऐसे उदाहरण दिए जा सकते हैं जिनके द्वारा यह स्पष्ट रूप से कहा जा सकता है कि 'साकेत' की राजनीति भारतीय संस्कृति से प्रभावित है। जैसे-

"राज्य है प्रिये, भोग या भार ?
बड़े के लिये बड़ा ही दण्ड
प्रजा की थाती रहे अखण्ड।"[4]

"राज सुख है बलि पुरुष का भोग,
मूल्य जिसका प्राण का विनियोग।"[5]

इस प्रकार से 'साकेत' के राजनैतिक स्थलों पर विचार करते हुए कह सकते हैं कि गुप्त जी की दृष्टि वर्तमान के लिये भारतीय संस्कृति से प्रभावित प्रजातंत्र की आवश्यकता है। वे चाहते हैं कि शासक 'साकेत' के राम तुल्य होना चाहिए तब ही वह सफल हो सकता है। राष्ट्र को एक सूत्र में बांध सकता है। प्रजा की अधिक से अधिक विभिन्न प्रकार से सेवा कर सकता है। अतः 'साकेत' की राज्यतंत्र प्रणाली त्याग, सेवा, तपस्या इत्यादि उत्तरदायित्वों से पूर्ण है। जो तत्कालीन समाज को ऐसा राजा अपने द्वारा चुनने, बनाने का सुझाव देती है, जिससे अंग्रेज तुल्यों के चंगुल से छूट कर सुख पूर्वक जीवन व्यतीत किया जा सके।

1. 'साकेत' अष्टम सर्ग पृ.260।
2. 'साकेत' प्रथम सर्ग पृ.24।
3. 'साकेत' एकाश सर्ग पृ.437।
4. 'साकेत' द्वितीय सर्ग पृ.57।
5. 'साकेत' द्वितीय सर्ग पृ.199।

कुल मिलाकर 'साकेत' महाकाव्य में सुसंगठित परिवार, मानवता प्रेम, समष्टि के लिये व्यष्टि बलिदान, नैतिकता, नारी की महत्ता, कर्मण्यता, विश्व बंधुत्त्व एवं वसुधैव कुटुम्बकम की भावना इत्यादि स्वरूप देखने को मिलते हैं जो उसे एक सांस्कृतिक महाकाव्य का दर्जा दिलाते हैं।

सम्पूर्ण रूप में साकेत महाकाव्य में जीवन के सांस्कृतिक पक्षों की सुन्दर झांकियां प्रस्तुत की गई हैं। जो समाज में चेतना ही पैदा नहीं करतीं उनकी अनुकरणीयता को भी प्रभावी बनाती है।

कामायनी

कामायनी मानव जीवन की आन्तरिक विकास यात्रा है। मनुष्य का आन्तरिक विश्लेषण इस महाकाव्य के प्रयोजनों में से एक है। इसके पात्र अपने ऐतिहासिक, पौराणिक आदि महत्त्व रखते हैं वह अलग बात हैं लेकिन मनुष्य से जिस रूप में जुड़ते हैं, वह अलग। कामायनी के मनु का चरित्र बताता है कि मनुष्य को ऊपर से नीचे गिरते देर नहीं लगती है यदि वह नियमित व व्यवस्थित जीवन नहीं जीता है तो। मनु देव जाति के प्रतिनिधि थे, वहाँ तक तो मनुष्य कैसे पहुँचे यदि उस जाति का भी पतन हो सकता है, तो कारण प्राकृतिक नियमों के विरुद्ध जीवन यापन करना था। इसके बाद मनु सामान्य स्थिति में जीते हैं। उन्हें श्रद्धा का सच्चा प्यार व व्यवहार मिलता है। यहाँ भी वे संतुष्ट नहीं होते हैं। हिंसा, मांस, मदिरा-सेवन, स्वच्छन्द विचरण आदि में लीन हो जाते हैं और अपनी भावी संतान एवं पत्नि का परित्याग कर (भावों को कुचलकर) चले जाते हैं। सारस्वत नगर की रानी इड़ा (बुद्धि) पर मोहित हो उनके उजड़े नगर को भौतिकतावादी दृष्टि (पाश्चात्य संस्कृति) से बसाकर उस पर अपना अधिकार करना चाहते हैं। प्रजा में विद्रोह होता है। मनु घायल हो जाते हैं। उन्हें अपने व्यवहार के ऊपर बड़ा दुःख होता है। यहाँ उनको श्रद्धा (भाव) की याद आती है याद आते ही श्रद्धा (भाव) उपस्थित होती है और वे आगे बढ़ जाते हैं इड़ा (बुद्धि) पीछे-पीछे चली आती है। अन्त में मनु को श्रद्धा के साथ ज्ञान प्राप्त होता है। तब कहीं जाकर उन्हें आनन्द की अनुभूति हो पाती है। मनु श्रद्धा और इड़ा पात्रों के माध्यम से यह अभिव्यंजित होता है कि मनुष्य-जीवन में भावों की नितान्त आवश्यकता होती है। उसके बिना सुखमय जीवन की अनुभूति नहीं हो पाती। साथ में बुद्धि भी अपना कार्य अवश्य करती है। इस प्रकार कामायनी मानव चरित्र के विकास की पाठशाला है।

'कामायनी' की श्रद्धा एक आदर्श भारतीय नारी व पत्नी के रूप में चित्रित की गई है। वह सुन्दरता, प्यार, त्याग की प्रतिरूपिनी हैं। दया, माया, ममता, मधुरिमा एवं विश्वास के साथ मनु के लिये आत्म समर्पण कर भावी मानव जीवन के कल्याण एवं विकास की उन्हें प्रेरणा दी। विविध विपरीत परिस्थितियों में भी वह मनु का साथ नहीं छोड़ पाती। और उसे क्षत विक्षत घायलावस्था में सम्बल देकर आनन्द की अनुभूति कराती है। श्रद्धा के सहारे ही मनु आनन्द सर्ग तक पहुंचते हैं। सारस्वत प्रदेश और इड़ा जीवन में तर्क-वितर्क, भौतिकवाद, चमक-धमक, ऐशो-आराम, भोगविलास आदि के वातावरण की सृष्टि करते हैं जिसमें जीवन

का आशातीत पक्ष आहत और घायल हो जाता है। जिसका उपचार भावों के माध्यम से ही संभव है। श्रद्धा अपने पुत्र मानव को आशीर्वाद देती हुई कहती है कि हे पुत्र! तू श्रद्धा, तर्क एवं मनन से युक्त होकर भावी मानव का भाग्योदय कर तथा समरसता का प्रचार कर। वह इड़ा के सहयोग से सारस्वत प्रदेश पर शासन भी इसी प्रकार करता है। अतः कामायनी के पात्र आधुनिक समाज के पात्रों को उनके विकास का विश्लेषणात्मक संदेश देते हुए आदर्श जीवन- रूप में उपस्थित होते हैं। कामायनी में एक छोटे परिवार का चित्रण है जिसके सदस्य प्यार, आदर, सम्मान, सहयोग और अपने उत्तरदायित्वों को निभाने वाले हैं यदि कहीं कहीं एकाध पात्र कुछ समय के लिये नहीं निभा पाता है तो उसके मनोवैज्ञानिक कारण और भौतिकवाद का प्रभाव है, जिसका चित्रण समाज के लिये संदेश रूप में है। देश का विकास मनु और उनके सारस्वत नगर की भांति करने की आकांक्षा है तो शासन श्रद्धापुत्र मानव की भांति। शासन-लोभ के त्याग की भी बात कामायनी में है। विश्व के लिये संदेश हैं - कि मनुष्य को सद् इच्छा, सद् धर्म से ही ज्ञान की प्राप्ति हो सकती है। ज्ञान प्राप्त व्यक्ति ही आनन्द का हकदार है। यही कामायनी का उत्कर्ष हैं और उसकी उदात्तता भी।

निष्कर्ष

किसी समाज की उन्नति में, उसके सांस्कृतिक स्वरूप का विशेष योगदान रहता है। या यों कहा जाय कि संस्कृति-सभ्यता किसी भी समाज का आभूषण होती है। वह उसकी समृद्धि, उसके इतिहास की परिचायक होती है। किसी भी समाज की चेतना का अनुमान उसकी सभ्यता से लगाया जा सकता है, इस प्रकार किसी भी समाज का परम्परागत जीवन धन ही उसकी सभ्यता है। अतः यह कहा जा सकता है कि समाज और उसकी सभ्यता का घनिष्ठ सम्बन्ध है। किसी भी देश के समाज के क्रिया कलाप, आचार-विचार, उसमें रहने वाले लोग और उनके उत्सव त्यौहार, आजीविका के साधन आदि सभी कुछ उसकी सांस्कृतिकता के ही विषय हैं।

प्रियप्रवास को खड़ी बोली हिन्दी के प्रथम महाकाव्य के रूप में गिना जाता है। जिसमें 'हरिऔद्यजी' की प्रतिभा और गहन अनुभूति समाई हुई है। जिसमें पात्र नये रूप में उपस्थित हुए हैं चाहे वह राधा हो या कृष्ण, नंद हो या यशोदा सभी सभ्यता, शिष्टता, शालीनता, कर्तव्यनिष्ठता, मानवीय भावनाओं आदि से परिपूर्ण हैं। प्रियप्रवास का कथानक अतिप्राचीन है लेकिन उसके पात्र अत्यन्त अर्वाचीन। वर्तमान समाज के लिए जिस प्रकार के पात्रों (व्यक्तियों) की आवश्यकता है उसी रूप में प्रियप्रवास के पात्रों को चरितार्थ किया गया है। दूसरे पात्रों को दार्शनिक विचार जाल से निकालकर उनको उनके मूल उद्देश्य तक पहुँचाया है। ईश्वर, ब्रह्म सम्बन्धी अनुभूति को मानवजीवन के प्रत्येक सदस्य के लिए सरल बनाया है, ईश्वर तो किसी ने देखा नहीं है, उसकी कल्पना में अनुभूति करके आनन्दित होने के सुख को सेवा, त्याग, परोपकार, नैतिकता आदि के माध्यम से प्राप्त किया जा सकता है; यह प्रियप्रवास के पात्रों द्वारा व्यक्तियों का जीवन दर्शन पथ बतलाया गया है। पारिवारिक सुख व्यक्तियों की नैतिकता, भाव प्रबलता, वात्सल्य, प्रेम, त्याग आदि पर निर्भर रहता है। हम सांसारिक

प्राणियों के लिए परिवार ही सुख प्राप्त करने की पाठशाला है । हम सभी सुख को पढ़ते और जीते हुए सुख की परीक्षा में उत्तीर्ण होते हैं तो कहीं कहीं अनुतीर्ण भी । यही सिलसिला तो जीवन यात्रा है । 'प्रियप्रवास' का समाज एक साथ प्रेमपूर्वक रहता है और वह अपनी असंगति, अपने ऊपर अत्याचार, अनीति आदि का मुकाबला करने के लिए तैयार रहता है लेकिन उसके नेता श्रीकृष्ण आगे आकर अपनी प्राचीन कथा के सहारे सारे कष्टों को दूर करते चले जाते हैं । 'प्रियप्रवास' के समाज में राधा-कृष्ण तो उसकी चेतना सादृश्य हैं । प्रियप्रवास के समाज का अनुकरण आज के समाज की आवश्यकता है । इस वैज्ञानिक युग में सुख की खोज का माध्यम है । 'प्रियप्रवास' की सामाजिक चेतना में उसके पात्र, उसकी कथा आदि सभी पक्ष समा जाते हैं । तो 'साकेत' महाकाव्य में भी यही रूप कम अधिक मात्रा में दिखाई पड़ता है । सांस्कृतिकता की महानता में 'साकेत' 'प्रियप्रवास' से आगे की सीढ़ी है तो कामायनी साकेत से आगे की । इसी प्रकार अन्य महानताओं-दार्शनिकता धार्मिकता आदि की भी यही स्थिति किसी काल विशेष के महाकाव्यों की होती है । कोई भी महाकाव्य अपने समय का मील का पत्थर होता है जो यह अभिव्यंजित करता है कि इस समय तक मनुष्यता ने कहाँ तक प्रगति की है । 'साकेत' में एक सामान्य आदमी के लिए भी सरल जीवन दर्शन की परिकल्पना, परम्परागत चली आ रही राम कथा करती है । जिसके दशरथ, राम, भरत आदि सभी पात्र अत्यन्त सरल, सच्चे हैं । यहाँ तक कि कैकेयी भी सरलतम रूप में प्रस्तुत की गई है । साकेत की पात्र संरचना जीवन की सरलता पर विशेष जोर देती है, तो पारिवारिकता प्रेम और त्याग पर समाज न्याय प्रिय राजा राम के साथ है । राम भी अपने से बढ़कर अपनी प्रजा का ध्यान रखते हैं । उनके कष्टों का निराकरण नीति के साथ करते हैं । इस प्रकार 'साकेत' के समाज में सांस्कृतिकता की उच्चता परिलक्षित होती है । उसके अधिकांश पात्र शील, सभ्य, त्याग, विनय आदि के स्वरूप है ।

जिस प्रकार 'प्रियप्रवास', 'साकेत' व्यक्ति और समाज की संस्कृति एवं सभ्यता के बाह्य स्वरूप हैं उसी प्रकार कामायनी उनकी आन्तरिक विकास यात्रा । कामायनी उलझे मानव की सुलझी पहेली है । वह व्यक्ति के सामने उसके आन्तरिक स्वरूप को प्रकट करती है । उसे खुद से ही परिचित कराती है । हमारे देश का प्रत्येक व्यक्ति यदि खुद से परिचित हो जाता है तो आज की कितनी समस्याओं का समाधान हो जायेगा यह अनुमान लगाया जा सकता है । कामायनी की कथा व्यक्ति की वर्तमान उलझनों को सुलझाती हुई उस आनन्द का भागीदार बनाती है । कामायनी के अंतिम सर्गों का मनु किसी भी समाज का आदर्श हो सकता है । तो श्रद्धा नारी जीवन की पराकाष्टा ।

अतः आधुनिक हिन्दी के महाकाव्यों में सामाजिक चेतना के सुसंस्कृत पक्षों की झाँकी लगी है । यदि आधुनिक समाज उससे दृष्टि लेता है तो वह अपनी उन्नति एवं विकास तो करेगा ही, भविष्य में समाज के लिए भी संजीवनी दृष्टियां दे पाने में समर्थ होगा । उसमें से ऐसी-ऐसी महान विभूतियाँ पैदा हो सकेगी जो राजाराममोहनराय, दयानन्द सरस्वती, विवेकानन्द, गाँधीजी आदि की याद दिलाने में सहायक होगीं । अपने समय की सामाजिक बुराईयों को खत्म करने का बीड़ा उठायेगी ।

षष्ठ अध्याय

आधुनिक हिन्दी महाकाव्यों में सामाजिक चेतना के धार्मिक, दार्शनिक एवं नैतिक पक्षों का उभार

आधुनिक हिन्दी महाकाव्यों में नैतिक धार्मिक एवं दार्शनिक पक्षों ने समाज में अपने स्वरूपों को स्पष्ट किया है। नीति धर्म और दर्शन जीवन के ऐसे आवश्यक तत्त्व हैं जिनके बिना जीवन आदर्श हो ही नहीं सकता। जब व्यक्तियों का जीवन ही उच्च स्तर का नहीं होगा तो स्वस्थ-स्वच्छ समाज की कल्पना कैसे की जा सकती है। भारतवर्ष में नैतिकता की जड़े बहुत पुरानी हैं। वे भारतीय जीवन को संवारने में सतत् सहायक रही हैं। भीषण से भीषण सांस्कृतिक संकटों में नैतिकता ने भारतीय जीवन का साथ दिया है। वह भारतीय जीवन के खून में इस प्रकार समा गई है कि उसका पूर्ण रूप से खत्म हो पाना असंभव है।

भारतीय सांस्कृतिकता के आन्तरिक पक्ष में नीति, धर्म और दर्शन आते हैं। ये तीनों आपस में एक दूसरे से जुड़े हुए हैं। नीति, धर्म से धर्म, दर्शन से। भारतीय चिन्तन में आत्मा का विशेष महत्त्व है। आत्मा का सीधा सम्बन्ध दर्शन से होता है। दर्शन से होने के कारण धर्म और नीति से भी उसका सम्बन्ध निकट का ही है। एक बात और, भारतीय धर्म, दर्शन यह बताते हैं कि आत्मा, परमात्मा का ही एक अंश है। परमात्मा के बारे में यह धारणा है कि वह सत् है। गांधी जी तो इस बात को ऐसे कहते हैं कि सत्य ही परमात्मा है। अतः आत्मोत्थान के लिये (परमात्मा की ओर ले जाने के लिये) सत् या सत्य ही आधार हुआ। यही से नैतिकता (नीति) का प्रारम्भ होता है। आत्मा और परमात्मा के बहुत सारे गुण हैं। इन्हीं के आधार पर नैतिकता का विस्तार किया जा सकता है।

नीति पर चलने के लिये अपने धर्म एवं संस्कृति से बहुत सहायता ली जाती है। जीवन के आन्तरिक पक्ष में आत्मा और बाह्यपक्ष में नीति (नैतिकता, धर्म) आदि साथ-साथ चलते हैं, तब ही जीवनोत्थान होता है। हमारे जीवन में समय - वातावरण के साथ-साथ बदलाव आते रहते हैं। आत्मतत्त्व की सहायता से अनर्थ से बचा जा सकता है, क्योंकि आत्मा कभी पतनोन्मुखी नहीं हो सकती। फिर भी कभी-कभी जब कोई विचार थोपा जाता है, या

सुख-सुविधाएँ, परिस्थितियाँ आक्रमण करती हैं तो नैतिक प्रलय की स्थिति पैदा हो जाती है, और आत्म पीड़न शुरू हो जाता है। जब यह एक बार हो जाता है तो इसे रोकना कठिन पड़ जाता है। इसके लिये बड़े सज्जन महात्माओं को आन्दोलन चलाने पड़ते हैं अपनी बलि चढ़ानी पड़ती है। उन्नीसवीं- बीसवीं शताब्दी में ऐसे आन्दोलनों ब्रह्मसमाज, आर्यसमाज, थियोसोफिकल सोसाइटी, रामकृष्ण मिशन, गांधी दर्शन आदि को गिना जा सकता है।

भारतीय नैतिकता का, गुप्त साम्राज्य के बाद लगभग पाँचवी शताब्दी से ग्यारहवीं शताब्दी तक पतन होता चला गया। हिन्दुत्त्व पर इस्लाम के आक्रमण होते चले गये। इसके बाद अंग्रेजों का राज्य प्रलम्ब समय तक रहा। उन्होंने भी अपनी संस्कृति का विकास किया। इनके अवशेष आज भी भारत में विद्यमान हैं और काफी समय तक रहेंगे। इस अन्तराल में भारतीय नैतिकता के लिये कुछ लोगों के विचार हैं– "हिन्दुत्त्व पराजित प्रजा का धर्म था और इस्लाम विजेताओं का...परिणाम यह हुआ कि अपनी रक्षा के लिये हिन्दुत्व घोंघे की तरह सिकुड़कर अपनी ही खोली में छिपने लगा। जातिपांति के नियम उसने और भी कड़े बना लिये, लड़कियों का बचपन में ब्याह आम बात हो गई एवं छूआछूत की भावना पहले से भी भयंकर हो गई।"[1]

"भारतवासियों की बुद्धि इतनी जड़.हो गई थी कि कोई यह सोचता ही नहीं था कि छुआछूत मनुष्य के प्रति घोर पाप है, कि विधवा विवाह नहीं होने देना नारी जाति के प्रति अन्याय है, कि शूद्र और नारी को वे ही अधिकार मिलने चाहिए जो उच्च वर्गों के पुरुषों को प्राप्त हैं। समाज में भ्रूण हत्याएँ चलती थीं, बालिकाओं का वध चलता था, जहाँ-तहाँ सती की प्रथा भी कायम थी और लोग छिपकर नीच जाति की स्त्रियों से भी सम्बन्ध करते थे। किन्तु इन बातों के खिलाफ समाज में कोई नहीं सोचता था। तीर्थों में व्यभिचार के अड्डे बने थे। किन्तु इन बातों को रोकने वाला कोई नहीं था।"... हिन्दुओं का दुर्भाग्य यह था कि वे जीवन को निःसार मानने लगे थे। अतएव जीवन का अपमान एक ऐसी वस्तु का अपमान था जिसका अस्तित्व नहीं था। अन्याय और न्याय में कोई अन्तर नहीं था और न कोई अत्याचार ही ऐसा था जिसका उत्तर देना आवश्यक हो। यह बड़ी ही अर्थपूर्ण बात है कि उन्नीसवीं सदी से पूर्व भारतीय साहित्य में कोई भी लेखक या कवि ऐसा नहीं हुआ जो यह कहने का साहस करता कि यह अन्याय है और हम इस अन्याय का विरोध करने को आये हैं।[2]

"दीर्घ कालीन विदेशी शासन के कारण देश को जो सबसे अधिक क्षति पहुँची वह जनता के नैतिक स्तर से सम्बन्ध रखती है। स्वतंत्र देशों की तुलना में देशवासियों का नैतिक स्तर साधारणतया तथा चरम पतन को पहुँच गया है।"[3]

"... छुओ मत," "छुओ मत" यही पुकार-पुकार कर पवित्र मान्यता और अहंकार का

1. संस्कृति के चार अध्याय, दिनकर, पृ.268
2. संस्कृति के चार अध्याय, दिनकर, पृ.437-445
3. मध्य देश- ऐतिहासिक तथा सांस्कृतिक सिंहावलोकन, पृ.190

संतोष पोषण किया जाता है... परस्पर स्नेह और तज्जनित संघ शक्ति की हत्या की जाती है, और दूसरों को निमंत्रण दिया जाता है कि ऐसे छिन्न भिन्न हिन्दुओं को रोज जूतियाँ लगावें।"[1]

इस प्रकार की स्थिति भारतीय समाज और उसकी नैतिकता की, बीच के समय में हो गई। लेकिन भारतीय संस्कृति तो अमर हैं। अतः इस संस्कृति के बाह्य रूप को खत्म कर अपनी पुरानी जीवनी शक्ति को फिर से प्रतिष्ठित करना है। उन्नीसवीं शताब्दी में हमने यह सब तय कर लिया। हम धर्म नैतिकता, आत्मिक बल की ओर फिर से मुड़े। इसके लिये व्यक्तिगत एवं संस्थागत आन्दोलनों के रूप में प्रयास हुए। जिसका विस्तार से वर्णन पूर्व अध्यायों में किया गया है। यहाँ इसका संकेत किया जा सकता है कि उन्नीसवीं सदी में भारत के हर क्षेत्र में कुछ लोग अवतरित हुए। राजा राममोहनराय, दयानन्द, रामकृष्ण परमहंस, विवेकानन्द, मदनमोहन मालवीय, गांधी, तिलक, मोतीलाल नेहरू, अरविन्द, विनोबा, टैगोर, रमन, शरत, रामचन्द्र शुक्ल, प्रेमचन्द, भारतेन्दु, हरिश्चन्द्र, हरिऔद्य, मैथिलीशरण गुप्त, प्रसाद, दिनकर आदि इन्होंने भारतीय धर्म, राजनीति, दर्शन साहित्य, नीति, इत्यादि क्षेत्रों में अपना विशेष योगदान दिया। इस संदर्भ में कुछ विद्वानों के विचार हैं। सुनीति कुमार चटर्जी, सरस्वती पत्रिका में लिखते हैं-"विचारशीलता की एक शान्त और हल्की आवाज मानों दिव्य लोक से आई जो स्वामी विवेकानन्द के मुख से ऐसी शंख ध्वनि के रूप में निकली कि उसने तन्द्रा में पड़े हुए लोगों को सजग कर दिया और उन पर विचारशील लोगों में जिज्ञासा उत्पन्न कर दी जिनमें तत्त्व ज्ञान की गहराई और विस्तार देखने की क्षमता थी।"[2] राधाकृष्णन् लिखते हैं - "हमें एक ऐसे धर्म की आवश्यकता है जो आत्मा की शक्ति को वस्तुओं से अधिक महत्त्वपूर्ण घोषित करे तथा जिस दुनियाँ में विज्ञान और संगठन एवं संस्थाओं का सम्बन्ध और महत्त्व समाप्त हो गया है। परम्परा से स्थापित मूल्यों और मानों के सामने उसी दुनियां में कुछ तत्त्व और महत्त्व खोज सके।"[3] इत्यादि अन्य लोगों के विचार भी भारतीय जीवन के उत्थान के लिये भरे पड़े हैं। जिनसे भारतीय नैतिकता में विकास हो सका। इस क्षेत्र में आधुनिक हिन्दी महाकाव्यों ने भी अपनी महत्त्वपूर्ण भूमिकाएँ निभाई जिन्होंने नीति धर्म और दर्शन की शिक्षाएँ समाज को दी।

प्रियप्रवास

'प्रियप्रवास' का नैतिकता की दृष्टि से बड़ा महत्त्व है। शिष्टाचार, लोक मर्यादा आदि का नैतिकता में पालन करना अति आवश्यक है। 'प्रियप्रवास' के प्रमुख पात्र लोकमर्यादा, शिष्टाचार आदि का पालन करते हैं। श्रीकृष्ण जी का चित्रण एक महात्मा के रूप में किया गया है वे सभी की निःस्वार्थ भाव से सहायता करते हैं। अनीति करने वाले, राक्षस, राजाओं

1. "समन्वय" भगवान दास, पृ.131
2. "सरस्वती" जनवरी 1963, पृ.35
3. "रिकबरी" आफ फेथ, पृ.9

आदि का दमन करते हैं। पृथ्वी पर फैले अन्याय अत्याचार का विरोध करते हैं। वे सत्य के पक्ष में रहते हैं। 'प्रियप्रवास' की राधा नीति के सूत्र में सजी चित्रित की गई है। वे अपने प्रियतम श्रीकृष्ण के प्रेम में आजन्म कौमार्यव्रत का पालन करती हुई लोकसेवा में श्रीकृष्ण की अनुभूति करती है। वह विरह में रात दिन व्यथित होकर अपने दुःख को सहन करती है। श्रीकृष्ण के प्रति वह आजीवन उपासना भाव पाले रहती है। उसके अन्दर आत्म बल है। वह उद्धव से श्रीकृष्ण के लिये संदेश भी भेजती हैं - "प्यारे जीवें जग हित करें गेह चाहे न आवें। वह अपने बड़ों के प्रति आदर भाव रखती है। नन्द एवं यशोदा के प्रति सेवा भाव रखती है। यहाँ तक कि वह गरीब असहाय लोगों की सेवा के लिये तत्पर रहती है।

नन्द ब्रज के स्वामी हैं। वे न्याय पूर्वक वहाँ की जनता की देखभाल करते हैं। इसलिये वे सबके लिये पूज्य एवं सम्माननीय हैं। पिता के रूप में नन्द वात्सल्य के सागर हैं। वे श्रीकृष्ण को देवकी का पुत्र होने पर भी प्राणों से अधिक प्यार करते हैं। वे एक आदर्श एवं कर्त्तव्यपरायण पति भी हैं। वे यशोदा को दुखी देखकर अपना सारा का सारा दुःख भूल जाते हैं। यशोदा वात्सल्य की साकार मूर्ति हैं। उनका हृदय वात्सल्य से ओतप्रोत रहता है। इस प्रकार 'हरिऔद्य जी' ने प्रियप्रवास में माता, पिता, पुत्र, प्रेमिका के आदर्श रूप प्रस्तुत कर नैतिक आचार-विचारों के सजीव चित्र अंकित किए हैं। 'प्रियप्रवास' में असहाय की सहायता करना, उसे संकट से बचाना ही प्रधान धर्म है -

"उबारना संकट से स्वजाति का।
मनुष्य का सर्वप्रधान धर्म है॥"[1]

भारतीय दर्शन में "ईश्वर एक है" यह बात कही गई हैं। ईश्वर सर्वव्यापक, अनन्त, सच्चिदानन्द नित्य, निर्विकार, अविनाशी, गुणातीत तथा इस संसार की उत्पत्ति करने वाला है, पालने और संहार करने वाला भी वही हैं। वह दीनबन्धु, दीन-दयाल, कृपानिधि, यहाँ तक कि पापियों का भी कभी-कभी उद्धार करने वाला है। निर्गुण होने के बावजूद भी वह परित्राणाय साधना, विनाशाय च दुष्कृतां... शरीर धारण करता है और विविध प्रकार की लीलाएँ करने के हेतु ही वह संसार की सृष्टि रचता है।

जीव ऐसे ईश्वर का अंश मात्र है। ईश्वर की सारी विशेषताएँ उसमें आंशिक रूप में मिलती हैं। ईश्वर की माया दो रूपों में (विद्या-ज्ञान) (अविद्या-अज्ञान) विद्यमान है। इसी माया के वश में होकर जीव अपना स्वरूप ही भूल जाता है कि मैं क्या हूँ क्यों हूँ, किसलिये हूँ। वह तो काम, क्रोध, लोभ, मोह, अहंकार इत्यादि विकारों में फंसकर विभिन्न प्रकार के कष्टों को झेलता रहता है। लेकिन ज्ञान हो जाने पर वह ईश्वर का अनुभव कर सकता है उनके दर्शन भी कर सकता है यहाँ तक कि बार-बार जन्म लेने और मरने से भी छुटकारा प्राप्त कर सकता है।

प्रकृति का त्रिगुणात्मिका, सत्, रजस् और तमस् रूप में वर्णन मिलता है। माया के कारण जीव इसी प्रकृति का दास हो जाता है। वह उससे छुटकारा प्राप्त नहीं कर पाता है। उसके

1. प्रियप्रवास, एकादश सर्ग, पृ.142

ऊपर अज्ञान का ऐसा पर्दा पड़ जाता है कि ईश्वर को बिल्कुल भूल जाता है। रूढ़ि-परम्पराओं में ही फंस कर रह जाता है। इस प्रकार का भारतीय दर्शन और उसका समाज वर्तमान रूप में मिलता है।

यहाँ पर हम दर्शन का इतना ही जिक्र करते हुए आधुनिक हिन्दी महाकाव्यों में इसकी चर्चा करेंगे।

प्रियप्रवास में श्रीकृष्ण को ईश्वर का अवतार माना गया है। गीता में श्रीकृष्ण अर्जुन से कहते हैं "परित्राणाय साधूनां विनाशाय च दुष्कृतां, धर्म-संस्थापनार्थाय मैं बार बार जन्म लेता हूँ।

'प्रियप्रवास' के कृष्ण भी एक अवतारी पुरुष हैं क्योंकि वे बहुत कम उम्र में ही बड़े बड़े चमत्कारी कार्य कर डालते हैं। बड़े बड़े बलिष्ठ राक्षसों, अत्याचारी राजाओं का दमन करते हैं। उनका आचरण धर्मानुकूल है। (भारतीय दर्शन को धर्म से अलग नहीं किया जा सकता है) कृष्ण सत्य के साथ, दीन दुखियों की सहायता, असहायों की सेवा, दुखियों को शरण देने वाले हैं -

"जो सेवा हों कुंवर करते स्वीय माता-पिता की
या वे होवें स्व-गुरुजन को बैठ सम्मान देते।
ऐसी बेला यदि सुन पड़े आर्त वाणी उन्हें तो।
वे देवेंगे शरण उसको त्याग सेवा-बड़ों की ॥"[1]

षोड़श सर्ग में राधा श्रीकृष्णजी के लिये कहती है कि मैंने जगतपति के दर्शन श्याम में किए हैं -

पाती हूँ विश्वप्रियतम में विश्व में प्राण प्यारा।
ऐसे मैंने जगतपति को श्याम में है विलोका ॥"[2]

विश्वात्मा जो परम प्रभु है रूप तो है उसी के।
सारे प्राणी सरि गिरि लता बेलियाँ वृक्ष नाना।
रक्षा पूजा उचित उनका यत्न सम्मान सेवा।
भावों सिक्ता परम प्रभु की भक्ति सर्वोत्तमा है ॥[3]

'प्रियप्रवास' का जीवन दर्शन, प्रेम के आधार पर है इसमें सगुण भक्ति के माध्यम से ईश्वर की प्राप्ति का वर्णन किया गया है। दूसरे, सामान्य जनों के लिये निर्गुण ब्रह्म की उपासना कठिन हो सकती है, उतनी, सगुण की नहीं। 'प्रियप्रवास' में ब्रह्म तक पहुँचने के लिये प्रेम को माध्यम बनाया है। और प्रेम की व्यापकता द्वारा ब्रह्म के व्यापक स्वरूप का अनुभव

1. प्रियप्रवास, पृ.186

2. प्रियप्रवास, पृ.244

3. प्रियप्रवास, पृ.244

किया गया है। ऐसी अनुभूति से (दृष्टि से) संसार के सारे प्राणी ईश्वर के ही अंश नजर आने लगते हैं। और उनकी सेवा करना ईश्वर की सेवा करना महसूस करते हैं। षोड़श सर्ग में राधा कहती हैं कि —

"प्यारे की और परम प्रभु की भक्तियाँ हैं अभिन्ना।"[1]

'प्रियप्रवास' में ब्रह्म का चित्रण मानव रूप में किया गया है। मानवता को महत्त्व देना ही ईश्वर को मानना है। ब्रह्म की अनुभूति का कर्म रूप मानवसेवा द्वारा मनुष्यों के हृदय में उत्थानोमुखी भावनाओं का विकास करना है। आनन्द स्वरूप ब्रह्म का अनुभव 'प्रियप्रवास' में निस्वार्थ भाव से सत्य के साथ सेवा करने, सहायता करने से, की जा सकती है। ऐसा संदेश मिलता है।

'प्रियप्रवास' में 'हरिऔद्यजी' ने निर्गुण व सगुण ब्रह्म के ऊपर उद्धव और गोपियों द्वारा विस्तार से चर्चा करायी है ऐसा जान पड़ता है कि उद्धव गोपियों के पक्ष में हैं।

दर्शन के स्वरूप की जो व्याख्या 'प्रियप्रवास' में की गई हैं वह सामाजिकों के अनुकूल है। उन्नीसवीं शताब्दी के दर्शन-चिन्तन का उसके ऊपर प्रभाव है। इस प्रकार 'प्रियप्रवास' में दर्शन की युगानुरूपता का प्रतिबिम्ब दिखाई पड़ता है।

मानवतावाद के लिये 17-18 वीं शताब्दी से पहले यूरोप में धनवान एवं निर्धन व्यक्तियों के बीच में अलगाव की बड़ी गहरी खाई थी। निर्धनों को बड़ी ही हेय दृष्टि से देखा जाता था। लेकिन समय बदला और उनके प्रति दृष्टिकोण में बदलाव आकर सहानुभूति उमड़ी। 17 वीं शताब्दी के लगभग फ्रांस, इंग्लैण्ड और जर्मनी में विविध क्रान्तियाँ, धार्मिक युद्ध, विद्रोह आदि छिड़ गये। लोग हिंसा, हत्या मारकाट आदि से परेशान हो गये। तभी मानवतावादी विचारधारा का जन्म हुआ। अठारहवीं शताब्दी में वहाँ के लोग परलोक आदि से मुड़ कर मानव के जीवन को सुधारने पर चल पड़े। पूजा, उपासना आदि सभी, मानवता में महसूस की जाने लगीं। विज्ञान के क्षेत्र में उद्योग धन्धों में क्रान्ति आ चुकी थी। पूंजीपतियों द्वारा इन्सानों की दुर्गति, पशुतापूर्ण व्यवहार आदि के द्वारा विपन्न अभागे मनुष्यों की ओर चिन्तकों का ध्यान गया और उन्होंने इनको सुखी बनना पवित्र कार्य महसूस किया। मनुष्य यह तो सोचने पर विवश होता ही है कि मुझसे बड़ी कोई शक्ति इस दुनिया में है। उसको वह याद करता है पूजता है आदि। यह शक्ति उसने ईश्वर देवता आदि को न पाकर मानवता को मानी। जिसकी सेवा के माध्यम से उपासना करना उसने आवश्यक समझा। इससे व्यापक सुख की प्रत्यक्ष अनुभूति होने लगी। ईश्वर सामने नहीं दिखता यह सामने दिखाई पड़ती है। विचार क्षेत्र में यह एक नई विचार धारा थी जो आसानी से समझ में आने लगी। इसने यूरोप के ही ज्ञान विज्ञान को प्रभावित नहीं किया, बल्कि भारत के ज्ञान को भी। इस संदर्भ में आचार्य हजारी प्रसाद द्विवेदी लिखते हैं - "परन्तु साहित्य क्षेत्र में मूल चालक मनोवृत्ति

1. प्रियप्रवास, पृ.244

मानवता वाद ही थी। इस मानवता वादी दृष्टि के पेट से ही काव्य में छायावाद का जन्म हुआ और उपन्यास और कहानियों के क्षेत्र में सामाजिक, राजनैतिक और आर्थिक शोषण से विद्रोह करने वाली स्वच्छन्दतावादी प्रेमधारा का भी जन्म हुआ।"[1] भारत को इस आशा में, यह विचार धारा अच्छी लगी कि अंग्रेजों की पशुता से छुटकारा मिलेगा। और आगे चलकर इस विचार धारा ने भारतीय जीवन में समृद्धि पाई। हिन्दी के आधुनिक महाकाव्यों में भी इस विचारधारा के दर्शन होते हैं।

'प्रियप्रवास' में मानवता का स्वरूप समानता, सहृदयता, मानव-प्रेम, विश्वबन्धुत्व, सेवा, परोपकार आदि रूपों में मिलता है। 'प्रियप्रवास' के मुख्य पात्र श्रीकृष्ण और राधा तो परदुःखकातरता, निर्बलों की रक्षा, दुराचारियों का नाश आदि करने में निमग्न दिखाई पड़ते हैं। वे परम्परागत धार्मिक परिवेश को छोड़कर मनुष्यों के हृदय में उदारता, सहनशीलता आदि के भाव फैला रहे हैं।

'प्रियप्रवास' का कथानक, मनुष्य के सामने विविध प्रकार के संकटों का वर्णन और उनका निराकरण करता चलता है। जिनमें प्राकृतिक संकट भी शामिल किए हैं। कभी वर्षा का, कभी आंधी का तो कभी अन्यायी राजा का -

"जन प्रपीड़ित होकर अन्य से।
शरण है गहता नरनाथ की।
यति निपीड़न भूपति ही करे।
फिर भला जग-रक्षक कौन है?"[2]

ऐसे गौर वर्णा कंसों के अत्याचारों से कृष्ण बलराम जनता को उबारते हैं।

षोड़श सर्ग में जब कृष्ण उद्धव के हाथों राधे के लिये संदेश भेजते हैं। उसमें सर्व भूतोपकार से मानवता की ही अभिव्यंजना होती है -

"श्रेयःकारी परम दयिते सात्विकी कार्य होगा।
जो हो स्वार्थों परत भव में सर्व भूतोपकारी।"[3]

इस संदेश से राधा अपने दुःख को भूल जाती है वह तो ब्रज के वासियों के दुःख से अपने को दुःखी बताती है। उनके दुःख को कृष्ण तक पहुँचाती है। और उनकी सेवा के लिये कौमार्यव्रत धारण करती है -

मैं ऐसी हूँ - न निज दुख से कष्टिता, शोक मग्ना।
हा! जैसी हूँ व्यथित ब्रज के बासियों के दुखों से॥

1. हिन्दी साहित्य - आचार्य हजारी प्रसाद द्विवेदी, पृ.432

2. प्रियप्रवास, तृतीय सर्ग, पृ.30

3. प्रियप्रवास, षोडश सर्ग, पृ.234

आज्ञा भूलूं न प्रियतम की विश्व के काम आऊँ।
मेरा कौमार ब्रत भव में पूर्णता प्राप्त होवे ॥[1]

इस प्रकार 'प्रियप्रवास' में असहायों की सहायता के बहुत सारे संदेश देखे जा सकते हैं। जिनसे असहायों, निर्बलों, उपेक्षितों को उबारने की दृष्टि मिलती है। उच्चकोटि के मानवीय आदर्शों की स्थापना के संकेत मिलते हैं। मानव जीवन को उन्नत करने, मानव को अपने कर्त्तव्यों के प्रति सजग करने, मानव के हृदय में मानवता का संचार करने, व्यक्तियों का मानव मात्र के प्रति स्नेह, सौहार्द्र आदि उत्पन्न करने, तथा मानवों के हृदय में विश्व प्रेम जाग्रत करने आदि के प्रयास 'प्रियप्रवास' में किए गये हैं।

मानवतावाद की दृष्टि से विचार करें तो 'प्रियप्रवास' में लोकहित, सर्वत्र मानवता के रूप में ही फैला हुआ नजर आता है। 'हरिऔद्य' जी ने तो अवतारी श्रीकृष्ण को सामान्य मानव के रूप में चित्रित किया है।

इस प्रकार महाकाव्यकार ने मनुष्यों के बीच विपन्नता की खाई को ही खत्म नहीं किया है बल्कि अलौकिक एवम् लौकिक के बीच की खाई को भी खत्म करके मानवता के स्वरूप को उभारा है।

साकेत

भारतीय धार्मिक विचारधारा में यह धारणा अच्छी तरह समायी हुई है कि अनिष्ठ निवारण के लिये प्रयत्न अवश्य करने चाहिएं। अनिष्ट-अमंगल से निवारण के लिये व्यक्ति, तंत्र-मंत्र, पूजा-पाठ, दान-पुण्य, जप-तप इत्यादि का सहारा लेता है। इन सारी विधियों का भारतीय समाज में गहरा प्रभाव है। 'साकेत' में भी इन रूपों के उदाहरण मिलते हैं। भरत राज्य काल में तो ये सभी निर्विघ्न रूप में होते दिखाई पड़ रहे हैं —

होते हैं निर्विघ्न यज्ञ अब जप-समाधि-तप-पूजा-पाठ,
यश गाती हैं मुनि कन्यायें कर व्रत-पर्वोत्सव के ठाठ।

ये सारे कार्य जीवन में अमंगलों का सामना न करना पड़े के लिये किये जाते हैं। जिनका प्रयोग साकेत की कथा में उनके पात्रों द्वारा किया जाता रहा है।

'साकेत' पर वैष्णव धर्म, दर्शन का प्रभाव है उसमें सन्तों की सेवा, गुरु सेवा, संसार को ईश्वरमय समझना, परदोष न देखना, सरल जीवन व्यवहार, भगवान पर भरोसा, इत्यादि रूप उसमें मिलते हैं। साकेत पर विशिष्टाद्वैतवाद का प्रभाव है। जिसको उसमें देखते हैं -

"हो गया निर्गुण सगुण साकार है,
ले लिया आखिलेश ने अवतार है।"[2]

1. प्रियप्रवास, षोडश सर्ग, पृ.248
2. साकेत प्रथम सर्ग, पृ. 18

'साकेत' के राम ही आर्यों का आदर्श बताने वाले, सुख शान्ति हेतु क्रान्ति मचाने वाले, विकल विवश बलहीन की रक्षा करने वाले, भयभीतों का भय दूर करने वाले, जगदुपवन के झाड़-झंखाड छांटने वाले, हंसों को मुक्ता प्रदान करने वाले, भव में नवीन वैभव व्याप्त करने वाले, नर को ईश्वरता प्राप्त कराने वाले, भू को स्वर्ग बनाने वाले इत्यादि कार्य करने वाले हैं।

साकेत के राम साधारण जीवों-प्रकृति से परे महान् और उच्च हैं। वे तो धरती का भार हरण करने के लिये अवतीर्ण हुए हैं। साकेत में जीवन को भी ईश्वर का अंश माना है। यह संसार ईश्वर का ही एक रूप है। 'साकेत' वासियों से राम, वन जाते समय कहते हैं -

"सोचो तुम सम्बन्ध हमारा नित्य का,
जब से भव में उदित आदि आदित्य का।"[1]

अन्यत्र सुमंत्र राम की सांसारिक अभिन्नता एवं भिन्नता के लिये कहते हैं -

"तुम भूतल से भिन्न नहीं, हम सबसे विच्छिन्न नहीं।
उर से किन्तु अलौकिक हो, निज पतंग-कुल के पिक हो।
अन्तः करण अपार्थिव हैं, उदित वहाँ दिव ही दिव है।"[2]

'साकेत' का निर्माण आधुनिक काल में हुआ है इसलिये इस पर प्राचीन धर्म दर्शन, सम्बन्धी विचारों का तो प्रभाव पड़ा ही है लेकिन वह नवीन दार्शनिक विचारों, नवीन धारणाओं और विभिन्न नवीन विचारों से भी नहीं बच सका है। अतः उसमें प्राचीन और नवीन का मिश्रण है। फलस्वरूप 'साकेत' न तो संसार छोड़कर भगवान का भजन करने की बात करता है और न संसार में सदैव लीन रहने की सलाह देता है। जीवन के लिये भक्ति और मुक्ति दोनों के सामंजस्य की बात कही है। 'साकेत' में आस्तिक के उदाहरण कई जगह मिलेंगे —

ईश के इंगित के अनुसार,
हुआ करते हैं सब व्यापार।"[3]

"करे कब क्या, इसे बस राम जानें,
वही अपने अलौकिक काम जानें।"[4]

निष्काम कर्म और मानवत्व में ईश्वरत्त्व की प्रतीति साकेत कराता है। मानव सेवा, सुश्रूषा ही ईश्वर पूजा है। साकेत के राम कहते हैं —

1. साकेत, पंचम सर्ग, पृ.129
2. साकेत, चतुर्थ सर्ग, पृ.113
3. साकेत, द्वितीय सर्ग, पृ.59
4. साकेत, तृतीय सर्ग, पृ.69

"मैं मनुष्यत्त्व का नाट्य खेलने आया,
मैं यहाँ एक अवलम्ब छोड़ने आया।"[1]

नैतिकता के अभाव की दृष्टि से साकेत में प्रश्न चिन्ह लगाने की जगह का अभाव है। लगता है कि साकेतकार की दृष्टि में नैतिकता का विशेष महत्त्व रहा है, जिसका पालन उन्होंने साकेत में किया है। नैतिकता के लिये सामान्य शिष्टाचार, लोक मर्यादा आदि का होना अनिवार्य है। साकेत के पात्रों पर विचार करते हैं तो उसके अधिकांश पात्र नैतिकता से परिपूर्ण दिखाई देते हैं। राजा दशरथ नीति की रक्षा के लिये लक्ष्मण से कहते हैं -

"स्वयं निस्वार्थ हो तुम, नीति रक्खो,
न होगा दोष कुछ, कुल रीति रक्खो।"[2]

तथा खुद को सत्य की रक्षा के लिये समर्पित करते हुए पति-पत्नी के सम्बन्धों के महत्त्व को उजागर करते हैं। 'साकेत' के राम तो नैतिकता की प्रतिमूर्ति हैं। वे माता पिता की आज्ञा को सहर्ष स्वीकार करते हैं। अपने गुरुजनों, राज्य के, समाज के, उम्र में बड़ों के प्रति, सम्मान पूर्वक व्यवहार करते हैं। साकेत में राम का कैकेयी के प्रति व्यवहार नैतिकता के उच्च स्तर को अभिव्यंजित करता है। सम्पूर्ण रूप से साकेत के राम पर नैतिकता की दृष्टि से विचार किया जाय तो कहा जा सकता है कि राम काम क्रोध, लोभ, मोह, मद एवं मत्सर आदि से परे सम्पूर्णतम मनुष्य के रूप में चित्रित किए गये हैं। 'साकेत' की सीता नैतिकता की मूर्ति हैं। उनकी नैतिकता में पतिव्रत धर्म, कष्ट सहन करने की क्षमता आदि तो उल्लेखनीय हैं ही साथ ही सास-ससुर के प्रति श्रद्धा, आत्म-संयम, निम्नवर्ग की जातियों के साथ सौहार्द्र भाव आदि भी विशेष रूप से उनकी नैतिकता में ही सम्मिलित किए जा सकते हैं। साकेत के लक्ष्मण अयोध्या में उग्र रूप में जब दिखाई देते हैं और नैतिकता की परिधि से बाहर पहुँचते ही हैं तभी राम उनको संयमित करते हुए दिखाई पड़ते हैं। गुप्त जी 'साकेत' में लक्ष्मण के रूप में व्यक्ति के अन्दर निहित उग्रता को ही लक्ष्मण के माध्यम से अभिव्यंजित करना आवश्यक समझते हैं। यहाँ पर गुप्त जी व्यक्ति की अनीति को सहन करने के पक्ष में नही हैं। वे नैतिक व्यक्ति के अन्दर अन्याय के प्रति उग्रता को लक्ष्मण के माध्यम से व्यक्त करना आवश्यक समझते हैं। क्योंकि वन और लंका के लक्ष्मण त्याग, सेवा के प्रति समर्पित दिखाई देते हैं। उनको काम भाव भी विचलित नहीं कर पाता है। गुप्तजी ने नैतिकता की मूर्तियों के सामने किसी प्रकार के अनैतिक प्रेम याचना शूर्पनखाँ जैसे प्रसंग का भी खुलकर वर्णन नहीं किया है, अपितु सीता को खाने के लिये दौड़नें में ही सब कुछ कहने की कोशिश की है। नैतिकतापूर्ण लक्ष्मण के संयम, इन्द्रिय निग्रह, तपस्वी जीवन की ओर निम्न पंक्तियां संकेत कर रही हैं -

"यदि मैंने निज वधू उर्मिला को ही माना,
तो बस अब तू संभल बाण यह मेरा छूटा,
रावण का वह पाप पूर्ण हाटक-घट फूटा"[3]

1. साकेत, प्रथम सर्ग, पृ.81
2. साकेत, तृतीय सर्ग, पृ.83
3. साकेत, द्वादश सर्ग, पृ.488

इसके अतिरिक्त नैतिकता की दृष्टि से उर्मिला भरत के चरित्र भी 'साकेत' में उभरकर आये हैं। उर्मिला को तो कवि ने पतिव्रता की पराकाष्ठा पर पहुँचा दिया है -

"मुझे फूल मत मारो,
मैं अबला बाला वियोगिनी, कुछ तो दया विचारो ।
होकर मधु के मीत मदन, पटु, तुम कटु गरल न गारो,
मुझे विकलता, तुम्हें विफलता, ठहरो, श्रम परिहारो ।
नहीं भोगिनी यह मैं कोई, जो तुम जाल पसारो,
बल हो तो सिन्दूर-बिन्दु यह, यह हर नेत्र निहारो ।
रूप-दर्प कन्दर्प, तुम्हें तो मेरे पति पर वारो ।
लो, यह मेरी चरण धूलि उस रति के सिर पर धारो ।"[1]

इस प्रकार के अनेक उदाहरण उर्मिला से सम्बन्धित दिए जा सकते हैं जिनमें भारतीय नारी का अधिकांश व्यक्तित्व तो झलता ही है, साथ ही वर्तमान समय में नारी जाति के लिये चेतना प्रदान कर उसे गौरवान्वित करने में यह महाकाव्य सहायक सिद्ध होता है।

उपरोक्त रूप में साकेत में भक्ति और दर्शन के प्रभाव को परिलक्षित किया जा सकता है।

गुप्तजी ने साकेत में धर्म और दर्शन सम्बन्धी अपने विचारों के माध्यम से मानवतावादी दृष्टिकोण की प्रतिस्थापना की है। गुप्तजी के विचारों को देखकर साकेत को न धर्मपरक ग्रन्थ कहा जा सकता है, और न दार्शनिक काव्य। साकेत में तो मानव जीवन को समुन्नत बनाने और उसका अभ्युदय करने के लिये भक्ति एवं दर्शन के विचारों का सरलीकरण कर जीवन को सरल सहज करते हुए मानवता की रक्षा के लिये प्रयोग किया है। इस कारण राम कथा में भी नवीनता आ गई है। कई पात्रों में एक दम परिवर्तन कर डाला है। जैसे उर्मिला कैकेयी आदि। यहाँ ईश्वर प्रेम देश प्रेम के लिये तो ईश्वर भक्ति मानव भक्ति में परिवर्तित होती हुई दिखाई देती है। सम्पूर्ण रूप में विचार करें तो कह सकते हैं कि साकेत में सामाजिक चेतना के नैतिक, धार्मिक और दार्शनिक पक्षों का परम्परागत प्रयोग होते हुए नवीनता लिये हुए हैं।

"भव में नव वैभव व्याप्त कराने आया,
नर को ईश्वरता प्राप्त कराने आया।"[2]

कामायनी महाकाव्य का महत्त्व, विषय में नवीनता, भावजगत का संस्कार, नवीन कल्पना की सृष्टि, मानवीय आदि विभिन्न सौन्दर्यों के चित्रण की दृष्टि विशेषसे है। प्रसाद अपने कविकाल में यदि अकेली कामायनी की ही रचना करते तो भी वे उसी सम्मान को प्राप्त करते जो आज कर रहे हैं। कामायनी में नीति, धर्म और दर्शन के स्वरूप देखे जा सकते हैं। यदि

1. साकेत, नवम सर्ग, पृ.315
2. साकेत, अष्टम सर्ग, पृ.234

कहीं-कहीं अनीति अधर्म आदि की भी चर्चा है तो वह उनके विपरीतार्थ के लिये ही । नैतिक दृष्टि से कामायनी के पात्रों की चर्चा करते हैं तो उनमें श्रद्धा और मानव का स्थान शुरू से अन्त तक उच्च रहा है । श्रद्धा रूपवान अनिद्य सुन्दरी के रूप में एक आदर्श भारतीय नारी का प्रतिनिधित्व करती है । उसमें वे सारी विशेषताएँ विद्यमान हैं जो एक सुन्दर सुशील कला प्रेमी भारतीय नारी में होनी चाहिए । वे धैर्यशील तथा त्याग की प्रतिमूर्ति हैं । वे मनु के निराशामय जीवन में आशा की किरणें पैदा करती है, साथ ही उन्हें अगाध माया, ममता, मधुरिमा, विश्वास आदि प्रदान करते हुए मनु के साथ रहने का निश्चय करती है तथा भावी मानव समाज के कल्याण और विकास के लिये प्रेरक बनती है । श्रद्धा का जीवन एक आदर्श प्रतिव्रता नारी का जीवन है । वे अपने पति को हमेशा से संतुष्ट करने का प्रयत्न करती हैं । एक सच्ची कर्मण्य गृहणी के रूप में घर-गृहस्थी की सारी सामग्री जुटाने का उपक्रम करती रहती है । धान्यादि की बचत करती हुई पशु पालती है । उसमें आदर्श भारतीय वधू की सभी विशेषताएँ हैं । परन्तु प्रेमासक्त नारी सबल होती हुई भी अबला रहती है । क्योंकि वह अपने पति का विरोध भी नहीं कर पाती है । वह अपनी वास्तविक स्थिति का चित्रण निसंकोच करती है -

> यह आज समझ तो पायी हूँ,
> मैं दुर्बलता में नारी हूँ,
> अवयव का सुन्दर कोमलता
> लेकर मैं सब से हारी हूँ ।"1

वह एक कर्त्तव्यपरायण पत्नी की भांति बार-बार मनु को कर्त्तव्य पथ पर चलने का सुझाव देती है । वह स्वार्थ का त्याग कर परमार्थ का उपदेश, व्यक्ति हित से बढ़कर समाज हित का ध्यान दिलाती रहती है । हिंसा से दूर रहते हुए जीव कल्याण की भी बात करती है । मातृत्व की रक्षा भावी संतान के विकास की चिंता करती है । मनु उसको जब छोड़ कर चले जाते हैं, तब बड़े धैर्य के साथ अपने पुत्र का लालन-पालन करते हुए उसे अपने अनुकूल बनाती है । उसकी सत्यनिष्ठता सारस्वत प्रदेश में इड़ा से मिलने पर कर्त्तव्य रूप में दिखाई पड़ती है । ऐसे व्यवहार पर भी वह अपने पति के उत्कर्ष के लिये चिन्तित है और अपने पति को प्राप्त कर लेती है । अपने पति को इच्छा, क्रिया एवं ज्ञान के समन्वय से जीवन सिद्धि दिखलाकर उस ऊँचाई पर ले जाती है जहाँ अपने पराये का कोई भेद नहीं है, वहाँ द्वैत के लिये स्थान नहीं है । दूसरा नैतिकता की दृष्टि से विशेष पात्र मानव है । बालक रुप में अपनी चंचल क्रीड़ाओं से मां के दुःखी मन को सहारा देता है । वह मातृभक्त की भांति ही पितृभक्त भी है । पिता के सारस्वत रूप को भी आदर देता है और पिता का आशीर्वाद भी प्राप्त करता है ।

युवा मानव इड़ा के साथ पिता के दर्शन के लिये कैलाश जाता है । उसके हाथ में बैल की

1. प्रसाद ग्रन्थावली, पृ.514

रस्सी है- तो दूसरे में त्रिशूल जो धर्म परायण और शौर्य के प्रतीक हैं। कैलाश पर वह भी श्रद्धा और मनु के साथ आनन्द में विभोर हो जाता है। 'कामायनी' में भारतीय नैतिकता की दृष्टि से ये दोनों पात्र उदान्तता एवं स्पष्टता लिये हुए हैं। उनमें सेवा, त्याग, प्रोत्साहन, क्षमा, उदारता इत्यादि गुण विद्यमान हैं तो अन्य पात्रों में भी नैतिकता के नमूने जरूर मिलेंगे। इस प्रकार हम कह सकते हैं कि प्रसाद की कामायनी हमें नैतिकता के चित्र विविध प्रकार से अनुभव कराती है।

कामायनी में हिन्दूधर्म के अवयव, श्रद्धा और मानव के चरित्रों में तो प्रचुर मात्रा में देखने को मिलते ही हैं अन्य पात्रों में भी आंशिक रूप में विद्यमान हैं। श्रद्धा भारतीय आदर्श नारी के रूप में पतिव्रत धर्म का निर्वाह करती है तो मानव पुत्र धर्म का। अन्य पात्रों के कर्मों में जो कमियाँ हैं उनको भी दिखाना कामायनीकार का मुख्य उद्देश्य है, जिससे कि उसकी पूर्णता हो सके। कथा के विकास के साथ आगे जाकर वे कर्म कमियाँ पात्रों की दूर की गई हैं, जैसे मनु की। कथा के प्रारम्भ में मनु श्रद्धा के साथ कामुक और स्वार्थी पुरुष के रूप में भी दिखाये जाते हैं, लेकिन दर्शन आनन्द सर्ग के मनु परिपूर्ण रूप में दिखाई देते हैं।

कुल मिलाकर कहें तो कामायनी में मानवचेतना के विकास का चित्रण किया गया है। जिससे पूर्ण मानव की प्रतिस्थापना हो सके।

इस प्रकार एक ओर कामायनी में आचरण प्रक्षालन की कथा प्रवाहित है, तो दूसरी ओर उन मनोवैज्ञानिक स्रोतों का भी पुनर्जागरण किया गया है, जिससे भारतीय संस्कृति-सभ्यता की जीवन सरिता में मानवीय पानी की कमी प्रसाद की महसूस कर रहे थे। कोई भी महाकाव्य हो वह धर्म की भी बात करता है। कामायनी का भी धार्मिक आधार वेदादि निगम, शैवागम, प्रत्यभिज्ञादर्शन आदि रहे हैं। जिनकी अपनी विभिन्न विवेचनाओं के आधार पर कामायनी की जीवन्त कथा को उद्घाटित किया गया है। जिसमें विभिन्न संस्कृतियों, धर्मों, सभ्यताओं का मिला जुला रूप प्रस्तुत होता है जैसे - देव संस्कृति, हिन्दू संस्कृति, पाश्चात्य (भौतिक-भोगवादी) संस्कृति इत्यादि। इन सारी धर्म-संस्कृतियों में से होकर वर्तमान धार्मिक संस्कृति (मानवीय संस्कृति) की पहचान को कामायनी की कथा समझाती है। इसके अनुसार चलने से हम अपनी परम्परा से जुड़ते हैं, वर्तमान पर सोचते हैं, भविष्य की चिन्ता करते हैं। यही कामायनी का नया धार्मिक आधार है जिस पर मनुष्यता के फूल और फल लदे हुए देखे जा सकते हैं।

शैवागमों में उपनिषदानुसार ईश्वर, जीव जगत में अद्वैत का सम्बन्ध होना बताया गया है और ईश्वर को आत्मा के नाम से अभिहित किया गया है। 'प्रत्यभिज्ञा हृदयम्' में आत्मा और जीव में अद्वैत का सम्बन्ध है। जब आत्मा मलों से युक्त संसार-पाश में आबद्ध हो जीव की संज्ञा से जानी जाती है। जब ध्यानार्चन आदि से भेद-बुद्धि की समाप्ति पर पुनः शुद्ध चैतन्यात्मा के रूप में अवस्थित हो जाती है। "सर्व खल्विदं ब्रह्म" यही ब्रह्म आत्मा, महाचिति आदि नामों से जानी जाती है। जिसकी निम्न शक्तियां होती हैं — आत्मा की प्रकाशरूपता को

चित् नामक शक्ति कहा जाता है जिसकी सहायता से आत्मा आनन्द में निमग्न हो जाती है। आत्मा की वह स्थिति आनन्द-शक्ति कहलाती है जिसके द्वारा आत्मा में चमत्कार की उद्भूति होती है वह इच्छा शक्ति है। जिससे वह पदार्थों का ज्ञान प्राप्त करती है। जिसे ज्ञान शक्ति से जाना जाता है और जिसके द्वारा यह (आत्मा) अनेक रूप धारण करती है। वह उसकी क्रिया शक्ति है। ऐसा आगमकार श्रुतियों के आधार पर रुद्रशिव महिमा को श्वेताश्वतरोपनिषद् में बताते हैं जिसका अभिनवगुप्त अपने तंत्रसार में वर्णन करते हैं। शिवत्त्व या समरस आनन्द प्राप्ति के लिये इन शक्तियों का समुचित सन्तुलन आवश्यक है। लेकिन जब शिव रूप आत्मा, जीव रूप में संसार में आ जाती है तो यह संतुलन नष्ट हो जाता है। पुनः गुरु-मार्गदर्शन या ध्यानार्चन आदि उपायों से इच्छा, ज्ञान, एवं क्रिया का समन्वय जब हो जाता है तो वही जीव आत्मा आनन्दपूर्ण होकर चित् रूप में अवस्थित हो जाती है यही आत्म दर्शन, शिवदर्शन, समाधि अवस्था कही जा सकती है।

आगमों के 36 तत्त्वों में से माया, नियति तथा बुद्धि भी तीन महत्त्वपूर्ण तत्त्व हैं। ये भी शिव की शक्तियाँ हैं। माया, भेद उत्पन्न करती है। नियति, जीवात्मा की अनेक लीलाओं का कारण होती है। बुद्धि, अहं की उत्पत्ति करत्री है। इन तीनों के वशीभूत सांसारिक जीव की पांच अवस्थाएँ - जाग्रत, स्वप्न, सुषुप्ति, तुरीय और तुर्यातीत हैं। जाग्रत अवस्था जीवात्मा को चराचर जगत का आभास कराती है, तो स्वप्नावस्था, विकल्पात्मकता की, सुषुप्ति से आत्मस्थित तथा तुरीयावस्था संवित्प्रकाश का आभास कराकर तुर्यातीत में अखण्ड समरस को वह प्राप्त करता है। इससे स्पष्ट होता है कि जीव को पहले संसार का आकर्षण होता है वह उस पर विश्वास (श्रद्धा) करता है। जब उसमें बुद्धि का प्राबल्य हो जाता है, तो विरक्ति सी उत्पन्न होती है। तब ही जब बुद्धि का प्राबल्य खत्म हो जाता है, उसमें आत्मश्रद्धा का विकास होकर ही वह समरस या आनन्द में निमग्न हो सकता है। इस प्रकार शिवत्व की प्राप्ति तक पांच अवस्थाओं से होकर गुजरना पड़ता है अन्तिम स्थिति इच्छा, ज्ञान और क्रिया का समन्वय रूप ही है।

इस आधार पर हम कह सकते हैं कि प्रसाद जी आगमानुसार आनन्द को शिव रूप (आत्मरूप) मानते हैं। जब जीव आत्मस्थित हो जाता है, तब आनन्द में विलीन हो जाता है। यही अवस्था समरसता की होती है। प्रतिभिज्ञादर्शन में इस समरसी भाव का अभिनवगुप्त "आनन्द शक्ति विश्रान्ते योगी समरसो भवेत्" कहकर उसे आनन्द शक्ति में विश्रान्ति बतलाकर इस को पूर्ण अद्वैत की स्थिति मानते हैं।

प्रसाद जी इसी समरस आनन्द से प्रभावित है। कामायनी में इसी की प्रतिष्ठा करते हैं। कामायनी के अनुसार शिव का ही रूप चराचर जगत है। शिव की शक्तियों में से माया, नियति और बुद्धि से प्रेरित होकर कर्म करता हुआ इच्छा, कर्म व ज्ञान की परिधियों में धूमता रहता है। वह माया के वशीभूत हो अनेक इच्छाएँ करता हुआ भाव चक्रों में भ्रमित हो पाश फन्दों में बंध जाता है -

"यहाँ मनोमय विश्व कर रहा,
रागारुण चेतन उपासना,
माया राज्य ! यही परिपाटी,
पाश बिछा कर जीव फाँसना।"[1]

नियति के वशीभूत होकर मनुष्य नई-नई इच्छाओं से प्रेरित होकर, कर्म में निरत रहकर ममता, वासना, तृष्णाओं में भी घिरकर वह अपने को बुद्धि के प्रभाव से ज्ञानी समझता है। इस प्रकार माया, नियति और बुद्धि की प्रेरणाओं से जीव स्थिर नहीं रह पाता। फलस्वरूप वह इच्छा कर्म और ज्ञान की अवस्थाओं में घूमता रहता है। जब तक इनमें भिन्नता रहेगी मनुष्य स्थिर नहीं रह सकता। इसके लिये प्रसाद जी लिखते हैं —

"ज्ञान दूर कुछ, क्रिया भिन्न है
इच्छा क्यों पूरी हों मन की;
एक दूसरे से न मिल सके
यह विडम्बना है जीवन की।"[2]

लेकिन जब इनका माया, नियति, बुद्धि (इच्छा, कर्म ज्ञान) का समन्वय हो जाता है, तब जीव स्थिर हो जाता है। उसे शिवत्त्व की प्राप्ति हो जाती है। कामायनी के मनु जब तक इच्छा, कर्म ज्ञान (बुद्धि) से प्रेरित होते हैं इधर उधर भटकते रहते हैं। इनके एक साथ होने पर ही शिवत्त्व को प्राप्त होते हैं। मनु को लक्ष्य तक पहुँचने के लिये माया, नियति और बुद्धि (इच्छा, कर्म, ज्ञान) की पांचों अवस्थाओं - जाग्रत, स्वप्न, सुषुप्ति, तुरीय और तुर्यातीत में से होकर गुजरना पड़ा है। मनु की प्रारम्भिक स्थिति जाग्रत अवस्था, श्रद्धा से विरक्ति में स्वप्नावस्था, निर्वेद सर्ग में सुषुप्ति की, दर्शन और रहस्य सर्ग तुरीयावस्था तथा अन्तिम आनन्द सर्ग में तुर्यातीत अवस्था में स्थित हो जाते हैं। इसी तुर्यातीत अवस्था में समरस आनन्द की उपलब्धि प्राप्त होती है। इस प्रकार कामायनी पर प्रत्यभिज्ञादर्शन का पर्याप्त प्रभाव है। इसके अतिरिक्त जैन, बौद्धों के कारुण्य भाव से भी प्रसाद जी प्रभावित थे। उन्होंने श्रद्धा द्वारा मनु को पशु हत्या का विरोध कराया है। और उपदेश दिलाते हुए स्वार्थ का त्याग कर परमार्थ में ही जीवन का साफल्य बतलाया हैं-

"औरो को हंसते देखो मनु
हँसों और सुख पाओं,
अपने सुख को विस्तृत करलो
सबको सुखी बनाओं।"[3]

1. कामायनी, पृ.264
2. कामायनी, पृ.272
3. कामायनी, पृ.132

यह भाव भी पूर्ण विकसित होकर समरसता की ओर ले जाकर अखण्ड आनन्द में विलीन करता है।

इस प्रकार हम कह सकते हैं कि प्रसाद जी का कामायनी दर्शन न तो वेदान्तियों के ज्ञान पर पूर्ण निर्भर है। न कर्मकाण्डियों के कर्म पर और न ही भौतिकवादियों की इच्छा पर। उसमें तो तीनों का समन्वय किया गया है। साथ ही श्रद्धा और बुद्धि (भाव और विचार) का भी। तब जाकर बना है कामायनी दर्शन, जो जीवन के लिये अत्यन्त सरल है। ईश्वर सम्बन्धी जानकारी और जीवन से उसके सम्बन्ध का परिचय कोई सामान्य विषय नहीं है। जीवन की सार्थकता कोई कम साधना नहीं है लेकिन प्रसाद जी की कामायनी उसको अत्यन्त सरल कथा के माध्यम से समझाने में सफल हुई है। आधुनिक काल में कामायनी दर्शन कितना उपयोगी है यह तो उसके पाठक ही बता सकते हैं। लेकिन इतना निश्चित है कि, कामायनी-दर्शन जीवन को सुलझी दिशा प्रदान करता है।

निष्कर्ष

किसी भी समाज के नैतिक धार्मिक एवं दार्शनिक आदि पक्ष उसकी आन्तरिक चेतना के परिचायक होते हैं। उनकी सांस्कृतिक विकास यात्रा के परिणाम होते हैं। नीति, धर्म और दर्शन इन तीनों का सम्बन्ध व्यक्ति की आन्तरिक चेतना से होता है। व्यक्ति जब सोचता है मैं क्या हूँ, क्यों हूँ, किसलिए हूँ, कहाँ से आया हूँ, मृत्यु के बाद कहाँ जाता हूँ, इत्यादि-इत्यादि के उत्तर खोजता है, तब ही वह अपने अस्थित्व का आभास कर सकता है। हमें क्या-क्या, कैसे-कैसे धारण करते हुए व्यवहार करना चाहिए यह उसका धर्म हो सकता है। और धर्मानुसार आचरण करने से क्या ईश्वर की प्रतीति सम्भव है ? ऐसे कुछ विचार ही दर्शन की परिधि में आते हैं। इन सब बातों को सरल ढंग से महाकाव्य सार्वजनिक करता है, जिससे समाज में जीवन के प्रति चेतना जाग्रत हो सके। समाज का जीवन यों ही निरर्थक व्यतीत न हो यह महाकाव्य का प्रयत्न रहता है।

आधुनिक हिन्दी के महाकाव्यों ने इस दिशा में पूर्ण प्रयत्न किये हैं। उन्होंने मानवीय मूल्यों दया, करुणा, ममता, प्रेम, त्याग, बुद्धि इत्यादि से मानवीय जीवन को सुसज्जित करने के प्रयत्न किये हैं जिससे मनुष्य धर्म की परिभाषा समझ सके, तदुपरान्त उस पर आचरण करे। उसको सरल,सहज, सर्वग्राही बनाये। उसको विभिन्न आडम्बरों, रूढ़ियों आदि से बचाये। 'प्रियप्रवास' महाकाव्य के व्यक्ति नीतिपूर्वक प्रेम के साथ रहते हुए दिखाये गये हैं। उनके चारित्रिक विकास का आधार प्रेम है उसी के आधार पर वे जीवन के रहस्य को सुलझाते हैं। उनका लौकिक प्रेम इतना अगाध व निस्वार्थ होता है कि वह अलौकिक प्रेम की तुलना करने लगता है। उन्हें अपने लौकिक प्रेम में परम सत्ता के दर्शन होने लगते हैं, कारण चाहे विरह ही क्यों न रहा हो ? वे अपने प्रियतम के दर्शन संसार की प्रत्येक वस्तु में करने लगते हैं। और उनकी सेवा एवं कष्टों को दूर करने को ही अपना धर्म मानते हैं। साथ ही उसके द्वारा प्राप्त सुख के अनुभव में ही अपने प्रिय (ईश्वर) की अनुभूति करते हैं। इसी में ईश्वर के दर्शन करते हैं। इसी को जीवन का सार समझते हैं।

'साकेत' महाकाव्य तो नीति की पाठशाला है उसके अधिकांश पात्र अध्यापकों की भाँति हमें नीति की शिक्षा देते हैं, चाहे वह सत्य हो या प्रेम, त्याग हो या फिर सेवा आदि सभी पहलू साकेत में खरे उतरते हैं। समाज को उनका आचरण कराते हुए उसे सुसंस्कृत, सभ्य, शिष्ट बनने को प्रोत्साहित करते हैं। जिससे मानव सेवा हो सके। अच्छे समाज और देश का निर्माण हो सके। साकेत के समाज के प्रत्येक व्यक्ति के हृदय में उस अलौकिक शक्ति के प्रति श्रद्धा, विश्वास एवं भक्ति की आस्तिकता समाई हुई हैं। 'साकेत' में सगुण-निर्गुण एक ही रूप में उपस्थित हो जाता है - 'हो गया निर्गुण सगुण आकार है, ले लिया अखिलेश ने अवतार है'। क्योंकि अधर्म (अंग्रेजों) का वर्चस्व बढ़ गया है। इस प्रकार 'साकेत' में पूर्णतया प्राचीन भक्ति एवं दार्शनिक सम्प्रदायों का ही प्रभाव नहीं है अपितु नवीनता के प्रति भी उत्साह दिखाई देता है।[1] साकेत महाकाव्य न तो संसार छोड़कर भागने की बात करता है और न सांसारिक भोगों में लीन रहने की सलाह देता है। वह तो मध्यममार्ग का अनुसरण करने पर जोर देता है। 'कामायनी' महाकाव्य नीति धर्म और दर्शन भी दृष्टि से व्यक्ति विकास की बात करता है। जब समाज का प्रत्येक व्यक्ति उन्नत आचरण वाला हो जायेगा तो एक आदर्श, उच्च समाज की प्रतिस्थापना हो सकती है। व्यक्ति को सामाजिक होने के लिए अपने अन्तःकरण का विकास करना अति आवश्यक है। कामायनी मानवीय सत्ता को ही ईश्वरीय सत्ता मानती है। उसकी प्रतीति आनन्द के रूप में ही सम्भव है उसका न तो कोई रूप है और न ही कोई आकार इसलिए प्राणीमात्र को इच्छा, कर्म और ज्ञान के माध्यम से समरसता की उद्‌भावना करनी चाहिए तभी वह सुखी रह सकता है।

अन्ततः यहाँ यह कहा जा सकता है कि आधुनिक हिन्दी महाकाव्यों में न तो प्राचीनता का विशेष मोह ही है और न आधुनिकता का आकर्षण। वे तो समाज को मध्यम मार्ग अपनाने की दृष्टि देते हैं। साथ ही प्राचीन काल से उपेक्षित मानवता को महत्त्वपूर्ण स्थान दिलाने की अपेक्षा करते हैं। वे जीवन में समन्वय भाव पर जोर देते हैं, चाहे वह त्याग एवं भोग के बीच हो, भुक्ति या मुक्ति के बीच का, या बन्धन और मोक्ष के बीच का, त्याग और संग्रह का, उच्च निम्न वर्ग का, या फिर राजा और प्रजा के बीच का इत्यादि सभी स्थितियों में समन्वय रखते हुए वर्तमान में जीवनयापन करने की आधुनिक हिन्दी महाकाव्य दृष्टि देते हैं।

1. हिन्दी साहित्य का इतिहास, शुक्ल जी, पृ.236

सप्तम अध्याय

उपसंहार

'चेतना' का अर्थ यहाँ ज्ञान, समझ, प्रज्ञा आदि शब्दों से लिया गया है। यह वह मानवीय सूक्ष्म शक्ति होती है जिसके द्वारा जीवन की विभिन्न असंगत परिस्थितियों का तो समाधान किया ही जाता है, साथ ही मानवीय अन्तकरणः की विसंगतियों को भी सुलझा कर व्यक्ति आन्तरिक प्रगति के पथ पर बढ़ता चला जाता है। इसी के बल पर वह अपनी अज्ञानता, नासमझी, मूर्खता, विचारहीनता आदि को दूर तो करता ही है, समाज की भी रीति रिवाज, सड़ी गली मान्यताओं, रूढ़ियों, जिनके बारे में पता ही नहीं है आदि सभी को भी दूर कर सकता है, जिसकी आज उसे कतई आवश्यकता नहीं है।

व्यक्ति और समाज का निकट का सम्बन्ध है। व्यक्ति यों तो सुख का विधान अपने अन्दर ही करता है लेकिन उसको प्रायोगिक रूप से जीता समाज में ही है। इस प्रकार व्यक्ति के परिष्कार का मापदण्ड समाज ही है। वह अपनी अच्छाइयों का प्रयोग समाज में करके, उस अच्छाई की सफलता के माध्यम से सुख का अनुभव कर सकता है। व्यक्ति जब जीवन के सौन्दर्य की खोज कर लेता है, तो उसे नीति, धर्म, दर्शन आदि के माध्यम से अनुभव करके समाज को देना चाहता है। बहुत सारी बातें वह समाज और उसके दर्शन से ग्रहण करता है। इस लेन देन की ईमानदारी ही उनके आपसी सम्बन्धों की परिचायक है।

समाज जिस प्रकार से एक समूह भाव है। बाह्य स्थूल आकार है, तो चेतना विस्त्रित आन्तरिक सूक्ष्म अनुभूति। दूसरे, समाज शरीर में, चेतना प्राण है। समाज-चेतना से अभिप्रायः व्यक्ति, परिवार, समाज के विविध पहलुओं पर चिन्तन से है। समाज को आदर्श रूप में देखने से है। दूसरे सामाजिक चेतना का विषय समाज में निहित बुराइयों को खोजना, उनको दूर करने के उपाय ढूंढना है। इस संदर्भ में यह कथन उचित ही है - "हम समाज को उसके वर्तमान से अधिक अच्छा बनाना चाहते हैं। सम्भव है कि कुछ ऐसे भी नागरिक हों जो संतुष्ट हो और परिवर्तन न चाहते हों, परन्तु उन्हें अनुचित महत्व नहीं देना चाहिए। समाज में जब तक ऐसे व्यक्ति है कि जो अनुभव करते हैं कि उन्हें न्याय नहीं मिल रहा है अथवा उनके साथ न्यायपूर्ण व्यवहार नहीं किया जा रहा है, तब तक तो समाज के पुनर्निर्माण की आवश्यकता है ही।"[1]

---

1. अन इन्ट्रोडेक्सन टू सॉसलोजी - प्रोफेसर डेविस, जे. पृ.699-707

महाकाव्य साहित्य की एक महत्वपूर्ण, सुसंगठित विविध दृष्टि सम्पन्न पद्यात्मक विद्या है। महाकवि के मानव जीवन के व्यापक दृष्टिकोणों का प्रतिबिम्ब ही तो महाकाव्य है। इसी व्यापक अभिव्यक्ति के सहारे वह अमरता को प्राप्त होता है। महाकाव्य को सामाजिक परिपेक्ष्य में रखकर जब देखते हैं तो कहा जा सकता है कि जिस प्रकार से समाज में विविध जाति-वर्ग-धर्म, भाषा, क्षेत्र इत्यादि का सामूहिक स्वरूप विद्यमान है उसी प्रकार महाकाव्य में भी जीवन के विविध कार्य व्यापार-विषयों का सामूहिक स्वरूप पाया जाता है।

साहित्य का सम्बन्ध व्यक्ति की बहुमुखी चेतना से होता है व्यक्ति की बहुमुखी चेतना का स्वरूप व्यापक है। व्यक्ति की चेतना जब रागात्मक रूप से मुखरित होने लगी, तब से ही उसका सम्बन्ध साहित्य से जुड़ा होगा। साहित्य में विचार बिन्दुओं की दिशा सह चिन्तन, समूह चिन्तन की ओर बढ़ जाती है और पाठकों की मानसिकता को एक धरातल पर ले आती है। उस धरातल पर जब पाठक और उसका समाज एक हो जाता है, उस धरातल को साहित्य की सामाजिकता कहते हैं। जब साहित्य और समाज को चेतना एक कर देती है, तब समाज को साहित्य उसकी दशा बताते हुए उसे आगे की दिशा प्रदान करता है। आज सामाजिक जीवन के मापदण्ड और मूल्य अधिक विसंगत होते जा रहे हैं, जिनमें व्यक्ति फंसता जा रहा है। उसे पता ही नहीं है धर्म क्या है। धर्म के क्षेत्र में कोई आचार विचार नियम आदि न होकर व्यक्ति मनमानी करने को ही धार्मिक स्वरूप महसूस करता है। इसके कई कारण है - व्यक्ति आन्तरिक संघर्ष न करके, धार्मिक चेतना से वंचित होता जा रहा है। ऐसा ही अर्थ के क्षेत्र में भी देखने को मिलता है। जीवन में अब कर्म प्रधान विश्व कर राखा का संदेश अर्थ प्रधान विश्व कर राखा, परिवर्तित हो गया है। अर्थ के लिए कर्म के मापदण्ड बदल गये हैं। इसी प्रकार काम और गोक्ष के भी।

सामाजिक चेतना को वहां भी भौगोलिक स्थिति प्रभावित किए बिना नहीं रह सकती है तो इतिहास कैसे पीछे रहे। महाकवि अपने गौरवमयी अतीत को उदात्त पात्रों के रूप में समाज में चित्रित करता रहता है। यों भी कहा जा सकता है कि समाज को साहित्य और इतिहास रूपी दो आँखें विरासत में मिलती है, जो समय को गतिशील अवस्था में अनुभव करती रहती है। वर्तमान से अतीत में घूमकर भविष्य में भी पहुँच जाती हैं। इसी प्रकार देश की विशेष की सांस्कृतिक चेतनाओं आदि का भी सामाजिक चेतना पर प्रभाव पड़ता है।

आज के समाज का भी वही स्वरूप है, जो आज के एक व्यक्ति विशेष का है। व्यक्ति जो बाह्य रूप में होता है उससे भिन्न आन्तरिक रूप में भी। भारतीय व्यक्ति के अन्तस्थ में खजाने के रूप में भारतीय संस्कृति से निर्मित मानवीयता छिपी भरी पड़ी है। तो बाह्य रूप में भौतिकवाद से प्रभावित आधुनिकता। ऐसा ही कुछ स्वरूप है भारतीय सामाजिकता का। आवश्यकता है इनके समन्वय की, साथ ही उन सभी विसंगतियों के निदान की जिनकी आज के सामाजिक जीवन को आवश्यकता नहीं है। आवश्यकता है परम्परा और आधुनिकता के उदात्त स्वरूप के समन्वय की। भारतीय समाज की संस्कृति पर बाह्य प्रभाव भी पड़े जिनको अच्छाई की हद तक स्वीकार भी किया, तो अस्वीकार किया अपनी सड़ी गली मान्यताओं को। इस प्रकार पाश्चात्य भारतीय, वर्तमान की आवश्यकताओं आदि का समन्वय ही

आधुनिक भारतीय सामाजिक चेतना का स्वरूप है । इसके स्वरूप को निखारने में अमेरिका के स्वतंत्रता संग्राम, फ्रान्स की राज्य क्रांति, यूरोप की औद्योगिक क्रांति, विज्ञान के नित नवीन अविष्कारों ने सहयोग दिया । फलस्वरूप पैदा हुए राजाराममोहनराय, दयानन्द सरस्वती, रामकृष्ण परमहंस, विवेकानन्द, गाँधी जी, अरविन्द जी, रवीन्द्रनाथ टैगोर, 'हरिऔद्य', 'प्रसाद', 'मैथिलीशरण गुप्त', 'प्रेमचन्द', 'हजारी प्रसाद द्विवेदी', 'जवाहरलाल नेहरू', 'लाल बहादुर शास्त्री' इत्यादि-इत्यादि । जिन्होंने समाज की सभी क्षेत्रों की विसंगतियों को दूर करके उसकी चेतना को मानवीयता से जोड़ा । इस संसार में मनुष्य ही तो उस ईश्वर, ब्रंह्म जो भी आप कहना चाहो उसका स्वरूप है उसी की सेवा ईश्वर (सबकी) सेवा है । उनके कष्टों का निवारण करना ही ईश्वर की भक्ति है । उसके प्रति करुणा, दया, त्याग भाव से दृष्टि डालना ही ईश्वर का दर्शन है । ऐसा सोच समाज का विकसित हुआ । जिसका प्रतिपादन आधुनिक हिन्दी महाकाव्यों ने भी किया ।'हरिऔद्य' का प्रियप्रवास गुप्त जी का साकेत, प्रसाद जी की कामायनी, छायावाद तक के महाकाव्यों में अपना विशेष महत्व रखते हैं इसलिए इन्हीं को अध्ययन का आधार बनाया । अध्ययन की सीमा भी छायावाद तक रखीं ।

बदलते समय का सोच उपरोक्त भारतीय मनीषियों के द्वारा समाज को दिया जाता रहा । आधुनिक महाकाव्यों ने वर्तमान भारतीय समाज के लिए सोच को अपनी कथाओं के माध्यमों से समाज और उसके पाठकों को दिया । और बताया कि आज के समय में किस प्रकार से सन्तुलित और आदर्श जीवन बिताया जा सकता है ।

उपलब्धियाँ

आधुनिक हिन्दी महाकाव्यों प्रियप्रवास, साकेत, और कामायनी का अपनी अपनी दृष्टियों से महत्वपूर्ण स्थान है । सबसे पहले ये आधुनिक काल के खड़ी बोली के प्रारम्भिक महाकाव्य है । जिनमें तत्कालीन मानवीय जीवन अपनी सम्पूर्णता में विराजमान है । उनमें सामाजिक चेतना की दृष्टियाँ निहित हैं । जीवन को सुखमय बनाया जा सकता है का विस्तार किस -किस प्रकार से विवेचित है । ये महाकाव्य वर्तमान समय की सामाजिक समस्याओं के समाधान के लिए दृष्टि देते हैं । इस प्रकार से इनका अध्ययन करना एक उपलब्धि है । प्रियप्रवास अपनी बात अलग तरह से कहता है । वह समाज को प्रेम का संदेश देता है । प्रेम की पराकाष्ठा ही, उसका विस्तार ही, समाज को अपने में समेटने में सहायक होता है । प्रियजन का स्थान पूरा समाज, देश या विश्व ले लेता है । भले ही प्रिय की प्राप्ति न हो उसका प्रेम भी उसी की तरह महान् होता है । यह संदेश प्रियप्रवास का सामाजिक के लिए हैं । इसी प्रकार साकेत और कामायनी महाकाव्य भी अपने अपने संदेश देते हैं ।

एक ओर तो आधुनिक काल में भारतीय समाज के पुनरूत्थान और नवजागरण के लिए अनेक सामाजिक संस्थाएँ उसके सुधार के लिए प्रयत्नशील थीं चाहे वे ब्रह्म समाज के रूप में हो या आर्यसमाज के, थियोसोफिकल सोसाइटी रही हो या फिर रामकृष्णमिशन ये, सभी तत्कालीन समाज में विभिन्न प्रकार के जागरण के स्वर अलाप रहे थे । वे समाज के सभी क्षेत्रों- रीति, रिवाजों रूढ़ि परम्पराओं, धर्म भक्ति और दर्शन आदि के क्षेत्रों में अपनी

महत्वपूर्ण सार्थक भूमिकाएँ निभा रहे थे। तो दूसरी और स्वतंत्रता संग्राम के लिए देश में राष्ट्रवादी चेतना की लहर उठ रही थी। इस दिशा में स्वतंत्रता सेनानी अपनी सक्रिय भूमिका निभा रहे थे। जिससे समूचा देश राष्ट्र प्रेम में निमग्न था। इन दोनों ही दिशाओं में समाज सुधार और राष्ट्रवादी चेतना के विकास में हमारे आधुनिक काल के हिन्दी महाकाव्य चुप नहीं बैठे थे। जिसका चित्रण प्रस्तुत विषय के अन्तर्गत निहित है। इसी प्रकार आज की समस्याओं (सामाजिक राजनैतिक, सांस्कृतिक) के समाधान के लिए महाकवियों को महाकाव्यों आदि की रचना करनी चाहिए, जिससे वे विभिन्न सामाजिक समस्याओं के समाधान कर सके, जैसे कि पूर्व की शताब्दियों में हुए हैं। यह आज के समाज के लिए विशेष उपलब्धि होगी।

ऐसी सम्भावनाओं के साथ छायावादोत्तर हिन्दी महाकाव्यों का भी अध्ययन, विश्लेषण किया जा सकता है जिससे आगामी या वर्तमान कवि अपनी समस्याओं के प्रति और अधिक सजग हो सके। छायावादोत्तर महाकाव्यों पर इस दृष्टि से अध्ययन करने के लिए 'रावण' महाकाव्य, हरदयालसिंह, 'एकलव्य' महाकाव्य रामकुमार वर्मा का, 'पार्वती' महाकाव्य रामानन्द तिवारी का, बालकृष्ण शर्मा 'नवीन' का 'उर्मिला' महाकाव्य, द्वारिकाप्रसाद मिश्र का 'कृष्णायन' महाकाव्य रामधारी सिंह दिनकर का 'उर्वशी' महाकाव्य आदि विशेष उल्लेखनीय है। कामायनी महाकाव्य मनोवैज्ञानिकता की दृष्टि से जिस प्रकार महत्वपूर्ण है वैसे ही उर्मिला महाकाव्य। ऐसे ही अन्य कई महाकाव्य है जो सामाजिक चेतना की दृष्टि से अत्यन्त महत्त्वपूर्ण हैं जिन पर अध्ययन अनुशीलन करने में सामाजिक चेतना के विकसित होने की सम्भावनाएँ छिपी है।

कोई महाकाव्य या महाकवि कितना ही महान् क्यों न हो उसमें किसी न किसी दृष्टि से कुछ न कुछ अभाव अवश्य रह जाते हैं। कामायनी महाकाव्य में सामाजिक चेतना का सीधा वर्णन न होकर व्यक्ति चेतना के विकास का वर्णन है। यों तो समाज के मूल में व्यक्ति ही होता है। इसलिए जहाँ व्यक्ति चेतना है वहाँ सभी चेतनाएँ हैं - अन्त में, अपनी बात लाजइनस के कथन के साथ मिलाकर करना उपयुक्त है - "महान् प्रतिभा निर्दोषता से बहुत दूर होती है। क्योंकि सर्वाङ्गीण शुद्धता में अनिवार्यतः क्षुद्रता की आशंका रहती है और औदात्य में ..... कुछ न कुछ छिद्र अवश्य रह जाते हैं।"[1]

1. काव्य में उदात्त तत्त्व, पृ.96।

परिशिष्ट

(क) संस्कृत ग्रन्थ

1. साहित्य दर्पण, आचार्य विश्वनाथ ।
2. वाल्मिकं रामायण
3. मुण्डकोपनिषद - खण्ड 3
4. मनुस्मृति, अध्याय - 4
5. अग्निपुराण का काव्यशास्त्रीय भाग : अनु. रामलाल वर्मा
6. काव्यालङ्कार - भामह
7. काव्यादर्श - दण्डी
8. काव्यप्रकाश - मम्मत
9. काव्यानुशासन - हेमचन्द्र सूरी
10. रामायण - महर्षि बाल्मिकि

(ख) हिन्दी ग्रन्थ

1. प्रिय प्रवास - अयोध्या सिंह उपाध्याय 'हरिऔद्य'
2. साकेत - मैथिलीशरण गुप्त
3. कामायनी - जयशङ्कर प्रसाद
4. संस्कृत-हिन्दी कोश - वामन शिवराम आप्टे
5. अशोक के फूल - आचार्य हजारी प्रसाद द्विवेदी
6. हजारी प्रसाद द्विवेदी - धर्मवीर भारती
7. साहित्य में समाजशास्त्र की भूमिका - डॉ. मैनेजर पाण्डेय
8. प्रेम सुषमावली - प्रतापनारायण मिश्र
9. होली है - प्रतापनारायण मिश्र
10. आनन्द अरुणोदय - प्रेमधन

11. आधुनिक हिन्दी साहित्य की सांस्कृतिक पृष्ठभूमि - डॉ.भोलानाथ
12. संस्कृति के चार अध्याय - रामधारी सिंह 'दिनकर'
13. क्षणदा - महादेवी वर्मा
14. भारतीय संस्कृति - आचार्य हजारीप्रसाद द्विवेदी
15. उत्तरा - सुमित्रानन्दन पंत
16. सभ्यता और संस्कृति - आचार्य हजारीप्रसाद द्विवेदी
17. भारतीय संस्कृति का उत्थान - राम जी उपाध्याय
18. भारतीय समाज का ऐतिहासिक विश्लेषण - भगवत शरण उपाध्याय
19. संस्कृति का दार्शनिक विवेचन - देवराज
20. भारतीय संस्कृति - देवराज
21. भारत एक खोज - पं. जवाहर लाल नेहरू
22. भारत की अन्तरात्मा - राधाकृष्णन
23. भारत की संस्कृति साधना - रामजी उपाध्याय
24. औद्योगिक समाज शास्त्र - डी. आर. गाडगिल
25. ग्रामीण समाजशास्त्र - भारतीय परिवेश : रघुराज गुप्त, एस. एन. मुंशी
26. हिन्दी कविता में युगान्तर - डॉ. सुधीन्द्र
27. विश्व इतिहास की झलक - पं. जवाहरलाल नेहरू
28. बीसवीं शताब्दी, हिन्दी साहित्य : नए संदर्भ - वार्ष्णेय (डॉ.) लक्ष्मी सागर
29. हमारी राष्ट्रीयता - गोलवलकर मा.स. पृष्ठ
30. हिन्दी संस्कृति में राष्ट्रवाद - मुकर्जी, राधा मुकुन्द
31. भारतेन्दु की विचारधारा - वार्ष्णेय (डॉ.) लक्ष्मी सागर
32. राष्ट्र भाषा और राष्ट्रीय एकता - दिनकर, रामधारी सिंह
33. हिन्दी साहित्य, उसका उदभव एवं विकास - द्विवेदी (डॉ.) हजारी प्रसाद
34. आस्था के चरण - डॉ. नगेन्द्र
35. पगध्वनि - आचार्य चतुरसेन
36. राष्ट्रीयता और समाजवाद - आचार्य नरेन्द्र देव
37. हिन्दी साहित्य : परिवर्तन के सौ वर्ष - डॉ. ओंकारनाथ श्रीवास्तव
38. भारत-भारती - मैथिलीशरण गुप्त
39. क्षणदा - महादेवी वर्मा
40. हिन्दी साहित्य का परिचय - आचार्य चतुरसेन शास्त्री

41. आधुनिक साहित्य - आचार्य नन्ददुलारे वाजपेयी
42. नये पुराने झरोखे - हरिवंशराय बच्चन
43. भारतीय चिन्तन परम्परा - के. दामोदरन
44. चेंजिंग इंडिया - राजाराममोहन राय और इकबाल सिंह
45. भारत एक खोज - जवाहरलाल नेहरू
46. युवाओं से - स्वामी विवेकानन्द
47. भारतेन्दु ग्रन्थावली भाग 2
48. राष्ट्रीयता - बाबू गुलाबराय
49. राष्ट्रीय आन्दोलन का इतिहास - मन्मथ नाथ गुप्त
50. गाँधी और गाँधीवाद - डॉ.बी. पट्टाभिसीतारमैया, अनुवाद. श्रीहरिभाऊ उपाध्याय
51. आत्म कथा - महात्मा गाँधी
52. दक्षिण अफ्रीका का सत्याग्रह - महात्मा गाँधी
53. सर्वोदय तत्व दर्शन - डॉ. गोपीनाथ धवन
54. गाँधी वाणी - श्रीरामनाथ सुमन
55. मेरे सपनों का भारत - महात्मा गाँधी
56. हिन्दी साहित्य कोश - डॉ.धीरेन्द्र वर्मा
57. आर्य संस्कृति
58. मध्यदेश - ऐतिहासिक तथा सांस्कृतिक सिंहावलोकन
59. प्रसाद ग्रन्थावली
60. हिन्दी साहित्य का इतिहास - आचार्य रामचन्द्र शुक्ल
61. उर्मिला (महाकाव्य) - बालकृष्ण शर्मा 'नवीन'
62. उर्वशी (महाकाव्य) - रामधारी सिंह दिनकर
63. आधुनिक काव्य में नवीन जीवन मूल्य - डॉ. हुकमचन्द राज्यपाल
64. अरस्तू का काव्यशास्त्र - अनु. डॉ. नगेन्द्र
65. एकलव्य (महाकाव्य) - डॉ. रामकुमार वर्मा
66. कामायनी के अध्ययन की समस्याएँ - डॉ. नगेन्द्र
67. कामायनी सौन्दर्य - डॉ. फतेहसिंह
68. काव्यकला तथा अन्य निबन्ध - जयशंकर प्रसाद
69. कृष्णायन (महाकाव्य) - द्वारका प्रसाद मिश्र
70. कैकेयी (महाकाव्य) - केदारनाथ मिश्र प्रभात

71. जयभारत (महाकाव्य) - मैथिलीशरण गुप्त

72. दैव्यवंश (महाकाव्य) - हरदयाल सिंह

73. पार्वती (महाकाव्य) - डॉ. रामानन्द तिवारी

(ग) अंग्रेजी ग्रन्थ

1. सम एसपेक्ट आफ ए थ्योरी आफ सोशल प्राबलम्स इन अमेरिकन
2. सोसालॉजीकल रिव्यू - रिचर्ड सी फुल्लर
3. अन इन्ट्रोडेक्सन टू सासलोजी - प्रोफेसर, डेविड जे.
4. इनसाइक्लोपीडिया आफ द सोशल साइंसेज - जिल्दी 15
5. आटोबायग्राफी - पं. जवाहरलाल नेहरू
6. ए हिस्ट्री आफ द साइंस,1966 - स्टीफन एफ मासन
7. इंडिया इन ट्रान्सेशन, 1922 - एम. एन. रॉय
8. ए फाइनेन्सीयल चेप्टर इन द हिस्ट्री आफ बॉम्बे 1910 - कॉटेड इन डी. आर. गाडगिल्स
9. इन्डस्ट्रीयल इवॉलूशन आफ इंडिया इन रीसेन्ट टाईम्स 1971 - डी. ई. वाचा
10. री इतरप्रटेशन आफ नाइटीन्थ सेन्चुरी इंडियन इकानामिक हिस्ट्री इन टू इंडियन इकानामिक एण्ड सोसीयल हिस्ट्री रिव्यू वोल्यूम 1968 - टी. रे. चौधरी
11. नालन्दा ईयर बुक 1947-48
12. इंडिया इन ट्रांजिशन - एभ. एन. राय
13. कास्ट इन मॉर्डन इंडिया, 1970- एम. एन. श्रीनिवास
14. द फेमिली एण्ड डेमोक्रेटिक सोसाइटी, 1943 - जोसफ के फालसम़
15. लेनिन : मेटीरियलिज्म एण्ड एम्पीरियो - क्रिटिसिज्म
16. एफ एंगेल्स : डाइलोटिक्स आफ नेचर
17. रेनोल्ट ए. निकोल्सन : एन्साइक्लोपीडिया आफ रिलीजन एण्ड एथिक्स खण्ड 12
18. नेशनलिज्म एण्ड इंटरनेशनलिज्म - म्योर, रेम्जे
19. थॉट आन पाकिस्तान - अम्बेडकर
20. ए ग्रामर आफ पोलिटिक्स - लॉस्की, हरोल्ड जे.
21. इनसाइक्लोपीडिया ब्रिटेनिका - खण्ड 19
22. कम्पलीट वर्क्स आफ स्वामी विवेकानन्द, खण्ड 4
23. हिन्दूइज्म थ्रू दि एजेज - डी. एस. शर्मा

24. मैमोरिज आफ माई लाइफ एण्ड टाइम्स इन दि डेज आफ माई यूथ, कलकत्ता 1932 - विपिनचन्द्र पाल

25. लेटर्स आफ स्वामी विवेकानन्द

26. प्रेक्टीकल वेदान्त - स्वामी विवेकानन्द

27. ग्लिम्प्सेस आफ वर्ल्ड हिस्ट्री - पं. जवाहरलाल नेहरू

28. यंग इंडिया - एम. के. गाँधी, अक्टूबर 1921, कान्स्ट्रक्टिव प्रोगाम

29. इंग्लिश एपिक एण्ड हीरोइक पोइट्री - मैकनील डिक्सन

30. एपिक एण्ड सोमांस - डब्ल्यू पी. कर

31. द एपिक- एबर क्राम्बी

32. जूलियन सीजर - शेक्सपीयर

(घ) पत्र पत्रिकाएँ

1. कल्याण पत्रिका - हिन्दू संस्कृति विशेषांक ।
2. अदिति पत्रिका - फरवरी 1964
3. हंस पत्रिका - सितम्बर 1936
4. हरिजन सेवक - अंक 5-9
5. वर्ग सहयोग के प्रवर्तक, प्रकाशन शाखा उत्तर प्रदेश, सूचना विभाग
6. हिन्द स्वराज - सन् 1908
7. हिन्दी नवजीवन - 1929
8. हरिजन अंक - 3939
9. सरस्वती जनवरी 1963
10. साहित्य संदेश, सितम्बर 1972